PNR(Puritans and Reformed Publishing Company)
개혁주의신학사는 청도교 신학과 개혁 신학에 관한 기독교 서적을 출판하는 출판사이며, 자유주의 신학과 다원주의 신학을 배척하며 순수한 기독교 신앙을 보수하기 위하여 설립된 문서선교 기관이다. PNR KOREA(개혁주의신학사)는 CLC가 공동으로 운영하는 출판사이다.

기독교 강요 뼈대 세우기

An Essay To Establish Core Christian Doctrines Contained Within
"Institutes Of the Christian Religion"
Written by Tae Soon Moon
All rights reserved.
Korean Edition Copyright ⓒ 2024 by Presbyterian and Reformed Publishing Company, Seoul, Korea.

기독교 강요 뼈대 세우기

2024년 04월 30일 초판 발행

지 은 이 | 문태순

편　　집 | 진애란
디 자 인 | 이보래, 박성준, 김현미
펴 낸 곳 | 개혁주의신학사
등　　록 | 제21-173호(1990. 7. 2.)
주　　소 | 서울 동대문구 천호대로71길 39
전　　화 | 02-586-8761~3(본사) 031-942-8761(영업부)
팩　　스 | 02-523-0131(본사) 031-942-8763(영업부)
이 메 일 | clckor@gmail.com
홈페이지 | www.clcbook.com
송금계좌 | 기업은행 073-085852-01-016 예금주: 개혁주의신학사
일련번호 | 2024- 44

ISBN 978-89-7138-083-3 (93230)

이 책의 출판권은 개혁주의신학사가 소유합니다. 신저작권법에 의하여 한국 내에서 보호받는 저작물이므로 무단 전재와 무단 복제를 금합니다.

기독교 강요

뼈대 세우기

문태순 지음

개혁주의신학사

목차

서문 7
초대의 글 10

제1부 『기독교 강요』 제1권   13

제1장 하나님을 아는 지식   14
제2장 사람을 아는 지식   19
제3장 성경의 진리성과 무오류성   24
제4장 삼위일체 하나님   31
제5장 성경의 필요성과 확실성과 권위성   38
제6장 사람에 대한 신학적 이해   44
제7장 사람에 대한 신학적 이해(부록)   48
제8장 하나님의 섭리와 그 적용   56

제2부 『기독교 강요』 제2권   63

제1장 자유의지와 은혜   64
제2장 은혜 안에서의 권고   70
제3장 중보자 그리스도   76
제4장 율법, 그 의의와 준수   81
제5장 복음, 그 이해와 믿음과 선포   87
제6장 구약과 신약의 일치성   91
제7장 구약과 신약의 차이점   97
제8장 인성과 신성을 지니신 그리스도   102
제9장 그리스도의 죽음과 부활과 승천   109

제3부 『기독교 강요』 제3권　　　　　　　　　　115

제1장　성령의 사역　　　　　　　　　　　　　　116
제2장　믿음의 정의와 그 실천(1)　　　　　　　　120
제3장　믿음의 작동 원리와 평정(平靜)(2)　　　　125
제4장　믿음이 서 있는 자리(3)　　　　　　　　　129
제5장　믿음은 언제나 소망과 짝한다(4)　　　　　134
제6장　믿음과 중생과 회개(5)　　　　　　　　　138
제7장　율법적 회개와 복음적 회개　　　　　　　142
제8장　스콜라주의의 보속과 면죄부와 연옥에 관한 교리 비판　148
제9장　그리스도인의 삶　　　　　　　　　　　　154
제10장　신자가 이 세상을 살아가는 삶의 방식　　159
제11장　믿음에 의한 칭의(稱義)　　　　　　　　163
제12장　칭의의 목적　　　　　　　　　　　　　168
제13장　칭의에 관한 율법과 복음의 조화　　　　173
제14장　그리스도인의 자유(칭의의 부록)　　　　179
제15장　기도, 그 구해야 하는 이유와 방법(1)　　185
제16장　기도, 중보자를 통한 교제(2)　　　　　　191
제17장　예정론 – 영원한 현재적 선택과 유기　　197
제18장　최후의 부활　　　　　　　　　　　　　204

제4부 『기독교 강요』 제4권 — 209

- 제1장 교회와 그 역할 — 210
- 제2장 교회는 거룩하다 — 216
- 제3장 참 교회와 거짓 교회 — 222
- 제4장 사역자들 – 직분과 선출 — 227
- 제5장 고대 교회와 교황제의 비교 — 233
- 제6장 로마교황청의 수위권의 실상과 그 비판 — 241
- 제7장 교리와 교회 회의의 권위 — 249
- 제8장 교회의 권위 – 입법권과 재판권 — 255
- 제9장 교회의 권징 — 261
- 제10장 맹세 — 267
- 제11장 성례 — 274
- 제12장 세례 — 281
- 제13장 유아세례 — 287
- 제14장 그리스도의 성찬과 그 의미(1) — 294
- 제15장 그리스도의 성찬과 그 유용성(2) — 301
- 제16장 교황제 미사의 모독성 — 308
- 제17장 다섯 가지 성례에 대한 비판 — 314
- 제18장 신자들이 국가 안에서 사는 법 — 322

후기 한국의 수많은 칼빈의 출현을 기대하며 — 329

서문

문 태 순 박사
예수인교회 협동목사
동서역사문화원 학술이사
수도국제대학원대학교 이사

    본서는 몇몇 총신인의 총신인에 의해 출판될 수 있었습니다. 이렇게 말해야 하는 이유는 본서가 지니는 책무가 너무 막중하다고 느껴져서입니다.
    본서의 저본은 『기독교 강요』 제1-4권(문병호 역, 생명의말씀사, 2020)입니다. 저자를 비롯하여 몇 분의 목사님과 교수가 모여서 문병호 교수가 번역한 칼빈의 『기독교 강요』 전권을 읽고 토론하고 연구하였습니다.
    2020년 7월의 어느 더운 날 예수인교회(합동)의 8층 도서관에 네 사람이 모인 것이 그 시작이었습니다. 후에 교통 편의를 위해 모임 장소가 예수인교회에서 총신대학교(사당동)로 바뀌었습니다. 매주 한 번씩 모여서 윤독을 했습니다. 다 끝마치기까지 대략 1년 8개월이 걸렸습니다. 이 사이에 문병호 교수를 만나서 우리의 연구 모임에 대해 말씀드렸고 격려도 받았습니다.
    지금 생각하면 무모한 도전이었습니다. 『기독교 강요』 전체를 나름대로 다 정리를 하였고, 함께 토론도 했지만 도대체 『기독교 강요』에 대해 무얼 말할 수 있는지 감이 잡히지 않았습니다. 가장 큰 문제가 『기독교 강요』 제1권 1장 첫 머리의 글인 "하나님을 아는 지식"과 "사람을 아는 지식"을 이해할 수 없다는 것이었습니다.

    안다는 것이 무엇인가?
    사람은 스스로 생각할 수 있는 것인가?
    지식과 이성의 관계는 무엇인가?
    "하나님을 아는 지식"과 "사람을 아는 지식"이 어떻게 서로 연결 되는가?

제가 깨달은 것은 두 가지입니다.

첫째, 사람이 스스로 사고할 수 있고 알 수 있는 것은 이성이나 의식 등에 의해서가 아니라 하나님의 형상을 부여받아서이고, 그렇기 때문에 사람이 뭔가를 알기 위해서는 하나님의 계시가 있어야 한다는 것이었습니다.

하나님은 지혜가 있으시고 섭리하시고 판단하시고 예정하십니다. 사람은 하나님의 이 지혜, 섭리, 판단, 예정의 형상을 닮았기에 생각하고 판단합니다.

그런데 하나님은 영이시며 거룩하시고 선하시기에 죄로 물든 사람의 지각에는 와 닿을 수가 없습니다. 그래서 사람이 아무리 철학을 공부했고, 박사가 되었고, 세상을 지혜롭게 살았고, 생을 즐겼다고 하더라도 하나님의 계시를 따른 것이 아니면 하나님을 모르는 그대로입니다. 사람이 안다고 할 때 그것의 근본은 오직 하나님의 계시 자체에 있습니다. 참 지식의 모든 근본은 오직 하나님의 계시해 주심입니다.

둘째, 계시가 계시로 증명되는 방식이 성령의 깨우치심(감동)이라는 것입니다.

지혜의 영, 양자의 영, 성결의 영이신 성령께서 하나님의 계시를 하나님의 계시로 알고 믿게 해 줍니다. 그가 우리에게 진리를 진리로 알고 믿게 하시며, 그리스도를 구속주로 알고 영접하게 하시며, 이 지식이 흔들릴 때마다 우리 안에 거주하시며 계시를 계시로 끝까지 믿도록 하십니다.

이 깨달음을 얻은 후에 저는 『기독교 강요』에서 주요 사상이라고 생각되는 장들을 임의적으로 선정해서 「합동투데이」에 게재하기 시작하였습니다. 제1장인 "하나님을 아는 지식"에서 시작해서 제52번째 장인 "신자들이 국가 안에서 사는 법"까지의 연재를 마칠 수 있었습니다.

본서는 「합동투데이」에 연재된 장들이 거의 그대로 엮여서 출판된 것입니다. 물론, 교정의 과정에서 일부 내용이 정정되거나 보충되었습니다. 본서의 참고 문헌은 『기독교 강요』 제1-4권이 거의 전부를 차지합니다.

이외에 맥네일(J. Mcneill)이 편집하고 배틀스(Ford Lewis Battles)가 번역한 『기독교 강요』 *(The Institutes of the Christian Religion*, Philadelphia, THE WESTMINSTER PRESS. 1967)와 헨리(Henry)가 번역한 『기독교 강요』 *(The Institutes of the Christian Religion*, Christian Classics Ethereal Library, Grand Rapids, MI, 2002, http://www.ccel.org/ccel/calvin/institutes.html) 등 두 권만을 참고했습니다.

'강요'는 라틴어 'institutio'의 번역어입니다. '인스티투티오'는 '훈련'이나 '교육'을 의미합니다. 이것이 우리말로는 '강요'(綱要)로 번역되었는데 사실 강요는 인스티투티오와는 의미가 좀 다릅니다. 한자어 '강'은 '그물의 벼리' 또는 '사물의 가장 중요한 것' 등을 의미하고, '요'는 '요점'이나 '핵심적인 요(구)절'을 뜻합니다. 따라서, '강요'는 일종의 '뼈대가 되는 요점들'이라고 보는 것이 더 낫습니다. 우리말로는 '기독교의 중심 또는 뼈대가 되는 요점들'이 되어야 합니다. 본서는 이 뼈대를 잡아 보고자 출판된 책입니다.

본서를 총신인의 총신인에 의한 책이라고 한 이유는 처음부터 마지막까지 연구 모임을 함께 한 분들이 대부분 총신인들이었기 때문입니다. 마지막 연구 모임까지 함께 한 신충훈 교수와 곽한락 목사 두 분이 모두 총신 동산에서 학업을 시작하여 총신대학교 신학대학원에서 학업을 완수하였습니다.

두 분 모두 총신인다운 총신인이십니다. 곽한락 목사님은 비상대책위원장으로 총신대학교와 총신대학교 신학대학원의 개혁을 몸으로 실천하셨습니다. 총신대학교 신학대학원의 양현석 전도사님은 원고의 교정을 맡아 주셨습니다. 2년여에 걸친 오랜 연재에도 불구하고 아무런 불평 없이 「합동투데이」에 "기독교 강요 둘러보기"를 게재해 주신 기독교교육학과 후배 김성윤 목사님에게도 감사드립니다.

총신대학교 동기 김대교 목사님과 김경일 교수, 그리고 총신대학교 동기시면서 형님되시는 김문학 목사님께도 깊은 감사를 드립니다. 또한, 이 연구 모임을 시작하도록 응원하고 기도로 도와주신 총신대학교 동기이자 벗 민찬기 목사님(예수인교회 당회장)에게 깊은 감사를 드립니다.

이 자리를 통해 저를 전도사로 섬길 수 있게 해 주신 대신동교회(재건 부산) 하성존 목사님께 감사드립니다. 끝으로 출판계의 사정이 황폐하다시피 한데도 기꺼이 출판을 맡아 주신 기독교문서선교회(CLC)의 대표 박영호 목사님께 감사드립니다. 바라기는 본서가 무능하고 무지한 총신인의 저술이긴 하지만 하나님께서 받으시는 향기의 제물이 되기를 기도합니다.

초대의 글

문 태 순 박사
예수인교회 협동목사
동서역사문화원 학술이사
수도국제대학원대학교 이사

『기독교 강요』는 그 첫 장을 "하나님을 아는 지식"과 "사람을 아는 지식"으로 하고 있습니다. "하나님을 아는 지식"과 "사람을 아는 지식"은 서로 뒤엉켜 있습니다. 하나님을 아는 것이 먼저인지 사람을 아는 것이 먼저인지 구분이 되지 않습니다. 어쨌든지 칼빈에게는 사람의 지식(앎)이라는 것이 하나님을 아는 것이 아니면 사람 자신에 대해 아는 두 종류밖에 없습니다.

사람이 하나님을 알고 자신을 알아야 하는 이유는 영생하기 위해서입니다. 칼빈은 이 답을 성경에서만 찾았습니다. 그는 먼저 하나님을 창조주 하나님(『기독교 강요』 제1권)을 아는 것에서 시작하여, 구속주 하나님(『기독교 강요』 제2권)을 아는 것으로, 그리고 성령 하나님(『기독교 강요』 제3권)을 알아가는 것으로 서술해 나갔습니다.

이렇게 삼위일체 하나님과 성경의 진리를 알게 된 사람은 이 지식을 따라 교회와 세상에서 하나님을 영광스럽게 하는 삶을 살아가야 합니다(『기독교 강요』 제4권). 말하자면 이 네 가지 지식이 신자가 지녀야 할 뼈대가 되는 요점들인 셈입니다.

성부 하나님, 성자 하나님, 성령 하나님은 영이시며 한 분 하나님이십니다. 하나님은 영이시기에 사람이 눈으로 보거나 손으로 만지거나 할 수 없습니다. 그래서 한 분이라고 했을 때의 삼위의 하나님은 사람이 생각하듯이 하나의 실체로 합해지는 것이 아닙니다.

삼위 하나님은 각각 실체로써 각자의 위(격)를 갖고 계십니다. 그러면서 일체(연합)를 이루십니다. 이 연합이나 일체는 사람의 이성이나 마음이나 어떤 지식을 합하더라도 만지거나 보거나 할 수 없고 생각이나 마음으로도 느껴지거나 이해되기 어렵습니다.

 사람이 정신과 몸을 가지고서 자신에게 주어진 개인적인 역할이나 사회적인 역할을 할 때 정신과 몸이 각각 어떻게 연합을 이루는지 전혀 모릅니다. 개인으로서 맡아야 하는 일과 사회인으로 맡아야 할 일들이 어떻게 일체를 이루고 있는지도 도무지 알 수 없습니다. 그런데 우리도 모르는 사이에 우리의 몸과 정신은 일체로서 활동하며 사명도 이루어가고 있습니다.

 이와 꼭 마찬가지로 영이신 하나님께서 아버지 하나님으로 아들 하나님으로 성령 하나님으로 일체를 이루십니다. 이 일체 또는 연합은 굳이 사람의 말로 표현해 본다면 전체 됨(wholeness)이자 동시에 하나 됨(oneness)이라고 할 수 있을지 모르겠습니다.

 지금까지의 모든 내용을 선포하고 있는 것은 오직 성경뿐입니다. 성경만이 하나님이 진리시며 창조주시며 우리들의 아버지시라고 가르칩니다. 성경만이 누구든지 그리스도를 믿으면 구원을 받는다고 가르치고 있습니다. 성경만이 하나님의 진리 말씀입니다.

 성경이 진리인 것은 사람이 사용하여 쓴 글자(문자)나 문장에 의해서가 아닙니다. 그것들은 하나님의 말씀을 우리에게 보내주는 표지이거나 신호들에 불과합니다. 하나님께서는 사람 중에서 택하셔서 하나님의 진리를 깨닫게 하시고 말하게 하시고 기록하게 하셨습니다. 그것이 구전된 율법(토라)이요 성경 사본들입니다. 구전과 사본들을 통해서 오늘날 다양한 언어로 번역된 성경들이 세상에 나오게 되었습니다.

 모든 성경이 진리인 이유는 하나님이 진리이시기 때문입니다. 진리의 하나님이시기에 그 분의 말씀이 모두 진리입니다. 보혜사요 진리의 영이신 성령께서 우리에게 성경을 진리라고 증언하시기에 하나님과 그의 말씀이 모두 진리임이 증명됩니다. 성령께서 성경을 진리로 믿게 하십니다. 성경이 영원히 진리가 되는 근거는 하나님이 진리이시기에 진리이신 하나님의 뜻과 섭리와 말씀 등이 모두 진리이어야 하며, 성령 하나님께서 우리에게 진리라고 증언해 주시고 감동하게 하시고 믿게 하시는 그 자체입니다.

 성경의 진리성은 결단코 사람이 번역한 글자와 문장에 의해 영향을 받지 않습니다. 성경이 진리인 한 거기에는 오류가 있을 수 없습니다. 오류가 있다면 그것은 사람의 부족함이거나 실수일 뿐이며, 이런 오류가 하나님의 진리이심, 성경의 진리성, 성령님의 보혜사 되심에 아무런 타격을 주지 못합니다. 그래서 성경은 진리입니다.

  모든 번역된 성경도 진리입니다. 성경은 진리이기에 오류가 있을 수 없습니다. 무오류여서 진리가 아닙니다. 설령 번역의 다양함이나 심지어 오역 등이 있다 하더라도 그것(들)이 성경의 진리성에 아무런 영향을 끼칠 수 없기 때문입니다.

  사람들은 이성과 오성으로, 감각적으로나 감성적으로, 정신적으로나 육체적으로, 인문학적으로나 과학적으로, 무엇을 아는 것을 지식이라고 생각하기 일쑤입니다. 이런 식으로는 사람이 그 어떠한 지식을 쌓아가고 그 양을 늘려간다고 하더라도 하나님을 알고 사람을 바르게 아는 지식과는 아무런 상관이 없습니다. 이런 유의 지식은 사람에게 단지 죽음을 불러오고 죽음으로 향하게 할 뿐입니다.

  이상을 정리해 보겠습니다. 『기독교 강요』를 읽을 때 서게 되는 출발선은 "하나님을 아는 지식"과 "사람을 아는 지식"입니다. "하나님을 아는 지식"은 성경 말씀으로 하나님께서 계시해 주신 것입니다. 그러므로 성경(『기독교 강요』 포함)을 읽는 사람은 하나님의 계시를 마주해야 합니다. 그 사람 안에서와 그의 주변에서 일어나고 있는 모든 일이 하나님의 계시입니다. 그리고 이것들을 하나님의 뜻(계시)으로 알게 하시는 이는 성령님의 역사입니다.

  본서가 출판되는 데 3년이 훌쩍 넘게 걸렸습니다. 그동안 『기독교 강요』를 읽고 정리하고 토론해 왔습니다. 저는 이제 독자님들을 저와 함께 장로교회 교인의 한 사람이자 칼빈주의자로 살아가는 동참자가 되도록 본서 안으로 초청하고자 합니다. 선후배 목사님들, 신학도님들, 믿음의 후배 청년 신자님들, 특히 초청하고 싶습니다. 우리가 함께 학습하고 토론하면서 교회와 국가 안에서 우리가 어울려 연합하고 교통하는 삶을 살아가는 것이 『기독교 강요』 제4권을 이어서 실천하는 것이라 확신합니다.

제1부

『기독교 강요』 제1권

제1장 하나님을 아는 지식

제2장 사람을 아는 지식

제3장 성경의 진리성과 무오류성

제4장 삼위일체 하나님

제5장 성경의 필요성과 확실성과 권위성

제6장 사람에 대한 신학적 이해(부록)

제7장 하나님의 섭리와 그 적용

제1장

하나님을 아는 지식

 존 칼빈 지음, 문병호 역, 『기독교 강요』(생명의말씀사, 2020)는 총 4권으로 구성되어 있다. 제1권은 창조주 하나님, 제2권은 성자 예수님, 제3권은 성령 하나님에 관한 내용이 주를 이룬다. 마지막 제4권은 하나님의 교회(거룩한 보편교회)에 관한 내용이다. 칼뱅(프랑스식 발음)이 밝히고 있듯이 『기독교 강요』 제4권의 목차가 이렇게 정해진 것은 사도신경의 신앙고백의 순서를 따른 것이다.

 이 책에서는 제1권 1장의 "하나님을 아는 지식과 우리 자신을 아는 지식이 서로 연결되어 있음과 그 결합의 방식"(문병호 번역본) 가운데서 "하나님을 아는 지식"과 관련하여 논하고자 한다.

 "하나님을 아는 지식"은 "하나님"과 "지식(앎)"으로 구분될 수 있다. 하나님은 더 이상 무엇을 아실 필요가 없는 분이시다. 하나님은 지식 또는 앎이라는 낱말들과는 전혀 상관이 없으시다. 따라서, "하나님을 아는 지식"은 사람이 하나님을 아는 것을 전제로 한다. 사람은 하나님을 바르게 알아야 한다.

 사람이 하나님을 알아가기 위해서는 사람이 스스로 사고할 수 있는가의 문제부터 따져볼 필요가 있다. 사람이 자기 주변의 일들을 어떻게 알아가며 어떻게 하나님을 아는 데까지 이를 수 있느냐에 대한 해답을 찾아야 한다.

 바로 말해서 사람이 지식을 형성하거나 사고할 수 있는 것은 하나님의 형상대로 지음을 받았기 때문이다. 사람의 기본 재료는 흙(살)이다. 흙은 사고하지 못한다. 하지만, 하나님께서 그 흙에게 생기(영혼)를 불어넣으셔서 하나님의 형상을 닮게 하셨다. 하나님의 여러 속성 중에 하나가 지혜이다. 사람은 이 지혜의 형상을 닮았기에 주변 사물이나 현상들을 보면 분별하여 알 수 있다. 첫 사람이었던 아담이 동물이나 식물을 보면서 거기에 이름을 지어 주었던 것이 그가 사고하는 존재였음을 증명하고 있다.

『기독교 강요』의 서두(제1권 1장)에서 드러나듯이 사람은 하나님을 알게 될 때 자신을 알게 되며, 자신을 알게 될 때 또한 하나님을 알게 되는 존재다. 칼빈은 사람의 인식이 하나님을 아는 것과 사람을 아는 두 영역의 상호 작용으로 이루어지고 있는 것으로 이해한다. 사람이 무언가를 안다는 것은 하나님을 아는 지식이거나 사람에 대해 아는 것 그중 어느 하나이며, 이 두 지식은 서로 관계하면서 지식을 증가해 가는 데 관여하고 있다.

만약에 사람의 앎 속에 하나님을 아는 것이 없으면 그 앎은 헛된 지식이거나 근거 없는 지식이 된다. 반대로 그 앎 속에 사람에 관한 내용이 빠져 있더라도 그것은 참다운 지식이 되지 못한다. 다만 하나님을 아는 지식과 사람을 아는 지식 사이의 순서로 본다면 사람이 자신을 바르게 알기 위해서는 필연적으로 하나님을 참되게 아는 것이 우선해야 한다.

이미 언급했듯이 사람에게 앎(지식)이 가능할 수 있는 것은 하나님의 형상을 따라 지음을 받았기 때문이다. 그러나 사람은 아담의 타락 이후로 하나님의 형상을 닮은 지혜, 능력, 양심 등 일체를 부패하게 했다. 칼빈은 이를 완전 타락으로 규정하였다.

물론, 여전히 하나님의 권능과 위엄, 영존하심으로 인해 하나님의 형상은 사람 안에서 희미하게나마 진리의 빛처럼 남아 있는 것은 부인할 수 없다. 그러나 사람에게 남아 있는 하나님의 형상은 하나님 자신의 영광과 위엄, 권세와 능력, 통치자요 주관자이심을 만천하에 증명하기 위함일 뿐이다. 예컨대 사람이 화성이나 우주에 도달할 수 있는 이론들을 세우거나 그곳에 갈 수 있는 우주선을 만들어 내거나 하는 것들이 하나님의 형상이 사람에게 남아 있음을 증명한다.

그러나 사람이 우주 공간을 날아다니는 재주를 보인다고 하더라도, 하나님을 알지 못하고 믿지도 않는 한, 이 모든 일은 한갓 죽음의 일들에 불과하다. 사람의 이성이나 오성 또는 의지 역시 타락하였고 죽음의 상태에 있기에 그것을 활용한 어떠한 능력의 발휘도 죽음을 부르는 것들에 지나지 않는다. 그것들은 이미 죄와 사망 아래에 놓여 있는 노예 의지의 작용일 뿐이다. 이러한 노예 의지의 상태에 있는 존재이기에 사람은 스스로 하나님을 알 수 없다.

사람이 하나님을 알 수 있는 길은 오직 하나님께서 먼저 그 자신을 사람에게 계시해 주셔서 알게 해 주시는 것 외에 다른 길이 없다. 하나님의 자기 계시만이 사람이 하나님을 알 수 있는 유일한 길이다. 하나님 자신의 계시 속에 하나님의 거저 주시는 사랑이 녹아 있다.

칼빈은 하나님께서 세 가지 방식으로 자신을 계시하심으로써 사람들에게 그 길을 제시하신 것으로 이해하였다.

첫째, 우주 자연의 조화로운 운행 등을 통해 계시하셨다.
둘째, 율법을 통해서 계시하셨다.
셋째, 복음(성경)을 통해서 계시하셨다.

사람은 처음에는 천지 만물을 통해 하나님을 알아갔다. 아담이 에덴동산에서 온갖 식물과 동물들을 관리하는 가운데 하나님을 알아간 것과 마찬가지다. 자연 만물의 질서 정연함과 조화는 하나님의 위대하심과 다스리심을 드러낸다. 우주와 자연 속에서 일어나고 있는 만물(萬物)과 만사(萬事) 역시 하나님의 주권과 영광을 드러내는 것들이다.

그러나 사람들은 천지자연의 사물과 사건들을 보면서 그것이 하나님을 드러내고 있다는 생각 대신에 오히려 자연 만물을 숭배의 대상으로 삼았다. 자연의 광경 자체에 감탄하고 숭배하면서 그것들의 조종자이신 하나님을 망각하였다. 자연 만물을 우상으로 삼아 하나님을 대신하기도 하였다. 이로 인해 자연 만물을 통한 하나님의 계시하심이 하나님을 바르게 아는 데에 거의 효과가 없게 되었다.

자비의 하나님께서는 자연 만물을 통한 계시 외에 율법을 주셔서 자신을 사람에게 계시하셨다. 아브라함과 맺은 할례의 언약이 그 시작이었다. 그 후에 모세를 통하여 이스라엘 민족에게 십계명과 율례와 규례, 명령 등을 주셨다. 하나님은 그의 율법을 준수하게 하여 사람에게 하나님을 예배하는 법을 가르쳐 주셨고 복을 받을 수 있는 길을 확증해 주셨다.

하지만, 사람들은 율법을 통해 하나님의 거룩함과 의로움을 아는 대신에 율법을 적당히 지키거나 아니면 자기들 마음대로 형식적으로 지켰다. 그들은 율법의 준수를 통해 하나님의 복을 받는 대신에 스스로 죽음으로 빠져들어 가는 데만 골몰하였다. 사람은 율법을 지킬 능력이 없는 존재들이었기에 대속자를 추구해야 했으나 자신들만의 힘으로 율법을 지킨다고 우쭐대다가 율법의 저주 아래에 놓이고 말았다.

이를 보신 하나님은 사람에게 복음을 주셔서 자신을 계시해 주셨다. 복음은 일점일획도 없어지지 아니하고 더함이나 뺌도 없이 하나님을 진리로 드러낸다. 복음은 말씀이신 그리스도가 육신을 입으시고 세상에 오심으로써 온전히 실증되었다. 이 복음의 저자가 하나님이시기에 복음은 진리요 진리의 말씀이다. 복음은 영원히 변할 수 없기에 참 하나님을 진리로 영원히 계시한다.

하나님이 누구신지를 알아가는 길은 하나님이 친히 자신을 계시해 주신 것들을 통하는 것이 최선이다. 무엇보다도 천지 창조의 계시를 통해서 하나님은 자신이 창조주이심을 드러내셨다. 하늘의 별과 달과 해가 하나님의 창조주이심을 웅변해 준다. 사람의 오묘한 신체 구조와 그 신체 구조들의 완전한 조합과 유기적인 연합 역시 하나님이 그 창조주이심과 주관자이심을 드러내고 있다.

율법을 통해서는 하나님이 존경과 경배를 받으실 분으로 자신을 계시하셨다. 율법의 존재 자체가 하나님은 절대 주권자요 명령권자임을 웅변해 준다. 율법에 순종하지 않는 자에게는 징계하시는 하나님이시기에 하나님은 심판주이심이 분명하다. 율법의 완전함은 하나님이 완전한 분이심을 교훈한다. 율법을 준수했을 때 복을 주시겠다는 사실은 하나님이 복 주시는 분이심을 알게 한다.

복음의 계시를 통해서는 하나님은 진리의 하나님이심을 알 수 있다. 복음은 또한 하나님을 창조주로(창 1:1), 지존하시고 영존하시는 하나님(출 34:6-7)으로 선포한다. 복음은 하나님을 긍휼과 심판과 의를 행하시는 분으로 증언한다(렘 9:24). 복음은 하나님의 심판이 날마다 악한 사람들에게 내려지고 있으며 영원한 멸망에 이르게 한다고 증언한다. 하나님의 의가 세상에서 성도들이 바르게 살아감과 동시에 의로써 지킴을 받고 의로써 그들을 양육한다고 증언한다.

하나님은 이런 일들을 진실과 권능과 거룩하심과 선하심으로써 줄곧 행하신다. 복음 안에서 하나님은 그리스도의 성육신과 죽으심과 부활하심과 승천하시고 자신의 오른편에서 영원히 계시는 영화의 언약을 성취해 내시는 분으로 선포된다.

요컨대 하나님은 진리의 하나님, 의의 하나님, 복을 주시는 하나님, 심판의 하나님, 구속해 주시는 하나님이시자 동시에 이 모든 일을 진실함과 무한한 권능으로, 거룩하심과 선하심으로 줄곧 행하고 계시는 분이시다. 사람은 하나님을 완전히 알 수 없다. 그렇다고 사람이 하나님을 아는 지식에서 어느 정도 일정한 수준이면 된다는 한계도 있지 않다.

칼빈은 『기독교 강요』 제1권 1장에서 "하나님을 아는 지식"에 관해 언급하기 시작해서 제2권 성자 예수님, 제3권 성령 하나님, 그리고 제4권 하나님의 교회에 이르기까지 "하나님을 아는 지식"을 확장시켜 갔다. 제4권의 마지막 제20장은 국가 통치에 관한 설명까지 곁들였다. 이러한 사실은 칼빈이 "하나님을 아는 지식"은 결코 중단됨이 없으며 교회를 넘어 국가 통치로까지 넓어지고 깊어져야 한다는 것을 보여 주고 있는 것으로 이해된다.

하나님 자신의 지혜와 지식, 권능과 권세, 위엄과 영광 등은 하나님에게는 더 이상 넓어지거나 깊어져야 할 것이 전혀 없다. 모든 우주 역사와 인생의 어떠한 역사도 하나님의 완전한 지혜와 지식, 무한의 권능과 권세 그 영역 안에서 일어나는 것에 지나지 않기 때문이다.

그런데도 사람은 그들이 사는 세계 안에서 일어나고 있는 사회적 변화와 우주적 변화 등을 통해서 드러내고 계시는 하나님을 끊임없이 알아가지 않으면 안 된다. 사람이 하나님의 지혜의 풍요로우심과 능력의 위대하심과 그의 진실하심과 거룩하심을 알게 될 때 그들 자신과 그 일들을 바르게 알고 하나님을 영광되게 할 수 있기 때문이다.

제2장

사람을 아는 지식

칼빈은 사람이 자신을 알아가는 것이 하나님을 아는 것과 상호 연결되어 있다고 보았다. 그의 일관된 입장은 하나님을 알아갈 때 사람이 자신에 대해서 바르게 알 수 있다는 것이었다.

사람이 하나님을 알 수 있는 것은 오직 하나님이 자신을 사람에게 계시해 주실 때이다. 하나님은 천지 창조를 통해서 자신을 계시하셨고, 율법을 통해서 계시하셨고, 복음을 통해서 계시하셨다. 하나님은 이래로 줄곧 사역하고 계신다. 이 사역 속에서 하나님은 자신이 말씀하신대로 행하시며 지금도 말씀을 중심으로 자신을 계시하신다.

천지 창조(의 계시)를 통해서 사람이 알아야 할 것이 무엇인가?

사람은 하나님의 형상대로 지음을 받아 본래적으로 하나님을 알만한 것이 그에게 부여되었다. 그렇기에 자연 만물이 자기 운동과 변화를 통해 하나님의 위엄과 영광을 드러내듯이, 사람 역시 영혼을 지닌 존재로서 자연 만물보다 더 많이 하나님을 경배해야 한다.

하지만, 사람(아담)은 피조물인 뱀의 꼬임을 받았고, 도리어 하나님과 같이 지혜롭게 되기를 탐하다가 타락하고 말았다. 사람이 하나님의 지혜를 탐한 것이 영혼의 타락이었다면 선악과를 따먹은 것은 육신의 부패였다. 그 결과는 하나님의 법에 따른 영원한 죽음이었다. 사람은 창조된 피조물들을 통해 하나님을 알고 영화롭게 하는 대신에 그 피조물에 의해 타락하여 영원한 죽음에 빠지고 말았다. 지금도 사람은 피조물들과 삶의 현실을 통하여 하나님의 임재를 알고 경배하는 대신에 오히려 피조물에 질식당하거나 그것을 숭배하는 어리석은 죄를 계속해서 저지르고 있는 것이 사실이다.

율법(의 계시)은 하나님께서 사람에게 율법을 온전히 지켜 그분께 거룩하게 예배하실 것을 요구하시고 계신다는 사실을 깨우쳐 주는 것이었다. 사람은 십계명 전체를 온전히 준수해야 한다. 하지만, 사람은 그 율법을 지키려 하지 않았으며 그것을 자의적으로 해석하거나 하나님의 계명을 무시하기까지 하였다. 율법을 온전히 다 지키지 못하면 그 누구에게도 심판과 사망이 따르는 것이 하나님의 법이다. 사람은 율법을 통해 하나님을 알아갔어야 하는데 오히려 율법에 의해 무너져 사망의 길에서 헤매는 존재로 전락하고 말았다.

그런데 율법 안에는 사람이 죄를 범했을 때 그 죄를 용서받을 수 있는 길이 함께 제시되어 있다는 사실은 주목할 만하다. 율법의 수용자들인 이스라엘 백성들에게서 이 사실이 확인된다. 하나님께서 이스라엘 백성들이 율법을 어겨서 죽게 되었을 때, 그 죄를 용서받고자 할 때는, 그에 합당한 속죄물의 제사를 드리도록 제정해 주셨다. 심판과 사망의 법이라 할 수 있는 율법 안에도 다른 의롭게 되는 길이 있다는 사실은 하나님께서 그들에게 율법을 주신 것이 그들을 사랑하셨기 때문임을 명백히 한다. 이 사랑이 율법을 통해 사람에게 다른 의의 길, 곧 다른 방식의 영생의 길을 열어 주었다.

그 길은 복음(의, 계시)이다. 복음은 하나님께서 참 하나님이시며 창조주이시자 구속주로서 사람을 부르고 계심을 밝히 드러낸다. 구체적으로 복음은 한편으로는 의인이 아무도 없다고 선포하여 사람이 모두가 죄인임을 분명히 하고, 다른 한편으로는 그 죄의 삯으로 인해 죽을 수밖에 없는 존재(롬 6:23)로부터 하나님의 의를 덧입어 영생할 수 있는 길을 선포하고 있다. 복음은 또한 그 자체 안에 하나님의 의가 나타나고 있으며, 그 의가 그리스도라고 선포한다. 그 의를 믿는 사람은 그 믿음으로 말미암아 의인으로 산다고 증언한다(롬 1:15-16).

그리스도는 의에 대하여 진리에 대하여 심판에 대하여 일체의 증언자시다. 그가 율법을 완성하셨기에 그분은 하나님께로 가는 길이요 진리요 생명이시다. 복음이 복음인 것은 하나님께서 영원한 멸망을 피할 수 없는 사람에게 당신의 아들을 성육신하게 하셔서 중보자요 속죄의 희생물로 삼아 사람이 의롭다 함을 받고 영생할 수 있는 길을 마련해 주셨다는 사실 자체다. 복음은 그렇게 생명이 하나님의 아들 그리스도라고 가르친다(요 11:25).

복음 이전의 사람의 처지는 절망과 비참 그 자체였다. 자연 만물을 통해서는 하나님을 알아 그를 경배하는 대신 그것에 꾀임을 받아 타락하거나 하나님 대신 자연 만물을 신으로 섬기는 헛된 지식을 쌓을 뿐이었다. 율법에 대하여는 그것을 바르게 지켜 하나님의 칭찬과 인정을 받고 하나님과 함께 동행하는 생활을 해야 하는데 도리어 율법을 자의적으로 해석하거나 자기 의를 세우려 하였다.

하지만, 복음이 그리스도가 율법을 온전히 지킴으로써 사람이 의롭다고 칭함을 받게 되었으며, 그와 함께 영원히 살도록 우리를 인도하시고 계심을 밝히 드러냈다. 이러한 사실들 전체가 사람이 사람을 알아야 하는 지식의 핵심이다.

천지 창조와 율법과 복음 각각을 통한 하나님의 계시는 그것들이 계시되던 당시에도 참이었고 생생한 사건들이었으며, 오늘날도 참이며 지금도 생생하다. 천지 창조는 우주와 자연 만물, 그리고 그것들의 법칙을 특성으로 하면서 하나님이 기뻐하실 정도의 수준으로 이루어졌다.

율법은 당시 이스라엘 백성들이 그 가족 단위에서부터 한 민족을 이루어가는 역사의 전 과정에서 주어졌다(칼빈의 주장대로 율법의 제정과 준수는 하나님의 법이기에 근본적으로 바뀌지 않으나 신약에 이르러서는 준수하는 형식 내지 방식만이 바뀌었다). 복음 역시 복음서들을 기록한 당사자들과 함께 살아가고 있는 현실 속에서, 달리 말하면 이 지구 안의 역사와 문화 속에서 기록된 것이었다.

따라서, 사람이 사람을 아는 지식이 증가하려면 과거의 하나님만을 아는 지식에만 머물러 있어서는 안 된다. 지금도 사람은 하나님을 아는 지식이 증가함에 따라 자신을 아는 지식도 함께 증대시켜 가야 한다.

사람은 자연사와 인간사가 동시에 일어나고 있는 세계 속에서 살고 있다. 그러므로 사람이 자신을 아는 일에 착수할 때 자신이 영유하고 있는 하루하루의 삶 속에서 시작하는 것이 최고의 방법이다. 그 출발은 사람의 영과 육신이 아담의 타락 이후로 하나님의 형상으로서의 본성은 다 부패되었고, 부모를 통해 태어남 자체도 모두 부패하고 타락하여 그 상태의 피조물로써 육신과 영을 통해 스스로는 하나님을 알 수 없게(롬 8:7) 되었음을 아는 것이다.

그리고 하나님을 알지 못하는 한 사람이 자신을 아는 지식을 포함해서 그 이외의 지식도 모두 헛된 것이 된다는 것을 아는 것이다. 그러한 지식은 창조주 하나님이시자 구속주 하나님이심을 믿고 예배하는 것이 아니기에 잘못된 것이거나 거짓의 것이 되기 때문이다(롬 1:21-23).

따라서, 사람은 범죄의 옛사람을 벗어버리고 그리스도의 의로 의롭다 함을 받아야 한다. 그것이 칭의다. 칭의와 함께 사람에게 그리스도의 의가 전가되는데 그 방식은 믿음을 통해서다. 사람은 믿음으로 말미암아 의롭다고 여김을 받고, 멸망과 죽음에 처해 있던 육신과 영이 새로 지음을 받아 새로운 사람이 된다.

물론, 사람이 육신을 지니고 있는 한 여전히 죄의 세력 하에 있는 것은 사실이다. 하지만, 의롭다 인정된 사람은 다시는 율법의 심판 아래 영원히 죽어야 했던 존재로 전락하지 않는다. 그리스도의 의와 그의 사랑, 성령의 인침과 보호와 인도 때문이다.

이때부터 사람이 자신을 아는 바른 지식이 형성되기 시작한다. 칭의의 사람은 마땅히 우주와 자연 만물의 변화와 사람들의 사회 속에 뛰어 들어 먼저 하나님의 계시하심을 배우고 깨우쳐가야 한다. 의롭게 된 사람에게 이 모든 사태는 하나님의 사역이기에 하나님을 바르게 알아 예배하기 위해 마땅히 배우고 익혀야 할 것들이다. 더 나아가 의의 사람이 자연 과학, 인문 과학, 예체능 등 모든 생활 영역에 참여하여 그 배움 속에서 자신을 알아가는 것은 일종의 사명에 속하는 것으로 너무도 당연한 일이다.

잊지 말아야 할 것은 성경(복음)이 우주 만물의 온갖 사태와 사람들의 사회 속에서 일어나는 모든 사태를 하나님의 계시로써 바르게 알게 하는 근본이자 토대라는 사실이다.

따라서, 시시각각 변하는 자연의 변화에 맞추어 자신을 알아가기 위해서 의의 사람은 날마다 성경을 읽고 묵상하고 공부해야 한다. 사람은 이렇게 하나님을 아는 지식을 통해 우주와 자연 만물과 세상의 삶의 올바름을 알게 되고 그 올바른 앎이 자신과 다른 이들에 대해서도 바르게 대할(섬길) 수 있게 한다.

언제 어디서나 그리고 지금 이 순간에도 하나님의 이적과 기사는 쉼 없이 일어나고 있다. 의롭다고 인침을 받아 영원한 삶을 살게 된 사람이라면 당연히 이 세계에 뛰어들어 하나님을 더 많이 알아가고 자신을 알아가는 일을 게을리 할 수 없다.

온 우주와 자연 만물은 변함없이 하나님이 창주주이시고 만물의 주권자이심을 보여 주고 있다. 율법은 하나님이 법을 주관하시며 거룩하시고 예배 받으실 만한 합당한 분이심을 증험하고 있다. 복음은 창조주 하나님이 그리스도를 통하여 사람의 죄를 용서하시며 구원에 필요한 일체의 조건들을 전부 완수하시고 영원히 살 수 있는 새 하늘과 새 땅을 예비하신 분으로 계시하고 있다.

사람은 소우주로서 하나님께서 그의 지혜를 풍부하게 밝혀 두신 존재다. 인체 구조의 조직, 균형, 아름다움, 작용 등등이 창조주의 기묘함을 드러낸다.

하나님의 작품 (그것이 진정으로 하나님의 작품인 한) 각각에는 그리고 그것들을 다 모은 전체에는 하나님의 능력이 판에 그린 것처럼 그려져 있다. 그 능력으로 하나님을 인식하는 데 이르고, 그 능력에 따라서 전체 인류가 참되고 충만한 행복에 초대된다(제1권 5장 10절).

사람(우리)의 영혼은 하늘과 땅을 두루 살피며, 과거의 것들을 미래의 것들과 연결하고, 이전에 들었던 것들을 기억 속에 간직하고, 좋아하는 것은 무엇이든 자기 속에 그려보기도 하고, 믿을 수 없을 정도로 무언가를 고안해 내는 창의성을 지니고 있으며, 우리에게 심겨진 판단력으로 의와 불의 사이를 판단할 수도 있다(제1권 5장 5절).

그러므로 의롭다 함을 입은 참 사람은 하나님의 계시인 우주와 자연과 사회 속에서 하나님의 위엄을 발견하여 그를 예배하고 찬양하는 것을 알아가야 한다. 율법을 통해서는 죄가 무엇인지를 알아 죄를 범하지 않는 삶을 훈련하며 실천해야 하며, 복음을 통해서는 하나님의 양자이자 그리스도의 형제자매임을 알아 그 지위에 맞게 살아 그리스도의 분량에 이르는 지식을 쌓아가야 한다.

우리의 영혼을 순결하게 하여 구주 예수 그리스도의 삶을 흠모하며, 그분의 태어남과 성장과 십자가 지심과 부활 등의 순간순간의 그리스도의 판단력을 본받아 우리의 판단력을 훈련하여 우리도 세상에 대한 판단에서 늘 승리하는 하나님의 소우주의 실상을 증험해 내야 한다. 참 사람은 죄가 가져오는 처참하고 참담한 자신의 처지를 바르게 인식하고서 그에 맞서서 그 죄를 범하지 않으려 해야 한다.

참 사람이라면 여기서부터 분연히 떨치고 일어나 머리와 더불어 몸이 함께 따르는 지식을 쌓으며, 논리와 더불어 행위가 동반하는 실천을 배우고, 매사에 부지런함으로 힘쓰며, 평안함과 여유로움, 그 위에 즐거움을 갖추고서 부여된 사명을 찾아 완수해야 한다.

제3장

성경의 진리성과 무오류성

　창조주 하나님께 이르고자 하는 사람마다 성경이 그에게 지도자와 선생이 되어야 한다는 것이 칼빈의 일관된 입장이다(제1권 6장 사람에 대한 신학적 이해). 그는 성경이 진리임을 철저히 믿었고 그에 대한 의심이 전혀 없었다.
　그 당시 로마가톨릭교회는 교회가 성경이라고 인정할 때만 성경이 될 수 있다는 헛된 주장을 하고 있었다. 칼빈은 이 사악한 주장에 대해 성경은 그 자체로 진리이며 그 자체로 권위를 지니고 있기에 (로마가톨릭)교회의 인정 따위는 전혀 필요가 없다고 반박하였다. 그리고는 로마가톨릭교회 사제들에게 성경이 어떻게 진리인지를 역사적 사례를 들어 증명하였다.
　칼빈은 성경이 공표된 이래로 수많은 세대의 사람들이 같은 뜻을 가지고 그 말씀에 순종해 왔다는 역사적 사실을 통해 성경이 진리로 인정되었음을 실증하였다. 성경이 진리가 아니었다면 결코 그렇게 오랫동안 그렇게 많은 사람에게 받아들여질 수 없었다는 이유에서였다. 또한, 세상의 모든 권세가 합심하여 성경을 파괴하려고 시도해 왔는데도 그들의 모든 시도가 지금까지 다 연기처럼 사그라지고 말았다는 사실을 근거로 해서 성경이 진리임을 주장하였다(제1권 8장 12절).
　이 두 가지 사실들은 성경이 하나님의 말씀이라는 사실과 성경에 대한 확실성은 오직 성령이 내적으로 사람을 감화시킬 때 가능하다는 것을 증명해 주기에 충분하다. 성경이 사람에게 하나님을 아는 구원의 지식이자 진리로 실제화·실체화될 수 있는 유일한 길은 성령의 깨우침과 믿게 해주심이다. 성령이 성경의 저자라 하는 이유도 여기에 있다.
　성경은 그 자체로 자신의 진리성을 증명하는 말씀들을 담고 있다. 대표적으로 태초에 말씀이 계셨다(요 1:1)는 증언과 성경이 하나님의 감동으로 쓰였다는 말씀(딤후 3:16), 그리고 성령의 감동을 받은 사람들이 하나님께 받아 말했다는 것(벧후 1:21)과 성경이 빛이시자 변함이 없으신 하나님의 말씀(약 1:17)이라는 증언 등이다.

그리고 이 성경은 모세나 선지자들, 사도들에 의해서 기록될 때에 그들이 살아가던 시대와 상황 속에서 우리에게 주어진 것이다. 성경의 기록자들은 모두 자신들의 시대와 사회 속에서 사용되던 언어들과 문장 구조들, 사회 문화적 배경 속에서 성경을 기록하였다. 하나님께서 성경을 우리에게 주신 이유는 우리가 하루하루 말씀을 듣기보다는 자신의 진리를 거룩하게 하셔서 오직 성경 안에서 영원히 기억되게 하시기를 더욱 기뻐하셨기(요 5:39) 때문이다.

성경이 처음 기록되기 시작한 것은 십계명이 돌판에 새겨지던 구약시대 때부터였다. 하지만, 그 당시는 필기 용품 등이 거의 전무했기에 기록물을 남기는 데는 한계가 있었다. 아마 토라(모세오경)는 돌판과 같은 유물들을 통해서보다는 구전의 형식으로 더 많이 전해졌을 것이다.

그 후 이스라엘 백성들이 바벨론의 포로로 끌려가서 바벨론 유수(BC 587년-538년)의 시대를 당하게 되면서 그들이 지금까지 살아왔던 자신들의 역사와 정신을 보존할 필요성을 느끼게 되었다. 그 결과 다양한 구약의 사본이 많이 기록될 수 있었다. 이러한 사본들을 토대로 후에 구약성경이 성립된 것이다.

현존하고 있는 최고의 대표적인 구약성경(사본)은 BC 3세기경에 성립된 칠십인경(The Septuagint or LXX)과 AD 10세기경의 마소라 텍스트(The Masorah Text) 등이다. 칠십인경은 이집트의 알렉산드리아에서 유대인 율법학자들 70인(일설에 의하면 12지파에서 각각 6명의 율법학자를 선발하였는데 2명의 학자가 -병으로- 번역에 불참한 것으로 전해지기도 한다)에 의해 코이네 헬라어로 번역되었다. 그것은 처음에는 토라(가르침)만을 번역한 것이었는데, 후에 2-3세기에 걸쳐서 나머지 네비임(예언서들)과 케투빔(기록들)이 번역되면서 구약성경으로 온전하게 편찬되었다.

마태, 마가, 누가, 요한의 네 사도가 모두 그들 이전에 기록된 성경을 인용하고 있는데 그 성경이 칠십인경을 가리킨다는 것이 거의 확실하다. 칠십인경 이외에도 다른 여러 히브리 성경 사본들이 있었다. 하지만, 칠십인경이 다른 어떤 사본들보다 권위 있는 성경으로 인정되었고 지금도 인정되고 있다.

한편, 마소라 텍스트는 AD 7-AD 10세기 사이의 약 3백 년 동안 활동했던 마소라 학파와 마소라 학자들에 의해 편찬되었다. 마소라는 히브리어로 '마소

레트'(חֶבֶל, 줄이나 끈)로서 '연결'을 의미한다(겔 20:37). AD 132-AD 136년 사이에 시몬 바르 코크바(Bar Kokhba)가 로마에 대항하여 반란을 일으켰는데, 이 때에 약 58만 명의 유대인들이 목숨을 잃었다. 수많은 사람이 포로로 잡혀갔고 노예로 팔려 나갔다.

로마제국은 이 반란을 계기로 유대인들에게 예배에 참석하는 것을 빼고는 예루살렘에 거주하는 것을 금지했다. 그리고는 유대인들을 동쪽 바벨론 지역의 티베리우스나 예루살렘의 팔레스타인 지역, 이 두 곳으로 강제 이주시켰다. 이들이 서로 다른 지역에 거주하며 교류를 하지 못하고 지내는 가운데 AD 5세기가 되었을 즈음에는 이 두 지역의 언어와 문화가 서로 다르게 되어 문화적 소통이 곤란할 지경까지 이르렀다.

이때 마소라 학자들(the Masoretes, 서기관 학파와 토라 학파의 학자들이 중심)이 바빌로니아에 거주하던 학자들과 더불어 서로를 소통시킬 수 있는 새로운 성경 편찬에 착수하였다. 그렇게 해서 AD 10세기경에 성립된 것이 마소라 텍스트였다. 이것은 히브리어 발음이나 억양 등을 성경에 표기해 두어서 후대의 이스라엘 젊은이들에게 이해할 수 있게 하였고, 여백을 두어 다양한 아람어 방언까지 포함하여 번역 수록된 것이 특징이다.

신약성경은 AD 45-AD 100년 사이에 성립되었다. 그것은 야고보서(AD 45년)를 시작으로 (어떤 학자는 바울의 갈라디아서 -AD 47년 전후 성립- 를 최초의 신약성경으로 보기도 한다) 해서 최종적으로 요한의 저서들(요한복음, 요한 1,2,3서, 요한계시록)의 순으로 완성되었다.

칠십인경과 신약 사본들을 저본으로 하여 라틴어로 번역된 것이 불가타 성경(AD 405년 제롬이 번역)이다. 그 후에 대표적으로 킹제임스 번역성경(King James version, 1607년에 영국의 학자 47명이 번역에 착수하여 1611년에 완역되었고 1612년에 로마 체로 처음 출판되었다. 그 후 1629년, 1638년, 1762년, 1767년 4차례에 걸쳐 교정되었다)이 출판되었고 이어서 세계 여러 나라에서 많은 성경 번역서가 출현하게 되었다. 중국과 우리나라에 번역된 성경들도 이러한 사본들을 토대로 번역되었다는 것은 말할 필요가 없다.

그런데 칠십인경 번역본 안에 히브리어를 오해하여 잘못된 번역이 있다는 사실들이 밝혀지게 되었다. 로마가톨릭교회 사제들이 라틴어 성경을 사용하여 설교할 때 바르게 해석하지 못하거나 지나치게 자의적으로 해석하는 일이 빈번하였는데 그것은 히브리 성경의 용어와 문장을 잘못 이해해서 번역된 것이 원인이었다(대표적으로 미켈란젤로가 모세상을 조각할 때에 히브리어 '카란'(קָרַן, 빛)을 '카렌'(קֶרֶן, 뿔)으로 오해하여 모세의 머리에 두 개의 뿔을 넣었던 사건이다).

중국의 성경 번역도 예외는 아니다. 중국에 성경이 최초로 들어온 것은 당나라 태종 때(635년) 네스토리우스파 선교사 아라본(阿羅本, Rabban Oloen)이 당의 수도인 시안(西安)으로 성경을 가지고 들어오면서부터였다(이환진, 〈중국어 성서번역사〉, 『성서와 함께』, 1989년 제17집 1호). 그 후 10년이 지났을 때 경정(景净, 페르시아인)이 중국 문인의 도움을 받아 〈존경〉(尊經, 경교경전)을 중국어로 번역하였다. 이 번역은 음역과 의역을 함께 섞어 번역한 것이었으며 문구도 이해하기 어려웠다.

대체로 중국에서의 성경 번역은 선교사가 중국에 거주하면서 어느 정도 한자와 중국 문화를 익히고 난 후에 그가 먼저 주석을 달면 중국 문인이 그것을 윤문하는 형식으로 이루어졌다. 이런 사정은 16세기에서 19세기 중반까지 이어졌으며 심지어 성경 번역을 문학화하는 경향까지 생겨났다.

우리나라에서 최초의 한글 성경 번역은 존 로스 선교사(John Ross, 1842-1915)의 주도 하에 이응찬과 김진기, 이성하, 백홍준, 서상륜 등에 의해서 번역된 [예수셩교누가복음젼셔]이다. 이 번역 작업은 1877년에 시작되어 1882년에 완성되었다. 그 후 1886년 가을에 『예수셩교젼셔』(신약 전체)가 완역되었다.

구약성경 번역은 알렉산더 알버트 피터스(Alexander Albert Pieters, 1871-1958) 목사에 의해 최초로 이루어졌다. 그는 1898년에 시편의 일부를 우리말로 번역해서 『시편촬요』를 출간하였는데 그것이 우리나라 역사상 최초의 한글 구약성경 번역본이었다.

그 후 상임성서실행위원회(1887년 조직)가 중심이 되어 1904년부터 구약 번역에 힘을 쓰면서 1910년 4월 2일 오후 5시에 구약 전체의 번역을 완료하게 되었다. 다음 해인 1911년 3월에 『구약젼셔』가 인쇄되었고, 5월에는 신구약 3권으로 된 『셩경젼셔』가 출간되었다.

영국이든 중국이든 우리나라든 이상의 성경 번역들이 모두 완벽하여 일점일획도 어긋나지 않게 완전한 번역이라고 주장한다면 이것은 사람의 교만이라고 할 수밖에 없을 것이다. 성경은 분명히 사람들의 언어를 사용하여 기록되었고, 언어 현상은 사회적 현상이기에 성경 번역의 과정에서 일정 부분 피할 수 없는 한계가 있음은 부인할 수 없다.

스위스 언어학자 소쉬르(Ferdimand de Saussure, 1857-1913)에 따르면 언어작용(현상)에는 발음작용, 청각작용, 사회적 소통 활동 등이 있다. 언어작용이란 누군가가 발음을 하면, 그것을 듣고 그 내용이 사회적으로 서로 공유되고 소통되는 것이라는 말이다. 또한, 언어가 의미를 내포하고 그대로 전달되기 위해서는 그것을 담는 문자 체계가 필요하다. 문자 체계는 상당한 세월의 흐름 속에서 언어의 통일이 이루어지는 조건을 따라 이루어진다.

언어와 문자 체계가 필요한 것은 그것들이 어떤 사람의 의사나 생각을 언어(낱말 또는 용어)와 문자 체계를 통하여 다른 사람에게 그대로 전달하게 하는 수단이 된다는 데 있다. 누군가의 의식 세계가 문자 형식을 통하여 글로 써지고 음성으로 말해짐으로써 그것을 듣는 다른 사람이 그 발화자의 의식을 바르게 이해할 때 의미 전달은 완성된다.

그렇다면 언어와 문자 체계의 전달 영역에서는 첫 발화자의 의식과 정신이 그 자체로 온전히 그것을 듣는 사람에게로 의식적 전이가 이루어질 수 있느냐가 관건일 것이다.

번역한다는 것도 어떤 한 언어와 그것의 문자 체계로부터 다른 언어와 그것의 문자 체계를 수단으로 하여 최초 발화자의 뜻을 개인적으로나 사회적으로 서로 공유하고 이해하며 소통할 수 있게 하는 것이 핵심이다. 이런 의미에서 본다면 발화자의 뜻이 바르게만 전달될 수 있다면 언어나 문자 체계 그 자체는 바른 의미의 전달을 위한 수단에 불과한 것이라 하더라도 전혀 틀린 말이 아니다.

성경이 진리인 이유가 여기서 드러난다. 성경의 저자가 하나님이시다. 하나님은 진리이시기에 그분의 말씀인 성경은 진리다. "태초에 하나님이 천지를 창조하시니라"(창 1:1)는 사람의 검증과 확정을 거쳐서 쓰인 언어와 문자 체계가 아니라 하나님께서 친히 창조하셨다는 것을 드러내는 말로써 그 자체로 진리다. 이 진리가 진리로 전달되기 위해 언어와 문자 체계를 따라 "태초에 하나님이 천지를 창조하시니라"라고 표기되었을 뿐이다.

이것을 진리로 믿게 되는 것은 성령께서 그것을 진리로 믿게 하실 때이다. 이러한 진리의 전이 과정에서 언어나 문자 체계가 하는 일이란 단지 "태초에 하나님이 천지를 창조하셨다"라는 사태를 표현하고 있을 뿐이다. 그렇다면, 성경 안에 기록되어 있는 언어와 문자 체계에 약간의 오류나 잘못된 번역이 있다고 하더라도 그것들이 성경의 진리성을 결코 해칠 수가 없다. 왜냐하면,

본래의 발화자가 진리이시고, 그 발화의 내용들을 진리로 깨닫게 하시는 이가 성령이시기 때문이다.

그 사이에서 언어나 문자 체계는 단지 어떤 사태들만을 적시하는데 지나지 않는다. 그러므로 오늘날 포스트모더니티나 현대 과학 등과 같은 학문들이 제아무리 명제들을 해체해야 한다거나 그에 관한 판단을 보류해야 한다고 주장하더라도 성경의 진리성에는 아무런 영향을 미치지 못한다.

그 학문이 하나님의 본성에 아무런 영향을 미칠 수 없고, 성령의 지혜와 보혜사 되심을 바꾸게 할 수 없기 때문이다. 이 사실을 종합하면 사람의 한계나 계획이나 그 어떤 수단도 성경의 진리성을 방해할 수 없는 것이다.

다시 말하지만 성경은 진리다. 하나님이 진리이시고 그분의 말씀이기에 성경은 진리다. 동시에 진리이시며 보혜사이신 성령의 깨우침과 감동하게 하시는 게 있어야만 성경을 진리로 믿을 수 있기에 성경은 진리일 수밖에 없다. 이것이 사실이라면 사본이든 번역본이든 성경은 진리일 뿐이다. 그래서 성경에는 오류가 있을 수 없다. 그 역은 성립되지 않는다. 즉, 오류가 없어서 성경이 진리가 되는 것은 아니다.

성경은 오직 사람들이 믿고 구원을 얻으라고 주어진 진리의 책이다. 그것은 사람이 이것을 진리인지 아닌지 검증해 보라고 주어진 것이 아니다. 사람에게는 성경을 진리로 믿을 것인가 말 것인가의 선택만이 주어져 있다. 하나님께서 그리스도를 세상에 보내신 것이 그를 하나님의 아들로 믿어 구원을 얻게 하려는 것과 전적으로 같은 맥락이다.

진리는 그 자체로 진리다. "태초에 하나님이 천지를 창조하시니라"는 진리다. 물리학이나 자연 과학 등이 이 진리의 말씀을 검증해 낼 방법이 없다. 만약에 물리학과 자연 과학 또는 어떤 다른 학문이라도 각 학문 자체의 논리나 문자 체계로 성경의 진리성을 검증하려 한다면 그것은 마치 축구 경기의 규칙을 가지고서 야구 경기나 농구 경기 등을 평가하려는 것처럼 전혀 말이 되지 않는 일이다. 성경은 성경 이외에 어느 것도 그 진리성을 평가할 수도 검증할 수도 없다.

사람에게 있어 성경이 하나님의 말씀이라는 믿음, 그리스도가 성육신하셔서 그 말씀이 모두 진리임을 친히 증명하셨다는 믿음, 성령이 진리로 믿게 하며 감동하게 하신다는 믿음이 있을 때만 그에게 진리가 된다.

정경과 외경 또는 위경의 구분도 오직 이러한 사실에 의해서만 판가름 난다. 정경은 그 자체로 하나님의 말씀임을, 그리스도의 성육신을, 그리고 성령의 깨우침을 모두 충족시킨다. 외경이나 위경은 그렇지 못하다. 그것들은 하나님의 말씀이라고 하기에는 인간적이고, 그리스도의 성육신을 불신하며, 성령의 밝혀주심과 깨닫게 하심 등을 증명하지 못하거나 담고 있지 않다.

결론적으로, 성경은 하나님의 말씀이기에 그리고 성령께서 그것이 하나님의 말씀이요 진리라고 증언하며 감동하게 하기에 진리다. 성경에 대한 오역이나 오해, 오류, 혹은 그것을 잘못 해석하거나 자의적으로 설교하는 것 등은 모두 사람의 죄성에서 나온 결과들이고 자신이 감당해야 할 몫이다. 이러한 현상은 교회와 사람의 몸이 하나님이 거하시는 거룩한 전인 것은 맞지만 그들에게 언제나 죄악과 악행 또는 부족함 등이 있는 사정과 다를 바 없다.

그런데도 참 신앙인은 성경에 대한 올바른 번역, 올바른 설교, 전적인 순종 등을 위해 죽도록 헌신하면서 성경의 진리성을 온몸과 온 맘으로 증명하며 실천해 나가야 한다. 누구보다도 목회자와 신학자들은 가장 정확하고 고상한 언어와 문자 체계를 사용하면서도 가장 알기 쉽고 진실하게 하나님의 진리를 구현하는 일에 헌신하지 않으면 안 된다.

제4장

삼위일체 하나님

칼빈은 하나님을 한 분이시고 불가해하며 무한하시다고 선포하였다(제1권 13장 1-2절 참조). 또한, 그는 하나님이 한 본질(ὁμοιούσιος, essence) 안에 있는 세 인격(three persons)의 하나님으로 계시며 이 한 분 하나님의 본질은 순일하고 분할되지 않는 영으로 증언하였다(제1권 13장 20절 참조).

이상을 종합하면 하나님은 '한 분'이시며, '불가해하고 무한하며', '순일하고 분할되지 않는' '영'이시라는 것과 '삼위일체'의 두 영역으로 구별하여 정리될 수 있다. 이에 따라 '한 분'이시며 '불가해하고 무한하며' '순일하여 분할되지 않는 영'과 삼위일체 두 부분으로 삼위일체 하나님에 대해 살피는 것이 바람직하다.

하나님의 본질은 '한 분'이다. 한 분이라는 사실은 하나님 이외에는 다른 하나님이 없음을 명백히 밝힌다. 한 분이시기에 하나님은 '유일한'(sole) 분이시다. 한 분 하나님은 그 자신이 어떤 역사를 이루어가시든, 그때마다 언제나 한 분이시며 한결같으시다. 하나님의 모든 역사가 늘 한결같고 유일한 이유다.

이 사실은 하나님의 모든 역사가 연합하여 하나의 사태로 조화된다는 것을 의미한다. 즉, 하나님은 무슨 일을 하시든 완전하고 완벽한 연합을 이루시는 한 분이시다. 하나님은 천지와 만물들과 사람을 창조하시고 그들을 통치하시며 유지해 가시는 데 있어서 유일하시고 독특하시면서도 하나 됨의 연합을 이루고 계신다.

하나님의 본질이 '불가해하고 무한하다'는 것은 사람이 아무리 거룩한 마음으로 하나님을 예배하고, 경배하며, 그를 고백한다고 할지라도 그것들이 결코 하나님을 완전히 드러내 표현할 수 없음을 뜻한다. 사람이 하나님에 대해 어떠한 생각을 한다 한들, 어떤 지식을 가지고 있다 한들 그분을 완전히 알 수는 없다.

하나님은 한정이 없으시고 무한하시다. 이 하나님의 무한하심에 감탄하여 사도 요한은 하나님의 행하신 일들을 일일이 다 기록해 놓을 수 있는 책도 그 책을 보관할 장소도 없다고 증언하였다(요 21:25).

아버지 하나님께서 창조를 주장하시고 심판과 구원의 계획을 세우시고 실행해 내시는 그 역사를 사람은 도저히 알 길이 없다. 아들 하나님께서 세상에 오셔서 죽으시고 다시 사신 이유를 사람이 헤아릴 수 없다. 헤아려 보았자 그래서 그 헤아린 것을 우리가 고백하고 글로 옮겨 놓는다고 해 보았자 하나님은 이미 다른 역사를 하시는 여전히 한 분 하나님으로 계실 뿐이다.

헤아려진 하나님, 글로 옮겨진 하나님은 그렇게 글자로 사람들에 의해서만 통용될 뿐, 그리고 하나님께서 그 글을 그대로 인정해 주실 때에만 그렇게 알려질 뿐, 우리의 글자에 의해 한정될 수 없으시다. 사람들의 어떠한 경험을 통해 하나님을 증언했다 하더라고 하나님은 여전히 불가해하고 전혀 그 한계가 규정될 수 없는 그런 하나님으로 계신다.

하나님의 본질이 "순일하고 분할되지 않는다"라는 것은 하나님이 영이심을 보여 준다. 그리스도 자신이 하나님을 영이시라고 부르셨다(요4:24). 하나님은 영이시기에 분할될 수 없다. 순일하시기에 형상화될 수 없다. 형상화되는 순간 순일함이 부분으로 나뉘게 되고 불순함이 끼어든다. 하나님의 본질은 오직 순일(純一, 다른 것이 섞이지 않아 순수하고 하나같으시다)하신 영이시다는 것 외에 다른 말이나 사태가 끼어들 수 없다.

이상을 정리하면, 하나님의 본질은 한 분(하나)이시며, 불가해하고 한정이 없으시며, 신령한 영으로 정의될 수 있다. 그런데 사람은 하나님의 하나 됨의 실상을 알 수 없다. 하나님은 한정됨이 없으신 분이기에 사람은 하나 님을 알 수가 없다. 영이신 하나님이시기에 사람은 하나님을 알 길이 없다. 오직 하나님께서 자신을 사람에게 드러내어 알려 주시지 않는 한 사람은 하나님을 알 길이 없다.

하나님께서 성경 안에 자신을 드러내셨다. 하나님이 자신의 본질을 아버지 하나님으로, 아들 하나님으로, 성령 하나님으로 각각의 인격을 통해서 구체적으로 계시하셨다. 아버지 하나님은 아들 하나님이신 그리스도를 세상에 보내시고 자신이 그를 낳았다고 하셨다. 이 사실이 아버지 하나님은 한 분이시고 불가해하여 한정될 수 없으시며 신령한 영이시지만 아들을 세상에 보내신 분이시자 우리를 위해 자기 아들을 낳으신 분으로 밝히 드러내 준다.

아들 하나님은 아버지 하나님을 사랑하셨고 그의 뜻과 명령에 순종하셨으며 사람을 구원하시기 위해 십자가를 지셨다. 아들 하나님 역시 한 분이시고 불가해하며 한계가 없으시고 신령한 영이시지만 우리에게 아들로서 아버지 하나님을 경배하며 순종하시는 하나님이심을 드러내어 보여 주신다. 이를 통해서 우리는 하나님이 말로만이 아니라 진실로 실제적이고 구체적으로 우리를 사랑하시는 하나님이심을 알 수 있게 된다.

성령 하나님은 아버지 하나님께서 말씀하시고 섭리하시고 역사하신 것과 아들 하나님께서 하신 모든 일이 진리라고 증명하신다. 성령 하나님은 사람들의 믿음이 흔들릴 때마다 그들을 지키셔서 끝까지 아버지 하나님과 아들 하나님의 뜻대로 하나님의 자녀가 되게 하시는 하나님이심을 드러내신다. 성령 하나님 역시 한 분이시고 불가해하며 한계가 없으시고 신령한 영이시다.

동시에 삼위 하나님은 일체(一體)시다. 성경이 이 사실을 증명한다. 그렇다고 세 하나님이 모여서 하나의 또 다른 하나님이 되는 것은 결코 아니다. 아버지 하나님과 아들 하나님과 성령 하나님이 각자 자신의 인격(또는 위격位格, persons)을 보존하시면서도 일체, 곧 완전하고 완벽하게 연합을 이루신다.

이 삼위의 일체와 연합을 사람은 도무지 이해할 길이 없다. 굳이 이유를 붙이자면 삼위 하나님이 한결같은 한 분이시고, 불가해하며 한정이 없으시고, 신령한 영이시기에 이처럼 완전하고 완벽한 연합을 이루신다는 말 외에 달리 할 말이 없다.

중요한 것은, 하나님의 본질이 삼위 하나님, 곧 아버지 하나님과 아들 하나님, 그리고 성령 하나님의 각각의 역사하심에 의해서 구체적으로 실증되고 있다는 사실이다. 삼위 하나님은 하나님의 본질에 속해 있는 실체들(substances)인 것이다.

논의를 계속하기 위해 우리는 하나님의 본질을 사람이 알 수가 없다는 사실을 다시 한번 분명히 해야 한다. 사람은 오직 성경의 증언을 따라서만 아버지 하나님, 아들 하나님, 성령 하나님을 알 수 있다. 성경은 하나님께서 사람에게 자신을 알게 하려고 "입으로 말씀하셨다"라거나 "복수하신다"라거나 "낳으셨다"라거나 "내려가서 보신다"라거나 "보내셨다" 등등으로 증언하고 있다.

이러한 말씀들은 하나님이 하나님의 형상대로 사람을 지으셨다는 것에 대한 하나님 자신의 증언이시며 사람을 얼마나 존귀하게 여기시는지를 보여 주는 것들이다. 아들 하나님이 "십자가에 달리신다"라거나 "생명의 떡"이라거나 "생수의 강"이라고 하신 것 역시 사람을 얼마나 사랑하시는지를 드러내고 있다.

성령 하나님이 무지한 인간들, 곧 아들 하나님을 부정하고 죽게 한 인간들에게 아버지 하나님과 아들 하나님을 믿어야 하며, 그분들이 진리이며 오직 그분으로 인해 구원을 얻을 수 있다고 가르치는 그 자체가 사람을 얼마나 많이 사랑하는지를 보여 준다.

더 나아가서 삼위 중에 한 분이신 아버지 하나님은 아들 하나님이나 성령 하나님과는 달리 천지 만물과 사람의 시작 일체가 아버지 하나님 자신으로부터 비롯되었음을 분명히 하신다. 아버지 하나님은 삼위의 순서에서도 처음이시다. 아버지 하나님이 자연스럽게 전체 신성의 시작이자 원천이 되시는 것이다. 그의 인격의 시작 역시 하나님 자신이시다. 그는 자기의 섭리를 조절하셔서 인간 사회를 경영하시며 모든 자연을 다스리신다. 하나님의 권능과 지혜는 결코 어둠 속에 숨겨져 있지 않으며 최고의 기회를 좇아 경영하시고, 모든 것을 자신의 최고의 방법에 맞추신다(제1권 5장 6-8절).

동일한 논리가 성자 하나님에게도 적용된다.

> 빛이 있으라(창 1:3).

그 말씀의 능력이 즉시 나타난 것으로 보아 말씀이 빛보다 먼저 계신 것이 분명하다. 말씀은 하나님과 함께 거하는 영원한 지혜다. 이 말씀의 영이 선지자들을 자신의 기관들로 삼아 말씀을 기록하게 하셨다. 솔로몬 왕은 사물들의 창조와 모든 작품을 주재하는 지혜가 창세 전부터 났다고 소개하였다(잠 8:22).

이사야 선지자는 그의 이름을 이렇게 칭했다.

> 전능하신 하나님이라 영존하시는 아버지라(사 9:6).

사도들 역시 증언한다.

> 아들을 통하여 세상이 지어졌고 말씀으로 만물을 운행하신다(히 1:2-3).

요한은 태초에 말씀이 계셨고 이 말씀이 하나님이라고 함으로써 말씀에 온전하고 영원한 본질을 부여하였다(요 1:1-3). 사도 바울은 "우리가 다 한 번은 그리스도의 심판대 앞에 서리라"(롬 14:10)라고 하여 그리스도가 심판 주이심을 분명히 한다. 그는 또한 "그가 위로 올라가실 때 사로잡혔던 자들을 사로잡으시고"(엡 4:28; 시 68:18)라고 하여 하나님에게만 적용되는 영광을 그리스도에게 돌렸다.

히브리서에서는 "주여 태초에 주께서 땅과 하늘의 기초를 두셨으며"(히 1:10; 시 102:25)라고 하여 그리스도의 신성을 인정하였다. 바울 사도는 아예 "그는 근본 하나님의 본체시나 하나님과 동등 됨을 취할 것으로 여기지 아니하"(빌 2:6)셨다고 하여 아들 그리스도가 하나님의 본질이심을 분명히 하였다(제1권 13장 7-11절 참조).

성령 하나님은 하나님의 영으로 깊음 위에, 혹은 무형의 물질 위에 운행하셨다(창 1:2). 세상이 활기 있고 생동감이 넘치게 되는 것은 성령의 능력 때문이다. 이사야는 "이제 여호와께서 나와 그의 영을 보내셨느니라"(사 48:16)라고 하면서 하나님의 최고의 통치권을 성령과 나누시는 것으로 이해하였다.

성령 하나님은 모든 곳에 퍼져 계시므로 모든 것을 보존하시고, 자라게 하시며, 하늘과 땅 가운데서 생육하게 하신다. 성령 하나님이 하나님의 깊은 것까지도 통달하시기에(고전 2:10) 아들 하나님과 같이 신성의 고유한 모든 직분을 담당하신다. 능력, 거룩함, 진리, 은혜, 그 외의 일체의 선한 것이 성령 하나님으로 말미암는다.

바울 사도는 하나님의 영이신 성령이 우리 안에 살고 계시기에 우리가 하나님의 성전이라고 주장하였다(고전 3:16-17; 6:19; 고후 6:16). 성령을 속이면 하나님을 속인 것이 된다. 그 죄는 용서될 수 없다. 성령께서 진리의 영이시며 진리를 증언하시고 확증하시며 진리 안에 있도록 견인하신다(제1권 13장 14-15절 참조).

삼위 하나님의 세 인격의 관계에 관해서는 그리스도가 자기와 관계해서는 하나님을 아버지 하나님이라 부르시고, 하나님에 대해서는 아들이라 불리신다. 아버지 하나님은 자기와 관련해서는 하나님이시고, 아들과 관련해서는 아버지라고 불리신다. 그러므로 그가 아들과 관련해서 아버지라고 불리시는 한 그는 분명히 아들이 아니시다. 그리스도가 아버지와 관련해서 아들이라고 불리시는 한 그가 아버지가 아닌 것도 분명하다.

그런데 하나님은 지극히 순일하신 한 분이시고, 아들은 아버지와 함께 한 분 성령을 소유하시므로 아버지와 함께 한 분 하나님이시다. 한편, 성령은 아버지와 아들의 영이시기에 역시 아버지와 아들과 다르지 않다. 더욱이 성령은 "그리스도의 영"(롬 8:9)이시면서 또한 "그리스도를 죽은 자 가운데서 살리신 이의 영"(롬 8:11)이 되시기도 한다.

따라서, 성령 하나님은 아버지와 아들에 대해서는 보내심을 받은 영이시지만 동시에 죽은 자를 살리시는 영으로써 하나님과 동등하시다. 이상에서 삼위의 하나님은 서로 동등한 동일본질의 하나님이심이 증명된다.

삼위 하나님은 믿음과 세례가 하나라는 사실에 의해서도 한 분 하나님이심이 증명된다.

> 주도 한 분이시오. 믿음도 하나요 침례도 하나이다(엡 4:5).

믿음이 하나이기에 하나님은 한 분이실 수밖에 없다. 오직 한 세례를 통하여 한 분 하나님에 대한 믿음과 그 종교 속으로 들어갈 수 있기에 삼위의 하나님은 한 분이시다. 그리스도는 세례를 아버지와 아들과 성령으로 베풀라고 하셨다(마 28:19). 이런 사실에 근거할 때 하나님은 그 본질 안에 세 인격이 주재하며, 세 인격 안에서 하나님이 한 분으로 계시는 것이 확실하다.

그러므로 사람은 한 믿음과 한 세례를 통하여 아버지와 아들과 성령을 믿어야 한다. 삼위의 하나님은 각각 한 분이시고 불가해하고 한정이 없으시고 영으로 계시는 동일본질의 존재(being)시다.

따라서, 우리가 아버지 하나님을 부르든, 아들 하나님을 부르든, 성령 하나님을 부르든 모두 동일본질의 하나님을 부르는 것이 된다. 우리가 한 믿음과 한 세례로 삼위 하나님 중에 누구를 고백하든 한 분이시며 불가해하시고 한이 없으시며 신령한 영이신 하나님께서 언제 어디서든 스스로 완전하고 완벽한 연합으로 계시면서 우리의 고백을 흠향하시기 때문이다.

이제 결론을 맺자.

하나님은 한 분이시며, 불가해하고 한정이 없으시며, 영이시다. 한 분이시기에 유일하시며 완전한 연합 그 자체로 계신다. 영이시기에 결코 형상화할 수가 없으며 어디에서나 계시며 언제든 계실 수 있다. 그분의 일체 됨과 연합은 우리가 도무지 이해할 수 없다. 우리가 하나님을 알기 위해서는 하나님께서 자신을 우리에게 드러내어 주시는 것 외에 달리 방법이 없다. 하나님께서는 천지 만물과 성경 등을 통해서 자신을 드러내셨다.

특히, 성경은 하나님을 아버지 하나님, 아들 하나님, 성령 하나님으로 드러내었다. 하나님께서 삼위 하나님으로 자신을 보여 주심 자체가 우리를 향하신 하나님의 사랑이요 겸손이다. 한편, 아버지 하나님과 아들 하나님과 성령 하나님은 서로 인격이 구별되나 분할되지는 않으신다.

일체와 연합을 이루시어 언제 어디서나 한 분으로 계시기 때문이다. 우리는 삼위의 하나님 누구를 부르든지 믿고 세례를 받으면 구원을 얻는다. 우리가 누구를 부르든 삼위 하나님은 한 분으로 일체하시고 연합하여 우리의 죄를 용서하시고 우리의 경배를 흠향해 주신다.

이렇게 하나님은 너무도 분명하게 우리에게 하나님을 알고 믿어 영생을 얻게 하는 길을 닦아 놓으셨다. 이 하나님의 오묘하신 본질과 깊은 겸손과 사랑을 성경은 바울 사도의 입을 통해 이렇게 증언한다.

> 깊도다 하나님의 지혜와 지식의 풍성함이여, 그의 판단은 헤아리지 못할 것이며 그의 길은 찾지 못할 것이로다(롬 11:33).

제5장

성경의 필요성과 확실성과 권위성

성경의 진리성은 하나님이 진리이시기에 그의 말씀은 진리이며, 진리의 영이신 성령에 의해서만 그 말씀이 진리로 믿어질 수 있기에 진리라는 사실은 이미 밝힌 바 있다. 성경 안에 담겨 있는 문자들이나 문자 체계는 그 자체들로써는 말씀을 전하는 역할을 하고 있을 뿐 성경의 진리성에는 별다른 영향을 주지 못한다. 사본 성경이든 번역본 성경이든 이 사정은 동일하다. 어떤 언어로 쓰였든 또는 어떤 언어로 번역되었든 그것이 성경인 한 그것은 진리일 수밖에 없다(제3장 "성경의 진리성과 무오류성" 참조).

그런데, 성경이 진리라는 사실 자체만으로는 성경과 사람 사이에서 아무런 관련성도 찾아질 수 없다. 성경과 사람 사이에 어떤 관계가 맺어지지 않는다면 성경은 일종의 책으로서 저만큼 떨어져 있는 하나의 사물에 지나지 않는다. 사람은 사람대로 성경과 상관없는 존재가 된다.

오직 사람이 자신에게 성경이 왜 필요한지를 알고자 할 때, 그리고 성경을 자신과 확실한 무엇으로 관계 맺고자 할 때, 또한 성경의 권위성이 자신에 대하여 무언가 영향력을 행사하도록 할 때 비로소 성경과 사람 사이에 관계가 형성되기 시작한다.

이 장은 사람이 이성적이고 합리적으로 성경에 대하여 인정하고 받아들일 수 있는 여러 관점들을 비교적 사람의 측면에서 이해를 시도한다. 이 시도는 성경의 필요성과 확실성, 그리고 권위성을 중심으로 이루어질 것이다.

이 과정에서 어떤 부분에서는 사람의 측면에서 이성적으로 접근하는 것이 가능할 수 있겠지만, 어떤 부분에서는 성경 자체에 의한 접근 이외에 달리 방법이 없을 수 있음이 드러날 것이다. 이런 현상은 성경의 진리성이 성경 자체가 증언하는 것 외에 다른 어떤 것으로도 증명될 수 없는 성경의 독특한 속성에서 기인한다.

칼빈은 성경의 필요성을 사람이 하나님을 알고자 하면 반드시 성경이 그 사람에게 지도자와 선생이 되어야 한다는 데서 찾았다(제1권 6장). 성경은 하나님이 창조주이시며 구속 주라고 가르친다. 사람이 죽음에서 생명으로 옮겨지기 위해서는 반드시 하나님을 바르게 알아야 하는데 성경만이 참되게 이 사실을 가르친다. 성경은 또한 하나님 자신이 예배를 받으셔야 할 분이심과 그 분을 바르게 예배하는 법을 가르친다. 성경이 하나님을 알아가는 데 있어서 필요한 이유다.

성경이 필요한 또 다른 이유는 그것이 하나님의 자녀들이 그곳에서 훈련받아야 할 학교이기 때문이다.

> 여호와의 율법은 완전하여 영혼을 소성시키며 여호와의 증거는 확실하여 우둔한 자를 지혜롭게 하며 여호와의 교훈은 정직하여 마음을 기쁘게 하고 여호와의 계명은 순결하여 눈을 밝게 하신다(시 19:7-8).

그래서 하나님의 자녀들은 성경을 통해 정직한 마음으로 기뻐하는 것을 배워가야 하며, 순결함으로 마음의 눈을 밝혀 계명을 지키는 훈련을 병행해 가야 한다.

> 여호와를 경외하는 도는 정결하여 영원까지 이르고 여호와의 법도 진실하여 다 의롭다 (시 19:9).

이는 사람이 정결함과 진실함을 배우면서 영원히 의롭게 살아가는 훈련을 가능하게 한다. "하늘과 땅에 계시는 하나님이 영원무궁하시리라"(시 93:5)라는 가르침은 신자들이 하나님의 영원무궁하심을 이해는 배움을 제공한다.

성경은 교회의 터가 된다는 이유에서도 하나님의 자녀들에게 필요하다. 지상의 모든 교회가 오직 성경의 터 위에서만 하나님의 집으로 존재할 수 있다. 교회가 성경에 대해서 가져야 할 태도는 성경이 자신들에게 속해 있다는 사실을 받아들이고 교회 안의 경건 직분을 좇아서 성경에 경의를 표하고 순종하는 것이다.

아우구스티누스는 교회의 권위가 자기를 감동하게 하지 않았더라면 자신은 복음 믿기를 거절했을 것이라고 하였다(제1권 7장 3절). 그의 말은 만약에 교회가 성경을 믿지 않는다면 아직 거듭나지 못한 채로 교회에 출석한 새 신자가 성경을 진리로 믿기 어려울 것을 의미한 것이었다. 교회의 터가 성경이기에 모든 성도에게는 성경이 그들의 삶의 토대가 되며 함께 진리로 고백해야 한다.

성경의 확실성은 무엇보다도 성경의 고대성에서 확정될 수 있다(제1권 8장 13절 참조). 모세가 기록한 토라(모세오경)는 아브라함의 언약이 어떻게 이루어져 가는지를 실증해 준다. 이사야가 유대 민족이 바벨론의 포로가 되리라고 한 예언은 그대로 이루어졌다. 다니엘의 예언도 600여 년이 지난 후에 역시 그대로 성취되었다. 율법의 경우는 그 당시와 전혀 관계가 없는 오늘날의 수많은 민족 사이에서 지금도 여전히 적용되고 있다.

물론, 율법이 한 때 유대 민족에 의해 내팽개쳐졌던 것은 사실이다. 하지만, 요시야 왕에 의해 재발견되어 사람들의 손에 들려졌고 세대를 이어 계속되었다. 처음에는 유대인 조상 중에 일부는 그 저자들이 말하는 것을 직접 들었거나, 아니면 직접 듣고 생생하게 기억하는 사람들을 통해서 전해졌다. 후에는 제사장들이나 선지자들이 요동치 않는 굳건함을 지니고서 목숨을 담보로 하여 받은 말씀과 신앙 체험의 보물을 후손에게 기록하여 전해 주었다. 때가 되어 토라를 시작으로 해서 구약성경들이 헬라어로 번역되었다.

그 영향은 오늘날까지 계속되어서 모든 나라와 백성과 방언에 각각의 방언으로 성경이 퍼져 갔고 증언되어 왔으며 지금도 여전히 그러하다. 이 모든 사실이 성경의 확실성을 말해 준다. 성경 스스로는 구름같이 둘러싼 허다한 증인들(히 12:1)이 있다고 하였다. 이러한 사실들에 근거한다면 이성이라 할 만한 무엇을 조금이라도 지닌 사람이라면 마땅히 성경의 확실성을 인정할 수밖에 없다.

성경의 권위성(제1권 7장 1절)은 성경 그 자체에서 찾아진다. 성경이 하나님의 말씀으로써 그 자체로 진리이기에 그 누구도 말씀 그대로를 받아들이고 그것에 복종할 수밖에 없다. 이 사실 자체가 성경의 권위를 드러내는 것이다.

그런데 로마 교황주의자들은 아우구스티누스가 말한 교회의 권위를 곡해해서 교회가 성경에 대하여 승인하고 성경에 대한 규준을 마련하여 제시하지 않으면 어떤 것도 성경으로 인정될 수 없다는 헛소리를 하였다. 소위 교회가 성경을 성경이라고 승인하거나 교회가 제시한 성경의 수준에 맞아야만 성경이 될 수 있다는 말이다. 로마 교황주의자들은 여기에서 더 나아가 "교회가 하지 못할 것은 아무것도 없다"라고까지 허풍을 떨었다.

하지만, 아우구스티누스가 "교회의 권위가 자신을 감동시키지 않았더라면"이라고 한 말은 교회의 권위가 아니라 교회의 역할에 관한 것이었다. 교회가 말씀의 터 위에 서 있기에 그 말씀을 믿는 교회의 역할이 얼마나 중요한지를 어떻게 감당해야 할지를 강조하려 했다는 말이다. 예컨대 이방인들이나 불신자들이 새로이 교회에 출석했을 때 온 교회가 성경을 하나님의 말씀으로 받아들이고 순종하며 고백하고 전한다면 새 신자들이 성경을 진리로 믿을 수 있기가 훨씬 수월할 것이다.

성경의 권위성과 관련하여 교회의 역할이 그만큼 중요하다. 이 외에도 성경이 수천 세대를 거듭해 오면서 온 세상 온 누리에 현시되었고 현재에도 이 성경이 아니었더라면 서로 간에 어떤 공통점도 없었을 온갖 다양한 민족이 거룩한 한 호흡 가운데서 하나님을 믿고 섬기며 찬양한다는 사실들은 성경의 권위성을 증명하기에 충분하다.

그렇다면 오늘날의 신자들은 이러한 '성경의 필요성과 확실성과 권위성'에 대하여 어떻게 처신해야 하는가?

우선 성경의 진리성에 관한 한, 성령의 깨우침과 감동이 없으면 사람의 힘만으로는 성경을 진리로 믿는다는 것은 불가능하다는 것은 인정한다. '성경의 필요성과 확실성과 권위성'도 어떤 의미에서는 성령의 도움이 없이는 결코 순결하고 완전하다고는 할 수 없기 때문에서다.

그런데도 성경의 진리성과 비교할 때 이들 세 조건은 사람이 최소한의 이성이나 양심을 지니고 있기만 하다면 얼마든지 수긍할 수 있는 것들이다. 아니 지금 믿고 있는 모든 신자는 현실적으로 '성경의 필요성과 확실성과 권위성'을 마음으로 느끼며 자신의 삶 속에 적용해야 한다.

성경이 진리의 말씀인 것은 분명하지만 사람에게는 책으로 주어졌다. 성경이 책인 한 그것이 사람에게 진리로 드러나기 위해서는 사람은 반드시 그것을 읽어야 한다(말씀을 듣거나 예배를 참여하거나 하는 일 등은 모두 성경을 읽는 것에 포함되는 것으로 간주한다). 성경을 읽지 않으면서 그것이 저절로 하나님의 말씀으로 자신에게 증명되기를 원하는 것은 어리석기 짝이 없는 일이다.

"일하기 싫은 자는 먹지도 말라"(살후 3:10-12)라는 경고의 말씀은 성경을 진리로 믿고자 하면서 성경과 관련하여 어떠한 수고도 하지 않으려는 것에 대한 힐난의 메시지이기도 하다. 하나님을 알고자 하는 사람, 교회에 출석하는 사람, 진리를 사모하는 사람은 필연적으로 성경을 읽어야 한다. 사람이 매일 식사를 하듯이 성경을 날마다 읽어야 한다. 그렇게 할 때만 시간이 지나면서 성경의 필요성이 개인적 차원에서 더욱 구체적으로 드러난다.

계속 성경을 읽어 나가는 훈련이 쌓이고 쌓이면 성경의 필요성은 점점 더 객관적이고 법칙적으로 자신에게 부각되어 나타나게 될 것이다. 성경을 읽는 것만이 성경의 필요성을 깨닫는 가장 기초적이자 최고 최선의 방법이다. 성경을 많이 읽으면 읽을수록 그 필요성은 더더욱 절실해지고 커진다.

성경을 읽는 훈련이 되었으면 이제는 성경을 묵상하는 훈련을 쌓아야 한다. 하루의 일과 중에서 자신이 읽은 말씀이 어떻게 적용되고 있는지를 경험하는 훈련을 해야 한다. 성경을 읽은 결과 자기 생활 속에서 그 말씀이 실제로 이루어진다는 체험이 있고 난 후에야 성경의 확실성이 싹트기 시작하기 때문이다.

성경을 읽는 중에 이해되지 않는 말씀들을 오래도록 때에 따라서는 수년, 또는 수십 년에 걸쳐서까지도 마음에 품고 있다가 그 말씀들이 자신의 삶 속에서 증명되고 진리로 밝혀지게 되면 성경에 대한 확실성은 그만큼 더더욱 견고해지고 깊어지게 된다. 그리고 말씀에 대한 확실성이 섰을 때 그 사람은 말씀을 전할 수 있다.

말씀에 대해 확신하고 전한 말씀이 자기 자신에게서나 다른 사람들에게서 열매가 맺어지기 시작할 때 마침내 말씀의 권위성이 피어나기 시작한다. 말씀 자체의 내적 증거와 말씀을 전하는 자의 외적 증거가 합치될 때 말씀의 권위성은 실증된다.

자신이나 자신의 가정의 당면한 사건들, 학업이나 책무가 있는 일, 학교나 회사의 일, 사회와 국가의 일, 더 나아가 세계를 향한 일 등등에 대하여 말씀에 대한 확실함을 가지고 말(예언)하고, 그것으로부터 열매를 얻는다면 그 사람에게 성경의 권위성은 더욱 확장되어 갈 것이다.

성경의 권위를 더 많이 맛보기 위해서 신자들은 사회나 국가 또는 세계 속에서 일어나는 일들에 대하여도 믿음으로 관찰하고 분석하며 말씀을 전하는 수고를 마다해서는 안 된다. 동시에 더 많은 사람과 '성경의 필요성과 확실성과 권위성'을 함께 나누기 위해 더 많이 배우고 경험하기 위해 수고의 땀을 흘려야 한다. "부지런하여 게으르지 말고 열심을 품고 주를 섬겨야 하는"(롬 12:11) 이유도 여기에 있다.

한 가지 기억할 것이 있다. 성경의 진리성을 토대로 그 필요성과 확실성과 권위성을 온전하게 하고자 한다면 선지자들의 입을 통하여 말씀하신 동일한 성령이 우리 마음을 뚫고 들어와 하늘로부터 명령된 것이 충실히 표현되도록 감화시켜 주어야 한다는 사실이다.

> 네 위에 있는 나의 신과 네 입에 둔 나의 말이 이제부터 영영토록 네 입에서와 네 후손의 입에서와 네 후손의 후손의 입에서 떠나지 아니하리라 하시니라(사 59:21).

하지만, 이 일로 인해 우리가 근심하거나 부담스러워할 필요는 거의 없다. 성경이 분명히 성령이 우리에게 임할 것을 이미 약속하였다. 다만 선지자들의 입을 주장하셨던 성령이 언제 어떻게 우리 마음 안으로 뚫고 들어올지는 누구도 모른다.

그렇다면 우리는 말씀의 약속을 믿으며, 말씀의 필요성과 확실성과 권위성을 확보하고자 늘 성경을 읽으면서 성령이 찾아오실 때를 대비하는 것이 필요하다. 이런 일을 하지 않고 달랑 성령이 알아서 깨우쳐 주시기를 기다리기만 하는 사람은 성령을 모욕하는 죄를 저지르는 것이 된다. 그러므로 모든 하나님의 자녀는 성령을 모욕하는 죄를 범하지 않고 그분의 오심을 준비하기 위해 쉼 없이 '성경의 필요성과 확실성과 권위성'을 향해 찾고 구하고 두드려야 한다(마 7:8).

제6장

사람에 대한 신학적 이해

칼빈은 사람이 하나님의 형상대로 지음을 받은 존재로 하나님의 의와 지혜와 선하심을 드러내는 최고의 고상하고 화려한 표본으로 보았다. 사람은 영혼과 몸(흙)으로 이루어졌다. 영혼은 영과 혼용되기도 하는데 영원불멸한다. 몸은 영혼에게만 부여되는 영원한 파멸에 대한 두려움을 갖거나 느끼지 못한다(제1권 15장 1-2절 참조).

이 흙으로 된 몸 안에 하나님은 생기를 불어넣어 불멸의 영혼을 거처하게 하셨다. 영혼은 형체 없는 실체로서 몸에 들어가 거주하면서 몸의 모든 부분에 생기가 돌게 하고 몸의 기관들이 영혼의 여러 활동에 적절하고 유익하게 맞춰지게 한다. 영혼은 사람의 삶을 통치하는 우선권을 가진다.

영혼이 하는 최고의 일은 사람으로 하여금 하나님을 예배하도록 일깨우는 것이다. 영혼의 작용의 시작과 끝이 사람에게 종교의 씨앗이 내포된 의를 경작하기 위해 태어났다는 것을 알게 하는 데 있다고 하더라도 지나치지 않다.

영혼의 기능에는 시각, 청각, 미각, 후각, 몸각 등의 다섯 가지 감각의 작용과 이 다섯 가지 감각들을 공통으로 지각하여 구별해 내는 심상(心象, fantasy)의 작용, 지각과 심상의 과정에서 보편적으로 판단하는 이성의 작용, 그리고 이성이 두서없이 골똘히 생각해 놓은 것들을 흐트러짐 없이 고요하게 직관하게 하는 마음(이해)의 작용 등이 있다.

이 중에서도 심상과 이성과 이해는 인지적으로 작용하여 마음과 이성이 제시하는 것들을 추구하는 의지를 일으키거나, 심성과 이성에 펼쳐진 것들을 분노를 일으켜 낚아채게 하고, 심상과 지각에 의해서 파악된 대상들에 대하여 욕구하게 한다(제1권 15장 6절 참조).

칼빈은 몸에 관해서는 그다지 중요하게 다루지 않았다. 몸은 영원히 살게 하는 것이 아니다. 그는 몸에 붙어 있는 호흡이나 숨과 같이 덧없이 사라지는 원기로는 생명의 원천에까지 관통할 수 없다고 보았다. 대신에 사람의 마음을 중시하였다. 마음에는 뛰어난 은사들(gifts)이 부여되어 있으며 이 은사들을 통해서 신적인 무엇이 새겨져 있다고 보았다.

사람은 마음의 기민함으로 하늘과 땅, 자연의 은밀한 것들을 살피고, 이해와 지성으로 모든 세대를 파악하여 각 사물들을 고유한 열에 맞추어 배치한다. 과거의 것들로부터 미래를 유추하는 등 사람 안에 몸과 분리된 무엇이 숨어 있음을 명확하게 논증하기도 한다.

영혼은 또한 오성(intellect)과 의지(will)로 이루어져 있다고도 하였다. 오성은 대상들을 식별하여 인정해야 할지 그러지 말아야 할지를 살피고 구별한다. 그것은 심상과 이성과 마음의 인지적 역할과 비슷하다. 이에 비해 의지는 오성이 선하다고 판단한 것은 따르고, 악하다고 결정한 것은 회피하게 하는 역할을 담당한다. 이 둘 사이에서 오성이 영혼의 지도자이자 통치자라면 의지는 그 자체로 갈망하면서도 언제나 오성의 판단을 기다려서 작용하는 것이다(제1권 제15장 7절).

이외에도 사람의 영혼에 지성(혹은 양심)이 주어져 있다고 보았다. 사람은 이것으로 선과 악을 분별해 낼 수 있다. 이성 역시 그 자체의 밝은 빛으로 양심보다 먼저 활동하면서 양심이 선과 악을 판단하는 일을 사전에 도와준다. 선과 악 중에서 어느 것을 선택하느냐는 사람의 의지에 달려 있다.

결국, 오성이 심상이나 이성 또는 마음의 작용 등을 통해 어떤 사태의 선악에 대한 판단을 내려주면 이에 따라 의지가 작용하여 선의 행동을 선택하거나 악의 행동을 선택하거나 하는 것이다. 이상에서 최초의 사람(아담)은 이성(reason)과 지성(intelligence), 현명함(prudence)과 판단력(judgement) 등을 부여받아 창조되었기에 충분히 세속의 생활을 해 나갈 수 있었고, 자신이 판단하고 의지로 일어서서 하나님께 나아가면서 영원한 행복을 향해 갈 수 있었다는 것이 칼빈의 입장이었다(1권 제15장 8절).

이러한 완전한 조건 위에서 사람은 자유의지를 지닌 것으로 이해되었다. 당연한 말이지만 최초의 사람이 자유의지를 가지고 바르게 선택했더라면 영생을 얻을 수 있었다(자유의지와 관련해서는 당시 사람의 본성이 어떠한가를 다루는 것뿐이어서 이 논의를 예정론으로까지 연관시키려 하는 것은 바람직하지 않다. 이에 대해서는 예정론을 논의하는 곳에서 다시 다루어질 것이다).

아담은 창조되었을 당시에는 선을 선택할 수 있을 만큼 마음이 건전했으며 그의 자유의지 역시 그러하였다. 그는 이 자유의지를 가지고 하나님을 얼마든지 경배할 수 있었다.

하지만, 그는 하나님을 예배하는 선을 선택하지 못했고 자유의지의 마음도 보존하지 못했다. 그 대신에 그는 하나님과 같이 지혜롭게 되고자 선악과를 따먹음으로써 자신과 자유의지를 부패시키고 말았다. 가정이긴 하지만 아담이 원하기만 했다면 하나님의 견인이 뒤따랐을 것이라는 것이 칼빈의 입장이다. 그러나 아담은 그렇게 하지 않았다(하와 역시 마찬가지였다). 그렇게 해서 처음 사람에게 주어졌던 자유의지는 파멸되고 말았다.

세상의 철학자들은 사람이 자신의 의지로서 자유롭게 선과 악을 선택할 수 없다면 이성적 동물일 수 없다고 생각해 왔다. 사람이 자신의 의사대로 자신의 생을 경영할 수 없다면 그가 하는 선과 악에 대한 판단이나 선택도 파괴된다는 것이 그들의 입장이었다. 그러나 이러한 관점에서 세워지는 사람이나 사람의 자유의지에 관한 논의들은 모두 한갓 환영 속에서 헤매는 것이거나 이단과 혼용된 교리 내지 철학적 견해를 만들어 내는 것에 지나지 않는다. 이미 사람과 사람의 자유의지가 완전히 타락해 버렸기 때문이다.

창조 시의 사람은 영혼의 구석구석이 다 옳았다. 하지만, 타락한 후의 사람들의 처지는 최초의 사람과는 전혀 다르다. 아담 이후의 사람은 이질적인 것에 감염되었다. 이러한 타락 내지 감염은 전적으로 아담의 자발적인 의지에 의한 것이었다. 아담은 자신의 타락을 자신 이외에 누구에게도 변명할 수 없다.

그러므로 철학자들이나 비판자들이 하나님은 "죄를 지을 수도 없고 지으려고 전혀 원하지도 않는 사람을 만들어야 했다"라는 식으로 타락의 책무를 하나님께 돌리려는 것은 지극히 어리석은 무지의 소치에 지나지 않는다.

이상에서 칼빈의 인간관은 사람이 하나님의 지음을 받은 존재이며, 영혼과 몸으로 이루어진 존재임이 드러난다. 그는 하나님의 형상이 영혼에 내재하는 것으로 보았다. 그래서 영혼을 중시하고 몸은 그다지 중시하지 않았다. 몸에 속한 것으로 보이는 다섯 가지 감각조차도 영혼의 기능에 포함시킨 것을 보면 칼빈이 영혼을 얼마나 중시했는지를 짐작할 수 있다. 아마도 중세 시대 수도원 교육이 보편화되면서 몸을 죄악의 근원으로 여겼던 시대적 조류가 칼빈에게 영향을 미쳤을 것이다.

영혼에는 심상, 이성, 마음, 이해, 오성, 의지 등등이 주어진 것으로 이해되었다. 이 논리가 오늘날에도 여전히 적용될 수 있는 내용들로 이루어져 있다. 그러나 칼빈의 영혼에 대한 논의가 전적으로 객관적이며 보편적으로 구성되었다고 볼 수 없는 것도 사실이다. 두루뭉술한 설명이 상당히 많이 있다. 하지만, 성경이 정확하게 사람에 대해 설명하고 있지 않는 한 그 누구도 영혼에 대해 하나님께서 원하시는 대로 설명해 낼 수 있는 사람은 없다.

이러한 관점에서 본다면 칼빈의 논리는 그 자신이 죄악에서 벗어나 새롭게 된 영혼을 지닌 그리스도인으로서 하나님 앞에서 사고할 수 있는 그리스도인의 자유 안에서 전개된 것이었음을 짐작할 수 있다. 그가 서양 사고의 영향을 받고 있다는 것도 얼마든지 그리스도인의 자유의 영역에 해당하는 일이다. 필자 역시 그리스도인에게 주어진 자유의지를 활용하여 동양의 인간관과 비교하면서 사람에 대한 이해를 신학적으로 접근하고자 한다.

칼빈의 몸에 대한 설명의 부족은 여러 의문들을 일으킨다. 우선 사람의 몸 자체를 죄의 원인으로 보아야 하는가 아니면 하나님께서 주신 형체로 보아야 하는가의 의문이다. 성육신하신 그리스도는 신성이시면서 사람이셨지만 몸을 지니셨기에 세상에서의 생활에서는 몸의 제약을 받아야 했다. 그리스도의 눈물, 기도, 설교, 십자가를 지심 등등 일체의 몸의 행위는 그때나 지금이나 우리를 감동시킨다.

바울의 전도여행은 그의 쇠잔한 몸을 더욱 야위고 병들게 했다. 그것이 지금도 여전히 우리의 마음과 몸을 뜨겁게 불타오르게 하고 있다. 야고보가 행위로 네 믿음을 보이라고 했을 때에 영혼이나 마음 또는 이성만으로는 믿음을 구체적으로 드러내 보일 수가 없다. 그러기 위해서는 반드시 몸의 역할이 수반되어야 한다. 오늘날 교회에서 성도들이 수행하는 모든 직분의 감당 역시 몸의 활동이 따라져야 한다.

제7장

사람에 대한 신학적 이해(부록)

사람에 대한 칼빈의 이해는 성경적이며 신학적이다. 사람은 하나님에 의해 하나님의 형상을 본받아 지음을 받은 피조물로 규정된다. 사람의 사유 체계는 하나님을 아는 지식과 사람 자신을 아는 지식으로 구성된다. 동시에 사람은 하나님의 생기를 부여받았기에 그 영혼이 영생하는 존재다. 흙으로 지음을 받은 몸은 그리스도의 몸의 영광스러운 부활에 힘입어 몸으로 부활한다. 사람은 하나님의 거룩함을 입어 태어난 처음에는 죄가 없었고 죄를 범할 수 없었다.

하지만, 아담과 하와가 선악과를 따먹고 타락한 이후에는 사람은 완전히 타락하여 하나님을 잃어버린 존재가 되었다. 사람은 본성적으로 자신들의 지식이나 마음이나 능력으로는 하나님을 찾을 수 없게 되어 있다. 타락한 사람이 하는 일체의 행위나 생각은 모두 하나님을 대적하는 것이며 그를 부인하는 것이다. 하지만, 사람에게는 하나님께서 자신의 영광을 위하여 그(녀)에게 남겨두신 자신의 형상의 잔존물들이 있다.

칼빈에 따르면 이것들이 사람에게 남아 있는 아주 희미한 빛이다. 그런데도 사람은 본성적으로는 하나님을 찾을 수 없고 알 수도 없게 된 이상 전적인 타락자이다. 그리고 전 인류 중에 누구도 다른 사람을 전적 타락의 상태에서 구원해 낼 사람은 없다.

사람이 타락으로부터 건짐을 받을 수 있는 유일한 길은 하나님의 거저 주시는 은혜와 그리스도의 구속의 완성을 믿을 때이다. 이렇게 믿을 때 사람은 하나님께로부터 의롭다고 인정을 받는다. 이것을 칭의(稱義)라고 한다. 칭의의 사람은 하나님의 영광과 사랑과 위엄을 알고 그를 경배하게 된다.

이때부터 사람은 자신이 하나님께 영광을 돌리며 살아야 하는 존재로 거듭난다. 그(녀)는 하나님을 믿으며 경배하며 영광스럽게 하는 사명을 지닌 자가 된다. 그(녀)는 장차 그리스도와 함께 영과 몸이 부활하여 하늘나라에서 영원히 영광스럽게 사는 존재로 일컬음을 받는다.

그런데 서양철학이나 동양철학에서는 사람을 이렇게 보지 않는다. 서양에서는 소크라테스를 중심으로 변하지 않는 참 지식(진지:眞知)과 영혼의 육으로부터의 탈출을 지고의 목적으로 하는 사람을 이상형으로 삼았다. 플라톤은 참 지식을 이념(이데아)으로 바꾸었다. 이념은 최고의 이상형이다. 이념이 중요하고 이것을 담고 있는 형체들은 소중하지 않은 것이 되었다.

아리스토텔레스는 형상과 질료의 개념을 고안하여 이 둘의 조화가 있을 때 지고의 행복(한 존재)이 있다고 보았다. 이후로 서양에서는 이념이나 이성을 중심으로 하는 관념론(또는 이상주의)과 형체(몸)를 중심으로 경험과 실재를 강조하는 경험주의 또는 실증주의가 대세가 되었다.

무엇보다도 그리스 철학에 의해 영향을 받은 학문과 과학은 인간을 신체 구조나 물리적으로 분석하는 경향을 강화하였다. 오늘날 사람이 철학적으로나 생리학적으로, 사회 복지적으로나 행복의 정도에 따라, 심지어는 과학 기술의 이용 정도에 따라, 각각 다양하게 분석되고 있는 것도 이와 무관하지 않다.

실제로 사람이 너무도 많은 사상과 너무 많은 분석 방식으로 분석되면서 사람에 대한 이해가 더 이상 사람이 어떤 존재인지를 알 수 없게 하는 데까지 이를 정도가 되었다. 대표적으로 물리학에서 말하는 불확정성의 이론, 화이트헤드가 주장하는 유기체적 세계관, 그리고 철학의 분야에서는 포스트모더니티를 들 수 있다.

반면에, 동양에서는 관념이나 이성 또는 감성이나 경험 대신에 이기의 인간으로 이해하려 하였다. 동양철학, 특히 성리학에서는 모든 만물의 근원을 이(理, the principle)로 보았다. 이가 만물의 근원으로 규정되는 한, 이는 만물의 원인이자 원리이자 지켜지지 않으면 안 되는 근본 이치가 되어야 한다. 이를 태극(太極, the ultimate supreme)이라 하였다.

태극은 '커다란(태) 끝(극)'이다. 그 끝은 너무도 크고 넓고 높아서 실제로는 그 끝이 없는 것이나 같다. 그래서 태극은 '무극'(無極, the infinite supreme)이다. 주돈이(周敦頤, 호는 염계:濂溪, 1017-1073)는 이를 '태극이면서 무극'(태극이무극:太極而無極)이라고 설명하였다. 후에 정이(程頤, 호는 이천:利川, 1033-1107)는 태극을 이라고 불렀다. 그 후 주희(朱熹, 1130-1200, 주자:朱子)에게 이르러서 태극은 이로 확정되었다. 주희는 성리학을 완성한 사람이다.

성리학의 대가이자 대표라 할 수 있는 주희(자)는 태극 또는 이를 보이지 않고 냄새도 없으며 변화도 없고 움직이지 않는 것으로 정의하였다. 태극은 또한 '순선(純善)하고 악이 없는 것(무악:無惡)'으로도 정의되었다. 그렇다면 이(理)가 밖으로 드러나기 위해서는 시각적이고 움직임이나 변화가 있는 다른 외적 도구(방식)가 필요하게 된다. 주자는 그것을 기(氣, matter)라고 하였다. 이렇게 규정되는 한 이가 드러나기 위해서는 반드시 기가 있어야 한다.

즉, 이가 있는 곳에는 반드시 기가 있어야 하고, 기가 있는 곳에는 반드시 이가 있어야 하는 것이다. 성리학(또는 신유학, 주자학 등으로도 불린다)에서는 이를 기보다 더 중시하는 경향이 있었다. 이는 선하고 기는 맑음과 탁함, 장단(길고 짧음), 미추(아름다움과 추함) 등등의 차이가 있어서 선할 수도 악할 수도 있다고 규정되었기 때문이다.

이기의 관계에 대한 또 하나의 규정은 이와 기가 반드시 함께 있어야 하지만 그렇다고 뒤섞여서 하나가 될 수는 없다는 것이었다(불상리불상잡:不相離不相雜). 이는 언제 어디서나 이이어야 한다. 기 역시 언제 어디서나 기이어야 한다. 이 둘은 변함없이 혼동되지 않고 그 본성을 지녀야만 만물이 생성되고 운행될 수 있다. 다만 기가 흩어지면 이기의 상호 조화가 소멸되어 이는 이로 있고 기는 기로 돌아간다.

결론적으로 말하면 성리학에서는 우주 만물의 일체의 운행이 조리 있고 조화가 되면서 열매 맺기 위해서는 그 근본 원리인 이를 좇아 일체의 기가 따라 주어야 한다.

이 원리가 그대로 사람에게 적용되었다. 주희에 따르면 사람이 선하기 위해서는 이를 발하고 기가 그것과 조화를 이루어야 한다. 이는 사람에게서는 (본)성(本性) 또는 인의예지(仁義禮智 또는 사단:四端)였다. 기는 정(情) 또는 칠정(七情, 희노애구애오욕:喜怒哀懼愛惡欲)이었다. 따라서, 사람이 선하게 되는 길(행동양식)은 마음의 순수한 본성인 사단을 좇아서 기를 통해 조화롭게 표현하면서 살아가는 것이다. 이렇게 사람이 본성인 인의예지의 마음을 좇아 그대로 정을 발동하며 살아가면 언제든지 선하게 된다.

우리나라의 퇴계(退溪) 이황(李滉, 1501-1570)과 고봉(高峯) 기대승(奇大升, 1527-1572), 그리고 율곡(栗谷) 이이(李珥, 1536-1584) 등은 주희의 논리를 훨씬 더 구체적이고 실제적으로 사람이 선하게 살 수 있는 방법으로 체계화하였다. 대표적으로 이황은 사람이 행동할 때 먼저 "리를 발하고 기가 그것을 좇아서 따라야 한다"(리발이기수지:理發而氣隨之)라는 이론 체계를 확립하였다.

사람이 행동(정의 드러남)을 할 때 반드시 먼저 인의예지의 마음을 발동시키고 이 마음에 따라 정을 드러낼 때 그의 행동이 선할 수 있다. 혹 기가 먼저 드러났다면 그 기(정)를 철저하게 사단에 비추어 살펴서 이(사단)가 그 기(정)를 다시 올라타 조종할 수 있어야만 선할 수 있다고 하였다(기발이리승지:氣發而理乘之).

이황이 보기에 사람은 사단을 먼저 발하거나 아니면 칠정을 먼저 발하는 두 가지 행동 양식을 가지고 있다. 사단(이)이 먼저 발했을 때에는 (칠)정이 그것을 따르기만 하면 선하게 된다. 반대로 정(기)이 먼저 발했을 때에는 반드시 사단으로 그것을 살펴서 사단의 조종을 받게 하면 선할 수 있다.

이에 비해 기대승은 사람이 먼저 발하는 것은 성(이)이 아니고 정(기)이라고 확신하였다. 그는 이(사단)가 형체도 없고 냄새도 없고 움직임도 없고, 순선한 것이기에 발하지 않는다고 판단하였다. 그렇게 되면 발하는 것은 무조건 정이 된다. 이 정이 발해서 인의예지(의 성)에 맞으면 선하지만 그 발한 정이 인지예지에 맞지 않는다면 악하게 된다고 본 것이다.

이렇게 해서 그는 본래적으로 인의예지라는 선이 있어서 그것이 몸이라는 기관을 통해 정으로 흘러나올 때만 선이 되고, 탁한 기가 먼저 발동하면 나오자마자 악한 것이 된다는 기존의 성리학적 논리 체계에 반론을 펼쳤다.

그의 주장은 정이 발할 때 사단 역시 움직이고 그에 따라 기가 갖추어지면 그 발한 정은 선하게 된다는 것이다. 혹은 정이 발할 때 기(칠정)가 감동되어서 움직이고 그것을 사단이 올라타 조종을 하면 역시 선하게 될 수 있다는 것이다. 그는 이러한 자신의 입장을 정교하게 체계화하여 "정이 발할 때 혹은 이(사단)가 움직이고 기가 갖추어지고, (정이 발할 때) 혹은 기가 감동하고 이가 그것을 올라탄다"(정지발야 혹이동이기구 혹기감이이승:情之發也 或理動而氣俱 或氣感而理乘)라고 정리하였다.

한편, 이이도 기대승과 마찬가지로 발하는 것은 정이라고 보았다. 하지만, 그가 이는 (순)선으로서 온 우주 천하에 다 통하는 것이라 하고, 기는 형기를 통하기에 일정한 영역에서 막힘이 있는 것으로 보았던 데서는 기대승과 다르다.

이이의 이론 체계는 '이통기국'(理通氣局, "이는 통하고 기는 막힌다")으로 정리될 수 있다. 일단 발하는 것은 정(기)이기에 사람의 사유나 행동은 무조건 (칠)

정으로 드러난다. 그런데 정은 모두에게 통하지 않고 막히는 부분이 있다. 예컨대, 즐거움의 정이 발했을 때 그 즐거움이 모두에게 다 선으로 통하는 것은 아니다.

어느 부분에서는 함께 즐거울 수 있으나 어느 부분에서는 막힘이 있을 수 있다. 하지만, 인의예지의 경우는 예를 들면 하늘의 이치에서나 사람의 이치에서나 다 통하는 것으로 보았다. 그것이 천리이기 때문이다. 이 막힘을 돌파해서 천지에 통하기 위해서는 사람이 정을 발동하지만 그 정이 이를 타게 될 때에만 어디든지 통하여 선할 수 있다고 주장하였다.

모든 사람이 그러한 행동 양식을 따라 정을 발하며 실천할 때 그 자신은 물론 가족, 이웃, 사회, 그리고 국가가 모두 선하게 조화를 이루는 공동체가 될 수 있다.

사실 이 세 사람이 말하고자 하는 것은 "이가 중요하다"(주리론主理論)라거나 "기가 중요하다"(주기론主氣論)라는 그 자체에 있지 않았다. 철학적으로 사상적으로 이를 강조한 것이 아니라 사람이 행동할 때 자신의 마음이나 뜻을 먼저 일으켜 선함을 갖추면서 함께 선한 공동체를 이루어가자는 것이 주리론의 핵심이었다.

주기론 역시 사람에게 있어 먼저 일어나는 것은 정(기)으로서 행동의 일어남을 지적하는 데 정을 일으키되 그것을 인의예지에 알맞도록 조절을 하여 선한 행동을 하고 선한 공동체를 가꾸어 가자는 것을 주장했을 뿐이었다.

실제적으로 사람이 어떤 행동을 했을 때 그 사람의 마음(사단의 일종)이 먼저 발(동)했느냐 아니면 행동(칠정의 일종)이 먼저 발했느냐는 정확하게 분별해 낼 수가 없다. 둘 중에 어느 것이 먼저 발했든 중요한 것은 그 마음(또는 생각)과 행동이 서로 조화되어서 선을 실천했느냐의 여부에 있다.

이황의 주리론이나 이이(李珥, 1536-1584)의 주기론(이이는 현직에 있던 국가고위 관리로서 조정에서의 당파싸움을 목격했고, 일본의 침략을 예견했기에 이보다는 기를 중시하는 것이 당연했다)은 결국 어느 것이 먼저이든 결론에 있어서는 선한 사람이 되고 선한 사회를 건설하려는 것이 핵심이었다. 주리론과 주기론을 핑계로 당파싸움을 한 조선의 정부는 이들의 학자적 양심과 의견을 무시하고 단지 자신들의 기득권 유지와 권력 쟁취만을 노렸던 일부 세력들의 악용 이외에 달리 설명될 말이 없다.

한편, 이황(1501-1570)과 칼빈(1509년-1564)은 서로 간에 8년의 차이가 있지만 같은 시대를 살았다. 그런데 칼빈은 성경에 근거하여 사람이 하나님의 형상대로 지음을 받아 하나님을 경배할 수 있는 존재로 이해하였다. 사람은 이 자유의지를 스스로 부패시켜서 타락한 존재였다. 사람이 하나님을 다시 찾기 위해서는 그 영혼이 소생함을 받아야 한다. 자신을 알기 위해서는 사람은 하나님을 알아야 했다.

반면에, 이황은 이(사단의 마음)를 발동하고 몸(기)이 그 이를 따라 살아가야 하는 존재로 이해했다. 사람이 이와 기를 조절하면서 자연의 흐름에 따르고 사회 규범에 맞추어 살아가면서 선하게 살아야 하는 존재로 보고자 한다.

이미 언급했지만 오늘날 사람에 대한 접근은 서양과 동양이 서로 다르다. 심리학의 영역에서 특히 그러하다. 서양 심리학은 사람이 태어나면 마음(또는 정신이나 지능)이 전혀 형성되어 있지 않은 것으로 간주한다. 그래서 아이가 태어나면 '0'살 곧 지능(심리心理, 마음이 이치)을 제로로 여긴다. 이때부터 사람은 마음을 발달시켜 가야 한다. 이것이 서양에서 발달 심리학이 중시되는 이유다.

반면에, 성리학의 관점에서는 사람은 완전한 성을 갖추고서 태어난다고 본다. 사람이 만물 중에 가장 신령한 존재가 되는 이유다. 태어나자마자 한 살로 간주되어 충분히 존중받는다. 사람 자체가 무엇이라도 해 낼 수 있는 갖추어진 존재로 이해되고 있다.

신학의 관점에서 볼 때 서양의 심리학은 사람이 하나님 앞에서 어린아이 같은 존재로 늘 배워가야 한다는 의미에서 바람직하다. 성리학 역시 하나님께서 진리이시며 완전하시기에 그의 지음을 받은 사람이 완전한 존재로 태어났으며 완전한 존재로 살아가야 한다는 점에서 상당한 설득력을 지닌다.

하지만, 서양 학문이 그들 자체의 논리 구조를 따라 사람을 잘 훈련하고 양심이나 의식을 잘 세워가고 발달시켜 나가면 완전한 사람이 될 수 있다고 하는 것은 완전한 착각이자 교만이다. 사람은 이성, 인식, 인지, 의식과 무의식, 선의지, 마음, 영성 등등에 대해 구별할 수조차 없다.

이성이나 마음이 자신의 몸 어디에 있는지를 모르며 의식과 인식, 지능과 지성 등이 어디에서 어떻게 나누어지는 지도 모른다. 자신에 대해 분간조차 할 수 없는 사람이 다른 사람을 온전하게 만들거나 조정할 수 있다는 것은 말이 되지 않는다.

성리학적인 관점에서도 이(理)가 무엇인지를 구체적으로 제시하고 객관화하지 못하는 한 이를 따라 사는 사람이 선하다고 주장하는 것은 어리석은 소치에 지나지 않는다. 참 진리와 그 구체적 실천 방식이 단 하나의 예외도 없이 적용되며 증명되지 않는 한 사람이 바르게 될 수 있다는 것은 모두 사람의 바벨탑 쌓는 것에 불과할 뿐이다.

그런데도 우리나라의 이기 또는 사단과 칠정을 지닌 사람이라는 성리학적 관점은 신자들에게는 상당한 시사점이 있다. 그것이 우리 안에 거하시는 성령과 사람(의 욕정)과의 관계에 적용될 수 있기 때문이다. 영에 속한 사람은 성령의 지배를 받는 사람이다. 육에 속한 사람은 사탄이나 사람의 정욕을 좇는다.

만일에 성령을 이에, 우리 몸과 욕정을 기에 비유한다면 신자들은 성령의 조명을 좇아 생각하고 행동할 때 선하게 살 수 있다는 논리가 성립된다. 성리학의 논리에 비추어 보면, 신자는 무조건 성령이 먼저 발동하고 사람이 성령의 조명을 따를 때 선하게 살 수 있게 된다. 반대로 사람의 욕정이 먼저 발하게 되어 욕정대로 행해진다면 악하게 될 수 있다. 그렇기 때문에 사람이 정(욕)이 먼저 발하는 경우에는 반드시 성령이 그 욕정을 다스리고 조정하도록 해야 한다.

신자에게 성령이 먼저 역사해야 한다는 것은 재론의 여지가 없다. 하지만, 사람의 경우 성령이 먼저인지 사람의 정욕이 먼저인지를 구별해 낼 방법이 없다. 더욱이 사람의 마음은 잠시도 멈추지 않고 끝없이 계속 변하고 움직인다. 성령이 먼저인지 정욕이 먼저인지가 구별되기를 기다리고 있을 새가 없다는 말이다.

그 해결은 간단하다. 사람의 정욕이 먼저 발동되었다 하더라도 그 정욕을 성령의 뜻에 맞추고 거기에 복종시켜서 선하게 살아가면 된다. 어떤 경우든 사람의 생각이나 행동을 하나님을 향하게 하고 하나님을 위한 것이 되도록 하는 것으로 충분하다. 사람이 자신에게서 일어나고 있는 마음이나 행동의 발동에 대해 그것이 하나님을 위한 것이라고 믿는 것이 해결책이다. 더더욱 그 믿음으로 거침없이 현실에 부딪치고 굳센 믿음으로 그곳을 헤쳐 나가며 살아가는 그 자체가 진정 바람직한 행위 양식이 된다.

사람은 몸을 통해서든 마음을 통해서든 구별 없이 완전해지려 하고 그렇게 되기 위해 배우고 또 배워가야 한다. 그(녀)는 이 배움을 발판으로 삼고 이 세상(죄와 죽음)을 돌파하고서 영원한 하늘나라와 영원한 삶을 향해 달음질해야 한다. 이 과정에서 그(녀)는 자신의 일체의 모자람을 하나님 앞에서 온전히 인정하고 그를 의뢰해야 한다. 그런 후에 그(녀)는 자신의 주변에서 일어나는 일체의 사태에 대하여 믿음으로 맞서고 도전하여 마침내 그 믿음으로 세상을 이겨 내야 한다.

제8장

하나님의 섭리와 그 적용

하나님께서 자기 사역을 한 번에 다 이루신 순간적인 창조주로만 아는 것은 너무도 경박하고 터무니없는 짓이다. 하나님은 자신의 능력으로 하늘과 땅을 창조하셨을 뿐만 아니라 지으신 것들을 영속적으로 이끌어 가신다. 그 분의 능력이 첫 번째 기원(창조)에 못지않게 그것을 영속시켜 가는 데서도 빛나고 있다.

이런 의미에서 칼빈은 "하나님은 자기에 의해 지음을 받은 세계를 자기의 능력으로 자라게 하시고 보호하시며 자기의 섭리로 그 각 부분을 다스리심"(제1권 16장 목차)이라는 장을 통해 하나님의 섭리를 드러내었다.

악한 사람들조차도 하늘과 땅을 바라볼 때 그들의 마음이 그것을 지으신 창조주를 생각해 볼 수 있다. 사람이 육체의 지각을 통해 한 번이라도 창조주 하나님의 권능을 인지하게 되면 그 활동은 중단되고 그 대신에 모든 일을 통해 현시되는 창조주의 지혜와 권능과 선함을 생각하며 거기에 빠져들 수 있다.

창조주가 아니라면 우주와 자연 만물을 보존하고 관장하는 어떤 일반적인 활동 기관이라도 생각할 수밖에 없을 것이다. 사람이 이렇게 할 수 있는 것은 육체의 지각 능력이 처음부터 하나님에 의해 심겨져 만물을 지탱하기에 충분한 에너지로 작용하고 있기 때문이다.

사람이 하나님을 창조주로 알기 전과 알게 된 후에 각각 보일 수 있는 반응은 두 가지다.

첫째, 하나님이 창조주이시기에 자신이 창조하신 것들을 보존하시고 다스리는 분으로 믿는 것이다. 이 경우에는 모든 일이 그녀에게 하나님에 의한 것으로 이해될 것이다.

둘째, 자신의 움직임을 포함해서 모든 일이 어떤 일반적인 활동 기관이 사람에게 준 에너지를 활용해서 움직여져 가는 것으로 이해하는 것이다. 그 사람에게는 모든 일이 우연 내지 필연이거나, 아니면 숙명이나 운명으로 받아들여지게 된다.

하나님의 섭리는 우연이나 필연 또는 운명 또는 숙명 등과 구별된다. 섭리란 하나님이 어떤 우주적 운동으로 전체와 그 각 부분을 운행하시는 일체의 이치나 사건들, 좀 더 자세히 말하면 하나님이 자신을 영원한 통치자시며 보존자시라고 믿는 자들에게 드러내시는 일체의 이치나 사건들이라 할 수 있다. 이때 모든 일을 하나님의 섭리로 이해하고 신뢰할 수 있게 하는 것은 믿음이다.

다윗이 "여호와의 말씀으로 하늘이 지음이 되었으며 그 만상을 그의 입 기운으로 이루었도다"(시 33:6)라거나, "여호와께서 굽어보사 모든 인생을 살피심이여"(시 33:13)라고 고백할 수 있었던 것은 그에게 믿음이 있었기 때문이었다. 사람은 "믿음으로 모든 세계가 하나님의 말씀으로 지어진 줄을"(히 11:3) 알 수 있다.

이렇게 될 때 태양이 날마다 뜨고 지는 것은 자연의 맹목적 본능이 아니라 하나님의 섭리에 따른 다스리심인 것이 드러난다. 계절이 연속하는 가운데서 서로 동일하지 않은 다양성을 드러내는 것도 하나님의 섭리에 의한 것이다. 매년, 매월, 매일이 새로울 수 있는 것도 하나님의 특별하신 섭리에 의해서 그렇게 조성되고 있다.

하나님은 자신의 확실하고 확정된 뜻에 따라 원하시는 모든 것을 행하신다(시 115:3). 이 사실에서 보면 섭리는 하나님의 지식과 뜻과 작정 등으로 말해질 수 있다. 그의 예정 역시 하나님의 섭리의 일부가 된다. 하나님이 원하시는 모든 것을 행하신다는 사실과 하나님은 자신이 창조하신 우주와 사람들을 다스리시고 보존하신다는 사실에서 보면 하나님의 섭리는 그것이 어떻게 규정되든지 간에 온 우주 안의 사건과 사태 안에 내재하여 관여하고 있음이 분명하다.

현재의 일이든 장래의 일이든 이 사정은 동일하다. 하나님의 섭리는 하나님이 땅에서 무엇이 일어나는지를 지켜보는 데 있지 않고 그 모든 일의 열쇠와 보호자로서 모든 사건을 다스리는 그 자체다. 동시에 그것은 일체의 우주와 자연 만물의 운행과 보존, 모든 인생 자신과 그들의 모든 사태 속에 관여하며 심지어 닥쳐오는 환란이나 역경까지도 하나님의 부성애로써 보호하시고 돌보신다는 것을 증명하는 실체다.

하나님의 섭리가 진리이기에 만물 만사가 그 자체의 본성의 의향에 따라 충동되는 대로 자발적으로나 우연히 운행된다고 하는 말은 전혀 맞는 말이 아니다. 또한, 섭리를 따라 만물 만사가 일어난다는 것은 옳지만 그렇다고 그 일어난 일들이 필연 내지 운명 또는 숙명이라고 하는 것도 전혀 맞지 않는다.

하나님의 섭리 외에는 만물이 창조될 수도 그 후에 존속되고 지금이나 앞으로도 유지되어 운행될 수 없기 때문이다. 사람에게 있어서 만물 만사의 일들은 오직 하나님의 섭리에 따른다는 것 외에 달리 설명할 말이 없다.

칼빈은 하나님의 섭리와 관련하여 세 가지 전제 위에서 설명하였다.

첫째, 하나님의 섭리는 지나간 시간과 다름없이 미래의 시간에도 미친다.

둘째, 그것이 모든 것의 지휘자로서 때로는 중간 매체들을 통하여, 때로는 매개체들 없이 작용하며, 때로는 매개체들 모두에 역행하여 작용하기도 한다.

셋째, 섭리를 통하여 하나님의 돌보심이 인류 전체에 미치고 있다(제1권 17장 1절).

무엇보다도 하나님은 자신의 섭리를 따라 자신의 교회를 보다 가까이에서 살피시며 다스리신다. 하나님의 섭리가 교회에 대해 파수꾼의 일을 감당하고 있는 것이다. 이 살피심은 모든 개개인에게도 동일하다. 하나님은 이렇게 우주계를 운행하시면서 피조물 개개의 행위를 각각 고유한 방식으로 지도하신다.

따라서, 사람이 하나님과 자신 사이를 절연시켜 놓고서 하나님은 하나님대로 자신은 자신의 의지적인 계획대로 조성해 갈 수 있는 것처럼 이분법적으로 생각해서는 안 된다. 사람은 자신들에게 닥쳐오는 일체의 일들에 대해 세계의 조성자이신 하나님의 섭리에 의한 것이라 생각하고 겸손하게 낮아져야 한다.

하나님의 섭리에 대하여 두려움과 존경을 동시에 가지고서 자신을 하나님께 내맡겨야 한다. 모세조차 이렇게 고백하였다.

감추어진 일은 우리 하나님 여호와께 속하였거니와 나타난 일은 영원히 우리와 우리 자손에게 속하였나니 이는 우리에게 이 율법의 모든 말씀을 행하게 하심이니라(신 29:29).

하지만, 하나님의 섭리의 불가해함은 성령의 조명으로 언제든 사라질 수 있다(사 11:2; 욥 20:3). 하나님의 경영 방식은 사람에게 심연과 같은 암흑의 길인 것은 분명하지만 안전하게 걸을 수 있도록 우리의 발을 인도하시는 등(시 119:105), 생명의 빛(요 1:4)과 같은 진리의 학교(성경)가 된다. 이외에도 하나님은 사람에게 자신의 삶을 돌보는 일을 맡기셨다.

그것을 보존할 방법들과 도움들을 함께 준비해 주셨으며 닥쳐올 위험들을 미리 알게 하셔서 그것들에 대하여 예방하고 대처할 수 있게 하셨다. 사람은 하나님의 섭리를 살피고 좇아서 자신에게 임박한 악들로부터 자신을 얼마든지 건져낼 수 있다. 하나님께서 삼가라고 명령하신 섭리는 그 삼가야 할 것이 사람에게 운명처럼 되지 않게 하기 위한 것이다.

경건한 사람 요셉은 그의 형제들이 그를 애굽으로 돈을 받고 팔아버렸음에도 불구하고 이렇게 고백하였다.

> 나를 애굽으로 판 이는 당신들이 아니요 하나님이시라 하나님이 생명을 구원하시려고 자기의 뜻 가운데 나를 당신들보다 먼저 보내셨나이다(창 45:5, 7-8).

동방의 의인 욥은 자신의 자녀들을 죽이고 재산을 약탈해 간 갈대아인들에 대해 복수를 말하는 대신에 이렇게 고백하였다.

> 주신 이도 하나님이시오, 거두신 이도 하나님이시오니 여호와의 이름이 찬송을 받으실지니이다(욥 1:21).

지혜로운 사람 다윗은 자신의 부하인 시므이가 퍼부은 비난에 대해 이렇게 말하였다.

> 여호와께서 그에게 명령하신 것이니 그가 저주하게 버려두라(삼하 16:11).

이들은 모두 자신들에게 닥친 모든 고난과 역경을 마치 여호와가 그것을 원하셨다고 여기며 견디고 인내했던 것이다.

이들 이외에도 사람들을 둘러싸고 있는 악들은 수도 없이 많다. 사람의 몸 자체가 수천 가지의 질병들을 그 안에 담고 있다. 몸이 질병들의 원인들을 길러내고 배양하고 있다. 그런데 하나님께서 가장 존귀하게 창조하신 사람을 이러한 질병의 원인들로 인해서 그대로 속절없이 무너지게 그대로 두셨다고 말한다면 그것은 하나님에 대한 모독이다(제1권 18장 10절). 사람이 이러한 악들로부터 무방비로 당할 수밖에 없다고 포기하는 것이야 말로 운명론에 빠진 것이다. 가련한 전략이다.

앞의 세 사람이 당한 고난 역시 이들을 둘러싸고 있는 악들이 그들에게 덮쳐온 것이었다. 하나님은 이들 각자가 자신의 상황에서 극복할 수 있게 하셨다. 그래서 그들 세 사람이 당한 악은 결코 우연이 아니었다. 필연도 운명도 숙명도 아니었다. 하나님의 섭리였다.

하나님이 사울을 왕으로 택하신 후에 후회하셨다는 사실은 그의 섭리의 속성을 더 잘 알 수 있게 한다. 사울이 겸손할 때 하나님은 그를 이스라엘의 왕으로 삼으셨다. 그러나 그가 하나님께 불순종하자 사무엘을 통해서 자신이 그를 이스라엘의 왕으로 삼으신 것을 후회한다고 하셨다(삼상 15:11). 이 후회하심은 수많은 행위 가운데 하나일 뿐 그 이상도 그 이하도 아니다.

성경에 성자 하나님이신 예수님이 후회하셨다는 것이나 성령이 후회하셨다는 말씀이 단 한 구절도 없다. 그것은 있을 수 없는 일이다. 삼위 하나님 가운데 오직 성부 하나님만이 절대 주권자로서 후회하실 수 있으시다. 성자 하나님이나 성령 하나님이 후회하신다고 한다면 그것은 성부 하나님에 대한 불경이 된다. 성부 하나님은 창조주 하나님이시자 절대자 하나님으로서 얼마든지 우리를 위해 후회하신다고 하실 수 있다. 아버지 하나님의 후회하심은 우리를 향하신 너무도 겸손하신 표현이다.

하나님은 후회하신다고 하셨지 자신의 섭리를 바꾸셨다고 하지 않으셨다. 하나님은 사울을 왕으로 선택하신 것은 맞다. 하지만, 하나님은 그 당시 사울이 아니었더라도 그 이외의 수많은 겸손한 사람 중에서 얼마든지 누군가를 이스라엘의 왕으로 세울 수 있으셨다.

다시 말하면, 하나님은 자신의 섭리를 따라 그것을 이루어가시기 위해 선택하여 행하실 수 있는 일들이 너무도 많다. 이런 가운데서 하나님은 사울을 왕으로 선택하신 것이었고, 그것에 대하여 후회한다고 하신 것뿐이었다. 사실 이 조차도 하나님께서 자신의 섭리를 이루시기 위해 그렇게 하신 것이다.

그러므로 하나님께서 자신의 행위를 후회하신다고 한 이 한 마디 말을 가지고서 하나님의 섭리를 믿을 수 없다거나 하나님의 섭리가 바뀔 수 있다고 생각하는 것은 진정 정신없는 말을 하는 것에 지나지 않는다. 오히려 하나님의 후회하심이 많을수록 사람에게 하나님의 섭리가 더 빨리 이루어질지도 모를 일이다.

창조 이래로 세상만사는 하나님의 섭리로 보존되고 다스려져 왔다. 우주와 자연 만물에서 일어나는 일체의 사건들, 동서고금의 전 인류에게 일어났던 일들 전체가 모두 하나님의 섭리에 의해 그렇게 되었다. 하지만, 반대로 동서고금을 통한 모든 우주의 운행과 인류의 사건이 다 모인 것만이 하나님의 섭리인 것은 결코 아니다.

무한 능력의 하나님, 지혜가 한량없으신 하나님의 섭리는 이미 나타난 일체의 사건들로 다 채워질 수가 없다. 지나간 것들은 모두 사라졌을 뿐이다. 그것은 합하거나 빼거나 간에 하나님의 섭리에 별다른 상관이 없다. 이 때문에 하나님의 섭리는 우연이라거나 필연 또는 운명 등으로 말해질 수 없는 것이다. 가룟 유다의 배신과 죽음도 하나님의 섭리의 하나일 뿐 필요악이라는 식의 논리가 성립되지 않는다. 가룟 유다는 하나님의 무한하신 섭리 가운데서 단 한 가지 사태였기 때문이다.

하나님은 자신의 섭리를 일일이 사람들에게 드러내지 않으시고도 진실하게 그것을 이루시는 무궁무한하신 능력자이시다. 그분에게서 사람들이 말하는 학문적 지식, 사회의 규범이나 법률, 경제적 논리, 자연법칙 등등은 하나님의 섭리 아래 저 어딘가에 위치하는 참으로 사소한 것들에 지나지 않는다.

사람은 어떻게 하나님의 섭리를 발견하고 그 섭리를 따르며 삶 속에 적용해야 하는가?

간단하다. 하나님을 진리로, 그분의 말씀을 진리로 믿는 것이다. 이 믿음으로 자신의 삶 속에서 일어나는 일체의 사건에 대하여 하나님의 진리의 뜻이 드러나는 것으로 대하는 것이다. 하나님의 섭리를 더 많이 알기 위해 누구보다 열심히 생활하고 자신의 삶 속에서 더 많은 진리를 찾고 두드리는 것이다. 성경을 많이 읽고 묵상하는 것은 훌륭한 방법이다.

간절히 기도하며 자신의 삶을 진실하게 하고자 하는 것도 중요하다. 유기된 자들의 생활 모습을 통해서는 자신이 하나님께로부터 유기당하지 않는 생활을 익히는 것이다. 성령에 의해 다스림을 받는 선택된 자들을 통해서는 하나님께서 어떻게 자신의 능력을 그들에게 베푸시는지를 배워가야 한다. 우리가 날마다 마주하는 삶의 현실 속에서 하나님의 사랑을 느끼고 누리고 그 안에서 평화로이 노닐 줄 아는 생활이야말로 하나님의 섭리를 바르게 따르며 실천하는 것이다.

제2부

『기독교 강요』 제2권

제1장 자유의지와 은혜

제2장 은혜 안에서의 권고

제3장 중보자 그리스도

제4장 율법, 그 의의와 실천

제5장 복음, 그 이해와 믿음과 선포

제6장 구약과 신약의 일치성

제7장 구약과 신약의 차이성

제8장 인성과 신성을 지니신 그리스도

제9장 그리스도의 죽음과 부활과 승천

제1장

자유의지와 은혜

『기독교 강요』 제2권은 구속주 "하나님을 아는 지식"을 장으로 하고 있다. "처음에는 율법 아래에서 조상들에게, 이후로는 복음 안에서 우리에게 드러난, 그리스도 안에서 구속주 하나님을 아는 지식"이라는 제2권의 제목이 이 사실을 잘 보여 준다. 칼빈은 이 문제를 아담의 타락과 배역으로 모든 인류가 저주에 넘겨졌고 그 근원의 상태로부터 멀어진 사실을 서술하는 것으로 시작하고 있다.

구속주 하나님을 알아야 하는 쪽은 사람이다. 그분을 알기 위해 사람은 또한 자기 자신을 알아야 한다. 창조주 하나님을 아는 지식과 사람을 아는 지식이 서로 연결되어 있듯이 구속주 하나님을 아는 지식 역시 사람을 아는 지식과 연결되어 있다.

칼빈에 따르면 사람이 자신에 대해 알아야 하는 이유는 두 가지다.

첫째, 사람이 창조된 존재이자 타락한 존재라는 사실을 알아야 하기 때문이다.

둘째, 사람이 탁월한 능력을 지니고 있다 하더라도 그것들이 사람 안에 고유한 것들이 아니라는 사실을 알기 위해서이다.

이 두 조건은 사람이 살아 있는 동안에는 결코 피할 수 없다.

좀 더 풀어서 말하면 사람은 일생동안 타락에 관해서는 자기 자신을 미워하고 혐오해야 하며, 자신의 뛰어난 능력에 관련해서는 그것이 자신에게 고유한 것이 아니기에 한없이 겸손해야 한다.

사람은 자신의 타고난 소질들에 대한 찬사를 듣고자 하며, 찬사를 듣게 되면 실제로 그러한 줄로 착각하는 성향을 가지고 있다. 이러한 교만으로 인해 공허한 확신을 의지해서 스스로 적절하다고 여기는 것을 꾀하고, 시도하고 행하기 일쑤다. 그런 행위는 파멸의 길로 끝이 난다. 그런데도 사람은 그렇게 무모하게 돌진하기를 멈추지 않는다(제2권 1장 2절 참조).

대표적인 예로 선악과는 하나님께서 아담이 하나님의 명령 아래에 거하며 그것을 따르는지를 증명하도록 하기 위해 주신 것이었다. 그것은 아담이 자기의 처지에 만족하고 사악한 정욕에 빠져 우쭐대지 못하게 하려고 주어졌던 것이다(제2권 1장 2절). 아담이 생명나무의 열매를 먹는 한에 있어서는 영생에 대한 소망 속에 살아가리라는 하나님의 약속이 있었다.

그와 반대로 선악과를 맛보는 순간에는 즉시 두려운 죽음의 탄핵이라는 약속 또한 있었다. 선악과를 먹지 않는 행위는 누구나 다 알 수 있고 실천하기 쉬운 행동 양식이었다. 아담은 유대인들이 십계명을 행동 양식으로 받았던 것보다 훨씬 더 지키기 쉬운 명령을 하나님께로부터 받았다고 볼 수 있는 것이다.

하지만, 그의 야망이 그를 그 자신에게 허용된 이상의 행동을 하게 하였다. 그의 아내였던 여자 역시 하나님의 명령을 믿음 없이 포기해 버렸다. 아담이 야망으로 인해 타락했다면, 그녀는 하나님을 믿지 않는 불순종에서 선악과를 따먹었다. 그 일은 아담과 하와가 순전히 자신들의 야망과 교만, 그리고 불순종을 좇아 일어난 의도적인 선택이었다. 그리고 그 선택은 그들에게 파멸을 가져왔다.

아담의 타락은 그가 처음에 받은 하늘의 형상들, 곧 지혜, 덕성, 거룩, 진리 등을 상실하고서 그 대신에 몽매함, 무능, 불순, 헛됨, 불의 등으로 살아가는 존재로 바꾸어 버렸다. 그들에게는 이 오염을 깨끗하게 할 수 있는 방법이 없었다. 그래서 아담 이후의 사람들은 이 오염을 물려받는 수밖에 없었다. 모든 후손 역시 이 오염으로부터 벗어날 길이 없었다.

이렇게 사람들이 물려받은 오염을 교부들은 "원죄"(original sin)라 불렀다. 이 원죄는 어머니의 뱃속에서부터 모든 사람의 영혼 속으로 퍼져갔다. 그것의 결과는 하나님의 진노를 유발하는 것이었고, 사람을 그 책임 하에 놓이게 하였으며, 끝없이 "육체의 일"(갈 5:19)을 만들어 내었다(제2권 1장 8절 참조).

이로 인해 아담의 타락을 전후해서 사람은 전혀 다른 존재가 되었다. 창조된 때로부터 타락 이전까지의 사람은 하나님의 형상이라는 말로 필요충분하게 묘사될 수 있었다. 하나님의 형상을 닮았다는 그 한 마디만으로 사람은 충분하고도 진실하게 설명되었던 것이다.

만약에 사람이 하나님의 형상대로 남아 있었더라면 하나님의 형상이라는 말 외에 굳이 다른 말로 사람의 본성을 설명할 필요가 없었을 것이다. 하지만, 아담의 타락 이후로 사람이 원죄를 지니게 됨으로써 파멸로 가는 일들만을 행하는 존재로 전락했다. 사람은 스스로는 그러한 상태로부터 벗어날 수 없는 처지가 되었다. 더 이상 사람이 하나님의 형상이라는 말로는 도저히 설명될 수 없게 된 것이다. 이제 사람에 대한 새로운 설명이 필요하게 되었다.

그 대표 중에 하나가 사람은 "본질상 진노의 자녀"(엡 2:3)라는 것이다. 이때부터 본질(ὑπόστασις[휘포스타시스], substance, 사람의 모든 생각과 행동은 자기 주체적이며 그것들에는 분명한 실체적 내용 내지 증거가 있다는 의미)은 하나님의 형상과는 전혀 상관없는 타락한 인간을 설명하는 용어가 되었다.

본질상 진노의 자녀로서의 사람은 모두 예외 없이 언제 어디서든 불순종, 헛됨, 불의함 등을 저지를 뿐이다. 이러한 사정은 계속 유전되며 사람 스스로는 선으로 돌아갈 수 없기에 어떤 시대 어떤 사회에서든 반복되고 강화되어 간다. 한마디로 사람에게 선으로 향하고 선을 향할 수 있는 자유의지는 있을 수 없게 되고 말았다.

사정이 이러함에도 철학자들은 사람의 의지의 자유를 줄기차게 주장한다. 그들은 덕성과 악행이 사람의 능력 안에 있으며, 그것을 행하거나 행하지 않는 것이 그의 선택이라고 믿는다. 사람이 살아가는 것은 신들의 선물이지만 선하고 거룩하게 사는 것이 사람에게 속한다고 주장한다. 심지어 키케로 같은 이는 "행운은 하나님으로부터 찾도록 해야 하지만 지혜는 자기 자신으로부터 취해야 한다는 것이 모든 인생의 판단"(제2권 2장 3절)이라고 외쳤다.

자유의지를 관철하기 위해 철학자들은 의지와 이성 두 요소에 집착하였다. 그들에 따르면 이성은 사람을 바르게 통치하는 데 충분하다. 따라서, 의지가 이성에 종속되기만 하면, 비록 가끔은 지각에 의해 교란을 당할 수도 있겠으나, 그런데도 그것은 자유로운 선택을 통하여 이성을 따르는 데 방해 받지 않을 수 있다고 보았다(제2권 2장 3절).

무엇보다도 이성은 하나님의 편만한 빛 가운데서 가장 효과적인 계획을 세울 수 있고 최선의 명령을 내릴 수 있는 것으로서 그것이 본성적으로 부여받은 힘을 발휘하기만 하면 인간의 선하고 복된 삶을 이끄는 통치자가 될 수 있다고 여기기도 하였다.

하지만, 칼빈은 사람의 의지가 사람을 지배하고 다스리는 욕망들에 복종하는 한 그것은 결코 자유롭지 않다고 역설했다. 그에 따르면 의지는 죄의 노예 상태로 예속되어 있기에 선을 향하여 움직일 수가 없다. 그것이 선에 몰두한다는 것은 더욱 불가능하다. 물론, 사람이 의지 자체를 박탈당한 것이라기 보다는 선과 의로 향하고 실천하는 의지의 건전함을 박탈당한 것은 사실이다(제2권 3장 5절 참조).

그런데 의지의 건전함의 상실이 사람으로 하여금 자신의 야망을 좇게 하고 스스로 교만하여 하나님을 불신하게 만들었다. 타락한 의지이기에 하나님을 불신하는 일을 사람 스스로 원한다. 이것은 칼빈의 눈에는 일절 죄의 노예가 되는 자유에 불과하였다. 이와 반대로 자유의지는 하나님의 의를 추구하는 것으로써 사람은 오직 성령에 의해서만 가질 수 있는 것이었다(제2권 2장 8절 참조).

하나님께서는 자신의 형상으로 창조하신 피조물들에 대해 타락 이후에도 그 증거를 남겨 두시는 은총을 베푸셨다. 그 첫째 은총이 인류 전체에게 주어져 있는 고유한 이성이다. 이성은 사람과 동물을 구별시켜 준다. 이성의 뛰어남은 세상에 천치나 바보들이 있다고 해서 퇴색되지도 않는다. 천치가 있기에 지혜가 더 잘 드러날 수 있고 지혜가 있기에 천치의 가치가 더 잘 알려질 수 있다.

일부 사람들의 예리함, 판단의 우월함, 명민한 배움 등등에서도 하나님의 은총의 증거가 남아 있다. 어떤 사람은 예술, 어떤 사람은 운동, 어떤 사람은 정치, 어떤 사람은 기술 등등 분야에서 뛰어남을 보인다. 칼빈은 이것이 하나님께서 일반 은총을 사람들에게 주셔서 하나님 자신의 지혜를 드러내신 것으로 이해한다. 중요한 것은 사람의 뛰어남이 그 자신에게 고유하게 있는 것이 아니라는 사실이다.

이 상황에서 이성이 제일 먼저 해야 할 일은 하나님의 나라와 영적 통찰을 식별하는 일이다. 이를 위해 이성은 먼저 하나님을 알아야 하고, 그 후로 하나님의 부성적 호의를 알아야 하며, 더 나아가 하나님의 법의 규범에 따라 우리 삶의 질서를 형성하는 방법을 알아야 한다(제2권 2장 18절).

하지만, 이성은 이 일들에 대하여 눈이 멀어 있다. 그것은 기껏해야, 사람이 번개가 치는 순간에는 잠시 멀리 볼 수 있으나 잠깐 사이 다시 어두움에 빠져 보지 못하게 되듯이, 하나님을 아는 일에 있어 그렇게 찰나의 순간에는 느낄 수 있으나 곧 바로 무지에 빠져들고 만다. 오히려 이성은 스스로의 잘남으로 인해 하나님의 의를 지향하려 하지 않거나 심지어 거기에 대적하기 일쑤다.

하나님의 은혜는 이러한 절망적 상황에 처한 사람에게 임한다. 하나님은 본질상 진노의 자녀인 사람에게는 없는 착한 일을 시작하신다(빌 1:6). 하나님께서 우리 마음 안에 의를 향한 사랑과 갈망과 열의를 불러일으키게 하시는 것이다.

또한, 새 영을 주어 우리로 하여금 율례를 행하게 하신다(겔 36:26-27). 하나님은 회심하게 하셔서 우리의 의지(본질상 진노의 의지)를 선한 것으로 변하게 하신다. 하나님은 연약한 의지에 힘을 더하시거나 사악한 의지를 교정하신다. 하나님은 모든 것을 모든 사람 가운데서 이루어가신다(고전 12:6).

이러는 과정에서 사람의 자유롭지 않았던 의지가 성령이 도우심으로 하나님께 순종하는 성취로 바뀌게 되는 것이다. 다른 말로 하면 칼빈의 자유의지는 사람이 하나님의 의를 향하고 그것을 좇아 살아가고자 하는 일체의 생각과 행동을 일으키는 동력이라 할 수 있다. 이런 근거를 바탕으로 칼빈은 회심의 의지를 비롯한 구원의 전 과정이 오직 하나님의 은혜로 말미암는다고 주장하였다(제2권 3장 6절 참조).

타락과 파멸을 벗어난 후에 오는 자유의지는 필연적으로 하나님의 은혜 다음이다. 즉, 자유의지는 은혜의 수종자다. 참으로 주님은 은혜를 주셔서 의지가 없는 사람에게 의지를 일으키도록 앞장서시고, 의지하는 사람은 헛되게 의지하지 않도록 뒤따르신다. 하나님은 율법의 문자를 통해서가 아니라 성령의 은혜를 통하여 가르치시고, 누구든지 배운 것을 인식하여 보게 하시고, 원함으로 그것을 간구하게 하시며 마침내 행하여 성취하게 하신다.

선의 기원은 오직 하나님 한 분이시다. 그리고 선을 향한 의지는 택함을 받은 사람들에게서만 발견된다. 사람이 선을 원하고 행할 수 있는 것은 믿음으로부터 기원한다(제2권 제3장 8절). 하나님은 사람의 "굳은 마음을 제거하고 부드러운 마음을"(겔 36:26) 주시며, "그들(사람)에게 한 마음과 한 길을 주어 ⋯ 항상 나(하나님)를 경외하게"(렘 32:39) 하시는 분이시다. 그러므로 우리의 회심은 본질상 진노의 자녀에서 하나님을 향하고 경외하는 새로운 영과 새로운 마음의 창조 당함에 있다.

이상을 통해서 사람은 타락 이전에는 "하나님의 형상대로 지음을 받은 존재"로 대표될 수 있었으나 타락 후에는 "본질상 진노의 자녀"로 통칭되었음을 알 수 있다. 철학자들을 중심으로 대부분의 사람들이 지니고 있는 이성에 대한 신뢰는 실은 사람의 야망이나 몽매함, 교만과 불순종 등의 본질을 믿고자 하는 것에 불과하다는 것도 드러났다. 본질상 진노의 사람이 주장하는 자유의지는 실은 죄악의 노예가 되게 하는 것에 불과하다.

하지만, 하나님은 본질상 진노의 자녀가 된 사람에게는 있을 수 없는 "새 마음"과 "새 영"을 주시어서 그들로 하여금 선을 향하고 선을 의지하며 실천하는 의지를 불러일으키신다. 그것이 하나님의 은혜로 말미암아 택함 받은 자녀들이 가지게 되는 자유의지다. 말할 필요도 없이 이 자유의지는 사람에게는 본질적으로 있을 수 없는 것들이다. 그래서 사람은 결코 자랑할 수 없다.

결론을 맺자. 사람이 하나님을 향하고 선을 향하고 선을 의지하며 실천할 수 있는 모든 것은 하나님의 은혜 이후에만 가능하다. 이 은혜가 없이 사람이 스스로의 자유의지를 주장한다면 그것은 자신의 무지와 교만만을 드러낼 뿐이다.

따라서, 하나님의 은혜를 제외하고서 사람에 대해 이루어지는 모든 학문의 탐구는 오직 본질상 진노의 자녀에 대한 탐구에 지나지 않는다. 본질상 진노의 자녀로서 이루어 내는 그 어떤 업적이나 명예, 부의 축적 역시도 불순종과 교만과 타락의 결과물이 될 뿐이다. 사람은 이러한 자신의 모습을 분노하고 증오할 줄 알아야 한다.

반면에, 하나님의 은혜를 좇아 새로이 생겨난 선을 향한 자유의지는 우리가 하나님께로부터 공급받은 것이니 동일하신 하나님을 믿고 일체의 되어질 일들을 그에게 맡긴 채 우리 안에서 솟아 올라오는 소원과 열망을 믿음으로 불태우며 살아야 한다. 우리의 선한 자유의지를 발산하되 그 모든 것이 하나님으로부터 말미암는다는 것을 믿으며 그 믿음을 잃지 않는 한 철두철미하게 우리의 꿈과 소원을 펼치며 이루어가는 것이 신자가 해야 할 일이다.

이렇게 될 때 우리가 거창하게 하나님의 사명을 이루어간다고는 말할 수 없다 하더라도 최소한 하나님이 우리에게 주신 자유의지를 마음껏 발산하며 살아가는 멋진 인생을 살 수 있다. 참으로 하나님을 믿는 사람이라면 마땅히 그래야 한다.

제2장

은혜 안에서의 권고

하나님께서 사람에게 은혜를 주시는 방식은 순전히 하나님의 사랑으로 거저 베푸시는 형태로 이루어진다. 아담이 타락한 후에 하나님께서 가죽 옷을 입히시고 그로 하여금 계속 살아가게 해 주신 것이 그 증거다. 하나님께서는 또한 아담이 타락한 이후에도 하나님의 형상을 닮았다고 볼 수 있는 이성이나 의지, 오성 등을 사람에게 남겨 두셨다. 이 역시 하나님이 사람에게 베풀어 주신 은혜이다.

그러나 사람은 자신에게 남겨져 있는 이성이나 의지 또는 오성 등으로는 선악을 분별하는 보편적인 판단을 할 때에 그 모든 것이 건전하고 순수하다고 생각해서는 안 된다. 칼빈은 단호하게 사람이 자연법의 경우에서처럼 자신들의 의견 일치 하에 어떤 보편적인 판단을 내리고 그에 맞게 행동하면 선하다고 단정하는 것은 눈이 먼 것이라고 하였다(제2권 2장 24절 참조).

칼빈은 그 이유를 몇 가지로 제시하였다.

첫째, 불경건한 사람들이 십계명의 첫 번째 판, 곧 하나님을 예배하라는 명령을 준행할 때 그들 자신의 시시한 것들을 버리고 하나님을 섬기라는 말을 아무리 들어도 언제나 그것들로 다시 빠져 들어간다는 것이다.

둘째, 십계명의 두 번째 판과 관련하여 "부모를 공경하라", "도적질하지 말라", "살인하지 말라" 등에 대해서는 겉만 보고 있다는 것이다.

사람은 오성의 판단에 따를 때는 살인을 하는 것을 악하다고 할지 모르나 원수를 갚고자 하는 할 때는 살인을 정당화하려 한다. 이성의 판단에 따라 불공정하고 독단적인 것에 대해 참는 것은 노예적이고 비열한 영혼에 속한다고 보고, 그것을 몰아내는 것은 영예롭고 고상한 가슴에 속한다고 판단한다. 이런 식으로 하나님의 율법이 경시된다.

그런데도 철학자들은 만물과 사람은 자연적 본능에 따라서 선을 추구할 수 있다고 주장한다. 만물의 선을 자연 내지 자연의 본성에서 찾고 있는 것이다. 이러한 사정은 서양이나 동양이나 마찬가지다. 맹자는 사람이 태어날 때 받게 되는 인의예지의 사단을 주장하고서 이 사단으로 인해 사람은 본성적(자연적)으로 선할 수 있다고 보았다(성선설). 노자는 만물이 저절로 그렇게 되어 간다고 주장하면서 이것이 다른 말로하면 도를 따르는 것이기에 선하다고 주장하였다.

하지만, 칼빈에 따르면 이러한 자연적 본능은 사람의 의지의 올바름과는 전혀 관계가 없다(제2권 2장 26절 참조). 그는 자유의지의 힘을 자연적 본능에서 나오는 욕구와 같은 것에서 찾으려 하지 않았다. 자연적 본능에서 나오는 선에 대한 갈망은 단지 동물적인 것에 불과한 것으로 글자 그대로 동물 차원의 본능 수준에서 잘 살고자 하는 지각을 자극하는 것일 뿐이다.

자연적 본능의 수준으로 덕성을 이루는 사람이 실제로 있으나 이러한 본능적 갈망은 선을 추구할 것인가 말 것인가를 결단하는 자유에는 아무런 영향을 미치지 못한다.

자연적 욕구는 의지의 고유한 운동이 아니고 단순한 본성적 경향이다. 그것이 추구하는 '선'은 동물들이 그러는 것처럼 단순하게 "아마 잘 되겠지"라는 확신에 어울리는 조건 정도에 지나지 않는다. 사람은 자연적 욕망만의 수준으로도 얼마든지 영원한 복을 즐거워할 수는 있다. 하지만, 이 욕구로는 영원한 복을 결코 이룰 수 없다. 이루는 것은 고사하고 영원한 복에 대한 관심조차 제대로 가질 수 없다.

자연적인 욕구가 하나님께서 아담의 타락 이후에도 베풀어 주신 은혜(일반은총)의 일부인 것은 사실이다. 이성이나 오성 등은 모두 아담의 타락 이후에도 하나님께서 남겨 두신 은혜들이다. 이런 은혜들은 각각의 본성을 억제하는 역할로서 그칠 뿐 그 본성을 내적으로 정결하게 할 수 없다(제2권 제3장 목차).

일부의 사람들이 자기 본능을 좇아 다양한 분야에서 명예롭게 살아가게 할 수 있다 할지라도 그것으로는 선을 행할 수는 없다(롬 7:18). 자연적 욕구의 마음으로는 사람은 올바른 일을 행하는 방법을 떠올릴 수가 없다.

하지만, 하나님의 은혜로 남겨져 있는 바, 소위 사람의 자연적 욕구는 그나마 사람에게 일말의 선을 행할 수 있는 요소가 있음을 드러내는 증거가 되기에는 충분하다. 또 하나는 그것이 하나님께서 그렇게 사람에게 은혜를 베푸시는 분이라는 사실을 믿는 자와 믿지 않는 자 모두에게 증명해 주는 요소로 작용한다. 자연적 본성의 오염 가운데서도 하나님의 은혜의 자리가 있음을 상기시켜 준다.

하지만, 스콜라주의자들은 사람의 이성이 서로 상충되는 것들을 헤아려 판단할 수 있다고 주장하는 형식으로 사람의 자유의지를 확보하려 하였다. 사실 이성의 독립적 판단에 기초하여 인간이 자유의지를 가졌다고 주장하는 것은 모든 철학의 영역에서 일반적인 현상이다.

그러나 자연적 욕구와 연계되어 있는 이성이나 오성 등은 하나님 앞에서는 아무것도 아니다. 이것들은 삶의 모든 부분에 있어서 여호와 앞에서 아무것도 아니다. 사람이 마음으로 아무리 이치를 따지더라도 그것은 어디를 향하든 공허함에 얽매여 있다. 그래서 소위 진리를 추구하던 모든 사람의 종국은 결국 허망한 죽음에 이를 뿐이다. 이것이 사람의 실상이자 현실이다.

이 때문에 바울 사도는 " … 너희로 하여금 모든 신령한 지혜와 총명에 하나님의 뜻을 아는 것으로 채우게 하시고 주께 합당하게 행하여 … "라고 기도하였다(골 1:9-10, 빌 1:9). 다윗은 자기 안에 "정직한 영을 새롭게 하소서"(시 51:10)라고 간구하였다. 아우구스티누스는 "우리 자신이 눈을 열어 빛을 식별하지만 마음의 눈은 여호와가 열지 아니하시면 닫힌 채로 머물러 있다"고 고백하였다.

사람이 마음이나 이성 또는 오성의 자유를 획득할 수 있는 길은 오직 자유와 진리의 원저자이신 하나님께서 그에게서 선한 일을 시작하실 때이다. 그 시작은 우리 마음 안에 의를 향한 사랑과 갈망과 열의를 불러일으키게 하는 것에서부터다. 이 과정에서 사람의 자연적 본성 곧 동물적 의지가 바뀌게 된다. 의지 자체가 없어지는 것이 아니라 약하던 것이 강하게 되고, 악하던 것이 교정되어 선하게 되고, 마음 안에서 소원이 생겨나게 된다. 성경에 이른 대로 하나님께서 "굳은 마음을 제거하고 부드러운 마음을" 주신다(겔 36:26).

하나님의 은혜 베푸심에는 사람이 거기에 거들 것이 없다. 전적으로 하나님의 거저 주시는 은혜로써만 사람의 자연적 욕망, 곧 의지가 선하게 순화될 수 있다. 은혜가 의지와 협력해서 작용하는 것이 아니라 사람의 의지를 선하게 되도록 하는 것이다. 그리스도께서 하시는 일이 우리의 악한 의지를 교정하시거나 지워 버리시고, 선한 의지로 대체시키는 것이다. 하나님께서는 한 마음과 한 길을 주어 하나님을 경외하게 하신다(겔 32:39).

그런데도 사람의 의지가 약하던 것이 강해지고, 악하던 것이 교정되어 선하게 된다는 사실은 어쨌든 그 의지가 사람에게 속해 있음을 분명히 한다. 여기서 자유의지는 어려움을 무릅쓰고 완성해 낼 능력의 여부가 아니라 사람에게 자유로운 판단의 선택과 의지의 성향이 모두 존재하는 가를 묻는 것으로 드러난다(제2권 4장 8절).

만약에 우리의 의지 자체가 우리의 권리 아래 있지 않다면, 주님이 자기의 선하심이 우리의 의지에 달려 있다고 선포하실 때 우리를 속이는 것이 될 것이다. 만약에 하나님이 자기의 복을 우리에게 펼쳐 보이시나 도무지 우리에게 그것을 감당할 능력이 없다면, 하나님의 그 후하심은 경이 그 자체일 것이고, 결코 실현되지 못할 불가능한 일에 의존하고 있는 약속들이 우리에게 확실하게 되는 것도 기묘한 일일 수밖에 없게 된다(제2권 제5장 10절).

그러므로 자유의지는 무한정의 자유가 아니라 하나님의 일에 대해서는 자유하나 죄에 대하여는 단절된다.

하나님의 은혜가 임할 때 사람의 의지가 참 자유를 얻게 된다. 이성 역시 자유롭게 되어 바른 의지를 선택하고 밀고 나갈 수 있게 하는 역할을 한다. 선을 향하고 선을 행할 수 있는 요소가 의지와 노력이라 할 수 있는 데 이 두 가지를 다 일으키시는 분이 하나님이시다. 예수님은 "나를 떠나서는 너희가 아무 것도 할 수 없다"(요 15:5)라고 말씀하셨다. 바울과 바나바는 "항상 하나님의 은혜 안에 머물라"(행 13:43)라고 말하였다.

하나님은 자신의 전적인 은혜에 의해서 사람의 의지를 선하게 바꾸실 때에 우리에게 먼저 권면하신다.

첫째, 하나님의 영을 통해서이다.
둘째, 말씀을 통해서이다(제2권 4장 5절).

영을 통해서는 우리의 심령을 선을 향해 불타게 하고, 나태함을 버리게 하고, 악을 미워하게 한다. 말씀을 통해서는 우리의 심령을 새롭게 하여 새로운 피조물로 만드신다. 이 권고를 받아들인 자들은 영원히 살게 된다. 이 권고를 받아들이지 않은 자에게는 권고 그 자체가 하나님이 심판하실 때에 불경건한 자들을 정죄하는 것의 근거가 된다.

권고는 또한 지금도 사람들의 양심을 치게 하고 두드리게 한다. 사람이 의롭게 되고 선하게 될 수 있는 길은 오직 하나님의 은혜에 달려 있다는 것이 권고의 핵심이다. 따라서, 권고에 순종하는 자체로 은혜가 임했다는 증거가 된다.

하나님은 진실로 누구에게나 그 사람의 마음을 선하게 하고 선을 향하여 의지를 일으키며 선에 머물도록 하실 수 있다. 하나님께서 완고한 마음을 부드럽게 하신다고 하셨다. 사람은 이 권고를 받아들여야 한다. 아우구스티누스 역시 하나님의 은혜가 모든 사람에게 주어진다고 하였다. 사람들은 값없이 그것을 받으면 된다.

하나님은 영원하시고 진리이시고 변함이 없으신 분이시다. 그래서 무엇을 하시든지 영원하고 진실하며 변하지 않게 하신다. 은혜 베푸심도 마찬가지다. 그런데 누군가에게는 값없이 은혜가 주어지고 누군가에게는 이 은혜가 주어지지 않는다. 이 사실은 진실로 그러하다.

그렇다면 사람은 누구든지 하나님의 은혜를 받을 수 있는 존재이기도 하고 받지 않을 수 있는 존재이기도 한 것임이 분명하다.

도대체 어느 것을 택하는 것이 죽음의 운명에 빠져 있는 사람에게 가장 유익하겠는가?

주저하거나 두려워할 필요가 결코 없다.

하나님께서 친히 누구에게나 은혜를 베푸신다고 했으니 모든 사람은 각각 자기 자신이 하나님의 은혜를 받아들이고 또한 받았다고 믿기만 하면 그만이다. 이렇게 되면 우리는 "그의 것", "그의 백성", "그의 기르시는 양"(시 100:3)이 된다. 이 후로는 은혜를 받은 자로서 하나님의 기쁘신 뜻을 위해 살아가는 것이다. 모든 사람은 은혜를 좇아 일어나는 참된 의지를 활용해서 얼마든지 이렇게 살 수 있다.

하나님의 은혜를 받지 못하는 사람들에 대해서는 그다지 신경을 쓸 필요가 없다. 신경을 쓴다 하더라도 사람이 유기된 사람을 구할 수 있는 길이 없다. 유기된 자들에 관한 한은 전적으로 하나님의 몫이다. 하지만, 이 유기된 자들조차 은혜를 받은 자들에게는 하나님의 사랑이 어떠한지를 증명하는 도구들인 것을 사람이 어찌할 수는 없다.

사람은 '자신'과 관련하여 하나님의 은혜를 받아들이는 것을 최우선의 일로 삼아야 한다. 하나님께서 자신의 선하심으로 우리 안에서 행하시는 것이 무엇이든지 우리 안에 존재하는 것이 아니라는 사실을 인정하기만 하면 하나님의 은혜는 우리 것이다.

참으로 하나님에 의해서 우리가 선으로 이끌림을 받는 그 마음, 그 의지, 그 열심은 우리의 것이다. 우리의 영혼을 갱신시켜 자신의 가르침을 효과적으로 만드는 것이 하나님에게 고유한 일이라고 칼빈은 말했다(제2권 5장 4절). 그래서 하나님께서는 우리의 눈과 귀를 만드시고 조정하셔서 우리의 자유의지를 온전하게 해 주신다.

그러므로 사람은 이 은혜를 따라 마음, 의지, 열심을 발휘하여 하나님을 증언하는 생활을 해야 한다. 동시에 이 은혜 안에서 우리의 부모와 형제와 친척과 친구와 이웃에게 쉼 없이 권고해야 한다.

제3장

중보자 그리스도

　중보자의 필요성은 지금까지 살펴 온 "하나님을 아는 지식"과 "사람을 아는 지식"을 되돌아보는 과정을 통해서 드러날 수 있다.
　하나님께서는 아담을 지으실 때부터 하나님의 형상대로 빚으셔서 하나님의 존재를 알 수 있게 하셨다. 아담이 타락한 이후에도 하나님은 사람에게 생각하는 능력이나 여러 재능들을 거두지 않으심으로써 자신을 알 수 있게 하셨다. 우주와 자연 만물도 그대로 운행하시고 다스림으로써 하나님이 어떤 분이신지를 사람에게 알게 하셨다. 이에 그치지 않고 하나님은 선지자들과 사도들을 통하여 진리의 말씀을 주셨다. 이 말씀은 지금도 여전히 하나님의 존재와 그의 위엄, 그의 권세와 능력을 우리에게 증언하고 있다.
　성경은 하나님이 성부 하나님, 성자 하나님, 성령 하나님의 삼위 하나님으로 계시면서 서로 역할이 다르시나 무슨 일이든 연합하시며 하나가 되신다고 가르친다. 하나님은 삼위일체의 한 분 하나님이시다. 그리고 성부 하나님은 자신의 외아들 그리스도를 세상에 보내셨다. 사람을 구원하시기 위해서였다. 하나님은 이 모든 것을 스스로 기뻐하셔서 그렇게 하셨다. 하나님 이외에 누구도 이렇게 요구할 수 없고 요구할 줄도 모른다.
　사람은 아담 이래로 단 한 사람도 예외 없이 아담의 범죄를 좇아 타락하였다. 이 타락은 사람이 각자 자기 의지대로 죄를 범하여 타락한 것이었다. 그 죄의 결과는 하나님으로부터의 떠남이었으며 저주를 받아 하나님을 찾을 수 없는 존재로 된 것이었다. 이 죄가 여전히 있어 해결 받지 못하는 한, 사람은 영원한 심판의 저주와 죽음의 운명에 직면해 있다.
　이 저주와 죽음으로부터 벗어나기 위해서는 사람이 하나님은 창조주이시고 우주 만물을 다스리시며 운행하시고 삼위일체이신 한 분 하나님이시라는 사실을 알아야 한다. 하나님은 거저 은혜를 베푸시는 분이시다. 또한, 하나님은 언제든 이 은혜를 주시겠다고 성경을 통해 우리에게 권고하신다. 이렇게 하나님을 알게 된다면 사람은 그때부터 자신이 타락으로 인해 하나님을 가까이 할 수 없고 그 범죄로 영원한 형벌을 받아 죽을 수밖에 없는 존재임을 알게 된다.

사람이 자신의 존재의 어떠함을 아는 것은 하나님을 아는 지식 안에서만 이루어질 수 있는 것으로 근원적인 지식이다. 이 지식으로 사람에게 새로운 삶의 길이 열릴 수 있다. 사람은 누구도 예외 없이 세상을 사는 동안 이 두 종류의 지식을 깊이 이해하고 깨우쳐야 한다. 특히, 하나님을 아는 지식은 모든 인생에 대해 필수적이며 절대적이다.

그런데 창조주 하나님을 아는 지식은 하나님을 모든 인류의 아버지이자 나의 아버지로 믿게 되는 데까지 이르지 않으면 아무런 효과가 없다. 사람이 아무리 하나님에 대해 많이 안다고 하더라도 그냥 아는 것으로 그칠 뿐이다. 단순히 하나님을 아는 식의 지식으로는 하나님을 아버지로 고백하는 데는 전혀 소용이 없다. 진정한 의미에서의 하나님을 아는 지식이란 모든 사람이 영원한 절대자이신 하나님이 인류의 아버지이시자 각 사람의 아버지이시라고 믿는 데로 나아가는 것이다.

절망적이게도 사람은 자신의 힘만으로는 하나님을 자신의 아버지로 믿을 수 없다. 타락 후로 사람이 하나님을 자신의 아버지로 믿을 수 있는 하나님의 형상을 닮은 지혜가 사라져 버렸다. 타락한 본성을 지닌 사람은 하나님의 은총을 은총으로 믿을 수 없다. 믿는 것은 고사하고 사람은 악한 본성으로 인해 하나님의 은총에 대하여 대항한다.

사람이 "내가 왜 태어났지", "왜 나에게는 일들이 이렇게 되어가지", "더 살아야 할 이유가 뭐지"라거나 "나는 왜 이렇게 잘났지", "나는 누구하고 대항해도 자신이 있어", "나는 뭐든지 할 수 있어" 등의 말이나 행동은 하나님을 부정하는 것들이다. 사람이 악한 본성으로 헤아리는 그 헤아림은 모두 하나님의 대적이 될 뿐이다. 사람은 스스로는 이러한 악한 본성을 버리고 하나님께 순종하는 마음으로 결코 돌이킬 수 없다.

여기에서 중보자의 필요성이 있다. 즉, 사람에게 자신을 하나님과 연합하게 해 줄 중보자가 필요한 것이다. 하나님의 엄위는 너무 높아서 사람이 중보자가 없이는 거기에 이를 수 없다. 한편으로 하나님의 언약이 굳건하다 하더라도 이 언약은 중보자의 중재가 없으면 무효하다(제2권 제6장 4절). 중보자 없이는 하나님에 대하여 아무리 많은 내용을 안다 하더라도 그것은 구원에 이르는 열매를 맺지 못한다(제2권 제6장 2절).

중보자가 있어서 그를 힘입어 사람이 창조주 하나님을 각자의 아버지로 믿을 수 있을 때 하나님을 아는 지식이 구원에 이르는 열매를 맺는다.

그리스도가 중보자가 되신 것은 전적으로 하나님의 계획에 의해서였다. 하나님께서 타락한 이스라엘 백성들을 향하여 이렇게 말씀하신 것이 그 증거다.

> 너희는 귀를 기울이고 내게로 나아와 들으라 그리하면 너희의 영혼이 살리라 내가 너희를 위하여 영원한 언약을 맺으리니 곧 다윗에게 허락한 확실한 은혜이니라 보라 내가 그를 만민에게 증인으로 세웠고 만민의 인도자와 명령자로 삼았나니(사 55:3-4).

하나님은 아하스 왕이 하나님께서 예루살렘의 봉쇄를 걷어 내고 안전을 구현할 수 있는 방도를 담은 이사야의 증언을 거절하자마자 곧 바로 "보라 처녀가 잉태하여 아들을 낳을 것이요"(사 7:14)라고 하여 구속주가 자신의 때에 오실 것을 확정해 보이셨다. 예레미야는 이렇게 증언하였다.

> 보라 때가 이르리니 내가 다윗에게 한 의로운 가지를 일으킬 것이라 … 그의 날에 유다는 구원을 받겠고 이스라엘은 평안히 살 것이며(렘 23:5-6).

에스겔 역시 이렇게 예언하였다.

> 내가 한 목자를 그들 위에 세워 먹이게 하리니 그는 내 종 다윗이라 … 나 여호와는 그들의 하나님이 되고 내 종 다윗은 그들 중에 목자가 되리라 … (겔 34:23-25).

스가랴는 다음과 같이 공언하였다.

> 시온의 딸아 크게 기뻐하라 예루살렘의 딸아 즐거이 부를지어다 보라 네 왕이 네게 임하시나니 그는 공의로우시며 구원을 베푸시며(슥 9:9).

이 중보자의 언약은 종려주일에 예루살렘으로 나귀를 타고 입성하시던 그리스도를 향해 "호산나 다윗의 자손이여"(마 21:9)라고 외친 데서 확인되듯이 지금도 여전히 유효하다. 그리스도는 "보이지 아니하시는 하나님의 형상"(골

1:15)으로써 모든 인생들의 중보자시다. 그리스도를 부인하는 자들, 곧 "아들을 부인하는 자에게는 또한 아버지가 없다"(요일 2:23).

그리스도의 중보의 역할은 다양하다. 그는 하나님과 사람 사이에서 의를 중보하시며, 하나님의 은혜를 우리에게 중보하시며, 만인의 증언자이자 인도자로 중보하신다. 왕으로서는 하나님의 공의와 구원으로 우리를 중보하신다. 그의 중보는 하나님이 자기의 영원한 나라의 기업으로 우리를 모으실 때까지 우리를 돌보시고, 통치하시고, 양육하시는 형식으로 계속되어 간다(제2권 제6장 4절).

그 대표적인 형식 가운데 하나가 율법을 통한 중보이다. 칼빈은 율법을 경건하고 올바른 삶의 규범이자 모세를 통해 전해진 종교 양식으로 이해하였다(제2권 제7장 1절). 율법은 아브라함의 자손에게 약속된 복을 지워 버리지 않는다. 율법적 예배(희생 제사)는 진리에 상응하는 그림자 내지 형상으로 주어진 것이었다.

그러므로 율법은 결코 이스라엘 백성을 분주하게 하려 하거나 제한시키기 위해서가 아니라 그들의 정신을 고양시키기 위해서였다. 즉, 율법에 있는 희생의 제사와 속죄를 통해 그리스도 안에 있는 구원의 소망을 바라보게 함으로써 그가 오실 때까지 그들을 양육하시려는 것이었다.

사실 하나님께서 이스라엘 백성들을 자녀 삼으시고 율법까지 주신 목적은 그들을 제사장 나라로 삼기 위함이었다. 이를 위해서 하나님이 희생 제사, 곧 짐승의 피를 바치는 형식을 통해 하나님을 향한 진정한 마음과 열심을 훈련시키려 하셨던 것이다. 그런데 하나님은 영이시기에 영적인 예배 외에는 그에게 기쁨이 될 수 없다. 그래서 짐승의 피 그 이상의 화목이 중재될 필요가 있다.

이를 꿰뚫어 본 베드로는 유대인들이 율법 아래에서 맛보았던 은혜의 충만이 그리스도 안에서 나타났다고 외칠 수 있었다.

> 너희는 택하신 족속이요 왕 같은 제사장들이요(벧전 2:9).

이것이 그리스도가 중보자가 되시는 이유다. 그가 모든 사람에게 제사장과 왕의 영예를 부여하여 그를 의지하여 감히 자유롭게 하나님께 나아갈 수 있도록 하신 것이다(제2권 7장 1절 참조).

중보자 그리스도의 사역을 우리는 어떻게 우리의 신앙생활에 적용해야 할까. 그 대표적인 모범을 사도 바울에게서 찾을 수 있다. 그는 자신이 섬기던 고린도 교회 성도들을 "정결한 처녀로 한 남편인 그리스도에게 중매하겠다"(고후 11:2)라고 말하였다. 그가 모든 성도 곧 모든 형제자매들을 그리스도와 혼인하게 하는 역할을 자처한 것이다.

우리도 우리의 형제자매들에게 하나님께 자유롭게 나아갈 수 있도록 하시는 그리스도가 계신다는 사실을 알려야 한다. 그들로 하여금 그리스도를 의지하여 당당히 하나님께 나아갈 수 있음을 전해야 한다. 누구든지 자신이 하나님께 기도하고 믿으면 하나님께서 그 사람에게 은혜를 베푸셔서 왕 같은 제사장으로 삼아주신다고 증언하며 실천해야 한다.

우리의 이웃과 형제자매를 위해 어떠한 간구와 기도와 도고와 감사를 하든지 그들이 모두 그리고 각각 그리스도를 통해 하나님을 자신의 하나님으로 믿는 믿음의 세계로 담대히 나아갈 수 있도록 중매하는 역할을 감당해야 한다.

제4장

율법, 그 의의와 준수

칼빈은 율법이 구약의 백성들을 제한시키기 위해서가 아니라 그리스도 안에 있는 구원의 소망을 그가 오실 때까지 함양시키려고 부여되었다고 단언한다(제2권 제7장 제목).

율법이 하는 역할이 있다.

첫째, 하나님의 의를 드러내어 모든 사람의 불의를 경고하고 들춰내고 비난하고 정죄하는 일이다(제2권 제7장 6절).
둘째, 형벌을 받으리라는 두려움을 일으켜 일부 사람들을 억제시키는 것이다(제2권 제7장 10절).
셋째, 주님의 뜻이 어떠한지를 날마다 더욱 잘 그리고 확실히 배우게 하고 이해하는 가운데 확정하게 하는 최고의 기관이라는 것이다(제2권 제7장 12절).

율법이 가지는 의의는 성도가 세상에 사는 동안 수행해야 할 의무와 지켜야 할 생활 규범을 제시한다는 데 있다. 이 때문에 다윗은 다음과 같이 고백하였다.

> 여호와의 율법은 완전하여 영혼을 소성시키며 여호와의 증거는 확실하여 우둔한 자를 지혜롭게 하며 여호와의 교훈은 정직하여 마음을 기쁘게 하고 여호와의 계명은 순결하여 눈을 밝게 하시도다(시 19:7-8).

모세는 이렇게 외쳤다.

> … 율법의 모든 말씀을 지켜 행하게 하라 이는 너희에게 헛된 일이 아니라 너희의 생명이니(신 32:46-47).

우리의 인생 전체가 '달음질'(고전 9:24-26)이라 할 때 율법은 몸을 지니고 사는 우리에게 일생동안 실천해야 하는 일들을 제시하고 있다.

칼빈은 율법을 도덕법(the moral law)으로 규정하면서 그 대표로는 십계명을 들었다. 그는 십계명을 두 판으로 구분하였다. 첫 번째 판은 제1계명-제4계명까지로 하나님의 신성을 예배하는 종교적 의무를 규정한 법으로, 두 번째 판은 제5계명-제10계명까지로 사람에 대한 사랑의 의무, 즉 우리가 하나님을 예배하는 가운데 어떻게 다른 사람에 대해 처신해야 하는 지를 규정한 법으로 각각 구분하였다(제2권 8장 11-12절).

십계명은 자연을 통해 알 수 있는 하나님에 대한 지식과 사람의 지식이 모호하고 불확실한 것에 비하여 그것들을 내면으로 알게 한다.

제1계명은 하나님 외에 다른 신을 두지 않는 것이다.

> 나는 너를 애굽 땅, 종 되었던 집에서 인도하여 낸 네 하나님 여호와니라 너는 나 외에는 다른 신들을 네게 두지 말라(출 20:2-3).

이 말씀은 십계명을 주시는 이가 하나님이시며 하나님만이 자비의 하나님이심을 분명히 한다.

이 말씀과 짝하는 말씀은 "내가 거룩하니 너희도 거룩할지니라"(레 11:44, 46; 20:26)이다. 전자의 말씀은 하나님의 자비로써 우리를 그의 백성으로 자격 있게 만드셨음을 보여 주고, 후자는 하나님의 거룩함으로 우리를 거룩하게 하셨음을 보여 준다. 하나님은 또한 "너를 애굽 땅, 종 되었던 집에서 인도하여 낸" 분이시다. '너'는 애굽에서 종살이를 했던 이스라엘 백성들이었다.

영적으로는 모든 인생들이 여기에 해당된다. 하나님께서 죄의 노예 상태에서 신음하며 죽었던 자들을 해방시켜 자유롭게 하시고, 그렇게 자유자가 되어 순종과 복종으로 하나님을 예배하게 하신다.

제2계명은 어떠한 우상도 새기지 않고 하나님을 형상화하지 않는 것이다 (출 20:4-5).

하나님은 사람에게 불가해한 분이시다. 하나님은 회전하는 그림자조차 없으시기(약 1:17)에 형상 자체가 있을 수 없다. 그래서 피조물이 자신의 경험을 가지고 하나님이 어떤 분이시라고 형체화할 수 없다. 언어나 생각으로 하는 것도 불가하다. 사람은 오직 자신에게 보여 주신 하나님의 사랑을 믿는다고 고백하는 것 외에 달리 할 일이 없다.

제3계명은 하나님의 이름을 망령되이 부르지 않는 것이다(출 20:7).

하나님에 대해서 마음으로 품고 입으로 내뱉는 것은 모두 그의 탁월하심, 거룩함, 고상함과 어우러져야 하고 장엄하심을 높이는 것이어야 한다. 여호와의 이름으로 하는 맹세에 우리의 거짓이나 오만, 경멸이나 멸시 등이 들어가는 것은 하나님을 욕되게 한다(레 19:12). 여호와의 진리가 훼손되게 해서는 안되는 것이다.

제4계명은 안식일을 기억하여 거룩하게 지키는 것이다(출 20: 8-11).

하나님께서 일곱째 날을 통하여 마지막 날에 있을 하나님의 (영원한) 안식을 그의 백성들에게 그려주시고 계신다. 일곱째 날은 이스라엘 백성은 물론 모든 성도들에게 영원한 안식을 상기하게 하며 하나님은 그러한 안식을 주시는 분임을 믿게 한다.

제5계명은 부모를 공경하는 것이다(출 20:12).

하나님께서 영예를 부여하신 자들이 영예롭게 되어야 함을 보여 준다. "잘 다스리는 장로를 배나 존경할 자로 알"(딤전 5:17)아야 한다. 하나님께서는 이를 통해 하나님 자신이 어떻게 영광을 받아야 할지를 보여 주고 계신다.

제6계명은 살인하지 않는 것이다(출 20:13).

하나님께서 인류를 하나가 되게 하셨기에 모든 사람은 다른 모든 사람의 안녕을 위해 헌신해야 한다. 악행은 금지되지만 선행은 제한이 없다. 모든 사람은 하나님의 형상이 새겨져 있는 다른 형제자매를 존중해야 한다.

제7계명은 간음하지 않는 것이다(출 20:14).

하나님은 정숙과 순결을 사랑하시기에 우리로 하여금 모든 더러움을 멀리하게 하기 위해 이 계명을 주셨다. 결혼 이외에 남녀가 함께 하는 것은 저주를 불러 온다. 결혼은 하나님의 명령이다. 부부는 자신들의 연합체가 주님의 복으로 말미암은 것으로 인정해야 하며, 결혼 후에도 남편은 자기의 아내를 단정하고 절도 있게 대하고 아내도 자기의 남편에게 그러해야 한다.

제8계명은 도둑질하지 않는 것이다(출 20:15).

하나님이 불의를 혐오하신다는 것을 보여 준다. 우리는 각자에게 속한 것을 각자에게 돌려야 한다. 누구의 소유이든 만유의 하나님이 나누어 주신 것이기에 자신의 것을 지킬 수 있다. 사랑의 진지함에 따른 것이 아니고 욕망에서 비롯된 것은 모두 도둑질이다. 우리는 각자의 위치에서 자신의 빚을 알고 그 빚을 갚아야 한다. 통치자가 백성을 돌보고 공공의 평화를 지키고, 선을 보호하고, 악을 벌해야 하며, 교회 일꾼들도 선한 목자가 양을 이끌 듯이 자신들의 모범된 삶으로 교회를 섬겨야 한다.

제9계명은 이웃에게 거짓증거하지 않는 것이다(출 20:16).

하나님은 거짓말을 혐오하신다. 그래서 이 계명을 통하여 우리가 서로 간에 속임이 없이 진리를 키워가도록 하셨다. 성도는 진리를 말하는 자를 도와서 그의 이름과 그에게 속한 것들의 순전함을 보호해 주어야 한다. 우리의 혀가 진리를 선포하면서 이웃의 명성과 복리 둘 다를 섬길 때 이 계명이 합법적으로 준수될 수 있다. 하나님은 "거짓 일을 멀리 하며 무죄한 자와 의로운 자를 죽이지 말라 나는 악인을 의롭다 하지 아니하"(출 23:7)시는 분이시다.

제10계명은 이웃의 집을 탐내지 않는 것이다.

하나님께서 우리가 사랑의 정서에 사로잡히시길 원하시기에 우리 마음에서 사랑에 배치되는 정욕을 몰아내도록 하기 위함이다. 이 계명의 이면에는 우리가 마음에 품거나 심사숙고 하거나 도모하는 것이 이웃의 선이나 편의에 연결되어야 함을 명령한다.

십계명을 포함한 모든 율법은 하나님이 주신 법으로 영원하다. 이 법은 없어질 수 없다. 그리고 반드시 지켜져야 한다. 그런데 십계명에서 드러나듯이 모든 율법은 해야 할 일을 명령하고 지키라고 하고 그에 대한 복이 있음을 말해 주기는 하지만 어떻게 실천할 수 있을지 또는 어느 정도까지 실천해야 하는지는 가르쳐 주지 않는다. 그리고 율법을 실천해 보려한 사람은 누구나 알 수 있는 일이지만 사람의 능력은 율법 준수에 있어서는 거의 쓸모가 없다는 것이다.

대부분의 경우는 율법을 지키고자 하는 마음조차 없다. 율법을 지켰다 하더라도 그 지킴이 과연 하나님을 기쁘시게 한 것인지에 대해서는 도통 자신할 수 없다. 그 대신에 우리는 율법의 고발로 인해 우리의 죄과를 알아 괴로움에 빠져들기 일쑤다.

분명히 율법의 목적은 하나님께서 우리를 자기 백성으로 삼아 하나님의 의의 완성에 이르도록 하나님의 순결을 모범으로 삼아 살아가게 하려는 것이다 (제2권 8장 51절). 모세의 명령이 이를 증명한다.

> 여호와를 경외하여 그의 모든 도를 행하고 그를 사랑하여 마음을 다하고 뜻을 다하여 … 규례를 지킬 것이 아니냐(신 10:12-13).

> 너는 마음을 다하고 뜻을 다하고 힘을 다하여 네 하나님 여호와를 사랑하라(신 6:5).

율법의 준수와 관련하여 사람에게 있는 문제는 그리스도가 아니면 어떻게 하는 것이 참되게 하나님을 경외하는 것인지, 여호와의 의가 무엇인지, 사랑과 믿음이 무엇인지조차 알 수 없다는 것이다. 그리스도를 통하여 그런 것들이 명확하게 드러났다.

즉, 하나님은 그리스도의 아버지셨고, 우리를 양자로 택하신 분으로 우리의 아버지이셨다. 그의 의는 영원한 죄악의 사슬에 매어 죽어야 하는 우리를 그리스도의 죽음과 부활을 통해 죄악을 없애고 영생을 얻게 하시는 것이었다. 그의 사랑은 자신의 외아들 그리스도를 희생 제물이자 구주로 우리에게 주신 그 자체였으며, 믿음은 그의 아들을 우리의 구주이자 각자의 구주로 영접하는 것이었다.

하나님의 의와 사랑을 모르고 하는 율법의 준수는 그래서 아무런 의미가 없다. 타락한 인간의 본성으로는 하나님의 의와 사랑을 알 수도 없다. 사람은 누구도 하나님의 의와 사랑을 스스로 알아서 그분의 의의 규범을 지킬 수 없다.

그 길을 그리스도께서 손수 닦으셨다. 그가 하나님이 만족하실 수 있는 수준으로 모든 율법을 준수하셨다. 그는 율법을 "폐하러 온 것이 아니요 완전하게 하려 함이라"라고 하셨고, "천지가 없어지기 전에는 율법의 일점일획도 없어지지 아니하고 다 이루리라"(마 5:17-18)라는 수준으로 율법을 완수하셨다.

이로 인해 율법 준수와 관련하여 변화가 일어났다. 물론, 그리스도의 율법 완수가 우리가 해야 할 율법의 준수 의무로부터 감소시키는 것은 아무것도 없다. 하지만, 율법의 고발과 정죄로 인해 발생하는 우리의 죄에 의한 노예성이 폐지되었다. 율법이 더 이상 우리에게 죄의 권세로 행패를 부릴 수 없게 되었다는 말이다.

또 하나는 그리스도 이전까지 율법에 따라 죄의 용서를 위해 사용되는 구약의 제사의례가 모두 폐지되었다. 이제부터 우리가 해야 할 율법의 준수는 그리스도의 명령에 따라 "하나님을 사랑하고 이웃을 네 몸 같이 사랑하는 것"이 되었다.

우리는 어떻게 율법을 실천해야 하는가. 실천의 전제는 '복음 안에서'다. 율법은 우리가 먼저 의롭게 되어야만 거룩하신 하나님의 자녀가 되고 복을 받게 되는 것처럼 명령한다. 하지만, 복음은 그와 반대다. 하나님께서 먼저 우리를 사랑하사 자녀로 택하셨기에 우리가 의로워야 한다고 선포한다. 복음은 또렷이 하나님이 그리스도의 아버지이시자 우리의 아버지이시기에 우리는 자녀로써 마땅히 그를 예배해야 한다고 가르친다.

그러므로 우리의 율법 준수는 하나님의 의와 사랑을 알고 그것을 이웃과 함께 나누는 것으로 완수될 수 있다. 먼저 성도 각 사람이 하나님의 자녀로서 모든 일에 충성되고 진실하게 살아가는 자체로 율법 준수가 이루어진다. 그러면서 동시에 이 삶을 이웃과 함께 한다.

예를 들어, 공부를 한다 할 때 하나님을 위해서 하고(하나님 사랑), 그 공부를 자기만을 위해서가 아니라 하나님이 지으신 다른 형제자매와 함께 나눌 때(이웃 사랑) 그 사람의 공부는 율법 준수가 된다. 재산을 모으는 것, 지위가 높아지는 것, 어떤 분야에 열정을 바치는 것 등등이 하나님을 사랑하며 그에게 충성되고 진실한 것일 때, 그리고 이웃을 존중하고 세워주며 함께 나누는 것일 때 율법을 준수하는 일이 된다.

이 율법의 준수는 사람이 사는 날 동안 누구도 피할 수 없는 일이다. 이 일에는 게으름이나 지침을 보여서도 안 된다. 혹시 이 일에서 넘어졌다 하더라도 하나님의 의와 사랑을 붙잡고 반드시 다시 일어나서 자신의 삶을 불태우지 않으면 안 된다. 그리스도께서 지금도 우리를 위해 일하시기 때문이다. 그러므로 모든 성도는 마지막 날에 여호와의 영원한 안식으로 들어간다는 믿음을 소유하고서 율법 준수의 생을 통해 독수리의 날개 치며 올라감 같이 활기차며 당당해야 한다. 그것이 성도의 거룩함이다.

제5장

복음, 그 이해와 믿음과 선포

칼빈은 복음을 그리스도의 비밀에 대한 확실한 선포로 이해하였다(제2권 9장 2절). 광의의 의미에서의 복음은 하나님이 옛날에 족장들에게 베푸셨던 자비와 부성적 호의에 대한 증언들을 포함한다. 이와 더불어 복음은 그리스도 안에 밝히 드러난 은혜의 공표라 할 수 있다.

하지만, 복음은 율법의 배경이 없이는 단독적으로 그리스도의 비밀에 대한 선포나 은혜 등으로 이해될 수 없다. 구약의 거룩한 조상들 역시 율법 아래에서 비록 희미하긴 했지만 그리스도의 날을 바라볼 수 있었다. 율법은 하나님의 명령이다.

그 하나님은 자신이 하나님이심을 구약의 조상들에게도 증언하시기를 기뻐하셨으며 그래서 이스라엘을 자신의 소유로 삼아 예배하게 하셨다. 그 하나님이 오늘날 우리에게 복음을 통해 드러나신 하나님이시자 과거에도 율법을 통해 드러나신 동일한 속성의 하나님이시다. 그래서 히브리서 기자는 다음과 같이 증언한다.

> 옛적에 선지자들을 통하여 여러 부분과 여러 모양으로 우리 조상들에게 말씀하신 하나님이 모든 날 마지막에는 아들을 통하여 우리에게 말씀하셨으니(히 1:1-2).

말라기 선지자는 율법 아래에서 그리스도의 날을 바라보았다. 그는 자신이 죽은 후에 유대인들에게 선지자의 직분의 중단이 있을 것을 알고서(제2권 9장 1절 참조) 모세의 율법을 지키는 일에 힘쓰며 참고 인내하기를 요구하는 중에 "공의의 해가 떠올라서 치료하는 광선을 비출" 것을 예언하였다(말 4:2).

아브라함 역시 비록 그가 그리스도가 오시는 날로부터는 너무도 멀리 떨어져 있었지만 그리스도의 때를 보고 즐거워하였다(요 8:56). 율법이 구약의 성도들을 포함하여 경건한 자들을 오실 그리스도에 대한 대망 가운데 붙잡아 두는 작용을 했다.

하지만, 율법은 그리스도의 날을 대망하게만 할 뿐 복음이 전하는 그리스도의 강림의 복을 소유하게 하지는 못한다. 이런 이유에서 복음이 창세 이래로 비밀에 감추어져 있던 그리스도의 비밀을 드러낸 것이 된다(롬 16:25-26).

복음은 율법을 폐지하지 않는다. 이 사실은 바울의 증언에서 확실하게 드러난다. 그는 율법이라는 말 자체를 "하나님이 요구하시는 거룩한 생활의 규칙"으로 이해하였다(제2권 9장 4절). 즉, 모든 인생이 일체의 율법에 복종하지 않는 한 영생의 희망을 가질 수 없다고 본 것이다. 이런 이유에서 세르비스투스가 주장한 바, 그리스도가 율법을 온전히 완성하심으로써 모든 사람이 완전하게 되었다는 말은 진정 헛소리다(제2권 9장 3절).

복음의 의든 율법의 의든 한 분 동일하신 하나님의 명령들로써 모두 성취되어야 한다. 율법의 의가 선지자들의 손을 통하여 구약의 성도들과 우리에게 보화로서 전해졌다. 하지만, 율법만으로는 성도들이 그 보화를 소유할 수가 없다. 이 보화의 소유는 복음을 통해 그리스도의 드러남으로만 가능하다.

또한, 그리스도의 드러나심이 사람에게 소유될 수 있는 길은 오직 믿음으로써이다. 믿음만이 보이지 않는 것을 가능하게 한다(히 11:1-2). 이렇게 복음은 율법을 확증하며 율법이 약속한 모든 것을 성취한다. 복음이 그림자였던 율법의 내용을 구체적으로 드러내어 실체화시킨다.

이와 관련하여 예수님이 "율법과 선지자는 요한의 때까지요."(눅 16:16)라고 하신 말씀은 대단한 의의를 지닌다. 그것은 예수님이 율법 아래의 성도들을 율법이 내리는 저주 아래 두지 않으시겠다는 약속의 말씀이다. 동시에 이 말씀에는 율법과 선지자들의 말씀을 통해서는 일종의 초보적인 훈련을 받았을 뿐 복음적 교리의 높은 수준에는 미칠 수 없었다는 사실이 은연중에 내포되어 있다.

바울은 자신이 말한 복음, 곧 그리스도를 전하는 것이 만세 전에 감추인 비밀의 드러남(계시)이라고 하였다(롬 16:25-26). 베드로는 복음에 의하여 드러난 "이 구원에 대하여" 선지자들이 연구하고 부지런히 살폈다고 하였다. 선지자들이 그렇게 한 이유는 그들 자신들이나 자기 시대를 위한 것이 아니라 "너희를(복음을 들은 자들) 위한 것"이었다(벧전 1:10-12)고 하였다.

그러므로 복음은 모든 믿는 자들에게는 구원의 능력이다. 특히, 복음은 믿음의 교리로 말해질 경우에는 하나님이 자신을 우리와 화목하게 하시겠다는 일체의 약속들과 율법을 통해 공포된 약속들 모두를 포함하여 성취시킨다. 동시에 선지자들을 통하여 예언된 대로 그리스도가 생명과 불멸을 가져온다는 복음의 언약이 율법 아래 있던 믿음의 조상들도 결코 어두움에 있지 않았음을 분명하게 한다.

이 복음을 통해서만 하늘이 열리고 인자 위에서 하나님의 사자들이 오르락내리락 하는 것을 볼 수 있다. 오직 이 복음을 통해서만, 즉 그리스도 안에서 우리에게 밝히 드러난 은혜의 공표를 통해서만 하늘나라가 세워질 수 있다. 바로 이 사실에서 복음이 율법을 완성하는 것임이 드러나며, 이 사실에서만 복음과 율법이 서로 다르다. 복음의 선포가 무엇보다도 하늘나라의 소유나 건설에 있어서 율법보다 더 명확하다.

세례 요한은 율법과 복음 사이를 연결한다(2권 9장 5절). 그가 그리스도를 "세상 죄를 지고 갈 하나님의 어린양"(요 1:29)이라고 증언한 내용들은 모두 복음이다. 하지만, 그는 그리스도의 부활에서 빛나는 비교할 수 없는 권능과 영광에 대해서는 드러내어 말하지 못했다. 그래서 그리스도의 말씀대로 세례 요한은 복음을 전하며 그리스도와 생사를 같이 한 사도들과는 같지 않다. 그가 여자가 낳은 자 중에 자신보다 큰 이가 없었지만 천국에서는 극히 작은 자라도 그보다 크다(마 11:11)고 하게 된 이유다.

하지만, 이 말은 그리스도께서 요한의 인물됨을 평하려 한 것이 아니라, 사실 자체의 그러함, 곧 복음의 선포가 율법을 전하는 것보다 더 높다는 사실을 말씀하기 위함이었다.

세례 요한은 세례를 베풀었다. 이 일은 하나님에 의해서 그에게 명령된 것이었다. 세례 요한은 자신을 "광야에서 외치는 소리"라고 소개하였다(사 40:3). 그가 이렇게 겸손할 수 있었던 것은 자신의 세례가 다른 사도들에 의해서 계승된 것이 그리스도가 부활하여 하늘 영광을 취하신 후에 이루어질 것임을 알았기 때문이었다.

그의 세례는 율법을 통하여 계시된 영광의 의의 길이 그리스도로 말미암아 성취되기 직전까지의 가르침에 대한 선포였다. 그래서 그리스도는 그를 "켜서 비추이는 등불"(요 5:35)이라고 하셨다. 온전한 의미에서의 복음 전파는 그리스도가 부활 승천한 후에 성령이 제자들에게 임하고 난 후의 일이었다.

오늘날 모든 성도가 율법을 부지런히 살펴야 하는 이유는 그것이 우리 자신들에게 보화를 전해 주고 있기 때문이다. 율법은 죽음의 심판을 받은 인생들에게 어떻게 살아야 하나님이 기뻐하시는 삶을 살 수 있는지, 어떻게 의로운 존재가 될 수 있는지를 구체적으로 전해 준다. 그런데도 우리가 율법의 준수에만 머무를 뿐 복음을 믿고 선포하는 데로 나아가지 않는 한 부활과 영생의 그리스도의 저 빛나는 영광은 소유할 수 없다.

베드로의 증언은 복음의 소유와 관련하여 중요한 힌트를 제공한다. 그는 복음에 의하여 드러난 "이 구원에 대하여" 선지자들이 연구하고 부지런히 살폈다고 하였다. 그들이 그렇게 한 이유는 자기 자신들을 위한 것이거나 자기 시대를 위한 것이 아니라 "너희"(복음을 들은 자들)를 위한 것이라고 하였다(이상 벧전 1:12).

이를 통하여 베드로는 오늘날의 성도들에게 율법을 통해 구약시대의 사람들을 가르친 것이 무익했던 것이 아니라 그들 자신을 통하여 지금의 우리에게 전해 주신 보화를 그들이 소유하는 데까지는 이르지 못했다는 사실을 보여 주려 하였다.

이 사실은 오늘날에도 여전히 통용된다. 율법은 명백히 하나님의 의와 의의 심판이 있음을 통하여 사람이 의롭게 될 수 있는 길을 제시하고 있다. 그러나 구약시대의 선지자들이나 성도들과 같이 오직 율법에만 머무르면서 계명 준수를 통해 의에 이르고자 한다면 선지자들이 부지런히 살펴 연구하고 실천했으나 결국 복음의 보화를 소유하지 못한 것과 같은 상황에 처할 수 있다.

그러므로 성도들이 그리스도가 "세상 죄를 지고 가는 어린 양"이라고만 외치는 한, 다시 말하면 그리스도가 자기 자신의 구주시라고 외치는 수준에 머무르는 한, 우리는 복음 안에서는 가장 작은 자가 되고 말 뿐이다. 물론, 그 외침만으로도 그리스도의 자녀가 된 것은 분명하다.

하지만, 부활의 영광의 그리스도를 소유하고서 베드로나 바울 사도와 같이 그분의 죽음과 고난과 영광에 참여하는 참된 신자로 살아가는 인생길을 맛보고 누릴 수는 없다. 율법만으로는 죄가 무엇인지를 알고 그에 대한 죗값이 있으며, 속죄(제사)의 필요성을 알게 할 뿐이다.

하지만, 복음은 우리로 하여금 그리스도가 하나님의 아들이심을 믿게 할 뿐만 아니라, 또한 그의 죽음과 고난에 뛰어들게 하여 마침내 그의 부활과 승천의 영광을 맛보게 해서 이 땅에서 하늘나라를 건설하게 하는 능력이다. 그러므로 모든 신자는 복음을 이해하고, 믿고, 선포하는 삶을 살아가야 한다.

제6장

구약과 신약의 일치성

칼빈에 따르면 구약과 신약의 일치성은 옛 믿음의 조상들이 우리와 함께 동일하신 하나님의 기업에 참여하는 자들이었고, 동일한 중보자 그리스도의 은혜를 통하여 공동의 구원을 소망하게 되었다는 것을 밝히는 데 필요하다. 동시에 그것은 구원의 소망을 갖게 된 것과 관련하여 옛 믿음의 조상들의 상황과 우리의 그것이 어떻게 다른지를 설명해 준다(제2권 10장 1절).

칼빈이 제시하고 있는 구약과 신약의 동일성의 근거는 세 가지다(제2권 10장 2절).

첫째, 유대인들이 하나님의 초대를 받아 열망했던 것이 세속의 덧없는 풍부와 복락이 아니라 영생을 소망하도록 허락받은 것이며, 이 언약은 율법과 선지자들을 통해서 직접 대화하는 형식으로 확증되었다(롬 1:2).

둘째, 하나님과 화목하게 된 언약이 그들 자신의 행위에 의해서가 아니라 오직 하나님의 자비에 의한 것이라는 사실이다.

셋째, 그들이 중보자 그리스도를 소유하고 있었고, 그를 알았으며, 그를 통하여 자신들이 하나님과 연합하게 되고, 그분의 약속들을 받을 수 있게 되었다.

이와 함께 칼빈은 구약과 신약의 동일성을 증명해 줄 수 있는 구체적 사례들을 제시하고 있다(제2권 10장 3-9절 참조). 그 내용을 요약하면 다음과 같다.

첫째, 복음에 대한 약속들이 율법에 인침 받게 된 것처럼, 구약도 미래의 불멸하는 삶을 지향한다.

> 이 복음은 하나님이 선지자를 통하여 … 성경에 미리 약속하신 것이라(롬 1:2).

율법과 선지자들은 복음을 통하여 가르쳐지는 믿음의 의에 앞서 증언해 준 사람들이자 그들 역시 복음이 영생을 보증하듯이 불멸하는 삶을 지향하고 있었던 것이다.

둘째, 구약 역시 복음과 마찬가지로 그리스도 안에서 하나님의 자비로 부여되는 영생을 목적으로 한다.

> 너희 조상 아브라함은 나의 때 볼 것을 즐거워하다가 보고 기뻐하였느니라(요 8:56).

> 그리스도는 어제나 오늘이나 영원토록 동일하시다(히 13:8).

셋째, 구약의 성례들은 그리스도의 상징으로 제시된 것이었다.
바울은 다 같은 신령한 음식을 먹으며 다 같은 신령한 음료를 마셨다(고전 10:3-4)고 증언하였다. 그는 옛날에 이스라엘이 성경에 따라 징계 받았던 형벌들이 고린도 성도들에게 죄를 범하지 못하도록 하려는 것으로 이해하였다. 오늘의 성도들도 범죄로 인한 징계 받음, 바다를 가로질러 건넘, 태양의 열기와 추위를 극복하는 등의 구약의 모든 말씀을 기억해야 한다.

넷째, 구약의 만나는 참된 양식인 그리스도의 몸을 의미한다.
바울은 만나를 영적 소생의 비밀을 보여 주는 매개물(고전 10:1-5)로 이해하였다. 요한은 "너희 조상들은 광야에서 만나를 먹었어도 죽었거니와"(요 6:49)와 "내 살을 먹는 자는 영원히 죽지 아니하리라"(요 6:64)라는 말씀을 통하여 '먹어도 죽을 수밖에 없는 '만나'와 '불멸의 양식인 그리스도'의 위대함을 비교하여 드러내었다.

다섯째, 구약의 백성들이 말씀을 통하여 영생의 복을 누렸다.
아담, 아벨, 노아, 아브라함 등 모든 족장이 이 말씀의 조명 안에서 하나님께 붙들려 있었다. 하나님의 말씀은 "항상 있는" "썩지 아니할 씨"(벧전 1:23)다. 율법이나 선지자의 말이나 신약의 복음이 모두 하나님의 말씀이며, 이 말씀은 영원히 서 있다(사 40:8).
여섯째, 여호와를 자기 하나님으로 삼는 백성의 복을 구약과 신약의 성도들이 동일하게 누린다는 사실이다.

> 나는 … 너희의 하나님이 되고 너희는 내 백성이 될 것이니라(레 26:12).

> 여호와를 자기 하나님으로 삼는 백성은 복이 있도다(시 144:15).

하나님은 구약의 성도들의 몸만 위하지 않고 영혼까지 위하셨다. 오늘 우리의 영혼도 하나님과 의로써 결합될 때에만 현존하며 영구적인 구원을 수반한다(제2권 10장 8절).
일곱째, 구약 백성은 죽음 후에도 계속되는 영원한 복을 누렸다.
하나님은 그들에게 이렇게 약속하셨다.

> 내가 너와 네 후손의 하나님이 되리라(창 17:7).

하나님은 죽은 자들로부터 자신의 자애를 거두지 않으시고 "천 대까지"(출 20:6) 베푸신다. 구약의 성도들이 영원히 살지 않으면 "아브라함의 하나님", "이삭의 하나님", "야곱의 하나님"은 죽은 자의 하나님이 되고 말 것이다.
여덟째, 구약과 신약이 지상의 행복에 안주하지 않고 그 너머의 삶을 바라보게 하는 계속적인 훈련이라는 점에서 일치한다.
약속을 받았던 아담의 삶은 고통이었다. 그는 둘째 아들이 첫째 아들에게 비참하게 살해당하는 삶을 살았다. 그는 지난날 에덴동산에서의 완전했던 삶을 기억에 남긴 채 끝없는 노동과 수고에 괴로워해야 했다. 노아는 인생의 좋은 시기를 바쳐 방주를 짓는데 헌신했으며, 10개월 동안을 방주 안에서 각종 짐승의 오물 속에서 살아야 했다. 그는 아들에게 조롱을 받기도 했고, 그 아들을 저주해야 했다.
하지만, 이들 두 사람의 삶은 그 너머의 영원한 삶을 바라보게 하는 훈련이었을 뿐이었다. 칼빈도 이들 믿음의 조상들이 하늘나라에 들어갔음을 굳게 믿었다. 하나님이 이들을 받아들여서 교육하고, 후견인이 되시고, 보호 아래에 두신 자들을 죽음 후에도 소멸되지 않게 하시기 때문이다.

이상에서 하나님께서 구약과 신약의 모든 택하신 자녀를 영생과 복락으로 이끄신다는 사실이 분명하게 드러났다. 이 영생과 복락은 하나님의 자비와 중보자 그리스도를 통하여 구약과 신약의 성도들에게 주어진 것이었다. 그래서 구약과 신약이 하나이며 동일하다. 다만 아담과 노아를 통해 살펴보았듯이 영생과 복락으로 이끌어 가시는 하나님의 경륜은 각 사람마다 각 시대와 사회마다 얼마든지 다를 수 있다.

하나님의 경륜하심의 다름에 대하여 칼빈은 성경의 대표적인 인물들을 통하여 설명하고 있다. 아브라함은 하나님의 부르심을 받고 본토를 떠났다. 그는 사람들의 삶의 으뜸가는 즐거움인 부모와 친척, 친구들을 빼앗겼다. 그가 약속의 땅에 도착했으나 기근을 만났다. 이 땅을 피해 도망가야 했고, 그곳에서 그는 아내를 누이라고 속이고 팔아야 했다.

그는 아들처럼 여겼던 조카와 헤어져야 했다. 아브라함은 또한 아들을 낳지 못한 수치를 지니고 살아야 했다. 뒤늦게 웃음을 주는 의미를 지닌 아들 이삭을 얻었으나 그를 죽여야 하는 비극도 마주하였다. 사라와 하갈 사이의 다툼 역시 그에게는 고통이었다.

이삭 또한 기근을 피해 가나안 땅으로 피신해야 했다. 그곳에서 그는 아내 리브가를 팔았다. 우물을 차지하기 위한 쟁탈전을 벌여야 했고, 두 아들 에서와 야곱 사이의 분쟁에 괴로움을 당했다.

야곱의 경우도 자신의 할아버지나 아버지의 상황과 다르지 않았다. 그는 형의 위협을 직면하고 살았다. 외삼촌 라반의 집에서는 20년 동안 종살이를 하였다. 아내를 얻으면서도 외삼촌의 속임을 당하였다. 그의 네 아내들 사이에는 미움과 분쟁과 반목이 계속되었다. 그가 라반의 집에서 나올 때는 야반도주를 하다시피 하는 치욕을 겪었다.

사랑하는 아내 라헬을 잃었고, 사랑하는 아들 요셉도 잃었다. 딸 디나는 세겜 사람에게 강간을 당하였다. 유다의 근친상간의 죄도 목도하였다. 야곱이 바로 왕을 만난 자리에서 "내 나그네 길의 세월이 백삼십 년이니이다 험악한 세월을 보내었나이다"(창 47:9)라고 한 것은 그의 세상살이가 어떠했는지를 여실히 보여 준다.

하지만, 이들 족장들은 마음을 성소로 향하여 들어 올려 현세의 삶의 그림자에 묻히지 않았다. 그들은 시선을 영원에 맞추고서 현재의 재난의 일시적인 어려움을 멸시하고 두려워하지 않았다. 야곱이 마지막 죽음 직전에 "여호와여 나는 주의 구원을 기다리나이다"(창 49:18)라고 고백한 것이 그 증거다.
　다윗은 자신을 "떠도는 인생이고 하나님 앞에 서 있든 있지 않든 허사"(시 39:5)라고 하면서도 분연히 "나의 구원은 영원히 있고 나의 공의는 폐하여지지 아니한다"(시 51:6)고 확신하였다. 욥은 자신이 극심한 고통의 처지에 있었음에도 불구하고 "그가 나를 죽이실지라도 나는 그에게 여전히 소망을 두노라"(욥 13:15)고 하면서 "내가 알기에는 나의 대속자가 살아 계시니 마침내 그가 땅 위에 서실 것이라 내 가죽이 벗김을 당한 뒤에도 내가 육체 밖에서 하나님을 보리라"(욥 19:25-26)라고 믿었다.
　이사야는 "내가 지을 새 하늘과 새 땅이 내 앞에 항상 있는 것 같이 너희 자손과 너희 이름이 항상 있으리라 여호와의 말이니라"(사 66:22)고 하며 영생을 믿었다. 다니엘은 " … 그 때에 네 백성 중 책에 기록된 모든 자가 구원을 받을 것이라"(단 12:1)라고 확신하였다. 말라기는 "내 이름을 경외하는 너희에게는 공의로운 해가 떠올라서 치료하는 광선을 비추리니"라고 그리스도를 예언하며 믿었다(말 4:2).
　이상에서 믿음의 조상들과 선지자들이 세상의 초등 학문과 멸망해 가는 세대들로부터 구약의 성도들을 위로 들어 올리고자 하였음이 명백히 드러난다. 특히, 말라기 선지자의 공의로운 해는 그들이 그리스도를 언약의 보증으로 여겼음이 확실함을 보여 준다(제2권 10장 23절). 이런 영생에 대한 믿음으로 구약의 성도들이 신약의 우리들과 동일한 생명에 이른 것이다(행 15:8).
　진실로 여호와의 언약은 땅의 것을 넘어선 영적이고 영원한 삶에 대한 약속이었다. 그리스도의 성육신과 부활은 그들에게 그리스도 자신의 부활에 동참하는 자가 되는 자격을 갖추어 주었다. 그리고 이 사실을 성령께서 보증하신다. 성령이 "우리 기업의 보증"(엡 1:14)이시다.
　다시 말하지만, 구약과 신약은 세상의 삶을 넘어 하늘나라의 영생의 복을 약속하고 있다는 점에서 서로 완전히 일치한다.
　그리고 이 사실은 신학적으로 두 가지 의의를 지닌다.

첫째, 성경의 진리성을 확증해 준다.
　성경이 하나님의 자비와 그리스도의 중보에 의지하여 영원한 죽음에 처해 있던 인생들이 죄를 탕감받고 영원히 살 수 있다고 증언하고 있는데 구약과 신약의 일치성이 구약의 시대로부터 신약의 시대에 걸쳐서까지 진리임을 증명하고 있는 것이다.

둘째, 삼위일체 하나님을 증명한다.

하나님의 거저 주시는 자비, 그리스도의 중보하심, 그리고 이 진리를 성령께서 보증하시고 끝까지 인도하심으로써 완성된다는 언약(의 성취)은 삼위일체 하나님 이외에 어떤 다른 신(들)이 할 수 있는 일이 아니기 때문이다.

구약과 신약의 일치성은 동시에 성도들에 대해서도 실질적인 의의를 지닌다. 그것은 성도가 세상을 사는 동안 율법의 행위를 실천하며 살든 복음의 믿음을 따라 살든 모두 영원한 삶을 지향하는 것이어야 한다는 것이다. 사람이 해야 하는 일체의 경제 행위, 학문의 익힘, 예술의 창작과 신체의 단련, 시간의 활용, 일체의 제도나 관습 등은 실질적으로 율법에 준하는 것들이라 할 수 있다.

사람은 반드시 이렇게 율법이나 율법에 준하는 형식들을 따라 구체적으로 행동하면서 살아야 한다. 이러한 삶 속에서 성도는 썩어질 세상을 위해서가 아니라 영원한 하늘나라의 삶을 지향하는 수준으로 올라가야 하는 것이다. 복음을 따라 믿음으로 살아가는 삶도 그것이 율법적 삶에 적극적이고 치밀하게 적응하는 것을 넘어서서 하늘나라를 소망하는 삶으로 이어져야 한다.

결론적으로 삶은 그것이 율법을 따른 것이든 복음을 따른 것이든 서로를 완전하게 하면서 하나님이 약속하신 영원한 삶을 향해 나아가는 것이지 않으면 안된다.

현실의 삶 속에서 하나님께서 신자를 향하여 경영하시는 방식은 얼마든지 다를 수 있다. 참 신자라면 그것을 수용하면서 끝내는 우리의 아버지 하나님과 그리스도가 함께 계시는 저 영원한 하늘나라로 들어가는 삶을 살아내지 않으면 안 된다.

그의 노여움은 잠깐이요 그의 은총은 평생이로다(시 30:5).

제7장

구약과 신약의 차이점

칼빈은 구약과 신약이 다섯 가지 부분에서 서로 차이가 있다고 보았다. 그러나 이 차이점들은 구약과 신약에서 하나님께서 그의 백성들을 이끌어 가시는 경륜의 차이이지 실체의 차이가 아니다. 구약과 신약의 약속들은 동일한 것(하늘나라의 복락과 영생)으로 남아 있으며, 구약과 신약의 그리스도가 한 분으로 동일하시기 때문이다(제2권 11장 1절 적용).

서서히 드러나겠지만 이 차이점들은 실은 그 이면에서 하나님께서 자기 백성들을 하늘로 이끌어 가시는 경륜이 얼마나 오묘한지를 보여 주는 증거들이다. 그래서 하나님에 대한 보다 깊은 이해를 위해서 구약과 신약의 차이점들을 살펴보는 것이 의의가 있다.

칼빈이 말하는 구약과 신약의 차이점은 이것이다.

첫째, 구약에서는 땅의 소유를 통하여 하늘의 기업을 바라보게 하였는데, 신약의 복음을 통하여서는 미래의 삶이 계시되고 있다.

하나님께서는 자기 백성들이 하늘 기업에 마음과 정신을 두기를 원하셨다. 그런데도 하나님은 그들이 땅에 살면서 땅의 혜택들 곧 가나안 땅에서의 삶을 맛보게 하셨다. 이를 통해 구약의 백성들은 그들이 누렸던 땅에 속한 소유를 통해 하늘 기업을 거울을 통해 보듯 바라볼 수 있었다. "여호와께서 복을 명령하셨나니 곧 영생이로다"(시 133:3)라는 어느 시편 기자의 고백이 이를 증명한다.

하나님께서 구약의 성도들에게 하늘 기업에 마음을 두기를 원하셨던 또 하나의 방식은 죄에 대한 징계였다. 구약의 성도들에게 육체적인 형벌들을 가함으로써 복음이 증언하는 영적인 사망으로부터 그들을 건지시려는 것이었다. 그러므로 구약의 성도들의 육체적 혜택과 육체적 형벌이 각각 영원한 하나님의 은혜(의 자취들)이며 하나님의 심판에 대한 표상들이다.

한편, 바울은 구약의 성도들을 '종' 또는 '후견인이나 청지기 아래' 있었다고 설명함으로써 그들을 신약의 성도들과 구별하였다. 구약의 성도들이 하늘의 유업을 이을 자임에는 분명하지만 그렇다 하더라도 율법이라는 후견인 내지 청지기 아래서 지도를 받아야 할 자들이었다(갈 4:1-2).

둘째, 구약이 그리스도를 형상과 그림자로 보여 줄 뿐이지만, 신약은 중간 매개체 없이 실체이자 몸이신 그리스도를 보여 주고 있다.

분명히 하나님께서는 아브라함에게 "나는 … 의 지극히 큰 상급"(창 15:1)이라고 말씀하셨다. 하지만, 아브라함은 그렇게 하나님을 소유하지 못했다. "내가 너희에게 말하노니 많은 선지자와 임금이 너희가 보는 바를 보고자 하였으되 보지 못하였으며 너희가 듣는 바를 듣고자 하였으되 듣지 못하였느니라"(눅 10:24)라는 그리스도의 말씀이 이 사실을 증언한다.

구약의 언약은 그림자와 같았으며, 의식을 통해 준수하려고 하더라도 그다지(복음에 비해) 효과적일 수 없었다. 제아무리 뛰어난 능력의 선지자가 선포한 것이라 하더라도 그 예언은 아주 멀리 떨어진 사물처럼 희미한 모형들로 봉해져 있어야 했다. 이렇게 불완전하고 해결되지 않는 성질의 것(구약)임에도 불구하고 그것이 존속될 수 있었던 것은 말할 필요도 없이 후에 그리스도의 피로 성결하게 되고 견고하게 세워질 영원한 언약의 보증, 곧 "이 잔은 내 피로 세우는 새 언약이니"(눅 22:20)라고 선포하는 그리스도의 보증 때문이었다. 참으로 "너희 눈은 봄으로, 너희 귀는 들음으로 복이 있"(마 13:16)는 것이다. 신약의 복음은 그리스도 안에 있는 "지혜와 지식의 모든 보화"(골 2:3)를 계시하여서 그것들에 의해 온 성도들로 하여금 하늘 지성소에까지 다다르게 한다.

셋째, 구약이 문자적(literal)인데 비하여 신약은 영적(spiritual)이다.

바울 사도의 가르침대로 율법은 문자적이고, 돌판에 새긴 것이며, 죽음의 선포이자, 저주이고, 무화(無化)시킨다(고후 3:6). 특히, 칼빈은 율법이 문자적인 이유를 성령의 작용이 없이 공표되었기 때문인 것으로 이해하였다(제2권 11장 7절). 하지만, 복음은 영적 교리이자 마음에 새겨지며, 생명을 선포하고, 의를 선포하며, 영원하다. 물론, 율법이 올바른 것을 명령하고 불법을 금하는 것과 의를 숭상하는 자들에게는 상급을 공포하고 범법하는 자들에게는 형벌로 위협한다는 것은 대단한 의의를 지닌다.

하지만, 율법은 사람에 내재하는 본성의 사악함을 변화시키거나 교정시킬 수 없다. 반면에, 신약은 생명의 기관으로서 사람들을 저주로부터 해방시켜 하나님의 은혜를 받도록 회복시킨다. 복음은 악한 본성을 변화하여 그리스도를 구주로 받아들이게 한다. 의식의 관점에서 보면 구약의 의식들은 시간이 흐르면 파괴되어 사라질 수밖에 없다.

하지만, 복음은 그리스도의 몸 자체를 제시하므로 확고하며 영구적인 안정성을 보유하고 있다. 기억할 것은 문자적 율법이 무효한 것이 아니라 무효화시킨 것은 구약의 성도들과 모든 민족들이었다는 사실이다. 이러한 제약들을 넘어서서 영적 복음이 선포되었다는 사실 그 자체가 풍성하신 은혜의 하나님을 찬미하는 것이다.

넷째, 구약이 '예속 언약'인데 비해 신약은 '자유 언약'이다.

바울은 이 차이에 대해 여종 하갈과 여주인 사라의 비유를 들어 전자는 종으로 후자는 자유자로 설명하였다(갈 4:21-31). 여종 하갈에게서 보이듯이 구약은 공포와 전율로 성도들의 양심을 예속의 굴레에 묶어 꼼짝 못하게 하였다. 반면에, 신약은 은총으로 사람들을 구원하여 기쁨에 이르게 한다. 그래서 바울은 다음과 같이 외칠 수 있었다.

> 너희는 다시 무서워하는 종의 영을 받지 아니하고 양자의 영을 받았으므로 우리가 아빠 아버지라 부르짖느니라(롬 8:15).

율법과 복음이라는 관점에서 서로를 비교하여 살펴보면 구약은 말 그대로 두려움을 낳는 '예속 언약'이고, 신약은 확신과 평안에 이르게 하는 '자유 언약'임이 틀림없다.

다섯째, 구약이 한 민족에게 속한 언약인 반면에 신약은 모든 민족에게 속한다.

이 사실은 언약이 이스라엘이라는 한 민족으로부터 시작해서 모든 민족에로 확산되고 있음을 자연스럽게 증명한다. 하나님께서는 그리스도의 강림 때까지 이스라엘 민족 하나만을 자신의 소유로 택하시고 다른(이방) 민족과 구별하셨다(신 10:15). 반면에, 다른 모든 민족들에 대해서는 "자기들의 길을 가게 방임"(행 14:16)하셨다. 그러다가 "때가 차매" 하나님과 사람 사이의 화목자로 그리스도를 세상에 보내셔서 이들 사이의 "담"(엡 2:4)을 허신 것이다.

이 둘 사이의 벽을 무너뜨리신 분은 그리스도시다(마 27:51; 막 15:38; 눅 23:45). 담이 무너진 것은 온 민족이 하나님과 화목하게 되어 그들이 한 백성으로 연합되는 것을 의미하였다. 그리고 이 연합은 "만세와 만대로부터 감추어졌던 것"이었다(엡 3:9).

이상을 정리해 보자.

첫째 차이점에서는 오늘을 사는 성도들이 세상을 살아갈 때에 하나님이 우리에게 베푸시는 세상의 기업을 통해 더욱 영생을 생각하게 하시는 하나님의 사랑을 발견할 수 있게 한다. 하나님께서 구약의 성도들에게 세상의 기업을 통해 하늘나라를 맛보게 하셨듯이 오늘날의 성도들 역시 땅에서 받는 기업의 즐거움으로 하나님의 영원한 기업을 맛보게 하시는 그분의 사랑을 발견할 수 있는 것이다.

둘째 차이점을 통해서는 희미하게 그림자로 보이던 그리스도를 몸으로 실체로 볼 수 있게 하시어 우리의 믿음을 더욱 강하게 하고 구체화하여 그리스도와 더불어 먹고 마시게 하는 은혜를 깨닫고 누리게 한다.

셋째 차이점을 통해서는 구약과 율법의 문자적 한계를 드러냄으로써 복음이 얼마나 그리스도의 사랑을 증명해 주며 하나님의 사랑과 지혜가 깊은지를 알 수 있게 한다.

넷째 차이점을 통해서는 하나님께서 구약의 성도들과 맺으셨던 예속의 언약, 곧 징계와 공포와 전율의 언약 대신에 하나님의 아들을 세상에 보내셔서 우리를 죄와 사망의 예속으로부터 자유하게 하시는 자유 언약이 세워졌음을 알 수 있다.

다섯째 차이점을 통해서는 하나님의 언약의 성취가 어떻게 한 민족에서 시작해서 온 민족에게 확대되면서 모두가 연합하여 한 하나님의 백성이 되어가는지를 깨닫게 한다는 것이다.

이러한 깨달음에서 드러나는 사실은 구약과 신약의 차이점들이 오히려 구약과 신약의 일치성을 자세하고 구체적으로 증명해 준다는 것이다. 즉, 구약과 신약의 차이점들이 서로 조화를 이루어 성도들에게 영원한 하늘나라의 생활을 확실하게 해 주는 역할을 한다는 것이다.

사실 어떤 의미에서는 하나님은 창세기 1장 1절부터 요한계시록 22장 21절의 마지막 말씀에 이르기까지 장마다 절마다 전부 다른 무언가를 말씀하신다고 하더라도 지나치지 않다. 각 장마다 각 절마다 차이 내지 다름이 있다. 그런데 이 차이들은 종래에는 하나님 한 분 안에 수렴되며, 모두 한 하나님의 말씀 안으로 수렴된다. 그것이 성경에 나타난 모든 차이점들의 종착지다.

구약과 신약의 일치는 그 이면에는 이처럼 다양한 차이점을 담고 있는 것이다. 반면에, 구약과 신약의 차이점들은 모두 하나님 안으로 수렴되어 일치성을 증명한다. 한 마디로 말해서 구약과 신약의 차이점과 일치성은 서로 온전한 조화를 이루어 끝없이 다름과 일치를 보증하면서 하나님과 그리스도와 온 민족의 연합을 형성해 나간다.

오늘날 하나님을 믿는 우리 신자들의 생활도 이와 같다. 모든 신자들이 생김새가 다르고, 성격이 다르고, 재능이 다르다. 살아온 환경이 다르고, 앞으로 살아갈 환경도 다르다. 어쩌면 반드시 달라야 하는지도 모른다. 그러나 교회 안에서의 생활이나 또는 하나님의 자녀로 살아가고자 한다면 이 다름들은 모두 하나님 안에서 연합하여야 하고, 말씀 안으로 수렴되어야 한다.

지난날 아브라함이 달랐고, 이삭이 달랐고, 야곱이 달랐고, 요셉과 그 형제들이 모두 달랐다. 그러나 그들은 모두 하나같이 하나님을 사모하였고 하늘나라의 삶을 사모하였다. 오늘의 성도들도 그들의 사정과 조금도 다르지 않다. 우리는 서로 모두 다르며, 서로 차이가 있다. 심지어 자기 자신 안에서조차 다름과 차이가 있다. 이 모든 다름과 차이들은 오직 담을 허시는 그리스도 안에서 연합되어져야 할 것이다. 반드시 기필코 그렇게 그리스도와 연합되어야 한다.

이런 의미에서 모든 신자는 서로의 차이와 다름에 대해 긍지를 지닐 필요가 있다. 동시에 그리스도 안에서 긍지의 연합을 이룰 준비를 해야 한다. 다름과 차이를 배우고 익히되 반드시 일치와 연합을 훈련해야 하는 것이다. 모든 신자는 다름과 차이에서 일어서서 줄달음하여 그리스도와의 완전한 연합으로 승화시켜 가야 한다.

제8장

인성과 신성을 지니신 그리스도

그리스도의 중보자 되심은 사람의 아들로부터 하나님의 아들을, 지옥의 상속자들로부터 천국의 상속자들을 만들기 위함이었다(제2권 12장 1절). 그리하여 하나님의 아들이신 그리스도가 사람의 아들이 되셔서 우리의 것을 취하시고 자기의 것을 우리에게 옮기셨고, 본성상 자기에 속한 것을 은혜로 우리의 것이 되게 하셨다. 바울 사도는 이렇게 선포했다.

> 우리가 아직 죄인 되었을 때에 그리스도께서 우리를 위하여 죽으심으로 하나님께서 우리에 대한 자기의 사랑을 확증하셨느니라(롬 5:8).

그러나, 본질적으로 중보자의 필요성은 사람의 구원이 달려 있는 하나님의 칙령(the divine decree, 또는 작정)으로부터 나와야 했다. 자비하신 하나님께서 사람에게 최고의 선이 될 만한 것으로 작정하시지 않는 한 우리가 영원한 죽음으로부터 영원히 사는 것은 불가능하기 때문이다. 이 때문에 하나님께서 친히 우리에게로 오셔야 했다.

그리스도는 우리의 임마누엘(하나님이 우리와 함께 계시다)이 되시기를 기뻐하셨다. 그가 우리와 함께 계시는 연합으로 인해 그분의 신성과 사람의 인성이 서로 결합될 수 있었다. 바울 사도는 그를 '한 분'이신 중보자라고, '사람'이신 그리스도라고 불렀다(딤전 2:5).

중보자의 조건은 이렇다(제2권 12장 1-3절 참조).

첫째, 사람을 하나님과 화목하게 하기 위해 아담의 불순종의 자리에서 참 순종의 사람이셔야 한다.

둘째, 하나님의 판결(심판)을 만족시켜야 하며, 죄의 형벌까지 하나님께 지불할 수 있어야 한다. 그리고 죽음과 싸워 이기기 위해 신성 곧 하나님이셔야 한다.

그리스도는 인성과 신성의 연합으로 계시며 사람을 위해 하나님께 중보자가 되실 수 있는 분이시다. 하나님께서 친히 "율법이 육신으로 말미암아 연약하여 할 수 없는 그것을 … 곧 죄로 말미암아 자기 아들을 죄 있는 육신의 모양으로 보내어 육신에 죄를 정하사 육신을 따르지 않고 그 영을 따라 행하는 우리에게 율법의 요구가 이루어지게"(롬 8:3-4) 하셨다.

그리스도의 중보자 되심에 대한 성경의 증거가 많다(제2권 12장 4절 참조). 우선 구약의 신자들이 제물 드림을 통해 하나님이 그리스도의 속죄를 통해 자기들과 화목하게 되고 인자를 베푸는 소망을 지니고 있었다는 증언들을 들 수 있다. 그들이 자신들의 더러움을 씻어내기 위해 희생 제물(의 피)을 드린 것은 하나님의 언약에 따른 것이었다.

또한, 선지자들은 그리스도를 하나님과 사람들 사이의 화목자가 되신다고 여러 곳에서 자주 예언하였다.

그리스도 자신의 증언도 있다.

> 인자가 온 것은 잃은 자를 구원하려 함이니라(마 18:11).

요한 사도는 "하나님이 세상을 이처럼 사랑하사 독생자를 주셨으니 …"(요 3:16)라고 하여 그리스도의 속죄자 되심을 증언하였다. 바울 사도 역시 "그가 우리를 위한 희생 제물이 되셨다"(고후 5:19)는 증언을 통하여 그리스도가 중보자 되심을 선포하였다.

그런데, 궤변 신학자 오지안더(Andreas Osiander, 1498-1552)는 "비록 인류 구속을 위한 처방이 필요 없었다고 하더라도 그리스도는 사람이 되었을 것"이라고 주장하였다(제2권 12장 4절). 그는 하나님의 형상을 닮은 아담의 순전함이 파괴되지 않았다면 하나님의 아들이 천사나 사람이 되실 필요가 없을 것으로 생각하였다.

그는 아담의 타락조차 하나님의 변하지 않는 계획에 따라서 사람을 창조하시기 전에 그리스도를 '첫 번째 사람'(구속주가 아닌)으로 나시게 작정하신 것으로까지 망상한 것이다. 그리고는 자기 논리를 더 끌어가기 위해 만일 이런 것들이 맞지 않는 것이라면 그리스도는 타락한 인류를 회복하는 목적을 우연히 이루기 위해 세상에 태어나셨을 뿐이라고까지 헛소리를 하였다(제2권 12장 6절 참조).

오지안더는 철저하게 비판받아야 한다. 그가 떠들어 댔듯이 "비록 인류 구속을 위한 처방이 필요 없었다"라고 하는 말 자체가 하나님께서 사람을 "하나님의 형상대로"(창 1:27) 지으셨다는 진리를 부정했기 때문이다. 하나님은 사람을 "하나님의 형상대로" 지으시고 그에게서 영광을 받기를 원하셨다. 이 역시 하나님께서 사람을 지으신 목적이었다. 하지만, 사람은 하나님을 부정하고 오히려 그와 같아지려 하였다.

이 교만함과 불경은 사람이 의도적으로 하나님을 향해 저지른 것이었다. 이 범죄는 하나님이 사람의 타락을 알았다는 것과는 전혀 상관이 없는 오로지 사람 자신이 저지른 것이었다. 그런데도 불구하고 오지안더는 인류 구속을 위한 처방이 필요 없다고 떠들어 댄 것이다.

오지안더의 또 다른 잘못은 아담의 범죄가 모든 인류를 하나님의 심판으로부터 피하지 못하게 하고 영원히 죽음에 이르게 한 사실을 부정했다는 것이다.

> 여호와 하나님이 그 사람에게 명하여 이르시되 동산 각종 나무의 열매는 네가 임의로 먹되 선악을 알게 하는 나무의 열매는 먹지 말라 네가 먹는 날에는 반드시 죽으리라 하시니라 (창 2:16-17).

이 하나님의 약속이자 심판은 결코 그리스도의 오심을 우연으로 돌리지 못하게 한다. 그가 사람이 되셔야 했던 것은 결단코 우연이 아니고 하나님의 심판을 피할 길을 마련하기 위한 하나님의 은혜의 베푸심, 이 절대 필연의 오직 한 길 뿐이었던 것이다. 이제 모든 인류는 하나님의 심판을 피하고 새 생명을 얻기 위해서는 다른 방식의 구원의 길이 절대적으로 반드시 필요하게 되었다.

은혜의 하나님께서는 영원한 죽음의 형벌을 당해야 하는 아담(사람)에게 가죽옷을 지어 주심으로써 그(사람)를 죽음에서 건져 주시겠다는 증표를 주셨다. 이후 이 증표는 구약의 성도들에게 율법과 제사장을 통하여 하나님께 번제와 소제와 화목제와 속죄제와 속건제(레위기 1장-4장)를 드리는 것으로 확증되고 지속되었다. 이 모든 제사에서 드려지던 희생 제물이 바울 사도가 증언한 그리스도시다.

그리스도는 아담의 후손을 멸망의 폐허로부터 일으켜 세우시는 "둘째 사람"(고전 15:47)이셨다. 이 그리스도가 "때가 차매 하나님이 그 아들을 보내사 여자에게서 나게 하시고 율법 아래에 나게 하신 것은 율법 아래에 있는 자들을 속량하시고 우리로 아들의 명분을 얻게 하"(갈 4:4-5)기 위해서였다.

그리스도 그분은 "아브라함과 다윗의 자손"(마 1:1)이셨다. 그는 유대인들로부터 나셨다. 그는 "사람의 아들"이셨다. 그는 목마름, 굶주림, 추위와 같은 사람의 성정, 곧 "혈과 육을 함께 지니"셨다(히 2:14). 그는 "율법의 요구를 이루시려고" "죄 있는 육신의 모양으로"(롬 8:3-4) 보내심을 받으셨다. 그러나 그는 죄악과 부패가 없으신 '참 사람'이셨다.

그는 처녀 어머니에게서 나셔서가 아니라 성령에 의해 거룩하게 나셨기에 타락 이전의 아담처럼 순수하시고 순전하셨다. 그는 육체라는 좁은 감옥에 갇힌 것이 아니라 말씀의 측량할 수 없는 본질이 인간의 본성과 연합하여 한 인격을 이루셨다. 그의 인성과 신성은 인격의 연합(union of person)이었다.

그리스도의 인성과 신성의 연합의 실제에 대해 사람은 그 자신이 육신과 영혼으로 결합하고 있는 데서 간접적으로 추론해 볼 수 있다. 사람의 육체에 어울릴 수 없는 것은 그의 영혼에 속한다고 할 수 있다. 영혼에 어울릴 수 없는 것은 육체에 속한다고 할 수 있다. 육체에도 영혼에도 어울릴 수 없는 것은 사람 전체에 속한다고 할 수 있다(제2권 14장 1절).

사람은 이렇게 결합된 두 실체로 이루어진 한 인격으로 존재하고 있다. 즉, 한 인격은 두 가지 서로 다른 본성들로 구성되어 있는데, 우리가 알다시피 이 둘은 섞이지 않는다. 그 둘이 따로 분리되는 것도 아니다.

그리스도의 인성과 신성의 연합은 "혼합 없이, 변화 없이, 분할 없이, 분리 없이" 한 위격 가운데 연합을 이룬다("칼케돈 공식", 『기독교 강요』 제2권 418쪽 참조/문병호, 기독론, 195-196쪽 참조). 그리스도는 인성으로는 우리 인생들과 동일본질이시고, 신성으로는 하나님 아버지와 동일본질이시다. 그는 스스로 육신으로는 다윗의 혈통이라 하심으로써 사람의 아들 됨을 어머니에게서 택하셨고, 신성으로는 하늘에 계신 하나님 아버지에게서 하나님의 아들 됨을 택하셨다(롬 1:1-4).

그리스도의 인성의 특성들은 다양하게 증명된다. 그는 아버지의 종(사 42:1)이었고, 지혜와 키가 자라갔다(눅 2:52). 그는 자기 영광을 구하지 않았고 마지막 날을 모른다고 하였다. 그는 스스로 말하지 않았고 자기 뜻을 행하지도 않았다. 그의 신성으로는 "아브라함이 나기 전부터 내가 있느니라."(요 8:58)는 말씀과 "모든 피조물보다 먼저 나신 이"(골 1:15), "만물보다 먼저 계신 이"(골 1:17) 등을 들 수 있다.

두 성의 교통(속성 교통)으로는 "하나님이 자기 피로 자신의 교회를 사셨다"(행 20:28), "영광의 주가 못 박히셨다"(고전 2:8), 생명의 말씀을 만진 바라(요일 1:1), "하나님이 자신의 목숨을 우리를 위해 버리셨다"(요일 3:16), "하늘에 계신 인자 외에는 하늘에 올라간 자가 없느니라"(요 3:13) 등이 있다.

인성과 신성의 연합의 그리스도에 대하여 우리는 이레나이우스(Irenaeus, Εἰρηναῖο, AD 130-AD 202) 와 테르툴리아누스(Quintus Septimius Florens Tertullianus, AD 155-AD 220)의 증언대로 "하나님의 아들이 비가시적이셨으나 가시적으로 나타나셨다"고 고백하는 것 외에 다른 어떤 설명도 필요 없다. 그가 하나님 아버지와 동일본질로 영원히 계시면서 영원한 말씀으로서 육신이 되어 우리에게 드러내 보이셨다는 믿음의 고백뿐이다.

인성과 신성을 지니신 그리스도, 곧 '기름부음을 받은 자'의 참 역할은 그가 담당한 세 가지 직분에서 명백하게 드러난다. 그의 세 직분은 선지자직, 왕직, 제사장직이었다. 구약시대에 이 세 직분자들은 모두 기름부음을 받았다. 그것들의 전체적인 의미는 다음과 같이 요약된다.

> 이 모든 날 마지막에는 아들을 통하여 우리에게 말씀하셨으니 이 아들을 만유의 상속자로 세우시고 또 그로 말미암아 모든 세계를 지으셨느니라(히 1:2).

선지자직으로는 그리스도가 성령으로 기름부음을 받아서 아버지의 은혜의 전령과 증인이 되셨다. 그는 가르치는 역할을 감당할 뿐만 아니라 복음이 계속적으로 선포되는 일에 성령의 능력이 나타나게 하시려고 기름부음을 받으셨다. 모든 예언은 그의 가르침으로 끝난다. 왕직으로는 그의 왕권이 세속적 속성이 아니라 영적 속성으로 영원히 계속된다는 것이다.

> 내가 나의 거룩함으로 맹세하였은즉 … 그의 씨가 장구하고 그의 왕위는 해같이 내 앞에 있으며 달같이 영원히 견고하게 되리니 … (시 89:35-37).

왕권의 영원함은 교회(의 몸 전체)의 영원함이자 교회 지체들의 영원함으로 구체화된다. 그의 왕직은 지금도 그가 아버지께 받은 것을 우리가 승리할 때까지 우리와 함께 나누시며 필요한 것들을 도우시는 것으로 계속되고 있다. 제사장직으로는 그가 화목제물이 되어 죄를 중재하는 것이다. 율법 아래에서 제사장이 피 없이 성소에 들어가는 것은 불법이었다. 하나님의 거룩하심 때문이다.

그리스도는 "멜기세덱의 서열을 따라 영원한 제사장이"(시 110:4; 히 5:6; 7:15) 되셨다. 동시에 그는 "그들(성도들)을 위하여 내(그리스도)가 나를 거룩하게 하"(요 17:19)셨다. 그는 지금도 우리의 기도와 찬미의 희생 제물이 하나님께 가 닿아 우리가 하늘 성소로 자유롭게 들어가게 하신다.

오늘날 성도들은 육신과 영혼(혹은 마음, 또는 정신)의 연합 속에서 살아가고 있다. 이 삶속에서 신자들이 때로는 '호모 사피엔스'(Home-Sapiens, 영장류 또는 이성의 인간 등)로 때로는 '호모 파버'(Homo-Faver, 기계 인간 또는 유희 인간 또는 노동하는 인간) 등으로 규정당하기도 한 것이 사실이다.

하지만, 인성과 신성의 그리스도가 자신을 '인자'(the son of man)라고 선언하심으로써 '사람'에 대한 규정 자체가 바뀌고 말았다. 사람이 아담(אדם, "사람" 또는 "흙")의 존재에서 '사람의 아들'로 바뀐 것이다.

아담은 흙에서 나서 흙으로 돌아가야 하는 무가치한 존재였다. 하나님은 계셨지만 흙의 출신답게 무참하게 하나님을 버리고 말았다. 이제 그리스도께서 자신을 '인자' 곧 사람의 아들이라 선언하시면서 사람이 '사람의 아들'(신학적으로는 이를 자성子性이라 한다)이 된 것이다. 사람이 혈통으로는 육신의 아버지를 가질 수 있게 되었고(따라서, 형제자매와 이웃이 있게 되었다.), 영적으로는 하늘에 계신 하나님을 '아빠 아버지'라 부르며 그분을 소유할 수 있게 되었다.

인성과 신성의 그리스도만이 사람의 아들이자 하나님의 아들로서 모든 '사람'을 구원하실 수 있었다. 동시에 그렇게 "하나님이 사람들과 함께 하셔서"(임마누엘) 우리에게 사람의 아들로서는 부모와 형제와 이웃을 섬기시는 모습을 보이셨고, 하나님의 아들로서는 하나님을 경배하며 순종하는 모습을 보이셨다.

그러므로 중보자 그리스도로 인해 '사람의 아들'이 된 모든 신자는 사람의 아들로써 마땅히 자기 자신의 부모와 형제와 이웃을 사랑하며 섬겨야 하고, 하늘에 계신 하나님 아버지를 경배하며 순종해야 한다. 동시에 신자들은 그리스도와 함께 그가 계신 하늘나라에서 영원히 살아갈 삶을 소망하며 살아야 한다. 이것이 인성과 신성의 그리스도와 모든 성도가 현세에서는 말할 것도 없고 내세에서까지 연합하고 동거하는 생활방식이다.

제9장

그리스도의 죽음과 부활과 승천
– 성도들을 위한 구원 획득의 방식 –

칼빈은 자신이 지금까지 그리스도에 대해 언급해 온 모든 내용이 저주를 받아 죽었고, 모든 것을 상실한 신자들이 그리스도 안에서 의와 인도하심과 생명과 구원을 찾도록 안내하는 것임을 분명히 한다.

그는 성경을 인용하여 자신의 주장을 매듭지었다(제2권 16장 1절).

> 다른 이로써는 구원을 받을 수 없나니 천하 사람 중에 구원을 받을 만한 다른 이름을 우리에게 주신 일이 없음이라(행 4:12).

우리가 그리스도로부터 구원을 얻는 방식을 탐색해야 하는 이유는 그리스도가 우리 구원의 저자임을 분명히 하고, 그가 명백하게 우리의 믿음의 기초라는 사실을 확인하기 위해서다. 성경은 모든 사람이 그리스도로 말미암아 하나님과 화목하기 전까지 하나님의 원수 또는 저주 아래 있었다고 선포한다.

> 곧 우리가 원수 되었을 때에 그의 아들의 죽으심으로 말미암아 하나님과 화목하게 되었은즉(롬 5:10).

> 무릇 율법 행위에 속한 자들은 저주 아래에 있나니 기록된 바 누구든지 율법 책에 기록된 대로 모든 일을 항상 행하지 아니하는 자는 저주 아래에 있는 자라 하였음이라(갈 3:10).

> 전에 악한 행실로 멀리 떠나 마음으로 원수가 되었던 너희를 이제는 그의 육체의 죽음으로 말미암아 화목하게 하사(골 1:21-22).

이렇게 모든 사람은 하나님의 원수였고 율법 아래에서 죽었다.

그런데 어떻게 그들이 하나님께로부터 구원을 얻게 되었다는 것인가?
이 비밀이 그리스도의 죽음과 부활과 승천 안에 담겨 있다.
우리가 하나님의 원수였으며, 그에게 저주를 받았다는 것은 우리가 그의 율법을 범했고, 이 죄가 결코 없어질 수 없다는 사실을 말한다. 우리가 하나님의 호의를 다시 얻기 위해서는 그 원수됨과 저주의 대가가 치러져야만 한다.
구약은 무를 수 있는 모형을 보여 준다. 그것은 죄를 범한 사람이 제사장을 통하여 흠도 점도 없는 순결한 양이나 염소 등의 짐승을 희생 제물로 드리는 것이었다. 모든 인류가 하나님의 원수됨과 그의 저주받음에서 새 생명을 얻기 위해서는 구약의 희생 제물처럼 죄가 없는 순전하고 순결한 사람의 무름이 있어야 한다. 그런데 사람 중에는 의인이 없으니 단 사람도 없다(롬 3:10).
사람으로 나신 그리스도는 "예수," 곧 '자기 백성을 그들의 죄에서 구원할 자'이셨다(마 1:21; 눅 1:31). 이 이름은 최고의 작정을 실어 나르는 한 천사에 의해서 하늘로부터 베풀어진 이름이었다. 하나님께서 친히 자기 사자인 천사를 통해 그리스도가 예수임을 만민에게 알게 하셨던 것이다. 그리스도가 예수가 되신 것은 하나님이 미리 거저 베푸시는 호의로 우리를 마음에 품으셨다는 사실 오직 이 하나뿐이다.
하나님의 거저 주시는 은혜의 관점에서 보면 우리가 하나님의 원수라거나 하나님의 저주를 받았다는 말씀들은 하나님께서 대속 전에는 우리를 원수로 여기셨다는 것을 말하는 것이 아님이 드러난다. 그 말씀들은 우리가 본래 영원한 죽음, 하나님의 진노와 보복 아래 있었던 존재였는데 예수 그리스도로 말미암아 대속으로 건짐을 받은 것이 얼마나 큰 하나님의 은혜와 그리스도의 희생과 사랑인지를 깨닫게 해 주는 것들이다.
원수됨과 저주는 오직 하나님께서 그만큼 죄를 미워하시고 불법을 사랑하실 수 없음을 강조한다(제2권 15장 2절). 사람의 부패한 본성과 그에 따른 삶은 영원히 지옥의 저주로 떨어질 것임을 분명히 하는 것이다.
이 토대가 확실히 설 때 그리스도의 구속의 방식에 대한 탐구가 바르게 진행될 수 있다. 그리스도는 공식적으로 빌라도의 재판 자리에서 죽음으로 내쳐지셨다. 그는 강도들 사이에서 죄의 명목으로 죽으셨다. 그가 공식적으로 희생 제물로 판정 받으셨던 것이다. 또한, 빌라도의 증언에 따르면 그는 죄가 없으셨다.

> 나는 그에게서 아무 죄도 찾지 못하였노라(요 18:38).

즉, 그리스도는 순결한 흠 없는 희생 제물이 되시어 타인의 죄를 감당하신 것이다. 바울 사도는 이에 대해 다음과 같이 이해하고 있다.

> 오히려 자기를 비워 종의 형체를 가지사 … 아버지께 죽기까지 복종하셨으니 곧 십자가에 죽으심이라(빌 2:7-8).

그의 죽음은 그리스도가 죽음에 삼킴을 당한 것이 아니라 우리가 삼킴을 당할 수밖에 없는 (우리의) 죽음을 삼키기 위해서 죽으신 것이었고, 그의 장사되심은 우리가 예속되었던 죽음으로부터 해방되는 은총과 우리의 육체를 죽이는 은총이라는 이중의 은총을 얻도록 하기 위함이었다(제2권 16장 7절 참조).

그리스도는 죽으시고 장사되시고 '지옥으로 내려가셨다'(descended into hell, 영어본 사도신경). 이를 '지옥강하'(사도신경에서 이 용어가 등장하기 시작한 것은 동서양 공히 4세기 중후반이다. 제2권, '주]864' 참조, 471쪽)라 한다. 칼빈은 '죽으시고 장사되시고 지옥으로 내려가셨다'로 이어지기에 '지옥으로 내려가셨다'는 앞의 내용에 대한 석의로 보았다.

즉, '지옥강하'가 그리스도께서 실제로 죽으시고 장사되셨다는 사실을 확증해 주고 있다는 것이다. 또한, 그것은 그리스도께서 영(의 능력)으로 '율법 아래서 죽었던 족장들의 영혼들(the souls of patriarchs who had died under the law)에게 비추셔서 그들이 오직 소망으로만 맛보았던 은혜가 비로소 세상에 드러나게 한 것으로 이해하였다(제2권 16장 9절 참조). 베드로 사도 역시 지옥강하의 의미를 "그(그리스도)가 또한 영으로 가서 옥에 있는 영들에게 선포하"신(벧전 3:19) 것으로 이해하였다.

'지옥강하'는 마태복음 27장 50-53절과 함께 고찰될 때 더욱 그 의미가 명확해진다.

> 예수께서 다시 크게 소리 지르시고 영혼이 떠나시니라 이에 성소 휘장이 위로부터 아래까지 찢어져 둘이 되고 땅이 진동하며 바위가 터졌다. 무덤들이 열리며 자던 성도의 몸이 많이 일어나되 예수의 부활 후에 그들이 무덤에서 나와서 거룩한 성에 들어가 많은 사람에게 보였다(마 27:50-53).

이 말씀들은 그리스도의 죽음 이후에 그리스도의 영(의 능력)이 율법 아래 죽었던 모든 성도에게 비추어 그들의 영혼을 살아나게 했음을 증언하고 있다. 우리가 그리스도의 죽으시고 장사되신 후로부터 부활하시기 전까지의 기간을 '지옥강하'로 받아들인다면 이 말씀들은 그리스도가 죽으시고 장사되셔서 완전히 죄에 대한 값을 무르시고 그 죄를 없이 하셨다는 생생한 증거로 이해하더라도 크게 문제되지 않는다.

더욱이 "무덤들이 열리며 자던 성도들의 몸이 일어난 것"은 그리스도의 대속의 능력이 "율법 아래 죽었던 모든 성도"에게 미친 것으로써 구약의 성도들은 물론 신약의 모든 경건한 영혼이 그토록 간절히 기다렸던 그리스도의 방문을 생생하게 목도하게 하는 것이다.

심지어 부활한 성도들이 그리스도 부활 후에 거룩한 성에 들어가 그의 부활을 증언했다는 말씀은 그리스도의 부활이 어떠한 것인지를 드러내고 있다. 동시에 그리스도의 부활과 성도들의 부활은 유기된 자들이 구원에서 배제되었음을 확증하는 것이다.

그리스도의 죽음은 단지 육신만이 죽는 것이 아니었다. 그의 죽음은 하나님의 엄격한 보복과 하나님의 진노와 저주를 중재함은 물론 그 심판에 대한 무릎이 되어야 했다. 이는 지옥의 군대와 영원한 죽음과의 싸움이었다(제2권 16장 10절 참조). 이 지옥의 힘과 공포로 인해 그리스도는 자신이 하나님께 버림을 받는다고 느꼈다. 그 두려움에 휩싸여 그는 눈물과 통곡의 기도를 하셨다.

나의 하나님 나의 하나님 어찌하여 나를 버리셨나이까(시 22:1; 마 27:46).

하나님께서 이 기도를 들어주셨다.

그는 "그 고통에 매여 있거나 정복당할 수 없었다"(행 2:24). 그는 부활하셨다. 따라서, "지옥에 내려가셨다"는 말은 또 다시 하나님의 진노로 범죄자들에게 가하는 죽음까지 자신의 영혼으로 몸소 겪으신 것으로 해석되어야 한다. 그가 우리의 고통을 감당하시려고 지옥 같은 지극히 두렵고 떨리는 고통을 감수하셨다는 말이다. 그는 하나님의 그 엄정하신 심판과 징계의 무게를 감당하셔야 했다.

그리스도께서 죽으시고 장사 지낸 바 되시고 지옥에 내려가신 또 다른 이유는 "죽기를 무서워하므로 한평생 매여 종노릇 하는" 자들을 "놓아 주"(히 2:15)

시기 위해서였다. 우리는 그로 말미암아 저주가 걷혔고, 형벌의 모든 값이 치러지게 되어 하나님과 화목하게 되었다.

그리스도는 부활하셨다. 하나님께서 그를 사망의 고통에서 풀어 살리신 것이다(행 2:24).

그의 부활은 자신이 하나님의 아들임을 선포한 것이었다(롬 1:4).

그의 부활은 하나님의 능력을 최고로 드러낸 것이었다. 그것이 우리의 믿음과 소망을 하나님께 둘 수 있게 하였다(벧전 1:21).

우리의 믿음도 헛되이 되지 않게 되었다(고전 15:17).

그는 우리를 위해 간구하는 자(중보자)가 되셨다(롬 8:34).

그는 승천하셨다.

그의 승천은 두 가지 의미가 있다.

첫째, 육신으로 계실 때의 모든 불명예와 수치를 이겨 내시고, 십자가에서의 치욕을 없이 하셔서 자신의 영광과 덕성을 드러내신 것이다.

둘째, 하늘에 오르셔서 하늘과 땅을 통치하신다는 것이다(2권 16장 14절).

그 그리스도가 이렇게 말씀하신다.

> 내가 떠나가는 것이 너희에게 유익이라(요 16:17).

그의 승천은 지상에서 나그네 삶을 사는 신자들과 더 이상 함께 계시지 않겠다는 것이 아니었다. 오히려 자기의 능력으로 하늘과 땅을 모두 다스리시면서 우리와 함께 사시기 위해 하늘로 가신 것이었다. 그리고 마지막 날에 또한 산 자와 죽은 자들을 심판하시러 오시기 위해 하늘로 가신 것이었다.

지금 그의 몸은 여기에 계시지 않는다. 하나님 우편에 앉아 계시기 때문이다. 그러므로 가톨릭의 화체설은 거짓이다. 그런데도 그리스도는 지금 여기에 우리와 함께 계신다. 그의 엄위의 현존이 지금 우리와 함께 하시기 때문이다.

하나님께서는 그리스도를 "자기의 오른편에 앉히사 모든 통치와 권세와 능력과 주권과 이 세상뿐 아니라 오는 세상에 일컫는 모든 이름 위에 뛰어나게 하셨고"(엡 1:20-21; 빌 2:9), "만물을 그의 발아래에 두셨으며"(고전 15:27), "그를 만물 위에 교회의 머리로 삼으셨다"(엡 1:22).

그리스도가 아담에 의해 가로막혔던 하늘나라로 들어가는 문을 활짝 열어 놓으신 것이다. 지상의 신자는 그분 안에서 지금 하늘을 소유하고 있다.

이상에서 그리스도의 죽음과 부활과 승천은 신자들이 구원을 획득하는 완전하고 온전한 방식이었음이 증명된다. 이제 모든 신자는 그리스도께서 죽음의 모범을 보이신 대로 그 모범을 따라 죽는 것을 배워야 한다.

모든 신자에게는 날마다 매순간 할 일이 있다. 그 일이 하나님께서 인정하시는 것이라면 신자는 그 일을 하다 죽는다 하더라도 그 일에 헌신해야 한다. 사람의 평판이 아니라 하나님을 믿는 믿음으로 매사에 그 일을 하다가 죽겠다는 자세로 살아가는 것이다. 그리고 신자는 부활을 소망해야 한다. 부활만으로도 우리에게는 부족함이 없다.

그런데, 그리스도는 하늘에서 하늘과 땅의 권세를 가지시고 다스리신다. 이 권세가 우리에게도 주어졌다. 신자들이 당당하게 세상을 살아가야 하는 이유다. 자신의 능력이 부족하면 그 부족함을 인정하고 하나님께 더 나은 능력을 간구하는 것으로 해결될 수 있다. 그래도 부족하면 산 자와 죽은 자를 심판하러 다시 오실 그리스도를 믿으며 그 소망 안에서 부족한대로 살아가는 것으로 충분하다.

죽음과 부활과 승천하신 그리스도께서 모든 신자를 위해 다시 오신다. 그러므로 우리는 목청껏 간구해야 한다.

마라나타!

제3부

『기독교 강요』 제3권

제1장 성령의 사역
제2장 믿음의 필요성과 정의(1)
제3장 믿음과 평정(2)
제4장 믿음이 서 있는 자리(3)
제5장 믿음은 언제나 소망과 짝한다(4)
제6장 믿음과 중생과 회개(5)
제7장 율법적 회개와 복음적 회개
제8장 스콜라주의의 보속과 면죄부와 연옥에 관한 교리 비판
제9장 그리스도인의 삶
제10장 성도가 이 세상을 살아가는 삶의 방식
제11장 믿음에 의한 칭의
제12장 칭의의 목적
제13장 칭의에 관한 율법과 복음의 조화
제14장 그리스도인의 자유
제15장 기도, 그 해야 하는 이유와 방법(1)
제16장 기도, 중보자를 통한 교제(2)
제17장 예정론-영원한 현재적 선택과 유기
제18장 최후의 부활

제1장

성령의 사역

『기독교 강요』 제3권만으로 한정해 보더라도 성령의 사역, 믿음, 중생과 회개, 그리스도인의 삶의 요체로서의 자기 부인, 하나님의 값없는 칭의, 율법과 복음의 약속들의 조화, 그리스도인의 자유, 하나님의 은총을 받아 누리게 하는 기도, 영원한 선택의 예정론, 그리고 부활 등과 같은 보배로운 교리들이 서술되고 있다.

그런데, 이 모든 가르침은 그리스도가 우리 밖에 계시고 그로부터 우리가 분리되어 있는 한 우리에게는 전혀 무익한 것이 되고 만다. 우리가 가진 모든 것도 그리스도와 결속되지 않으면 아무것도 아니다. 그렇다고 우리(사람)가 스스로의 힘으로 그리스도에게 다가가 연합할 수도 없다. 우리는 본성적으로 이미 죽어서 그리스도를 찾을 수 없기 때문이다. 그래서 우리에게는 그리스도와 우리를 연합하게 해 주시는 분이 반드시 필요하다.

그리스도와의 연합은 우리의 심장에 표징이 새겨져 있다는 감동이 일어나고, 그 결과로 그리스도의 씻음과 희생 제물되심이 우리에게 도장처럼 찍혀지는 것이어야 한다(제3권 1장 1절). 그것은 영원히 잊혀지거나 부정될 수 없는 증거에 의한 연합이어야 한다. 이렇게 할 수 있는 분은 오직 성령 한 분뿐이시다.

그는 "성결의 영"(롬 1:14)이시다. 그래서 그는 우리를 타락한 세상으로부터 멀어지게 하신다. 그는 모든 사람이나 생명체가 소유하고 있는 일반적인 능력을 사용해서 우리를 생육하고 번성하게 하시며 세상의 것들과 구별되게 하신다. 동시에 그는 우리 안에 하늘 생명의 뿌리와 씨앗이 되셔서 삶을 보장하신다.

성령은 "양자의 영"(롬 8:15; 갈 4:6)이시다. 그래서 그는 하나님께서 아들 그리스도 안에서 우리 죽을 인생들의 아버지가 되시고자 하는 그 사랑을 우리에게 증언하여 우리로 하여금 하나님을 "아빠 아버지"(롬 8:15)라 부르게 하신다.

성령은 또한 우리의 기업에 대한 "보증"이자 "인"(도장)이시다(고후 1:22). 우리가 험난하고 위태한 나그네 인생길을 이 세상에서 사는 동안 신실하신 하나님의 보호 아래 안전하다는 것을 확신하게 하신다.

성령은 물의 호칭을 갖고 계신다. 그래서 그는 우리를 향해 이렇게 외치신다.

오호라 너희 목마른 자들아 물로 나아오라(사 55:1).

누구든지 목마르거든 내게로 와서 마시라(요 7:37).

성령은 "기름" 또는 "기름부음"(요일 2:20, 27)의 칭호도 갖고 계신다. 그래서 그는 우리 정욕의 사악함을 끊임없이 졸이고 태워서 하나님에 대한 사랑과 경건에 대한 열심을 우리 마음에 불붙게 하신다. 그래서 그는 불(눅 3:16)이시기도 하다.

이외에도 성령은 "샘"(요 4:14)이시며 "하나님의 손"(행 11:21)이시다. 성령을 통하여 우리는 하늘의 모든 부(보화)를 우리 안에 머물게 할 수 있다. 그가 우리의 부의 샘이 되시는 것이다. 하나님께서는 성령을 통해 자신의 능력을 행하시기에 그는 하나님의 손이 된다. 성령께서 하나님의 손으로 작용하여 하나님의 능력을 우리에게 부어주어 우리로 하여금 신적 호흡으로 살아가고 우리 스스로 행하지 않게 하시는 것이다(제3권 1장 3절 참조).

성령은 땅이 혼돈하고 공허하며 흑암이 깊음 위에 있을 때도 수면 위를 운행하고 계셨다(창 1:2). 이 사실은 그가 세상이 드러내는 아름다움을 유지하게 하는 활력을 불어넣어 주시는 분이시자 이 세상의 아름다움이 있기 전에도 혼돈의 세상을 소중하게 여겨주신 분임을 증명한다(제1권 13장 14절 참조). 그는 또한 우리에게 온갖 선한 은사를 베푸시는 분이다(고전 12:8-11).

그 옛날 모세가 하나님의 보냄을 받으려 할 때 자신이 말을 잘하지 못함을 인하여 억지를 부리듯이 다른 사람을 보낼 것을 고집하였다. 그때 하나님께서는 이렇게 말씀하셨다.

> 누가 사람의 입을 지었느냐 누가 말 못 하는 자나 못 듣는 자나 눈 밝은 자나 맹인이 되게 하였느냐 나 여호와가 아니냐 … 네 입과 함께 있어 할 말을 가르치리라(출 4:11-12).

이는 성령께서 하나님의 성결의 영이자, 양자의 영이자, 기름부음이자, 불이자, 하나님의 손 등등으로 사역하실 것을 분명히 한 것이었다. 하나님께서는 이에 그치지 않으시고 심지어 모세가 그의 형 아론에게는 하나님처럼 되리라고 하셨다(출 4:16). 이 사실에서 성령의 사역의 진수가 너무도 명확하게 드러나고 있다고 할 수 있다.

우리를 향하신 성령의 사역 중에 최고는 그리스도에 대한 증언이다. 그리스도의 하나님 아들이심은 창조주 하나님께서 친히 선지자들과 율법들을 통해 증언하셨다. 그리스도 자신이 세상에 오셔서 스스로 자신이 하나님의 아들이심을 처음부터 끝까지 증언하셨다. 그런데도 사람들과 제자들은 그리스도를 하나님의 아들이자 그들의 구속주로 믿지 못했다.

보혜사 성령이 그리스도의 하나님 아들이심과 그의 사역들이 구속의 사역들임을 증언하며 그들을 감동하게 하고 지혜의 눈과 마음을 열었을 때 제자들이 그때서야 그리스도를 믿게 되었다.

한편, 제자들이 자신들과 함께 계셨던 그리스도가 그들의 구속주이심을 믿게 된 단초는 물과 피(요일 5:6)였다. 그의 물과 피가 율법의 관습대로 죄를 씻는 분이시자 희생 제물이 되셨음을 그들이 깨달았기 때문이다. 그 과정에서 성령께서 하나님과 동일본질이시며 진리이시며 영원히 계시는 분으로서 그리스도의 물과 피를 증언해 주셨다(제3권 1장 1절 참조).

이제 성령의 증언으로 우리가 그리스도와 묶일 때 그리스도의 거룩한 피흘림이 우리에게 헛되지 않게 되었다. 죄에 압제당하여 죽은 우리가 살 수 있는 길이 은밀히 우리에게 충만히 임하시는 성령의 물 댐 같은 깨우침의 은혜로 활짝 열린 것이다. 바울 사도의 증언대로 우리는 그리스도의 씻음과 의롭다하심 두 가지를 "예수 그리스도의 이름과 우리 하나님의 성령 안에서"(고전 6:11) 소유하게 되었다.

사람이라면 지금까지 성령이 행하신 증거와 사역들을 액면 그대로 바라보거나 좇아가기만 하더라도 그것들을 믿지 않을 수 없다. 바꾸어 말하면 성령께서 우리로 하여금 하나님과 그리스도의 모든 사역을 진리와 진실로 인정하고 받아들일 수밖에 없게 모든 상황을 만드신 것이다. 그야말로 성령께서 우리로 하여금 믿는 것 외에 다른 방도가 없게 하셨다.

그래서 바울 사도는 에베소 성도들에게 "약속의 성령으로 인치심을 받았으니"(엡 1:13)라고 했던 것이다. 성령의 사역으로 인해 구속의 약속이 우리 마음 속에 파고 들었음을 인정한다.

요한 사도 역시 "우리에게 주신 성령으로 말미암아 그가 우리 안에 거하시는 줄을 우리가 안다"(요일 3:24), "그의 성령을 우리에게 주시므로 우리가 그 안에 거하고 그가 우리 안에 거하시는 줄을 우리가 안다"(요일 4:13)라고 고백하였다.

결국, 성령의 증언과 사역으로 인해 사람들에게 없었던 믿음, 결코 사람에게는 있을 수 없는 믿음이 생기게 되었다. 믿음이 성령의 작품인 것이다(제3권 1장 4절). 이로써 모든 인생이 영원히 살 수 있는 길이 열리게 되었다.

할렐루야!

그러므로 우리는 성령을 거역하지 말고 그대로 순종하여 그 분의 증언을 믿고 받아들여야 한다. 성령을 거역하는 죄는 그리스도께서 친히 공포하셨듯이 사함이 있을 수 없다. 그리스도는 사람들, 심지어 제자들이 자신을 믿지 못하는 것까지 용서하시고 참으셨다. 그러나 그는 자신을 대신해서 보내시는 진리의 영이시자 보혜사이신 성령을 믿지 않는 것에 대해서는 단호하게 선언하셨다.

> 누구든지 성령을 모독하는 자는 영원히 사하심을 얻지 못하고 영원한 죄가 되느니라 (막 3:29).

성령의 부인은 모든 진리에 대한 거부이자 부정이다. 그것은 사람이 스스로 하나님을 믿을 수 있는 근거를 말살하는 것이다. 말 그대로 사람이 자신의 유일한 생명의 줄을 부숴버리는 것이다. 당연히 그런 사람에게는 영원한 심판과 죽음이 있어야 한다.

제2장

믿음의 정의와 그 실천(1)

믿음을 이해하기 위해서는 믿음에 대한 정의를 내리는 것이 필요하다. 이를 위해서는 믿음의 본질이 무엇인지가 파악되어야 한다. 그리고 믿음의 본질은 믿음이 자리하고 있는 상황과 관련하여 이해될 수 있다.

믿음이 논의되는 대전제는 사람의 구원이다. 사람이 구원에 이르는 길은 하나님이 아들을 통하여 우리와 화목을 이루시고 우리에게 호의를 베푸시는 아버지이시라는 사실과 그리스도는 의, 거룩, 생명으로서 우리에게 주어지신 분이라는 사실을 아는 데 있다(제3권 2장 2절 참조).

이 구원의 길을 아는 것의 의의는 하나님께서 이전에 율법을 통하여 의롭게 될 수 있는 길을 제시하셨던 것과 비교해 보면 더욱 뚜렷이 드러난다. 하나님께서는 사람이 율법을 온전히 지키기를 요구하셨다. 그 수준이 어느 정도냐면 하나님께서 사람의 율법 지킴을 통해 스스로 만족하실 수 있어야 한다. 이 일은 사람에게는 전혀 불가능하다. 사람이 자신의 힘과 방법을 가지고 평생토록 하나님을 온전히 사랑하며 섬긴다는 것은 도리어 그 자신이 율법의 저주 아래 영원히 멸망 받을 존재라는 사실을 발견하는 것 외에 무슨 수가 없게 만든다.

이 절망과 공포의 상황에서 하나님께서 사람이 한편으로는 이 문제를 해결하고 다른 한편으로는 구원이라는 자유를 획득할 수 있는 길을 마련해 주셨다. 하나님께서 당신의 아들 그리스도의 보내심과 그의 순종을 통하여 기쁘게 멸망의 존재들인 우리와 화목을 이루어 주신 것이다. 하나님은 우리에게 거저 은혜를 베풀어 주시는 아버지이시다. 그리스도는 의와 거룩함과 생명으로 우리에게 오신 분이시다(제3권 2장 2절 참조).

믿음은 이 두 사실(창조주 하나님과 구속주 하나님)을 아는 상황(순간)부터 발아된다. 이 믿음이 발아되었을 때 실제적이면서 현실적으로 사람은 율법과 죄의 매임으로 인한 영원한 죽음에서 벗어나 창조주 하나님과 구속주 하나님의 소유가 되며 동시에 구속주 하나님을 내 안에 모시게 된다. 그 믿음은 원래대로 양자된 하나님의 자녀들이 하늘나라를 소유하고 그것을 누리도록 이끌어 간다.

칼빈은 『기독교 강요』 제1권 1장 1절을 시작하면서 "하나님을 아는 지식"과 "사람을 아는 지식"에 대하여 강조하였다(제1장 "하나님을 아는 지식," 제2장 "사람을 아는 지식" 참조). 믿음은 이 지식들 위에 자리하며 자라기 시작한다. 그리하여 하나님의 자녀가 되고 하늘나라를 소유하고 누리도록 작용한다. 반면에, 이러한 지식들을 아는 데 있어서 끝까지 불명확하고 확신이 없다면 그것은 믿음이 아니다.

다만, 사람들은 세상을 살면서 불명확하거나 오류가 섞여 있는 지식(의 믿음)을 가질 수가 있다. 예컨대 예수님의 제자들은 그의 말씀을 곁에서 같이 생활하며 늘 들었다. 그런데도 그들에게 믿음의 진보가 그다지 없었다. 그들은 그리스도의 진실하심 정도를 알고 있었던 것 같다. 하지만, 후에 마침내 그들은 그리스도의 부활을 믿었고 그가 하늘로부터 오셔서 거기로 데려가실 것을 믿게 되었다.

믿음은 은연중에 드러나는 형태를 취하기도 한다. 한 왕의 신하는 딸의 병으로 예수님을 만났을 때 처음에는 단순히 그의 말을 믿는다고 하였다. 하지만, 집에 돌아가 전후 사정을 확인하고는 그가 새롭게 그리스도를 믿게 되었고, 온 가족도 함께 믿게 되었다(요 4:53). 사마리아 사람들도 처음에는 그들이 우물가의 여인의 말을 듣고 예수님을 믿는다고 하였다. 하지만, 후에 "우리가 친히 듣고 그가 참으로 세상의 구주신 줄 앎이라"(요 4:42)고 하여 그들 자신이 스스로 자신들의 믿음을 고백하게 되었다.

이상에서 믿음은 그 형태가 어떠하든지 핵심적으로는 "한 분 하나님을 바라보는 것과 그가 보내신 예수 그리스도를 아는 것"(요 17:3)으로 정의될 수 있다. 그리하여 그것은 신자들에게 하늘나라를 소유하게 한다. 믿음은 "능히 모든 성도와 함께 지식에 넘치는 그리스도의 사랑을 알고 그 너비와 길이와 높이와 깊이가 어떠함을 깨닫"(엡 3:18-19)게 한다.

요한 사도는 믿음을 그리스도를 "아는 것"이나 "영접하는 것"(요 1:12)으로 이해하였다. 바울 사도는 믿음을 "방언이나 예언 등을 행하게 하는 능력"으로 보기도 하였다(고전 13:2). 베드로 사도는 믿음이 그리스도를 "사랑하게 하고 영광스러운 즐거움으로 기뻐하게 하는 것"이며, 결국 "구원에 이르게 하는 것"(벧전 1:8, 9)이라고 하였다.

따라서, 믿음에 대한 탐구와 역할은 모두 이러한 수준들로 시도되고 실천되지 않으면 안 된다. 즉, 믿음은 그리스도를 알고 영접하는 데서 시작하여 구원의 영광에 이르는 수준으로 탐구되고 실천되어야 하는 것이다. 믿음을 둘러싼 처음 토대와 나아갈 목적지와 방향이 명확해야 하고, 그것들이 어떤 순간에도 변해서는 안 된다.

이러한 믿음이 가능할 수 있기 위해서는 영원히 변할 수 없는 그리스도에 대한 소개와 가르침이 절대로 필요하다. 그리스도를 영원한 구원자로 증언하는 것은 오직 하나님의 말씀뿐이다. 그리고 이 진리의 말씀을 증언하시고 깨닫게 하시는 이는 성령이시다. 이러한 사항들이 믿음의 탐구와 관련되어 고려되어야 할 전제들이다.

믿음을 바르게 지키기 위해서는 거짓 믿음을 고찰해 볼 필요가 있다. 거짓 믿음이란 하나님의 뜻이 불변하다는 것을 이해하지 못하고 그의 진리를 항구적으로 통찰하지 못하는 그 자체다(제3권 2장 12절).

따라서, 거짓 믿음은 믿음과는 전혀 상관이 없으며 오히려 믿음의 정반대편에 자리한다. 믿음은 결코 인간의 지각 아래에 던져져 있는 사물들의 성상(性狀, 특성과 상태)의 이해와는 맞물리지 않는다. 우리가 일체의 우주 안에서 일어나는 현상들과 우리의 삶에서 일어나는 모든 사실에 대한 인간적 이해를 뛰어넘어 창조주 하나님의 역사하심을 알고 영접하지 않는 한 믿음을 가질 수 없다. 더더욱 믿음은 통찰보다는 확실성을 머금는다(제3권 2장 14절).

그러므로 믿음은 말씀과 분리되지 않는다. 믿음의 목적지 중에 하나가 우리의 구원이라 할 때 말씀을 떠난 믿음은 성립하지 않는다. 성경의 기록 목적이 우리로 믿어 구원을 얻게 하는 데 있기 때문이다(요 20:31). 구원이 죽음에서 살아나는 것이라 하는 점에서도 믿음은 말씀을 떠날 수 없다. 하나님의 말씀을 들을 때 우리의 영혼이 살 수 있기(사 55:3) 때문이다. 잘못된 믿음의 길을 가지 않기 위해서, 다른 말로 말하면 우리가 죽지 않기 위해서는 말씀을 통해 오는 하나님의 경고 역시 들어야 한다.

하나님은 아담에게 "반드시 죽으리라"(창 2:17)라고 하셨고, 가인에게는 "네 아우의 핏소리가 땅에서부터 내게 호소하느니라"(창 4:10)라고 하셨다. 요약하면 말씀은 믿음에 대하여 일종의 거울의 역할을 한다. 태양과 빛이 서로 연합하여 있듯이 믿음과 말씀은 연합된다.

로마가톨릭에서 말하는 '형성된 믿음'(formed faith)은 철저하게 말씀의 오해에서 비롯되었다. 그들은 "내가 예언하는 능력이 있어 모든 비밀과 모든 지식을 알고 또 산을 옮길 만한 모든 믿음이 있을지라도 사랑이 없으면 내가 아무 것도 아니요"(고전 13:2)라는 말씀을 근거로 믿음은 사랑으로 덧붙여져야 한다고 강변했다. 그들은 이를 '형성된 믿음'(formed faith)이라고 칭했다. 그리고 믿음에 사랑이 덧붙여지지 않은 것은 '형성되지 않은 믿음'(unformed faith)이라고 하였다(제3권 2장 9절 참조).

결론부터 말하면 믿음에는 형성되거나 형성되지 않았거나 또는 형성이 파괴된 것(deformed faith)이 있을 수 없다. 믿음의 저자가 성령이기에 사람이 형성되네 마네 할 아무런 권리와 능력도 없다. 믿음에는 오직 참 믿음과 거짓 믿음이 있을 뿐이다. 참 믿음 안에서만 (하나님의 관용과 인내 안에서) '연약한 믿음', '불완전한 믿음', '작은 믿음', '경건한 믿음' 등이 있는 것이다.

믿음은 행위보다는 확실성을 우선한다. 믿음과 함께 수반되어야 하는 것은 확실성이다. 믿음이 하나님 한 분만을 우리의 아버지로 알고, 그리스도를 우리의 구속주로 안다고 할 때 동시에 그 믿음이 확실해야 하는 것이다. 믿음에 확실성을 가능하게 하는 것은 사람의 기질이 아니라 이 사실들에 대한 감화 내지 감동(의 마음)이다. 창조주 하나님과 구속주 하나님을 진리로 감동하고 확실히 알게 하고 받아들이게 하시는 이는 성령이시다.

그러므로 믿음은 하나님의 선하심을 아는 지식과 그 진리에 대한 확실한 감화를 전제로 하여 성립할 뿐이다. 그것은 하나님께로부터 나오는 것은 무엇이든지 거룩하고 불가침한 진리라는 사실을 의심 없이 견지하게 한다(제3권 2장 6절 참조). 역으로 말하면 믿음과 확실성을 가질 때 하나님의 말씀을 하나님의 말씀으로 인준하게 되는 것이다.

바로 여기에서 믿음이 하나님의 선물임이 드러난다. 우리는 성령께서 언제 어디서 어떻게 우리로 하여금 하나님의 말씀에 감화하여 확실하게 진리의 말씀을 믿게 하는지를 알아차릴 수가 없다. 우리가 하나님을 찾고자 이끌릴 때는 우리의 구원이 그에게 달려 있다는 사실을 배운 이후이다. 실제로 신자들이 하나님의 말씀대로 살았다고 느끼거나 하나님의 은혜를 받았다고 깨달았을 때의 경우를 보면 이미 우리가 하나님의 진리를 믿었으며 그대로 살고 난 후의 경우들이 대부분이다.

믿음이 자란다는 것은 말씀을 넓게 깊이 이해하면서 하나님과의 관계가 다양해지고 넓어지고 진실해지면서 확실성이 커지고 그에 따른 많은 결실이 맺어지는 것을 의미한다. 당연한 말이지만 이 경우에 있어서도 순간순간 마다 믿음의 자람은 여전히 은밀함 속에서 진행되어 간다. 아무리 큰 믿음을 가지게 되었다 하더라도 이러한 사정은 마찬가지다. 그래서 성도의 믿음과 확실성은 언제든 하나님의 은혜일 수밖에 없다.

믿음의 역할은 하나님의 자녀들에게 있어 지극히 중요하다. 무엇보다도 믿음은 우리로 하여금 하나님과 그리스도와 연합하게 한다. 하나님과의 연합은 우리가 죽음의 신분에서 벗어난 것을 전제로 한다. 이어서 믿음은 우리로 하여금 하나님과의 연합에 참여하게 하고 하나님의 나라로 오르게 한다. 달리 말하면 믿음은 그것이 시작된 이후로 성도들로 하여금 산을 옮긴다거나 예언을 한다거나 다양한 이적을 행하면서 하나님의 말씀을 증언하고 전하는 데 참여하게 하는 것이다.

반면에, 믿음이 없으면 이 모든 일은 불가능하다. 돈으로도 학벌로도 권력으로도 재산으로도 그 어떤 것으로도 하나님과 동행하는 하늘의 삶을 누릴 수 없다.

모든 신자는 마땅히 이 믿음으로 세상을 살아가야 한다. 그 방법은 그리스도께서 신자들 각자에게 주신 두 가지 물음에 자신이 답하고, 그 대답한 대로 사는 것이 될 것이다.

> 너희는 나를 누구라 하느냐(마 16:15).

> 너는 나를 사랑하느냐(요 21:15-17).

이에 대한 고백과 실천이 그 사람(신자)을 그리스도인으로서의 '나'(그리스도인의 실체와 실존)로 성립시킨다. 이 두 질문에 대한 대답과 실천이 그리스도인의 삶의 토대, 그들의 존재 의의, 자존심과 긍지, 슬픔과 격정 등등을 성립시키는 것이다. 말할 필요도 없이 믿음은 이 모든 일의 기초다.

제3장

믿음의 작동 원리와 평정(平靜)(2)

칼빈은 믿음이 작동되는 원리로 두 가지를 제시하고 있다.

첫째, 신자들이 하나님께서 베풀어 주신 자비의 언약들이 그들 밖에서만 진실한 것일 뿐 우리 안에서는 결코 진리가 아니라고 가정해서는 안 된다.
둘째, 우리가 하나님의 자비의 언약들을 마음으로 받아들여 우리의 것으로 만들어야 한다(제3권 2장 16절 참조).

믿음은 넓은 의미에서는 "그리스도 안에 있는 지혜와 지식의 모든 보화"(골 2:13)를 소유하게 하는 것이기에 하늘 교리의 전체 요체에 미친다고 할 수 있다.

반면에, 좁은 의미에서는 지붕을 통하여 중풍병자를 내린 사람들이나 백부장의 아들을 낫게 하려 했던 믿음 등과 같이 특정 목적에 한정되는 것이기도 하다. 그렇다면 우리에게서 믿음이 작동될 때 하늘교리의 전체와 관련되든 개인적인 목적이나 교회적인 목적과 관련되든 반드시 이런 일들과 관련된 하나님의 자비의 언약들이 모두 우리의 것이자 우리 안에 있는 것이 되지 않으면 안 된다. 그 작동이 일시적인 것이거나 불안한 것이어서는 안 된다. 그것은 항상 평안해야 하고 요동이 없어야 한다.

믿음은 창조주 하나님을 우리의 아버지로 알고, 그의 아들 그리스도를 우리의 구속주로 아는 것(지식)이라고 하였다. 그러나 이 지식은 사람들이 일반적으로 그들의 지각에 주어지는 사물에 대해 갖게 되는 지식과 같은 유형의 것이 아니다.

사람이 스스로 골똘히 생각해서 알게 되는 수준의 지식도 아니다. 대개 사람의 마음이 사물들에 대하여 어느 정도의 이해에 도달했다 하는 것조차도 마음의 진정한 느낌이라기보다는 자신도 이해하지 못하는 어떤 것에 대하여 그 것도 뭔가에 의해 설득당해서 갖게 된 것이라 할 수 있다(제3권 2장 14절 참조). 그렇기에 믿음과 관련하여 바울이 전한 말씀은 중대한 의의를 지닌다.

> 능히 모든 성도와 함께 지식에 넘치는 그리스도의 사랑을 알고 그 너비와 길이와 높이와 깊이가 어떠함을 깨달아 하나님의 모든 충만하신 것으로 너희에게 충만하게 하시기를 구하노라(엡 3:18-19).

이 믿음은 앎(지식)을 넘어서 확신과 확고함을 반드시 수반해야 한다. 이 믿음에는 (말씀에 의한) 설득(persuasion)의 능력과 설득의 일관성이 내포되어야 한다. 믿음에는 반신반의 하거나 조석변개가 있어서는 안 된다. 거기에는 모호한 개념이나 잘못 규정된 개념들이 포함되어서도 안 된다(제3권 2장 15절 참조).

믿음이 요구하는 것은 충분하고도 결정론적인 확신이다. 매사에 언제든지 그렇게 확증되고 검증되는 것이어야 믿음이라 할 수 있다.

하지만, 믿음이 육신을 가지고 살아가는 사람들에게서는 불완전하게 나타난다. 육신의 사람을 통해서 볼 때는 믿음은 부분적으로 아는 것(고전 13:9)이거나 거울로 보는 것 같이 희미한 것(고전 13:12)이다.

이를 경계하기 위해 바울 사도는 집사의 자격을 설명하는 과정에서 "깨끗한 양심에 믿음의 비밀을 가진 자"(딤전 3:9)를 강조하였다. 불완전한 사람, 곧 본래부터 의심이 있는 사람이 믿음을 갖는다는 것은 그 사람이 본성을 벗어나서 '깨끗한 양심'(εν καθαρα συνειδησει, 엔 카싸라 쉬네이데세이)으로(이 되어) 이 비밀을 가질 수 있게 되었음을 말한다. 이 비밀이 그리스도다.

그렇다면, 믿음은 우주의 비밀이었다가 이제 나타나신 그리스도에 관한 저 변할 수 없고 없어지지 아니하는 건전한 교리(the sound doctrine)에 대한 지식이자 확신이라고 할 수 있다. 그리고 이 비밀과 관련하여 그 외연을 넓혀간다면 믿음의 귀결은 결국 성경말씀을 진리로 아는 지식의 배가이자 확신이 되는 것이다.

이제 남은 문제는 어떻게 불완전한 믿음, 혹은 부분적인 믿음, 혹은 거울로 보는 것 같은 희미한 믿음에서부터 우주의 비밀, 즉 그리스도를 경건한 마음으로 소유하게 하는 믿음에까지 이르러 서로 연합될 수 있는지를 살펴보는 것이다.

다윗의 예는 이 문제를 해결해 주는 하나의 단서가 된다. 그는 연약함에 빠져서 "내 영혼아 네가 어찌하여 낙심하며"(시 42:5)라고 자신을 한탄하였다. "주께서 영원히 버리실까"(시 116:7)라고 말하면서 자신이 스스로 염려와 불안의 상태에 처해 있음을 고백하였다.

오늘날 대부분의 신자의 경우도 이와 같다. 즉, 경건한 사람이라 하더라도 그의 마음 한편에서는 하나님의 선하심에 젖어 있으나 다른 한편에서는 그 자체의 난맥상으로 회의하고 의심한다. 한쪽에서는 복음의 약속을 의지하면서도 다른 쪽에서는 죄악에 대한 증언으로 두려워한다. 일부에서는 생명에 대한 간절한 대망으로 즐거워하면서도 나머지 부분에서는 죽음으로 몸서리치고 있다(제3권 2장 18절 참조).

이것이 사실인 한 대부분의 성도들의 믿음은 큰 믿음이라기보다는 작은 믿음이고, 전체적인 믿음이라기보다는 부분적인 믿음이며, 명확하기보다는 불명확한 것이라 할 수밖에 없을 것이다.

그런데도 그 작은 믿음일지언정 하나님을 아버지로 알고 그의 아들 그리스도를 구주로 알게 하는 지식이 있는 한 이 작은 믿음이 그 사람을 생명으로 안내한다. 다윗이 그 사실을 증명하였다.

> 내가 사망의 음침한 골짜기로 다닐지라도 해를 두려워하지 않을 것은 주께서 나와 함께 하심이라 주의 지팡이와 막대기가 나를 안위하시나이다(시 23:4).

그렇다. 한 방울의 믿음이라도 그것이 우리 안에 스며들게 되면 우리는 우리를 향하신 하나님의 평화롭고 고요하며 관대한 얼굴을 관조할 수 있다. 불완전한 믿음이라 하더라도 그 믿음은 온갖 난간들에 둘러싸여 위기에 처해 있는 성도로 하여금 그 모든 난간을 뚫고 궁극적으로 다시금 일어설 수 있게 한다. 부분적인 믿음일망정 오류 없이 진실하게 복음을 통하여 하나님의 영광을 맛보기만 하면 그 믿음으로 성도는 빛나는 형상으로 변화된다.

더욱이 성경은 성도들에게 두려움을 갖게 하는 방식으로 그들의 믿음을 돈독하게 하고 있다. 예컨대 이스라엘 백성들에게 내리신 심판을 두려움으로 상기하게 하여 성도들로 하여금 유사한 악행에 연루되지 않도록 두려움을 갖게 한 것이다(제3권 2장 22절).

"선 줄로 생각하는 자는 넘어질까 조심하라"(고전 10:12)고 경고하기도 하고, "두렵고 떨림으로 구원을 이루라"(빌 2:12)고 하여 성도들을 각성시켜서 늘 믿음으로 나아가게 하고 있다. 예수님은 제자들에게 믿음이 적다고 나무라시는 것으로서 그들이 악을 떨쳐버릴 수 있게 하였다.

요약하면, 우리가 비록 연약하여서 우리의 믿음이 완전하지 못하거나 흔들린다 하더라도 이 불신이 경건한 자들, 곧 불완전하거나 적은 믿음일지언정 그 믿음을 가진 자에게는 치명상을 입히지 못하고 단지 위협하는 정도이거나 치유될 수 있는 만큼의 상처에 지나지 않는다는 것이다. 이 상처에 대해서조차도 믿음은 우리로 하여금 하나님의 자비로 구원하실 것을 확신하게 할 뿐이다(제3권 2장 22절 참조).

결론을 맺자. 믿음은 하나님의 자비가 우리 밖에 있는 것이 아니라 우리 안에 있는 우리의 것으로 우리가 확신할 때 작동되기 시작한다. 그것이 불완전한 것이든, 적은 것이든, 희미한 것이든 상관없이 하나님의 모든 자비와 언약들이 우리들의 것으로 아는 순간 우리는 다윗처럼 하나님의 안위를 받게 된다. 여기에 더해서 그리스도는 자신의 모든 은총으로 우리와 교류하시며 함께 하신다. 우리가 그리스도와 연합되어 있는 것이다.

그러므로 모든 신자는 자신들의 불완전한 믿음에서 오는 불안과 그 믿음에서 오는 소망 사이에서 염려할 필요가 전혀 없다. "이제 몸은 죄로 말미암아 죽은 것이나 너희 안에 계시는 그리스도의 영이 의로 말미암아 생명이"(롬 8:10)되었기 때문이다. 그리하여 담대히 "우리가 시작할 때에 확신한 것을 끝까지 견고히 잡고 있으면 그리스도와 함께 참여한 자가"(히 3:14) 되기만 하면 된다.

이제 우리의 할 일은, 비록 우리가 지상에서 몸의 족쇄에 묶여 있다 할지라도, 성령의 비추임을 받아 마음에 중심을 잃지 않는 평안(平)과 맑고 깨끗한 고요함(靜)의 마음, 곧 견고한 평정의 마음을 유지하며 실천하는 것이다. 마침 바울 사도는 이 마음을 실천할 수 있는 하나의 비법의 말씀을 우리에게 전해 주었다.

> 나의 하나님이 그리스도 예수 안에서 영광 가운데 그 풍성한 대로 너희 모든 쓸 것을 채우시리라(빌 4:19).

제4장

믿음이 서 있는 자리 (3)

　믿음이 서 있는 자리는 우리에게 거저 베풀어 주시는 하나님의 약속이다. 믿음은 그 약속 안에서 적절하게 존속하고 있다. 물론, 믿음이 하나님께서 명하시거나 금지하시거나, 또는 약속을 하시거나 위협을 하시거나에 상관없이 하나님의 진실하심을 유효하게 한다. 동시에 그것이 우리로 하여금 복종의 마음으로 하나님의 계명을 받아들이고, 하나님의 금지 사항을 준수하며, 하나님의 위협에 주의하게 한다.

　그런데도 믿음이 서 있는 터는 하나님의 거저 베풀어 주신 약속과 더불어 시작되며 그 약속과 더불어 계속되어 가고, 그 약속과 함께 끝난다. 믿음으로 생명을 찾는다는 것은 하나님 안에서이지 그의 명령이나 심판에 대한 탄핵의 내용들 안에서 찾는 것이 아니다 (제3권 2장 29절 참조).

　믿음에 두려움이나 떨림이 없기 위해서는 하나님의 약속에 대한 의심이 전혀 없어야 한다. 그러기 위해서는 이 약속이 예수 그리스도에 의해서 자발적으로 값없이 주어진 구원의 약속으로 확정될 필요가 있다. 동시에 이 약속은 우리가 가치 있다고 여겨서가 아니라 우리의 비천한 처지와 관련하여서 주어진 자비의 언약으로 보증되어야 한다.

　주지하듯이 하나님의 약속은 넓게 해석하면 성경 말씀 전체다. 바울 사도는 이를 복음으로 제시하면서 복음을 '믿음의 말씀'(롬 10:8)이라고 하였다. 그는 하나님께서 세상과 화목하게 하신 거저 주신 하나님의 대사, 곧 그리스도 외에 우리의 믿음을 세울 수 있는 것은 아무것도 없다고 확신하였다. 그 자신의 복음 사역도 그리스도의 이름을 믿어 순종하게 하기 위한 것이었다(롬 1:5). 진정 복음은 모든 믿는 자를 구원에 이르게 하는 하나님의 능력이다(롬 1:16). 이렇게 믿음은 하나님의 거저 주시는 약속, 곧 복음 위에 서 있다. 그때에는 흔들리지 않는다.

하지만, 하나님의 명령이나 금지사항 등에 대한 또는 하나님의 징계에 대한 탄핵의 요소들이 우리의 믿음을 흔들리게 할 수 있다. 그 흔들림의 사례로 사라와 리브가의 행위를 들 수 있다.

사라는 남편 아브라함이 75세가 되던 해에 하나님께로부터 아들을 얻을 것을 함께 약속받았다(창 15:4). 하지만, 그녀는 아들을 얻지 못하자 초조함과 조바심에 자신의 여종 하갈을 자기 대신 아브라함에게 들여보내어 약속의 아들을 얻으려 하였다. 그녀는 자기 열심에 도취되어 하나님의 말씀의 한도 내에 자신을 억제시키지 못했다.

그녀는 "여호와께서 내 출산을 허락하지 아니하셨으니 원하건대 내 여종에게 들어가라 내가 혹 그로 말미암아 자녀를 얻을까 하노라"(창 16:2) 라는 자기 열정에서 그렇게 행동한 것이었다. 사라는 하나님께서 아브라함에게 아들을 주시겠다는 그 약속을 이런 식으로 믿고 있었던 것이다. 이유야 어찌되었든 그녀의 믿음은 그녀의 고백한 대로 이루어졌다.

> 또 이르되 사라가 자식들을 젖먹이겠다고 누가 아브라함에게 말하였으리요마는 아브라함의 노경에 내가 아들을 낳았도다 하니라(창 21:7).

리브가 역시 그녀의 시어머니 사라에게 조금도 뒤지지 않는 일로 죄를 범하였다. 그녀는 하나님께서 야곱을 택하셨음을 믿었고, 그것에 대해 전혀 의심하지 않았다. 그래서 리브가는 사악한 방식으로 야곱이 아버지의 축복을 받을 수 있게 하였다. 그녀는 하나님의 대리자인 남편을 속였고, 아들 야곱에게는 거짓을 행하도록 조장하였으며, 자신의 아들 에서를 속이는 다양한 속임수로 하나님의 진리를 오염시키기까지 하였다. 이삭 역시 속임을 당했든 어쨌든 하나님의 복을 야곱에게 베풀었다. 그렇게 해서 하나님의 복이 야곱에게로 옮겨졌던 것이다. 그런데도 이삭은 그 후에도 장자인 에서에 대한 편애의 마음을 거두어들이지 않았다(제3권 2장 31절 참조).

이렇게 이삭의 가족 전체가 서로 협력해서 하나님께 죄를 범했음에도 불구하고 하나님께서는 리브가에게 "큰 자가 어린 자를 섬기리라"는 말씀(창 25:23)대로 되게 하셨다.

사라나 리브가가 고의적으로 범죄를 행했음에도 불구하고 모든 일이 하나님이 약속하신 대로 그대로 되었다. 이 두 사람 곧 사라와 리브가 두 사람의 행위를 통하여 믿음과 관련해 일반화될 수 있는 것은, 우리의 믿음이 종종 많은 오류로 혼합될 수 있지만, 그 믿음이 하나님의 약속에 대해 진실한 것인 한, 그것이 우리의 어떤 오류들보다도 우선한다는 사실이다(제3권 2장 31절 참조).

한편, 칼빈은 수리아 사람 나아만과 로마 사람 고넬료와 빌립이 만난 에디오피아 여왕 간다게의 국고를 맡은 관리인 내시(행 8: 27)를 통해 믿음에 대한 또 다른 예를 제시하였다(제3권 2장 32절 참조).

나아만이 엘리야 선지자에게 하나님을 바르게 예배하는 것에 대해 물었을 때 그가 중보자 그리스도에 대하여 정보를 들은 것은 없었다고 볼 수 있다. 하지만, 선지자로부터 그의 경건이 인정되었던 것은 분명하다. 고넬료 역시 유대인들에게도 알려져 있지 않던 비밀(중보자)에 대해 알고 있었다고는 생각할 수 없다.

하지만, 그의 구제와 기도가 하나님께 용납되어졌던 것 역시 확실하다(행 10:31). 간다게의 국고를 맡은 내시도 중보자에 대해서는 알고 있는 것이 없었다(행 8:31). 그런데도 그는 남방 먼 곳으로부터 예루살렘 곧 알지도 못하는 하나님(이 계신 곳)께로 서둘러 왔다. 분명히 이들 세 사람은 모두 그리스도의 신성 내지 하나님에 의해서 그에게 부여된 그의 권세와 직분에 대해 분명하게 믿는 믿음이 없었다.

그런데도 칼빈은 주저 없이 그들에게 그리스도에 대해서 사전에 맛을 보게 한 근본 교리들이 있었을 것으로 단정한다(제3권 2장 32절 적용). 내시가 예루살렘, 의역하면 자신이 알지 못하는 하나님께로 나아왔다는 것을 그 증거로 제시한다. 나아만의 경우는 엘리야 선지자가 그에게 여러 차례 교훈을 주는 과정에서 근본 문제들에 대해 가르침을 주었을 것으로 보았다.

고넬료 역시 유대인들 사이에서 살아가면서 중요한 기본 교리들을 알았을 것이라는 것이다. 이러한 사정들을 종합하여 칼빈은 그들이 그리스도에 대한 지식이 전혀 없지 않았다고 판단한 것이다. 이들 세 사람은 대체로 율법의 교훈들을 따랐을 것으로 보이는데, 이런 율법에 근거한 믿음의 행위들이 용납될 수 있었던 데는 그리스도가 율법의 약속들을 완수하시는 분이라는 전제가 성립되어 있을 때이다.

이상을 정리하면, 믿음은 하나님의 거저 주시는 약속, 달리 말하면 복음이자 하나님의 말씀 위에 서 있음이 드러난다. 그런데 사람의 마음은 헛된 것을 추구하는 경향이 있어서 늘 하나님의 진리에 들러붙어 있지를 못한다. 사람의 마음은 언제나 그의 빛에 대하여 눈 먼 상태로 있다(제3권 2장 33절 참조). 당연한 말이지만 사람은 육신의 눈으로나 그 마음으로는 하나님의 약속 위에 굳건히 확고하게 설 수 없고 서 있을 수도 없다.

사람이 믿음을 갖기 위해서는 또 다시 성령의 조명이 필요해진다. 믿음은 단순한 이해의 수준을 넘어서기에 성령의 조명만으로는 부족하다. 믿음은 성령의 능력에 의하여 마음이 강화되고 계속 보충되는 것이 반드시 필요하다. 그런데 성령은 믿음을 일으킬 뿐만 아니라 그것을 서서히 자라게도 하시기에 이 조건을 모두 충족시키신다(제3권 2장 34절).

오직 성령의 인도하심만이 우리가 볼 수도 없고 우리의 재능으로 붙들 수도 없는 약속들을 확실하고 견실하게 작동하게 할 수 있다. 이 사실은 예수님의 제자들에게서 확인된다. 그들이 그리스도의 신적인 입으로부터 친히 배웠음에도 불구하고 성령이 파송되어 그들의 귀로 들은 동일한 가르침을 그들의 마음에 스며들게 하시기까지는 그것들을 깨닫지 못했다. 이 마음은 본성적으로 타락한 인간에게는 있을 수 없는 마음이다. 그래서 사도 바울은 이 마음을 "믿음의 마음"(고후 4:13)이라고 하였다.

그러므로 믿음은 공로가 아니라 은사다. 그리스도의 말씀대로 "내 아버지께서 이끌지 아니하시면 아무도"(요 6:44) 그에게 올 수 없다. 그리스도는 그의 보내신 성령의 능력으로 우리를 조명하셔서 우리가 믿음에 이르도록 하시는 동시에 그 자신의 몸에 우리를 접붙이셔서 우리가 모든 선에 동참하는 자들이 되게 하신다. 이것이 십자가의 깊이다.

다시 말하지만, 믿음은 거저 주시는 하나님의 약속 위에 서 있다. 하나님의 약속은 하나님의 말씀 안에서 영원히 보증되고 확증되고 계속된다. 성경 안의 어느 한 구절의 말씀도 모두 한결같은 하나님의 말씀이기에 그 한 구절의 말씀을 하나님이 주신 약속으로 여겨 그 말씀을 알고 확신하면 우리의 믿음은 그 위에 서게 된다. 그 말씀이 믿음의 터다. 한 구절의 말씀일지라도 그것을 마음으로 믿고 입으로 시인하는 것으로 우리의 믿음은 시작되고, 계속 이어지며, 그 목적을 이루어간다.

아우구스티누스의 믿음에 관한 외침은 오늘날 우리에게 여전히 교훈적이다.

나는 경이로움 가운데 외친다. 나는 논쟁을 통하여 그것(믿음)을 설명할 수 없다(제3권 2장 35절 참조).

그렇다. 믿음은 인간의 언설을 넘어선 곳에 자리한다. 진실로 하나님의 말씀은 경이롭다. 그 말씀 위에 서 있는 믿음 역시 경이롭다. 그 경이로움은 '바라는 것들'을 '실재'하게 하고, '보이지 않는 것들'에 대해 '증거'하는(히 11:1) 역사를 통해 드높이 끝없이 펼쳐져 간다.

제5장

믿음은 언제나 소망과 짝한다(4)

믿음은 그것이 살아 있는 곳에서는 어디서든 영원한 구원에 대한 소망과 함께 짝하며, 그 자체로부터 소망을 자아내고 드러나게 한다(제3권 2장 42절). 믿음은 하나님을 창조주 하나님이시자 아버지로, 그리스도를 구속주로 아는 지식이다. 이 지식은 하나님을 나(우리)의 아버지로, 그리스도를 나(우리)의 구원자로 받아들일 때 작동하게 되며 그럴 때 마음의 평정이 뒤따른다.

믿음은 이러한 사실들을 증언하는 하나님의 약속 곧, 말씀 위에 서 있다. 믿음으로 그 약속들을 보게 될 때 그 약속들은 실체로 있게 된다. 믿음으로 실체를 볼 수 있을 때 일체의 허상이 사라지고 온갖 소망이 피어난다.

믿음이 바라는 것들을 증거하고 보지 못하는 것들을 있게 한다는 것의 최고 정점은 영원한 심판과 영생일 것이다. 바울 사도는 이에 대해 "우리가 성령으로 믿음을 따라 의의 소망을 기다"린다(갈 5:5)고 하였다. 믿음은 우리가 값없이 부여된 사랑에 관한 복음의 증언. 특히, 영생을 마음속에 품게 한다. 그리고 믿음이 보이지 않는 것을 보게 하고 실체화할 때 그 만큼 그에 대한 소망도 현실적이며 구체화된다.

하지만, 세상을 사는 동안 성도가 믿음으로 심판과 부활과 영생을 실재로 바라보며 늘 평안하기는 거의 불가능에 가깝다. 그래서 그(녀)가 하나님의 약속을 믿고 부활과 영생을 믿으며 살아가려 한다면 온갖 유혹에 의해 흔들리는 믿음을 간직하며 인내해야 한다.

> 하나님은 우리의 피난처시요 힘이시니 환난 중에 만날 큰 도움이시라 그러므로 땅이 변하든지 산이 흔들려 바다 가운데에 빠지든지 바닷물이 솟아나고 뛰놀든지 그것이 넘침으로 산이 흔들릴지라도 우리는 두려워하지 아니하리로다(시 46: 1-3).

환란이나 변함, 흔들림, 빠짐, 뛰놀음 등등에서 두려워하지 않는 것이 믿음을 간직하고 인내하는 것이다.

믿음의 인내와 관련하여 주의할 것은 하나님이 우리의 삶의 순결함이 지니는 가치에 따라 우리에게 호의를 베푸실 것이라고 가름하려 해서는 안 된다는 것이다. 우리가 하나님께서 우리의 행위를 따라 믿음의 인내를 가능하게 할 것이라고 따져보는 순간 믿음은 사라지고 만다.

믿음의 확신은 하나님의 거저 주시는 약속 위에서 그것을 따라 나온 것이기에 터럭만큼의 의혹이나 논란이 비집고 들어 올 수가 없다. 더욱이 세상의 모든 환란이나 시련 등은 의인과 불의한 자, 경건한 자와 불경건한 자 모두에게 모든 것이 동일하게 일어나고 있다(제3권 2장 38절 참조). 인간적 순결함이나 인간적 대처는 믿음의 인내와는 전혀 상관이 없다.

믿음의 인내가 필요한 때는 신자의 정신과 마음이 평온하지 못해 요동칠 때이다. 이 요동침은 다양한 의심에서 생겨난다(제3권 2장 37절). 신자라면 이때 "여호와 앞에 잠잠하고 참고 기다"(시 37:7)려야 한다. 성경은 말한다.

> 하나님의 영으로 인도함을 받는 사람은 하나님의 아들이라(롬 8:14).

역으로 말하면 하나님을 우리(자신)의 하나님이라고 부르짖고 그리스도를 우리(자신)의 구세주라고 부르짖는 모든 사람에게는 성령이 내주하시며 인도하신다. 특히, 신자는 그리스도가 자기 안에 계신다는 것을 알 때 그 믿음이 확증된다(고후 13:5).

"믿음은 바라는 것들의 실상이요 보이지 않는 것들의 증거니"(히 11:1)라는 말씀 가운데서 '실상'이라는 말은 헬라어 '휘포스타시스'(ὑπόστασις)의 번역어로써 믿음으로 보지 않으면 모든 것이 허상이라는 것과 동시에 경건한 정신이 의지하고 기대하는 일종의 지주와 같은 것을 의미한다.

실제로 구원의 책이 펼쳐질 때까지(단 7:10) 드러나지 않은 것들의 드러남, 보이지 않는 것들의 봄, 있지 않은 것들의 있게 됨, 희미한 것들의 확실해짐, 감추어진 것들의 표출됨 등등 이러한 유형의 일들은 모두 하늘의 일들이자 우리의 구원과 관련된 일들이다.

이 일들은 우리의 지각으로 인식할 수 없고, 눈으로도 볼 수 없으며, 우리의 천품에 속하는 모든 능력을 초월한다. 따라서, 우리가 이 세상에 속한 모든 너머로 우리의 시선을 집중하고, 우리 자신을 능가하지 않는 이상 우리는 이러한 구원에 속한 것들을 소유할 수 없다.

이 말씀들을 "증거"하고, "표지"로 드러내고, "불명한 것들의 분명함", "존재하지 않는 것들의 현존", "감춰진 것들의 현시"를 가능하게 하는 것이 믿음이다. 요약하면 믿음이 우리에게 하나님의 약속들을 확실한 것들이자 안전한 소유물로 만들어 주는 것이다.

스콜라 철학자들(로마가톨릭 사제들)은 믿음과 소망에 앞서 사랑이 더 중요하다는 헛소리를 하였다. 그 이유는 사랑은 먼저 하나님의 풍성하신 달콤한 사랑에 감동되지 않는 한 누구에게도 알려질 수 없는 것이기 때문이라는 것이다.

그러나 사람의 왜곡되고 사악한 마음으로는 결코 하늘에까지 불타오르는 그 감동(사랑)을 경험할 수 없다. 오직 믿음만이 하나님의 사랑에 대한 감격으로 인해 사람에게서 처음으로 사랑을 생기게 할 수 있다(제3권 2장 41절). 칼빈은 이렇게 사람이 사랑할 수 있는 것이 그에게 믿음이 있게 되었기 때문이라고 보았다.

베르나르두스(Bernard) 역시 신자들을 즐겁게 하는 것, 곧 양심의 증언에는 세 가지 요소가 담겨 있어야 한다는 말로 이 사실을 증명하였다.

첫째, 하나님의 관용이 없다면 우리는 죄사함을 받을 수 없다.
둘째, 하나님이 부여하지 않으시면 누구도 선행을 행할 수 없다.
셋째, 하나님의 거저 주심이 없이는 어느 누구도 그 무엇으로도 영생의 값을 치를 수 없다(제3권 2장 41절).

한 마디로 말해서 믿음으로부터만 이 모든 것을 통해 사랑이 싹트게 된다.
세상은 신자들을 이렇게 시비하며 조롱한다.

> 이르되 주께서 강림하신다는 약속이 어디 있느냐 조상들이 잔 후로부터 만물이 처음 창조될 때와 같이 그냥 있다 하니(벧후 3:4).

우리가 힘들고 지칠 때면, 낙심되어 주저앉아 있을 때면, 죽음의 파도가 우리 앞에 너울거리고 환란의 파고가 넘쳐 돌진해 올 때면 혹 그럴 수 있을 것이다.

하지만, 믿음은 하나님이 그 자신의 약속들을 성취하실 시간이 다가옴을 의심 없이 기대하게 해 준다. 믿음은 하나님의 참되심, 하나님의 모든 약속의 진리성을 굳게 붙잡게 한다. 소망은 때에 따라 일어나 하나님의 진리가 계시되는 때를 기대하게 한다. 믿음은 하나님이 우리의 아버지이심을 확신하게 하고, 소망은 그가 우리를 바라보시는 분으로 자기 자신을 나타내실 것을 기대하게 한다.

또한, 소망은 믿음이 무모한 도전을 하지 못하도록 잠잠함 가운데 기다리게 하고, 믿음을 확정시켜 하나님의 약속들 가운데 굳게 서서 요동하지 않게 하며, 약속의 진리에 관해 의심하지 않게 한다. 더 나아가서 소망은 믿음을 새롭게 하고 목적지에 이르게 하며 갱신과 회복을 통해 믿음에 활기를 더한다(제3권 2장 42절 참조). 그리하여 믿음은 소망이 그 위에서 자리하고 자랄 수 있는 기초가 되고, 소망은 믿음을 먹이고 지탱시킨다. 연약한 믿음이 인내 가운데 소망함과 기대함으로 지탱되고 성장되어 간다.

믿음의 실체(상)는 그리스도의 의의 전가에 따른 성도와 그리스도의 연합으로 드러난다(제3권 3장 1절).

그런데, 그리스도의 의의 전가와 그와의 연합은 전적으로 하나님의 거저 주시는 자비에 의해서만 가능하다. 믿음과 소망은 하나님의 거저 주시는 은혜 바로 그 위에 서 있다. 그렇다면 세상을 살아가는 모든 신자는 그의 믿음이 언제나 그리스도의 의로 인해 자신들이 의롭다 함을 얻었고, 그리스도와 연합하게 되었다는 확신으로 넘쳐나야 한다. 동시에 이 믿음 위에서 어떤 일에서든, 어떤 상황에서든 그들의 의롭게 됨과 그리스도와의 연합을 소망하지 않으면 안 된다.

제6장

믿음과 중생과 회개(5)

믿음에 대한 정의 곧 하나님을 창조주 하나님이시자 우리(나)의 아버지 하나님으로 알고, 그리스도를 우리(나)의 구세주 하나님으로 아는 것이라 할 때, 그 안에는 이미 중생이 함축되어 있다. 믿음의 실체(실질적 내용물)는 "값없는 (그리스도의) 의의 전가에 따른 성도의 그리스도와의 연합"에 있다(제3권 4장 1절 주 참고). 다시 말하면, 성도는 믿음으로 그리스도와 함께 그의 선한 것들을 소유하는 것이다. 이를 위한 핵심 요체가 '회개'와 '죄사함'이다.

회개는 사람의 삶이 새로워지는 것을 의미하고, 죄사함은 값없이 주시는 화목으로 이해될 수 있다. 사람이 회개함으로써 과거의 삶을 단절하고 새로운 삶에 이르게 되고, 이로 인해 하나님이 거저 주시는 화목의 자리로 들어서는 것이다. 이 후에야 사람(신자)은 거룩한 삶의 자리로 나아갈 수 있다.

그렇다면, 회개의 원인은 궁극적으로 하나님의 은혜와 하나님의 구원의 약속에서 비롯된다고 할 수밖에 없다. 물론, 세례 요한이 "회개하라 천국이 가까이 왔느니라"(마 3:2)라고 했을 때 논리적으로는 회개가 먼저인 것처럼 보인다. 그러나 회개의 본질의 측면에서 보면 천국이 먼저 가까이 왔기에, 달리 말하면 하나님의 구원의 언약이 있기에 회개가 뒤따르고 있을 뿐이다.

(세상의 모든 논리 체계는 언제나 설명을 하는 과정에서 선후가 있다. 예컨대 믿음과 중생과 회개라고 말하면 이 순서대로 나열할 수밖에 없는 것이다. 그러나 믿음의 사태는 중생과 회개와 소명 등등이 거의 동시다발적으로 이루어진다고 하더라도 그다지 잘못될 게 없다. 세상에서는 인과관계를 따른 논리 전개를 귀납법이라 한다. 사유적 대전제를 근거로 논리를 전개하는 것을 연역법이라 한다. 믿음과 중생과 회개는 그 서술이 귀납적으로 전개되든 연역적으로 전개되든 실제에 있어서는 사람의 논리 체계를 벗어나 있다.)

이러한 사실에서 보면 회개는 하나님과 하늘나라, 하나님의 구원 등을 먼저 아는 것이 전제되어야 한다. 더욱이 성도가 회개에 열의를 다하기 위해서는 자신이 하나님께 속한 자라는 사실을 아는 것이 필수적이다. 하나님께서 성도가 자신에게 복종하는 것을 기뻐하신다는 사실에도 감화되어야 한다. 그리고 성령이 이 과정 전체를 주관하실 때 올바른 회개가 이루어지는 것이다(제3권 3장 2절 참조).

그렇다면, 회개의 몇가지 조건을 살펴보자.

첫째, 근본적으로 '하나님을 향한 회심'이다.

회개는 히브리어로는 '회심'(마음을 돌이킴) 또는 '다시 돌아옴'을 뜻한다. 우리의 삶의 방향이 하나님께로 향하는 것이다. 헬라어로는 '마음과 계획의 변화'를 뜻한다(제3권 3장 5절 참조).

이것들을 근거로 하여 정의하면 회개는 하나님에 대한 신실하고 진지한 경외로부터 나오는 그를 향한 우리의 삶의 참된 돌이킴이 된다. 그 구체적 내용은 우리의 육체와 옛사람을 죽임과 성령의 살림으로 이루어진다. 돌이킴은 죄로 죽어 있던 육체를 죽이고 그 죽음으로부터 돌아선다는 것이고, 마음과 계획의 변화로서의 회개는 "오직 너희의 심령이 새롭게 되어 하나님을 따라 의와 진리의 거룩함으로 지으심을 받은 새사람을 입"(엡 4:23-4)는 것이다.

둘째, 하나님에 대한 진지한 경외함이다.

그것은 하나님의 뜻대로 하는 근심이기도 하다. 사람이 회개하기 전에 하나님의 심판에 대한 생각이 일어나고, 그리하여 사람의 모든 말과 행위를 따지시기 위해 심판좌에 앉으실 하나님을 생각하는 것이 그의 마음을 휘감을 때 사람은 불안함에 빠져들어 평화를 잊어버린다. 그리하여 긴급하고 간절하게 자신의 삶을 달리 바꾸게 된다.

> 유다인과 예루살렘 주민들아 너희는 스스로 할례를 행하여 너희 마음 가죽을 베고 나 여호와께 속하라 그리하지 아니하면 너희 악행으로 말미암아 나의 분노가 불 같이 일어나 사르리니 그것을 끌 자가 없으리라(렘 4:4).

회개가 하나님의 뜻에 따른 근심이라고 할 수 있는 것도 이러한 이유에서다. 진정한 회개는 사람(성도)이 하나님의 형벌을 무서워하고, 하나님이 죄를 기뻐하지 않으신다는 것을 이해하고 그것을 미워하고 가증스럽게 여길 때 일어나는 것이다(제3권 3장 7절).

셋째, 육체를 죽이고 영을 살리는 것이다.

육체를 죽이는 것은 "악을 버리고 선을 행하"(시 34:14)는 것이며, (우리가) "스스로 씻으며 스스로 깨끗하게 하여 내 목전에서 너희 악한 행실을 버리며 행악을 그치고 선행을 배우며 정의를 구하며 학대 받는 자를 도와주"는(사 1:16-17) 것이다. 육체의 모든 욕망과 본성은 그 자체로 하나님의 원수가 된다 (롬 8:7).

따라서, 사람의 본성의 새로워짐이 필수다. 이 새로워짐, 달리 말하면 영의 살림은 사람이 살아난 후에 맺혀지는 열매들, 곧 공의와 판단과 자비 등으로 증명된다. 우리의 온 마음이 먼저 공의와 판단과 자비로 옷 입혀지지 않으면 공의와 (올바른) 판단과 자비의 바람직한 실천은 불가능하다. 오직 성령께서 우리 안에 이러한 정서들을 서서히 불러일으키면서 우리의 마음과 열정을 깨울 때에만 이 정서들이 우리 안에서 새로운 것으로 간주될 수 있다(제3권 3장 8절 적용).

회개의 궁극적 성취는 그리스도와의 연합에 있다. 회개는 그리스도와 함께 죽고 그리스도와 함께 사는 것을 그 결과물로 하기 때문이다.

> 만일 우리가 그의 죽으심과 같은 모양으로 연합한 자가 되었으면 또한 그의 부활과 같은 모양으로 연합한 자도 되리라 우리가 알거니와 우리의 옛 사람이 예수와 함께 십자가에 못 박힌 것은 죄의 몸이 죽어 다시는 우리가 죄에게 종노릇 하지 아니하려 함이니(롬 6:5-6).

우리가 그리스도의 부활에 참여할 때 그로 인하여 우리는 일으킴을 받아 새로운 삶을 살게 된다. 그렇게 우리는 하나님의 의에 합당한 존재가 된다. 우리를 지으신 하나님의 형상을 본받아 우리의 지식을 새롭게 하고 새로운 사람이 되는 것이다(제3권 3장 9절). 따라서, 누구든지 하나님의 모양에 가까이 나아가게 되면 그만큼 더 하나님의 형상이 그 안에서 빛나게 될 것이다. 이상에서 성도가 (믿음과 중생과) 회개를 통하여 죄의 예속으로부터 풀려난다는 것이 드러났다.

하지만, 성도가 비록 거룩한 자가 되었다고 하더라도 육신을 가지고 살아가는 한 이 정욕의 질병에 여전히 매여 있다. 죄는 우리로 하여금 하나님의 율법을 거스리는 욕망을 생기게 하는 사악함인데 그것이 우리 안에 여전히 거주하기 때문이다. 죄의 자취들이 여전히 남아 있다는 것이다. 모든 인간의 탐욕이 그 증거이다.

　이것들은 결코 사람이 태어날 때 받는 본성이라거나 자극들이 아니다. 그렇게 말한다면 그것은 율법을 범한 것이 죄라는 성경 말씀을 부정한 것과 다르지 않다. 타락 후의 인간의 욕정들은 창조 때의 천품의 욕구가 아니라 사악하고 부패하게 되어 영구적인 무질서로 남아 있는 것들에 불과하다.

　다시 고백하지만, 신자가 육신을 지니고 있는 한 율법을 범하는 욕정의 죄를 온전히 극복하고 완전해지기는 어렵다. 하지만, 죄가 일방적으로 우리를 지배하지 못하게는 할 수 있다. 신자는 죄를 피할 수 있고, 죄의 기회를 얼마든지 포착하고 모면할 수 있다. 신자는 온갖 탐욕의 불법들에 맞서 죄를 인지하고 피해서 그것들이 자신을 지배하게 해서는 안 된다.

　결론을 맺자. 믿음이 하나님을 창조주 하나님이시자 우리(나)의 하나님으로 알고, 동시에 그리스도를 하나님의 아들이시자 우리(나)의 구세주로 아는 것이기에 그 자체 안에 이미 중생의 의미를 담고 있음을 알 수 있다. 회개는 이러한 믿음으로 말미암아서 발생한다. 그것은 사람의 욕정의 생활로부터 하나님의 심판을 두려워하며 하나님의 공의와 자비를 마음으로 느낄 때 진정으로 하나님께로 돌아가는 회심의 마음이다.

　회개는 죽음과 살림이라는 두 부분으로 진행된다. 죽음은 옛사람을 죽이는 것이고, 살림은 하나님의 영으로 심령이 새롭게 되는 것이다. 그 실체(상)는 그리스도의 죽음과 부활에 모두 참여하여 그리스도와 교제하는 것이다.

　이를 위하여 회개한 신자는 말씀과 기도를 통해서 훈련과 연단을 받아 죄를 알고 그것을 피하거나 맞서 싸워야 한다. 만일에 신자가 죄에 패퇴 당했다면 다시금 하나님의 공의와 자비를 기억하면서 지난날의 자신의 죄악의 삶으로부터 하나님을 향한 진실한 회심의 마음으로 되돌아가야 한다. 더 나아가 다시금 그리스도의 죽음에 동참하고자 자신을 부인하며 죽이고, 그리스도의 부활에 동참하여 자신의 영을 새롭게 해야 한다.

　신자는 죽는 날까지 하나님을 믿는 믿음을 잃지 말고 끝없이 회개하는 삶을 이어갈 수 있어야 한다. 이 외에 재세례파를 비롯한 이단들의 어떠한 헛소리에도 유혹되거나 미혹되어서는 안 된다. 회개는 신자가 옛사람의 생활방식과 결별하고 심령이 새롭게 되어 진심으로 하나님께로 향하여 나아가는 새로운 삶의 결단이자 그리스도와의 연합으로 결실되는 것이기 때문이다.

제7장

율법적 회개와 복음적 회개

    칼빈은 회개를 하나님에 대한 경외로부터 나오는 그를 향한 참된 회심이라고 정의하였다(제3권 3장 5절). 하지만, 이러한 정의에 합당한 회개를 하느냐의 여부는 사람의 평가를 넘어선다. 참 회개인가 아닌가는 하나님께서 누군가의 회개를 어떻게 받으시는가에 전적으로 달려 있다. 그런데도 신자의 바른 삶을 위해서는 회개에 대하여 신학의 측면이나 신앙 실천의 측면에서 보다 명확하고 논리적으로 탐색될 필요가 있다.

    사람은 하나님의 형상을 받아 태어났기에 하나님께서 허락하신 사유 능력이나 양심 등을 지니고 있다. 이러한 사유 능력이나 양심 등이 사람을 동식물과 다른 존재가 되게 한다는 것은 성경은 말할 것도 없고 세속의 학문에서도 보편적으로 수용되고 있는 사태다. 성경은 사람이 하나님의 권세와 능력, 지혜와 섭리 안에서 서로서로 합력하여 살아가야 하는 존재로 선포한다. 창조의 역사 또한 이 사실을 분명히 하고 있다.

    지음을 받아 태어나는 사람들에게 주어진 최초의 마음(성향)은 자신에게 펼쳐지는 모든 사태를 믿고 받아들이는 것이다. 이 믿음이 있을 때 사람은 서로 공동체를 이루며 살아갈 수 있다. 특히, 아담은 하나님을 믿어야 했고, 그리고 아내인 하와를 믿어야 했다. 성경이 증언하듯이 그는 하와를 "뼈 중의 뼈요 살 중의 살"(창 2:23)이라고 고백하며 믿었다.

    두 사람이 하나님과 더불어 공동체 생활을 계속해 가기 위해서는 하나님에 대한 믿음이 변함없이 계속되어야 했다. 그런데 그렇게 하지 못했다. 그들은 하나님을 불신했고 그 결과로 선악과를 따먹는 죄를 저질렀다. 하나님에 대한 불신은 부부 사이의 불신을 불러일으켰다. 이 문제의 해결은 오직 하나님의 다시 부르심과 용서가 먼저였고 그들에게는 부끄러움의 회개와 그 이후의 바른 삶이 있어야 했다.

이러한 사태는 오늘의 모든 사람에게도 결코 피할 수 없다. 사람은 근본적으로 하나님을 믿고 사람을 믿어야 한다. 그래야 공동체를 이루어 살아갈 수 있다. 그런데 불행하게도 타락한 사람은 완전한 믿음을 실천할 수가 없다. 사람은 불신을 일으켜 공동체를 해치는 존재가 되고 말았다. 하지만, 여전히 사람에게는 이 불신을 해소할 수 있는 기회와 방법이 주어져 있다. 그것은 자신의 불신에 대해 부끄러워하며 그 불신으로부터 믿음으로 돌아서는 것이다.

칼빈은 이 돌아섬과 관련해서 신학적으로 두 종류의 회개를 제시하고 있다.

첫째, 율법적 회개
둘째, 복음적 회개(제3권 3장 4절)

율법적 회개의 대표자들은 가인, 사울, 가룟 유다 등이었다. 이 사람들은 자신들의 죄가 심각하다는 것을 인정하는 가운데 하나님의 진노를 두려워하여 회개한 것이었다. 이들의 회개가 율법적인 이유는 그들이 하나님을 단지 보복자와 심판자로만 여겼기 때문이다.

반면에, 복음적 회개를 한 자들은 다윗, 니느웨 사람들, 히스기야 등이었다. 그들은 하나님의 선하심을 의지하였으며, 하나님을 은총을 베푸시는 분으로 믿었으며, 어떤 상황에서도 하나님을 소망하기를 단념하지 않는 가운데 회개한 것이었다.

칼빈에 따르면 사람이 회개할 때, 일곱 가지의 성향을 담아야 한다(제3권 3장 15절).

첫째, 열의(earnestness) 내지 간절함(carefulness)의 마음이다. 회개하는 사람이 이러한 열의와 간절함의 마음이 없다면 그 회개는 참일 수 없다.

둘째, 변명의 마음(excuse)이다. 한편으로는 자신의 잘못에 대한 용서를 구하고, 다른 한편으로는 하나님의 은총을 구하는 정화의 마음을 동시에 가져야 한다.

셋째, 분함(indignation)의 마음이다. 하나님에 대한 배은망덕을 인정하면서 자신의 마음 안에서 신음해야 한다.

넷째, 두려움(fear)의 마음이다. 죄로 인해 우리에게 돌아오는 대가, 무엇보다도 하나님의 진노하심에 대한 우리의 동요된 마음가짐이다.

다섯째, 사모함(longing)이다. 우리의 죄에 대한 인식이 우리를 회개로 소환하는 것에 완전히 복종할 수 있도록 준비되고 열정 있는 마음이 갖추어져 있어야 한다.

여섯째, 열심(zeal)의 마음이다. 사모함에서 오는 자극들이 우리 안에서 활동할 때 열정의 마음이 분출되어야 한다.

일곱째, 징벌(avenging)이다. 우리 자신의 죄에 대해 더욱 날카로운 질문을 던지면서 앞으로도 회개하지 않을 경우 그렇게 징벌 받을 수 있음을 잊지 않아야 하는 것이다.

회개의 표징은 그 사람의 하나님을 향한 경건과 사람들을 향한 사랑의 의무들, 그리고 이 세상 삶 전체 가운데서의 거룩함과 순수함으로 나타난다(제3권 3장 16절). 하나님의 법을 규범으로 삼아 자기의 삶에 대한 질문을 던지는 데 더 많은 열의를 쏟는 사람일수록 자기의 회개에 대한 더욱 확실한 표징들을 보여 줄 것이다.

자신의 죄에 대한 징벌을 두려워하되 그 징벌로부터 벗어나서 하나님을 향하여 경건하게 사는 삶의 전개, 자신과 이웃에 대한 사랑의 실천, 그의 삶의 (세속과 구별되는) 거룩함과 순수함 등등이 참 회개의 표징으로 나타나는 것인데 이러한 삶은 그 사람(신자)이 살아 있는 동안 멈추어서는 안 되는 것들이다. 이 열매가 견실하고 아름다울수록 그 사람의 회개는 아름다울 수밖에 없다.

따라서, 회개는 단순히 우는 것에만 있지 않다. 오랜 시간 회개하는 것, 또는 작은 죄과로부터 큰 죄과에 이르기까지 철저하게 회개하는 것 등과도 그다지 상관이 없다. 금식하는 것과도 별 관계가 없다. 회개의 본질이 하나님께로 회심하면서 자신의 마음을 찢는 것이며 동시에 회개를 통해 하나님의 자비 안에서 베풀어지는 그리스도의 사랑을 깨닫는 데 있기 때문이다.

이 깨달음이 있을 때에야 비로소 성도는 자신의 지난날의 죄악을 증오할 수 있게 되며 더 이상 죄를 지으려 하지 않게 된다. 이런 의미에서 보면 회개는 하나님의 은총을 받을 공로가 결코 될 수 없다. 오히려 그것은 우리가 주님의 베풀어 주신 은혜를 받으려면 어떤 방향으로 가야 하는지를 제시해 주는 것이다(제3권 3장 20절).

성도가 이 길을 따라 바르게 살기 위해서는 우리의 부패한 본성에 내재하고 있는 악과 싸워야 한다. 근본적으로 우리의 부패한 본성과 싸워야 한다. 이 싸움은 성도의 육체가 확실하게 죽을 때까지, 다른 말로 하면 성령이 우리 안에서 다스릴 때까지 그 육체를 죽이는 항구적인 열심과 훈련을 요구하고 있다. 이런 면에서 보면 (회개에 따른) 금식은 성도가 일생동안 검소함과 술에 취하지 않는 절도를 보이며 경건하게 살아가는 삶 자체라 할 수 있다.

이상에서 회개는 사람의 측면에서는 하나님의 은혜와 은총을 모르면 참되게 일어날 수 없는 사태임이 드러난다. 이스라엘 백성들과 같이 하나님을 은혜 베푸시는 분으로 알지 못하고 오직 죄에 대하여 형벌을 내리고 심판하시는 하나님으로만 알고 회개하는 것은 율법적 회개에 지나지 않는다. 그것은 사람이 본성적으로 완전한 믿음으로 믿으며 실천할 수 없는 존재임에도 불구하고 스스로 어떤 규준을 설정하고 그것을 지키면서 자신의 의를 정당화해 보려는 것이나 마찬가지다.

이러한 회개는 필연적으로 자신의 패망을 불러올 뿐이다. 이에 반해 복음적 회개는 하나님께서 우리에게 거저(조건 없이) 구속의 언약을 주셨고, 그리스도를 구속의 성취자로 주셨으며, 그로 인해 우리를 의롭게 해 주시고 영생하게 해 주시는 은혜의 하나님으로 믿고 그 마음을 돌이키게 한다.

회개는 또한 사람이 내적으로 자신의 마음을 찢고(욜 2:13), 외적으로는 육체를 길들이기 위한 처방으로서의 훈련이라는 의미도 지니고 있다. 그러므로 성도에게는 회개가 반드시 필요하다. 그러나 누구도 회개를 강요할 수 없다. 사람은 다른 사람에 대해 회개를 강요할 선함이나 위엄이 없다. 그러나 회개의 대상이 하나님이시기에 주변의 모든 사람이 서로 회개의 절대성을 깨우치고 권면해야 한다.

한편, 회개가 육체를 길들이기 위한 훈련으로 아무리 유익하다 하더라도 육체적 훈육 자체를 지나치게 강조해서도 안 된다. 그런 식의 회개에 대해 과도하게 찬사를 하는 것도 있을 수 없다. 성경이 말하는 용서의 범위를 넘어서는 회개 일체가 성경의 가르침에 어긋나는 것이다. 이런 면에서 스콜라주의자들(로마가톨릭)이 주장하는 마음의 통회, 입의 고백, 행위의 보속(대가 갚음)은 이단의 사술이다(제3권 4장 1절 및 전장의 내용 참조).

사람의 마음의 통회를 지나치게 강요하는 것은 그 사람의 마음과 눈물이 그의 죄의 용서를 가져오는 것이 아니기에 조심해야 한다. 사람이 죄를 용서받을 수 있는 것은 오직 그리스도의 자비함에 의해서일 뿐이다. 입으로 고백하는 것도 그것을 사제 앞에서만 하도록 해서는 안 된다. 사람이 자신의 모든 죄를 다 알아서 일일이 고백할 수 있는 능력도 없다. 레위지파가 제사장이 된 것은 백성들의 죄를 듣고 용서해 주기 위해서가 아니었다.

그리스도가 죽은 나사로를 살리시고 그를 풀어주라고 한 것은 나사로가 죄 때문에 죽었으나 용서하시고 생명을 그에게 주시며 자유하게 하기 위함이었다. 그러므로 성도의 죄의 고백은 사람에 대해서 서로 그러한 죄를 짓지 말고 서로를 위해서 기도하기 위함이었으며, 함께 하나님의 은혜와 용서를 사모하기 위한 것이었다. 행위의 보속은 더더욱 문제가 크다.

회개로 인한 죄의 용서는 곧 바로 하나님과의 화목으로 나아간다. 그런데 이 하나님과의 화목은 전적으로 하나님의 은혜이며 그리스도의 완전한 무릎으로만 성취된다(3권 4장 26절). 도대체 하나님과의 화목에 사람의 행위가 끼어들 여지가 없는 것이다. 그러므로 스콜라주의자들이 말하는 행위의 보속은 근본적으로 성경에 대적하고 있다.

성도의 회개는 세상을 떠나는 날까지 계속되어야 한다. 사람이 본성적으로 타락한 존재들이기에 온전히 믿지 못하고 그래서 믿음의 생활을 끝까지 할 수 없어서다. 우리의 회개는 개인적일 수도 있고 공개적이거나 공통적일 수 있다. 그것은 드러내어 고백할 때도 있고 마음속으로 애통하며 하는 것일 수도 있다. 회개를 가로막을 아무것도 없다. 말 그대로 회개는 누구라도 어디서든 언제든 할 수 있는 사태다. 더욱이 하나님께서 우리를 향하여 회개를 명령하고 있음에랴.

신자여!

이제 우리는 회개가 종국에는 하나님과의 화목을 가져오는 것으로 이어진다는 사실에 주목하자. 우리가 지금 하나님과 화목하여 살고 있으며 우리의 형제들과 화목하여 산다면 그 삶 자체 안에 우리의 모든 죄악된 마음 쏨쏨이와 행동들의 통회와 용서가 다 녹아져 있는 것이다.

그러므로 왜 회개를 위해 우리의 강제나 강요가 필요한가?

그것은 은혜 안에서 은혜로 이어지는 신자의 당연하고도 자연스러운 삶의 일부다. 신자는 회개를 즐겨하면서 자신의 일상을 만들어야 한다. 이쯤 되면 우리는 하나님과 화목을 이루어 그분을 사랑하고 가족과 친척과 이웃과 화목하며 사랑하는 삶을 살아가는 것으로써 우리의 회개를 넘어설 수 있다. 신자는 살아 있는 동안 끝없는 회개를 하나님을 사랑하며 이웃을 사랑하는 것으로써 넘어서고 넘어서야 한다.

제8장

스콜라주의의 보속과 면죄부와 연옥에 관한 교리 비판

이 장은 칼빈주의의 핵심교리와는 그다지 상관이 없다고 볼 수 있다. 하지만, 이것은 하나님의 계시와 성령의 깨우치심에 의해 진리를 알고 믿는다고 고백하는 칼빈주의자들에게는 말씀의 진리성과 관련하여 결코 간과할 수 없는 문제다. 무엇보다도 스콜라주의자들(로마가톨릭교회주의자들)의 보속과 면죄부와 연옥의 교리는 너무도 오랫동안 순전한 성도들을 겁박하였고, 그들을 암흑과 무지의 삶으로 몰아넣어 왔으며, 지금도 그러하다.

이런 이유에서라도 이 교리의 폐해는 밝혀지는 것이 마땅하다. 그 결과물들은 오늘의 이단교리나 진리의 말씀의 왜곡에 대하여 대처하는 데도 유익을 줄 수 있다.

스콜라주의자들은 성도들이 자신들의 죄의 보속을 위해 마음의 통회, 입으로의 고백, 그리고 행위 등을 통해 죄의 값을 물어야 한다는 교리를 만들었다(제3권 5장 1절). 그리고는 자신들이 이 보속의 과정을 통제하는 권한을 지니고 있다는 억지 주장을 하였다. 그들은 그리스도의 공로와 거룩한 사도들의 공로, 그리고 순교자들의 공로를 모아서 이를 '교회의 보화'(the treasures of the Church)라고 하였다.

이 보화가 로마 주교(the Roman Bishop)에게 주어졌다는 것이 그들의 입장이다. 이렇게 해서 그들은 죄의 사면을 위한 이 필수불가결의 축복들(자칭)을 그 자신들에게 속하게 만들었다. 로마 주교는 자기 자신이 이 보화의 권능을 행사할 수 있음은 물론이고, 다른 사람들에게 이 능력을 나누어 줄 수 있었다(제3권 5장 2절 참조).

실제로 교황에게는 신자의 죄를 완전히 사면하거나 몇 년 동안 사면할 수 있는 등의 권한이 있었다. 추기경은 100일 정도를 사면할 수 있었고, 주교들은 40일을 사면할 수 있었다(제3권 5장 2절).

스콜라주의자들은 신자(우리)가 첫 번째로 죄 사함을 받을 때는 하나님의 은혜가 역사하지만 만약 다시 타락하게 되면 우리(사람)의 행위가 합력할 때에만 두 번째 은총이 획득될 수 있다는 논리를 세워 두고 있었다. 이것은 인간적으로 그들의 논리를 구축하기 위해 먼저 구속주 그리스도의 속죄함을 일회적인 것으로 평가 절하한 것이었다(제3권 4장 27절).

그리스도의 영원한 구속 대신에 이들 면죄부 장사치들은 다음과 같은 거짓 교리를 세웠다.

> 순교자들은 자기들의 죽음으로 자기들에게 필요한 것보다 더 많이 하나님께 바쳤으며 더 많은 공로가 있었다. 그들에게는 다른 사람들에게로 넘쳐서 흘러들어갈 아주 많은 공로가 여분으로 있었다. 이 대단한 은총이 헛되지 않도록 하려고 그들은 자기들의 피를 그리스도의 피에 섞는다. 이 두 피로부터 죄의 용서와 보속을 위한 교회의 보고가 만들어진다(제3권 5장 3절).

여기에 덧붙여서 그들은 사술의 말들을 떠들어 댔다.

> 죄의 용서와 화목은 우리가 (예수님이) 세례를 받을 때 그리스도를 통하여 하나님의 은혜 안으로 받아들여지면 모두에게 일어난다. 세례 이후에는 우리는 다시 일어서야 한다. 그리스도의 피가 교회의 열쇠를 통해 분배되지 않으면 아무런 도움이 되지 않는다(제3장 4권 26절).

이들은 바울 사도가 "그리스도의 남은 고난을 그의 몸된 교회를 위하여 내 육체에 채우노라"(골 1:24)라고 한 신앙고백을 철저하게 왜곡하였다. 바울 사도에게 있어 "그리스도의 남은 고난"은 구속이나 구속의 무름이 아니라 이 땅을 살아갈 성도들이 감당해야 할 고난이었다.

한 마디로 말해서 바울 사도는 그리스도의 몸인 교회, 곧 신자들을 위해 고난을 받겠다는 자기 헌신의 고백을 한 것이었다. 그리스도 외에 그 어떤 순교자의 피도 타인의 죄를 사할 수 없다. 예수 그리스도 외에 누구(의 피)도 속죄의 능력이 없다.

스콜라주의자들은 보속의 의미조차 알지 못했던 것 같기도 하다. 그들의 주장 이전에 보속이 있었다. 그 보속은 하나님께로 돌려지는 보상으로서가 아니라 출교 징벌을 받았던 사람이 다시 성도(교회)의 교제에 들어오려 할 때 그 자신의 회개가 더욱 공적인 것이 되도록 하고자 해서 요구된 것이었다. 모종의 금식이나 다른 의무들이 보속에 첨가되기도 하였다.

하지만, 스콜라주의자들이 자신들의 입맛에 맞는 사항들을 첨가하여 보속 자체를 성도가 감당할 수 없게 만들었던 것이다. 그들이 자신들의 거짓 위세와 돈벌이를 위해서 의도적으로 보속을 왜곡한 것으로 보인다.

면죄부 교리는 스콜라주의자들이 보속의 교리를 강화하면서 성도들이 보속의 값을 도저히 감당할 수 없는 상황에서 나왔다. 입의 고백으로 속죄되는 경우 고백자는 자신의 모든 죄를 다 일일이 들어 말해야만 논리적으로 보속이 가능하다. 그런데 사람은 근본적으로 자신의 죄를 다 아는 것이 불가능한 존재다. 행함의 보속에서도 그 끝을 도저히 가늠할 방도가 없다.

하지만, 이에 아랑곳하지 않고 스콜라주의자들은 무제한으로 줄기차게 보속을 요구하였다. 이 겁박들을 성도는 감당할 길이 없었다. 이에 대한 해결책으로 그들이 면죄부를 제시한 것이었다. 이것은 다분히 스콜라주의자들이 세속의 국왕들이나 영주들, 그리고 일반인들에 대해서 자신들의 권위를 유지하면서 동시에 경제적 이익을 가져오기 위한 일종의 면죄부 장사였다.

연옥의 거짓 교리는 두 가지 목적에서 고안되었다.

첫째, 그리스도의 죄사함의 능력을 부정하거나 감소시키기 위해서였다.

그리스도의 속죄가 단번에 완전한 것이 되는 순간 그들의 보속의 논리와 면죄부의 논리가 온전히 무효화된다. 그렇기 때문에 스콜라주의자들은 그리스도의 죄사함을 단번에 완전히 되지 않고 처음에만 은혜로 되는 것으로 호도한 것이다. 그래야만 여분의 보속의 행위가 계속해서 끝없이 요구될 수 있기 때문이다.

둘째, 보속교리의 해괴함을 감추기 위해서였다.

죽은 자들을 위한 기도는 일종의 관습이기도 하였다. 이방인들 가운데서는 심지어 죽은 사람들의 빚을 갚아 해방시켜 주는 장례 의식이 있었다. 그리스도인들이 죽은 자들에 대해 일정한 형태의 의무를 수행하는 것은 이러한 관습들과 관련하여 자신들이 세상 사람들보다 더 못하다는 말을 듣지 않기 위해서였다.

그러한 상황을 악용하여 스콜라주의자들은 성도들로 하여금 죽은 자의 장례식이나 제사를 돌보는 것에 부지런함을 다하도록 강요하였다. 이렇게 할 때 교황(권)이 죽은 자들을 돕는 거룩한 행위를 하는 자로 꾸며질 수 있기 때문이다(제3권 5장 10절).

연옥설은 스콜라주의자들이 정경으로 여기는 마카비서에 근거한 것이다. 그들은 "하늘에 있는 자들과 땅에 있는 자들과 땅 아래에 있는 자들로 모든 무릎을 꿇게 하시고"(빌 2:10)라는 말씀을 왜곡하여 '땅 아래에 있는 자들'을 "연옥에 있"는 것으로 고안해서 해석하였다. 바울 사도의 고백은 '하늘이나 땅이나 땅 아래에 있는 모든 만물'이 '그리스도의 권세 아래 있'음을 선포한 것이었다. 이 명백한 진리의 말씀을 스콜라주의자들, 곧 면죄부 장사치들이 자신들의 입맛에 맞도록 연옥으로 해석했다.

그들은 연옥에는 불이 있어서 죄인들을 불로 태운다고 위협하였다. 그들은 "… 누구든지 그 공적이 불타면 해를 받으리니 그러나 자신은 구원을 받되 불 가운데서 받은 것 같으리라"(고전 3:12-13, 15)는 말씀 중에 있는 '불'을 자의적으로 '연옥의 불'로 왜곡하였다. 이는 진정 저주받아 마땅한 인간적인 억지 해석이다.

본문의 불은 나무나 풀, 짚 등이 불이 붙으면 순식간에 타버리듯이 하나님의 말씀에 기초하고 있지 않는 것, 예컨대 사람의 모든 발명품(왜곡된 교리) 등이 성령의 시험을 견디지 못하고 다 타버려 없어지고 만다는 것을 뜻한다. 말씀에 기초하지 않은 모든 공적은 다 소용이 없다. 그것들은 성령의 불에 의해 태워질 뿐이다. 성령의 불 가운데서 인간의 발명품들은 공적을 잃는다. 이 불 타는 성령의 불 가운데서 성도가 구원을 받는다는 것이 핵심이다(제3권 5장 9절 참조).

보속과 면죄부와 연옥의 교리와 관련하여 스콜라주의자들은 결정적으로 하나님을 모독하였다. 칼빈에 따르면 우리의 하나님은 징계의 하나님이시지 징벌의 하나님이 아니시다(제3권 4장 32-33절 참조). 하나님의 징계는 하나님의 축복이자 그의 사랑에 대한 증명이다. 욥의 증언이 이를 증명한다.

> 볼지어다 하나님께 징계 받는 자에게는 복이 있나니 … (욥 5:17).

유기된 자들이 하나님의 채찍으로 맞게 될 때는 이미 그의 심판에 따라 형벌을 받기 시작한 것이다. 하지만, 하나님의 자녀는 매를 통하여 회개에 이를 뿐이다.

> 우리가 판단을 받는 것은 주께 징계를 받는 것이니 이는 우리로 세상과 함께 정죄함을 받지 않게 하려 하심이라(고전 11:32).

다윗의 고백 역시 우리의 하나님이 어떠한 분이신지를 분명하게 증언한다.

> 여호와여 주로부터 징벌을 받으며 주의 법으로 교훈하심을 받는 자가 복이 있나니 이런 사람에게는 환난의 날을 피하게 하사 악인을 위하여 구덩이를 팔 때까지 평안을 주시리이다 (시 94:12-13).

결론적으로 말해서 스콜라주의자들은 자신들이 만든 교리를 통해서 하나님은 심판자이시지만 우리의 아버지이심을 부정했던 것이다.

믿음으로 죄사함을 받아 의롭게 되는 것은 영원한 진리이자 교리다. 그리고 이 의롭게 됨은 하나님의 사랑과 은혜가 먼저여서 가능하다. 하지만, 죄사함에 있어서는 죄사함을 먼저 받아야 사랑하게 된다는 것을 기억해야 한다(제3권 4장 37절). 누가복음에는 "… 눈물로 발을 적시고 자기 머리털로 닦고 발에 입 맞추고 향유를 부"(눅 7:36-50)은 여인의 기사가 기록되어 있다.

분명히 그녀가 죄 사함을 받은 것은 "네 믿음이 너를 구원"(눅 7:50)한 것이었다. 그러나 지금 그녀가 눈물로 발을 적시고 자기 머리털로 닦고 발에 입 맞추고 향유를 부을 수 있었던 것은 죄 사함을 받은 후의 사랑의 마음에서 나온다.

오늘날의 신자는 스콜라주의자들의 보속과 면죄부와 연옥의 교리를 유익하게 참고하고 활용할 필요가 있다. 스콜라주의자들이 자세히 밝혀 주었듯이 사람이 죄의 용서를 받기가 그렇게도 어렵고 험한 고난의 길이다. 그런데 이 길을 그리스도께서 자신을 희생하셔서 단번에 완전히 영원히 우리의 죄를 없이해 주셨음을 오늘의 신자는 감사하며 감격해야 하는 것이다. 스콜라주의자들은 지금도 죄의 사함을 위해 사제에게 고백하고 있다.

하지만, 우리가 우리의 죄를 고백하기 전부터 하나님께서 우리의 죄를 다 알고 계신다. 그래서 신자는 편한 마음으로 죄를 고백할 수 있다. 더욱이 우리는 그리스도를 사랑해야 하기에 우리의 죄를 고백하고 누가복음의 여인처럼 그리스도를 경배하며 그의 품에 안겨야 한다. 모든 신자가 이렇게 살아갈 때 스콜라주의자들의 보속과 면죄부와 연옥의 교리는 말살되고 마는 것이다.

제9장

그리스도인의 삶

중생의 목적은 신자가 하나님의 의와 일치하여 살아가게 하는 것이다. 그래서 중생한 신자의 삶은 하나님의 의와 그들의 복종 사이의 균형과 일치하여 자신이 하나님의 자녀로 받아들여지게 된 것을 확증하는 것이 중요하다. 이를 위해 신자의 삶이 어떠해야 하는지에 관한 서술이 필요하다.

칼빈은 경건한 신자가 자신의 삶의 틀을 바르게 형성하고, 자신의 행위를 규범화하게 하는 어떤 보편적 규율(some universal rule)을 제시하였다(제3권 6장 1절). 그 대강은 철학자들이 사람의 본성을 따라 도덕을 적절하고 규모 있게 준수하도록 하는 것과는 달리 성경의 저자이신 하나님을 바라보며 우리의 삶을 그에게 맞추는 것으로 이루어진다.

신자의 삶의 기초는 이것이다.

> 유혹의 욕심을 따라 썩어져 가는 옛사람을 벗어 버리고 … 새 사람을 입으라(엡 4:22-24).

그러기 위해서는 복음이 우리의 온 영혼을 휘감아 마음의 정서 속에 스며들고 영혼에 자리 잡혀져야 한다(제3권 6장 4절 참조). 신자의 삶의 시작은 복음을 받아들이고 하나님의 의를 사랑하는데서 비롯된다는 말이다.

이렇게 살기 위해서 신자에게는 세 가지 삶의 태도가 필요하다.

첫째, 하나님을 예배하는 거룩함과 의를 추구하는 영혼의 내적 정서와 순전함을 원리로 삼아 살아간다.

둘째, 순직함과 단순함으로 우리의 목표(그리스도)를 바라보고, 그를 갈망한다.

셋째, 자랑도 방임도 하지 않으면서 끊임없이 시도하며 목표를 향해 전진해 간다(제3권 6장 5절 참조).

비록 신자의 삶이 그 완전함에는 이르지 못했다 하더라도 이렇게 살고자 하는 한 그(녀)는 신자가 아닐 수 없다. 성경이 신자가 마지막 날에는 선함 자체에 이른다고 약속하고 있기 때문이다.
이러한 삶을 실천하기 위해서 신자가 지닌 직무가 있다.

> 그러므로 형제들아 내가 하나님의 모든 자비하심으로 너희를 권하노니 너희 몸을 하나님이 기뻐하시는 거룩한 산 제물로 드리라 이는 너희가 드릴 영적 예배니라(롬 12:1).

이를 위해 성경은 권고한다.

> 너희는 이 세대를 본받지 말고 오직 마음을 새롭게 함으로 변화를 받아 하나님의 선하시고 기뻐하시고 온전하신 뜻이 무엇인지 분별하도록 하라(롬 12:2).

세상의 철학은 신자들조차도 그들의 삶을 이성에 맡기도록 요구하며 유혹한다. 하지만, 신자가 철학이나 세속의 재물과 명예 등에 이성을 내맡기는 한 그리스도의 삶을 모형으로 삼아 실천하는 것은 불가능하게 된다.
이와는 반대로 신자는 반드시 성령께 자신의 이성을 맡겨야 한다.
이를 실천하는 방법에는 두 가지가 있다.

첫째, 자기를 부정하는 삶을 산다.
둘째, 자기 십자가를 지는 삶을 산다.

이 두 형식의 삶의 밑바탕에는 전 생애를 통해 모든 일을 하나님과 함께 하려는 자세와 마음가짐이 자리하고 있다.
자기 부정이라고 할 때 신자가 자신을 죄인으로 여겨 아무것도 하지 않거나 자신을 죽이기만 하는 것을 의미하지 않는다. 자기 부정은 오히려 신자가 살아가는 순간마다 어떤 것은 적극적으로 취하고 어떤 것은 즉각 버리는 실천 행위를 통해 전개된다. 그리스도는 우리가 선한 일을 열심히 하는 자기 백성이 되기를 원하신다(딛 2:12-14).

그렇다면, 그리스도를 따라 열심히 선을 행하는 것이 신자의 자기 부정이 되는 것이나 마찬가지다. 하나님은 우리를 양육하시는 가운데 경건하지 않은 것과 이 세상 정욕을 다 버리도록 명하셨으며 신중함과 의로움과 경건함을 가지고 세상을 살아가도록 요구하신다. 신자가 이 두 가지를 모두 다 실천하는 것이 또한 자기 부정이다.

성경이 말하는 자기 부정의 결정적 요체는 하나님을 사랑하고 이웃을 사랑하는 것이다. 이외에도 바울 사도는 신자들에게 재화의 검소한 사용과 궁핍을 견디는 절제와 각자에게 속한 것이 각자에게 돌아가게 하는 의로움, 그리고 세상의 불의로부터 멀어지는 경건의 삶을 살 것을 당부하였다. 신자가 세속의 욕정과 불경건과 온 힘을 다해 맞서 싸우는 것도 자기 부정이다(제3권 7장 3절).

사람은 자기 자신에게 아부하면서 그 가슴속에 일종의 왕국을 품고 살아가는 것을 좋아한다. 사람은 또한 자기를 즐겁게 하는 것들을 거만하게 내세우려 한다. 다른 사람의 재능과 삶의 습관에 대해서는 비난을 퍼부어대면서 그 일을 즐긴다. 신자는 이러한 마음과 태도들을 경계하고 자신에게서 반드시 없애야 한다. '분쟁을 사랑하는 마음'과 '자기를 사랑하는 마음' 등을 자신에게서 뽑아내야 한다. 그 대신에 남의 허물을 덮어주는 마음을 가져야 한다.

허물을 덮어주는 이유는 그 사람이 허물을 지닌 채로 교만하게 살라는 것이 아니라 허물이 있는 사람일지라도 인애와 경의로 가꾸어가야 할 하나님의 사람이기에 그를 욕되게 하지 않기 위해서다(제3권 7장 5절 참조). 요약하면, 복음에 따라 없애거나 취하는 것이 모두 신자의 자기 부정인 것이다.

칼빈의 시대 역시 참담하였다. 당시의 사람들은 남을 도울 때 그 사람의 면전에서 모욕을 퍼부어 대지 않고서는 구제를 하지 않았다(제3권 7장 6절). 그 시대의 사람들은 가난, 낮은 지체, 비천함에 대해 경이로울 만큼의 두려움을 가지고 있었으며, 그러한 처지에 있는 사람들에게 경이로울 정도로 증오를 퍼붓고 있었다(제3권 7장 8절 참조).

칼빈은 이에 대해 하나님의 은총만을 생각하라고 권고하였다. 하나님의 은총만을 생각하는 것이 자기 부정이라는 것이다. 우리의 몸조차도 하나님의 은총으로 주어졌다. 그러므로 신자의 자기 부정은 결코 자신의 것을 내어놓은 것이 아니다. 혹시 자기 것을 내어놓아 그리스도를 부요하게 한 것으로 착각

한다면 그것은 불순함 그 자체다. 신자의 자기 부정은 주님의 축복이자 하나님의 손의 결정에 따른 것으로 알고 감사하는 것 그 자체다.

자기 십자가를 지는 것은 신자의 삶의 또 하나의 방식이다. 자기 십자가를 져야 하는 이유는 경건한 신자(의 마음)가 항상 그리스도가 자기의 제자들을 부르신 곳까지 올라가기 위해서다(마 16:24). 세상은 어렵고, 고생되고, 불안하고, 수많은 악으로 채워져 있다. 바로 이곳에서 자기 십자가를 지는 삶은 시작된다.

하나님께서 친히 맏아들 그리스도를 이곳에 살게 하시고 십자가를 지게 하셨다. 그리스도께서 자신의 십자가를 온전히 담당하셨다. 우리 역시 이 세상에서 자신의 십자가를 지는 삶을 살아야 하는 것은 두말할 필요가 없다.

우리(신자)가 우리의 십자가를 지게 될 때 오는 유익함이 있다.

첫째, 우리를 연단시켜 준다.

사람은 자신의 육체 가운데에서 조금이라도 남보다 나은 것이 있으면 그것을 의지하며 교만해진다. 이 교만을 하나님은 질병, 사랑하는 가족의 잃음, 불명예에 빠짐 등등의 자기 십자가 짐을 통해서 우리를 꺾으시고 하나님을 찾게 하신다. 다윗의 고백이 통렬하다.

> … 주의 얼굴을 가리시매 내가 근심하였나이다(시 30:6-7).

둘째, 우리에게 소망을 갖게 한다.

십자가는 허세를 부리는 우리의 거짓된 억측을 뒤집고, 유희로 일삼는 위선의 가면을 벗기며, 육체에 대한 위험한 과신을 부수고, 겸손히 하나님 한 분만 의지하고, 그분에게 순종하게 하고, 우리의 소망을 견고하게 한다(제3권 8장 3절). 이러한 과정을 통해 성도는 자신의 힘으로 사는 것이 아니라 하나님의 뜻을 따라 사는 것을 배워 간다. 이 배움이 순종이다. 그리고 순종의 거듭된 훈련이 마침내 하나님을 소망하게 한다.

셋째, 영광이 우리를 기다린다.

성경이 신자에게 주는 위로는 그(녀)가 슬픔과 번민의 상처를 안고서도 하나님의 영적 위로에 의존할 때 즐거움을 솟아나게 하는 것이다. 자기 십자가를 지는 길이 분명 욕됨의 길이 있지만, 그러나 동시에 영광의 길임이 분명하다(고후 6:8).

칼빈은 성경에서 칭찬 받는 사람을 이렇게 소개하고 있다.

> 그(녀)는 악한 일로 더할 나위 없는 고통을 겪어도 부서지거나 넘어지지 않고, 칼에 찔리는 수난을 당하여도 그 순간 영적인 기쁨으로 충만하고, 근심에 짓눌려도 하나님의 위로로 되살아나 다시금 새 숨을 내쉬는 사람이다(제3권 8장 10절).

칼빈이 제안하는 신자의 또 다른 삶의 형식은 미래의 삶의 소망 내지 죽음 이후의 즐거움을 사모하며 살아가는 것이다. 세상에 있는 한 신자는 현세의 삶의 모욕됨을 피할 수 없다. 그러나 여기서 멈추면 안 된다. 신자는 거기서부터 일어서서 영원한 미래의 삶을 묵상하는 데로 나아가야 한다(제3권 9장 1절).

우리의 의무는 우리를 부르시는 하나님의 음성을 듣고 세상을 조롱거리로 여기며, 마음을 다하여 미래의 삶에 대한 묵상을 힘쓰는 데 있다. 죽음을 두려워하지만 기꺼이 맞이할 수 있고, 그리하여 최후의 부활의 날을 즐겁게 사모해야 한다. 신자는 자신의 현재의 삶과 내세의 삶의 길에서 언제나 하나님의 공의를 빛나게 해야 한다.

이상에서 신자의 삶의 출발선은 하나님의 의를 사랑하여 그 의에 일치하여 살아가려는 데 있음을 알 수 있다. 그 구체적인 실천의 삶은 자기를 부정하며 사는 것과 자기 십자가를 지며 살아가는 것이다. 전자는 하나님을 사랑하고 이웃을 사랑할 때 자기는 자연스럽게 부정된다. 자기 십자가를 지는 삶은 죽음조차 기꺼이 맞이할 줄 알고, 동시에 그 죽음 이후에는 하나님과 함께하는 영원한 삶을 꿈꾸며 살아가는 것이다. 이것이 신자의 삶의 전형을 이룬다.

참 신자들이여!

우리의 삶 속에서 언제나 하나님의 공의가 빛날 수 있도록 살아가도록 하자. 그 빛냄이 좀 부족하다 하더라도 멈춤이나 주저함이 없이 전진 또 전진하며 하나님의 공의를 비추이게 하자. 비록 실패와 절망을 맛보는 중에도 좌절하거나 낙망하여 주저앉지 말고 하나님을 믿고 의지하며 하나님과의 영원한 생활을 소망하며 살아가자.

제10장

신자가 이 세상을 살아가는 삶의 방식

신자가 이 세상을 살아가는 삶의 방식은 하나님이 허락하신 이 땅의 축복들(만물)을 어떻게 적절하게 사용하느냐의 연속으로 이루어진다고 볼 수 있다. 신자는 이를 체계화된 삶의 방식으로 소홀함이 없이 실천할 수 있어야 한다. 칼빈은 필요에 따르든 즐거움을 위해서든 순수한 양심으로 세상의 것들을 사용하는 것이 균형의 삶을 이루는 것으로 보았다(제3권 10장 1절).

주님은 우리에게 순례자의 삶을 살 것을 교훈하셨다. 그것은 서둘러 하늘나라를 향해 가는 삶이다. 역으로 말하면 신자는 세상의 것들을 하늘나라로 가는데 유익하게 사용하면서 살아가야 하는 존재다.

그렇다고 신자가 모든 삶에서 오직 순례자에만 어울리도록 살아야 하는 것은 아니다. 하나님이 우리에게 만물을 주신 것이 오직 필요만을 위해 주신 것이 아니고, 즐거움을 주시기 위해서도 주셨다. 하나님은 그것들을 우리의 선을 위해서 주셨다.

따라서, 신자는 세상을 살 때 하나님이 필요를 따라 주신 것은 필요에 따라 사용하고, 즐거움을 위해 주신 것은 즐거움을 따라 사용할 줄 알아야 한다. 웅장한 산, 맑은 물, 널따란 평원 등등은 우리에게 필요해서 주셨을 뿐만 아니라 즐기도록 주신 것이 분명하다. 신자가 하나님께서 만물을 지으시고 그것들에 대해 정하신 목적을 발견하여 그것을 이루어가는 삶도 순례자의 삶의 일부다. 신자는 기본적으로 만물을 하나님의 선물로 사용하여 필요에 따라 사용하며 동시에 즐거움을 위해 사용할 수 있어야 하는 것이다(제3권 10장 2절).

저 비인간적인 철학(특히 스콜라철학)은 우리에게 필요에 따라서만 피조물을 사용해야 하다고 하면서 하나님의 인자하심으로 우리에게 주어진 합법적인 열매들을 악의적으로 빼앗는다. 이런 식으로 철학은 사람의 모든 감각을 파괴하여 그(녀)를 하나의 벽돌과 같은 존재로 격하시킨다(제3권 10장 3절).

예컨대, 잔치와 술을 그 목적에 합당하게 사용하지 못해서 자신을 어리석게 하고 탐닉하여 경건의 직무와 자신이 받은 사명을 제대로 감당하지 못하게 되면 하나님께 감사하는 일은 있을 수 없다. 육체가 욕망으로 불타올라 마음이 순결하지 못함으로 가득 차게 되면 하나님을 아는 것이 불가능해진다. 화려한 옷을 입었다고 자신을 자랑해 대고, 그렇지 못한 다른 사람을 업신여기는 경우에도 하나님께 감사함은 어디에도 있을 수 없다.

사실 많은 사람이 심지어 신자들조차도 자신들의 지각과 감각을 사치에 방치해버려서 그들의 마음이 죽어 있는 경우가 많다. 이처럼 세속의 철학 사조를 좇고 물(物) 자체에 탐닉하고 하나님을 망각하는 삶의 양식은 하늘나라를 향하는 순례자의 삶을 버리게 한다.

앞에서 언급되었듯이, 이 세상의 모든 것은 하나님께서 우리에게 하나님의 사랑과 은혜의 풍성함을 알게 하기 위해 선물로 주신 것이다. 신자는 이 섭리를 좇아 살아야 한다. 즉, 자연 만물과 일상의 일들 속에서 이것들을 주관하시는 하나님을 찾고 그의 관용을 깨닫고 체득해야 하는 것이다. 그러기 위해서 신자는 정욕을 위하여 육신의 일을 도모해서는 안 된다(롬 13:14).

많이 가진 신자는 세상의 물건을 열심히 애용하되 쓰지 않았던 것처럼 하는 삶을 사는 것이 필요하다. 아내 있는 자들은 아내가 없었던 것처럼 사는 것이 필요하다. 물건을 산 사람은 그것을 사지 않았을 상황에서 지내듯이 해야 한다(고전 7:29-31). 성도는 특히 많은 것을 누릴 때에 절도 있게 하여 자신의 풍부함을 하나님이 주신 것으로 알아차리고 하나님께 감사와 영광을 돌려야 한다.

많이 가진 신자가 그것으로 자신의 몸을 돌보는 데에 더 많이 몰두하면 할수록 그 만큼 자신의 영혼에 대해서는 무관심해진다. 많이 가진 신자라도 세상을 사는 동안에는 물질적으로나 심리적으로나 궁핍한 시절을 당하지 않을 수 없다. 두 부분을 모두 경계하면서 어떤 경우라도 순전하고 청결하게 사는 법과 평온하고 꿋꿋하게 궁핍을 참는 법을 두루 익혀두어야 한다.

궁핍한 처지에 있는 신자는 그 처절한 부족함 속에서도 인내하며 살아가는 법을 깨우치는 것이 필요하다. 바울 사도는 배부름과 배고픔, 풍부와 궁핍에 모두 처할 것을 우리에게 요구하였다(빌 4:12).

부유하든 가난하든 신자에게 있어 세상의 모든 것은 우리에게 부여된 위탁물이다. 사는 동안 이 위탁물을 사용했을 때 그 사용에 대한 결산의 때는 반드시 온다(제3권 10장 5절).

> 네가 보던 일을 셈하라(눅 16:2).

성도는 이 셈을 피할 수 없다. 이 셈의 기준은 주님이 각자에게 부여하신 소명을 감당했느냐 못했느냐의 여부다.

주님께서는 쉼 없이 요동치는 사람의 마음을 알고 계신다. 우리의 마음이 얼마나 변덕을 부리는지를 아시며, 어느 한편에 붙잡혀 있다가 단숨에 다른 반대의 것으로 바뀌는 천방지축의 마음임을 아신다. 이 때문에 주님은 우리 각자에게 구별된 사명을 주시고 그에 따라 다양한 생활을 할 수밖에 없게 하셔서 혼란에 빠지지 않게 하신다. 각자의 사명을 지키기 위해 각각 서로 다른 삶의 양식을 마련해 주셔서 우리를 각자의 근거지에 배정하신 것이다(제3권 10장 6절).

그래서 혹시 자기 사명에 모호한 사람이라 할지라도 자신의 사명의 영역에서 벗어나지 않기 위해 성심성의껏 살아가려 한다. 예컨대 철학자들은 그들 자신의 나라를 폭군의 통치로부터 자유롭게 하는 것을 자신들의 모범적인 일로 삼는다. 하지만, 이때 폭군이라고 하더라도 그를 칼로 찌른다면 그런 일은 하나님께로부터 저주를 받는다. 사명에 따른 행동 양식의 근거지가 있기 때문이다.

그렇다면, 신자는 어떻게 균형되게 세상을 살아가야 할까?

그것은 주님의 소명이 일체의 올바른 삶의 기초이자 시발점이라는 사실을 아는 것이다(제3권 10장 6절 적용). 누가 되었든지 주님의 소명에 순종한다면 그의 삶이 아무리 거칠고 천한 것이라 할지라도 하나님 면전에서 빛나지 않을 수 없다. 그의 삶의 지고한 가치는 반드시 헤아려지고야 만다.

칼빈 당시의 시대는 16세기 후반기였다. 아직 본격적으로 산업사회가 시작되지 않았던 시대였다. 이 시대에서는 하나님의 소명이 무엇인지가 비교적 어렵지 않게 드러날 수 있었다. 직업의 종류나 삶의 형식이 오늘날처럼 복잡하거나 쉽사리 변하지 않았기 때문이다. 그래서 소명을 따라 하나님이 선물로 주신 모든 자연 만물과 상황을 하나님의 섭리를 좇아 사용하는 것이 그다지 어렵지 않았다.

오늘의 시대는 칼빈의 시대와는 너무도 다르다. 너무도 많은 사명이 있어 보이고, 그 사명을 따르는 삶의 형식이 너무도 다양하다. 그렇다고 근본 조건이 바뀐 것은 아니다. 여전히 소명을 주시는 분이 동일하신 하나님이시고 만물과 만사를 우리의 선을 위해서 주시는 이도 동일하신 하나님이시기 때문이다.

그렇다면, 오늘날의 신자에게는 동일하신 하나님으로부터 오늘에 맞는 사명과 그 사명 실천을 위한 삶의 양식을 받으며 그 사명을 완수할 수 있는 삶의 방식을 형성하는 것이 요구된다 하겠다. 그것은 청지기의 삶일 수 있고, 종의 삶일 수 있고, 달란트를 받은 삶으로도 표현될 수 있을 것이다. 설령 어떤 사명이라 하더라도 그것이 오늘날의 모든 직업이나 전문성, 또는 자기 자신의 재능 등등의 형식으로 받아들여져서 각자의 삶을 통해 실천되어야 한다.

신자가 자신의 사명을 아는 최고 최선의 방법은 무슨 일이든 믿음으로 결정하는 것이다. 믿음은 하나님을 창조주 하나님이시자 우리(나)의 아버지로 아는 것이고 그리스도를 우리(나)의 구속주로 아는 지식이다. 이 믿음을 성령께서 우리 안에서 일으키시고 끝까지 견인하셔서 하나님 아버지와 구속주 그리스도와 우리를 연합하게 하신다.

이 믿음으로 신자는 모든 일에서 무엇이 하나님의 사명인지를 확신하고 그 사명을 좇아 인내하며 살아가야 한다. 그 삶은 순례자의 삶의 필요를 충족시키면서 동시에 즐거움을 누리는 것이어야 한다.

오늘날의 삶의 현장은 신자에게 그(녀)의 사명이 무엇인지를 결정하는데 있어 주저주저할 여유를 주지 않는다. 오늘의 신자는 마치 야구선수가 타석에서 150킬로미터 전후의 속도로 날아오는 공을 순간적으로 타격해야 하듯이 그렇게 긴장하고 집중해서 순간순간의 사명을 분별해 내어 실천해 내야 하기 때문이다.

이 결정에서 가장 안전한 장치가 믿음이다. 이 믿음은 확실하면 확실할수록 그리고 강하면 강할수록 유익하다. 확실하고 강한 믿음을 위해서는 늘 기도해야 한다. 기도는 말씀을 읽고 묵상하며 사모하는 데서 나온다.

신자가 세상의 것들을 하나님의 목적에 맞게 활용해서 사명 완수를 해 갈 때 거기에는 반드시 세 가지 요소, 즉 필요, 즐거움, 그리고 선이 있어야 한다. 오직 확실하고 강한 믿음으로 선택한 삶은 과정이야 어떻든 그 마지막 열매에는 필요를 따르고, 즐거움을 누리며, 동시에 선을 이룬 것이어야 한다. 이러한 믿음의 삶이야말로 하늘나라를 향해 가고 있는 신자가 지향해야 할 순례자의 삶이다.

제11장

믿음에 의한 칭의(稱義)

사람이 율법의 저주로부터 벗어나서 구원을 회복하는 유일한 원천은 믿음이다. 하나님의 자비로 말미암아 우리에게 주신 바 된 그리스도가 온전히 이해되고 소유되게 하는 것이 믿음이기 때문이다. 믿음 안에서 우리는 한편으로는 그리스도의 의로 인하여 하나님과 화목하게 되어 심판의 하나님을 우리의 너그러운 아버지로 소유하게 되고, 다른 한편으로는 그리스도의 영으로 무죄하게 되어 우리가 온전하고 순결한 삶을 열망하게 된다(제3권 11장 1절).

이 중에서 우리의 무죄함 곧 칭의의 문제는 좀 더 깊이 이해되어야 한다.

먼저 우리가 오직 믿음으로 하나님의 자비에 의해 거저 의를 얻는 것이지만 그 믿음에는 선행이 결여될 수 없다는 것을 이해하는 것이 필요하다.

다음으로는 신자의 선행이 칭의의 어느 부분에서 관련되고 있는지를 분명히 이해하는 것이다.

결론부터 말하지만 믿음 자체 안에 신자의 선행이 담겨 있다.

논의를 위해서 칭의와 관련된 세 가지 개념을 살펴볼 필요가 있다.

첫째, 칭의란 근본적으로 하나님이 보시기에 의롭게 되는 것을 말한다.

그것은 사람이 하나님의 심판대에서 하나님께로부터 의롭다고 판결을 받는 것이다. 그러므로 칭의는 '법적 용어'다.

둘째, 칭의가 행함으로 의롭게 된다는 것을 의미한다는 것이다.

이때의 행함은 그 사람의 의에 대한 증언을 받을 가치가 있는 순수함과 거룩함이 전체 삶 가운데서 발견되거나 자기의 행위 전부가 하나님의 판단에 부합하고 만족스럽게 여겨질 수 있는 것이어야 한다. 이러한 의로움은 사람의 말로 하면 예수님 이외에 합당할 자는 아무도 없다.

셋째, 칭의가 믿음으로 의롭다 함을 입게 된다는 것이다.

그것은 사람이 자신의 행위의 의로움을 배제하고 믿음으로 그리스도의 의를 붙잡아 그것으로 옷 입고 하나님의 심판대에서 죄인이 아니라 의로운 자로 등장하는 것을 말한다. 이러한 개념의 칭의에는 '죄의 용서'와 '그리스도의 의의 전가'라는 두 요소가 담겨 있다(이상 제3권 11장 2절 적용). 물론, 하나님께서 의롭다고 하심은 이 세 개념의 내용들이 모두 충족될 때 성립된다.

칭의의 주체는 하나님이시다. 성경이 이 사실을 확증한다.

> 누가 능히 하나님께서 택하신 자들을 고발하리요 의롭다 하신 이는 하나님이시니 누가 정죄하리요 죽으실 뿐 아니라 다시 살아나신 이는 그리스도 예수시니 그는 하나님 우편에 계신 자요 우리를 위하여 간구하시는 자시니라(롬 8:24).

어떤 세리가 "의롭다 하심을 받고"(눅 18:14) 성전으로부터 내려간 사실이 그의 행위에 대한 증명이 아니라, 하나님의 값없는 방면으로 인해서였음을 증명한다(제3권 11장 3절 적용).

칭의가 법정 용어에 불과할 수밖에 없는 것은 그 자체가 오직 하나님께서 "우리를 받아들이심"(엡 1:5-6)과 "하나님의 … 값없이 의롭다 하심"(롬 3:24)에 의해서만 가능하기 때문이다. 즉, 우리가 의롭다 함을 받은 것은 하나님께서 우리를 받아주셨다는 것이지 우리의 본질 자체가 하나님의 의에 동등한 의로운 자가 되었다는 것이 아니다.

그런데 오지안더는 하나님이 자기를 우리 안에 옮겨 부으셔서 우리를 마치 자기의 일부처럼 만드신 것으로 착각하여 말도 되지 않는 주장을 하였다.

> 우리가 오직 중보자의 은혜로만 의롭다 함을 얻게 되는 것도 아니고 그의 인격 안에서 의가 단순히 또는 전적으로 우리에게 부여되는 것도 아니며 하나님이 본질에 있어서 우리와 하나가 되실 때 우리가 하나님의 의에 동참하는 자들이 된다(제3권 11장 5절).

심지어 그는 이 주장을 정당화하기 위해 아브라함의 믿음이 그에게 의로 여겨진 것은 하나님의 의이시며 하나님 자신이신 그리스도를 그가 영접하여 놀

라운 덕성들로 뛰어남을 보인 후였다는 거짓 논리를 세웠다(제3권 11장 6절, 353). 그는 '칭의'와 '중생'을 오해하였다. 칭의, 곧 '의롭다 함을 얻는 것'은 오직 하나님의 값없는 은혜로 그와 연합하게 되었음을 의미할 뿐이다.

칭의에 반드시 선행이 따라야 한다는 관점과 관련해서는 칭의의 주체이신 하나님께서 우리의 죄를 용서하시고 그리스도의 의를 전가시켜 주었다는 사실 그 자체 안에 그가 우리를 죄 없음, 곧 우리에게서 완전하고 순결하고 순수한 삶을 보셨음이 내포된다. 우리가 완전하고 순결하고 순수한 존재로 판정될 수 있는 것은 우리가 그리스도를 믿을 때 그리스도의 의(그의 완전하고 순결하고 순수한 행위를 포함)로 말미암음으로써만 가능하다.

이러한 결과로부터 돌이켜보면 믿음 안에 우리를 순결하고 순수하게 하는 선행이 담겨 있다고 하더라도 지나치지 않는다. 믿음이야말로 신자가 하나님께 선행(善行, 신자의 선행은 하나님의 은혜를 받은 후에 이루어지는 열매다)을 하게 하는 진정한 도구인 것이다. 어떤 의미에서는 믿음이 그 자체로 우리의 의식과 상관없이 하나님이 인정하시는 선행을 담고 있다고도 할 수 있다.

그렇다고 믿음이 어떤 가치나 값을 지니고 있다는 것은 아니다. 이미 정의된 대로 믿음은 하나님을 창조주 하나님이시자 나(우리)의 하나님으로 알고, 그리스도를 나(우리)의 구속주로 아는 지식이다. 하지만, 이 믿음이 그리스도를 우리에게 가져다주어 의롭다 함을 입을 수 있게 한다는 의미에서 보면 믿음은 그리스도를 받아들일 수 있게 하는 일종의 그릇과 같다(제3권 11장 7절).

믿음의 관점에서만 보더라도 우리는 의롭다 함을 받기 전에 받아들여짐이 있었음을 인정해야 한다. 그것이 죄의 방면과 그리스도와의 연합됨이다. 이로 말미암아 그리스도의 의의 전가를 받아 우리가 하나님의 심판에서 성결하고 순결하고 순수한 사람으로 인정받게 되는 것이다.

믿음은 동시에 성령의 사역으로 말미암는다. 신자로 하여금 하나님을 창조주 하나님이시자 나(우리)의 하나님으로, 그리스도를 나(우리)의 구속주 하나님으로 믿게 하시는 이도 성령이시다. 이 믿음으로 말미암아 신자는 하나님의 심판대 앞에서 그리스도의 의를 통하여 의롭다 함을 얻는다. 우리의 믿음 그 하나로 하나님은 우리를 이토록 사랑하신다.

진실로 우리의 칭의는 그리스도께서 참 하나님으로서 무거운 짐을 감당하시고, 그의 피로 우리 영혼을 정결케 하시고, 희생 제물이 되어 하나님의 진노를 누그러뜨리시고, 우리의 죄를 방면하시고 제사장 직분을 수행하심으로써 성립할 수 있었다. 그것도 그리스도께서 사람의 본성을 따라 행하셔야 하는 일이었다.

참으로 우리가 의롭다 함을 얻는 것은 "그리스도의 순종하심으로"(롬 5:19)이었으며, 그 방식은 그가 "종의 형체"(빌 2:7)를 취하심으로서였다. 그리스도께서 우리를 그 자신이 하나님께 받은 은혜의 공유자로 만드셨다. 그가 우리를 하나님과 하나 되게 하셨다. 그러므로 우리의 고백은 바울 사도의 고백을 따라가야 한다.

> 내가 가진 의는 율법에서 난 것이 아니요 오직 그리스도를 믿음으로 말미암은 것이니 곧 믿음으로 하나님께로부터 난 의라(빌 3:9).

믿음은 경험을 통해 더욱 깊이 의식되어 강화되어야 한다. 그러기 위해서 신자는 절대적으로 성경을 읽고 듣고 알아가고 실천해야 한다. 복음의 가르침을 들음으로써 자기가 하나님과 화목하게 되었다는 사실과, 그리스도의 의가 중재하고 죄사함을 얻음으로써 자기가 의롭다 함을 얻게 되었다는 사실을 배우며 인식해 가야 한다. 이 깨우침 속에서 사람이 자신의 구원을 확신하며 소유하고 누릴 수 있다.

성경은 이렇게 증언한다.

> 하나님이 죄를 알지도 못하신 이를 우리를 대신하여 죄로 삼으신 것은 우리로 하여금 그 안에서 하나님의 의가 되게 하려 하심이라(고후 5:12).

성경은 또한 공포한다.

> 누가 능히 하나님께서 택하신 자들을 고발하리요 의롭다 하신 이는 하나님이시니(갈 3:10).

성경은 계속하여 선포한다.

> 또 하나님 앞에서 아무도 율법으로 말미암아 의롭게 되지 못할 것이 분명하니 이는 의인은 믿음으로 살리라 하였음이라 율법은 믿음에서 난 것이 아니니 율법을 행하는 자는 그 가운데서 살리라 하였느니라(갈 3:11-12).

그러므로 참 신자는 믿음으로 말미암은 칭의를 얻었음을 잊어서는 안 된다. 신자는 성령께서 일으키시는 믿음으로 말미암아 죄를 용서받고 그리스도와 연합하게 되었다. 이로 인해 신자는 그리스도의 의를 전가 받았다. 이것이 칭의다. 이를 계기로 신자는 하나님의 심판대 앞에서 자신의 모든 죄가 방면되고 그리스도의 의를 좇아 의롭다는 판결을 받게 되었다. 사람이 하나님의 공의로운 재판정에서 그리스도의 의로 말미암아 완전히 성결하고 순결하고 순수한 존재가 된 것이다.

이로 본다면 우리가 믿는다고 할 때의 그 믿음은 그 자체 안에 하나님께서 온전하고 성결하다고 인정할 만한 선행이 담겨 있음이 드러난다. 이 믿음의 선행은 결코 사람이 할 수 있는 일이 아니다. 이 믿음에는 사람의 행함이 끼어들 여지가 없다.

결론을 맺자.

믿음으로 얻는 칭의는 법정 용어다.

칭의는 두 부분으로 이루어진다.

첫째, 사람이 죄를 용서받은 것이다.
둘째, 그리스도의 의의 전가를 받은 것이다.

신자는 성령께서 일으키시는 믿음으로 말미암아 의롭다 함을 입는다. 그러므로 모든 신자는 칭의를 계기로 "오직 의인은 믿음으로 말미암아 살리라"(롬 1:17)라는 말씀을 고백하며 그렇게 실천하는 삶을 살아야 한다.

제12장

칭의의 목적

칭의의 문제는 궁극적으로 "하늘 심판자가 부르셔서 전말을 추궁하시면 어떻게 답할 것인가?"와 상관된다(제3권 12장 1절). 이와 관련하여 빼놓을 수 없는 것은 이 말씀이다.

> 누구든지 율법 책에 기록된 대로 모든 일을 항상 행하지 아니하는 자는 저주 아래 있는 자라(갈 3:10; 신 27:26).

하나님은 우리의 전말을 추궁하시기에 우리는 누구이든지 간에 하나님께 나아가 그의 의지에 따라서 심문을 받아야 한다. 누구도 예외가 없다. 사람이 그대로라면 이 심문에서 죽음을 면할 수 있는 자는 아무도 없다. 그런데 우리에게 또 다른 길이 있다. 그것은 우리가 하나님께 이렇게 호소하는 것이다.

> 주의 종에게 심판을 행하지 마소서 주의 눈 앞에는 의로운 인생이 하나도 없나이다(시 143:2).

사람이 자신의 헛된 확신에 속아 하나님의 심문을 무시하거나 그에게 자신의 죄에 대한 용서를 먼저 구하지 않는 것은 하나님께로부터 의롭다 함을 받는 것을 방해한다.

실제로 사람은 본성적으로 자신의 행위를 스스로 깨끗하다고 여기는 경향이 있다(잠 16:2). 우리는 우리의 이러한 양심을 반드시 하나님의 심판좌 앞으로 소환 당하게 해야 한다. 이때에 우리는 우리 자신의 역량이 하나님의 은혜를 누릴 만큼 된다고 생각하는 그 교만을 필히 겸손하게 낮추어야만 한다. 우리 자신의 비참함과 무능함을 진지하게 의식하고 우리의 마음이 어찌할 수 없음을 인정하면서 가식 없이 하나님께 복종당해야 한다(제3권 12장 6절 적용).
그리스도가 오신 것은 의인이 아니라 우리와 같이 비참하고 무능한 죄인을 구속하러 오셨다. 그가 오신 목적은 이러하다.

> 주 여호와의 영이 내게 내리셨으니 이는 여호와께서 내게 기름을 부으사 가난한 자에게 아름다운 소식을 전하게 하려 하심이라 나를 보내사 마음이 상한 자를 고치며 포로된 자에게 자유를 갇힌 자에게 놓임을 선포하며(사 61:1).

그러므로 사람은 그리스도의 오심의 이유를 분명히 알고 자신의 교만과 자만을 내려놓고서 겸손해져야 한다. 무엇보다도 통회의 마음으로 자신(의 마음)을 비워서 하나님의 자비의 열매를 나누어 가질 수 있는 준비를 해야 한다. 그럴 때 사람이 하나님의 의롭다하심을 입게 된다.

칭의의 목적은 오직 그리스도 안에서 오직 하나님께 영광을 올리게 하는 데 있다(제3권 13장 1절). 하나님께서 우리를 의롭다 하심은 오직 하나님 한 분만을 자랑하게 하려는 데 있다는 말이다. 성경은 칭의의 목적을 이렇게 요약한다.

> 그러나 너희는 택하신 족속이요 왕 같은 제사장들이요 거룩한 나라요 그의 소유가 된 백성이니 이는 너희를 어두운 데서 불러내어 그의 기이한 빛에 들어가게 하신 이의 아름다운 덕을 선포하게 하려 하심이라(벧전 2:9).

따라서, 칭의의 과정에서 사람이 자신에게 있는 무엇인가가 나름의 역할을 했을 것으로 여긴다면 이는 하나님께 반역하는 것이고 그의 영광을 낚아채는 행위다. 믿음으로 의롭게 된다는 하나님의 약속은 사람의 행위나 율법의 준수와는 전혀 상관이 없다. 그 약속은 오직 하나님의 은혜와 그리스도의 의에 의해서만 성취될 수 있다.

이 언약을 믿는 것, 곧 그 언약을 받아들이는 그 자체로 사람이 자신의 교만과 자기 의지를 버리고 하나님의 은혜와 그리스도의 의를 인정하는 것이 된다. 아브라함이 의롭다 함을 받은 것이 믿음으로 말미암은 것이지 그의 행위로 된 것이 아니라는 사실이 이를 증명한다. 칭의는 사람의 행위에서 난 것도 아니고 날 수도 없기에 누구라도 자랑할 수 없다(엡 2:8-9).

또한, 행위는 성경이 말하는 구원에 이르는 인과들에 비추어 보더라도 전혀 상관이 없다(제3권 14장 17절).

첫째, 구원의 인과는 효과인이라 할 수 있는 '하나님의 은혜'로 값없이 의롭다 함을 얻는다(롬 3:23-24).
둘째, 질료인으로서 '그리스도 안에 있는 속량'으로 얻을 수 있다(롬 3:24).
셋째, 형상인 혹은 도구인인데 '그의 피'를 믿음으로 말미암아 의롭다 함을 받는다(롬 3:25).
넷째, 구원의 목적인으로서 하나님의 의의 증거와 선하심을 찬양한다(롬 3:26).

요약하면, 이 모든 구원의 인과를 전적으로 하나님으로부터 나온 것으로서(제3권 15장 7절), 사람에게서는 전혀 나올 수 없는 조건들이다.
칭의가 성도에 대하여 지니는 의의는 두 가지다.

첫째, 우리를 향한 권고다.

> 하나님께로부터 난 자마다 죄를 짓지 아니하나니(요일 3:9).

> 자기를 깨끗하게 하면 귀히 쓰는 그릇이 되어(딤후 2:21).

둘째, 우리를 위한 위로다.

> 우리가 사방으로 우겨쌈을 당하여도 싸이지 아니하며 답답한 일을 당하여도 낙심하지 아니하며 박해를 받아도 버린 바 되지 아니하며 거꾸러뜨림을 당하여도 망하지 아니하고 우리가 항상 예수의 죽음을 몸에 짊어짐은 예수의 생명이 또한 우리 몸에 나타나게 하려함이라(고후 4:8-10).

> 내가 확신하노니 사망이나 생명이나 천사들이나 권세자들이나 현재 일이나 장래 일이나 능력이나 높음이나 깊음이나 다른 어떤 피조물이라도 우리를 우리 주 그리스도 예수 안에 있는 하나님의 사랑에서 끊을 수 없으리라(롬 8:38-39).

그렇다고 칼빈이 믿음으로 의롭게 된다는 교리에서 사람이 아무런 행위도 하지 않는다고 하는 것은 아니다. 다만 그가 말하는 행위는 스콜라주의자들의 그것과는 전혀 다르다. 그의 행위는 공로(merit)가 아니라 선행(good works)이다. 신자의 선행은 그 자신이 죄인임을 인정하고 하나님께 나오며 자신의 교만과 자만을 하나님께 내던지는 마음을 갖는 것으로부터 시작된다.

동시에 신자가 하나님의 은혜와 그리스도의 의로 자신이 의롭게 된다는 하나님의 약속을 믿는 것(영접하는 것)을 포함한다. 동시에 이에 감사하여 하나님을 경배하며 그의 명령을 따라 사는 것이다. 이러한 일체의 행위가 신자의 선행이다.

애시당초 신자가 하나님의 명령에 맞게 율법 완수를 통해서 스스로 의를 성취하는 것은 불가능하다. 신자의 행위 안에 구원을 이룰 공적이 될 만한 것이 전혀 없기 때문이다. 아우구스티누스의 고백대로 이것을 알아야 한다.

> 사람은 자기가 지니고 있는 모든 선을 자기 자신이 아니라 자기의 하나님으로부터 지니게 된다는 사실을 깨닫게 될 때, 자기 안에서 칭찬을 받는 모든 것이 자기 자신의 공로가 아니라 하나님의 자비로 말미암아 존재한다는 사실을 깨닫게 된다(제3권 15장 2절).

더욱이 성경이 가르치는 의는 오직 하나님의 자비에, 오직 그리스도와의 교통함에, 오직 믿음에로 한정된다. 따라서, 믿음으로 의롭게 됨에 있어서 사람의 행위가 단독으로 설 자리는 없다(제3권 15장 1절).

하지만, 신자의 선행은 부르심의 열매로써 신자가 하나님의 자녀로 택함 받았다는 증거가 된다. 다만 신자의 행위(선행)는 반드시 성령이 내주하는 증거로서의 중생의 열매로 맺혀져야 한다. 이러한 선행의 과정 속에서 신자는 하나님의 도움을 기다리며 하나님을 아버지로 경험한다. 그 선행이 칭의의 조건이 아니라 칭의 된 이후, 곧 하나님의 자녀로서 자신의 아버지 하나님의 은총을 선포하기 위한 것이라 하는 이유도 여기에 있다(제3권 14장 19절).

이상에서 신자는 믿음으로 의롭다 함을 받는 것과 관련하여 공로가 아니라 선행이 요구되고 있음이 드러난다. 성도가 믿음으로 의롭다 함을 얻기 위해 취해야 할 최초의 선행은 하나님의 심판좌를 마음속에 의식하면서 자신이 죄인임을 인정하는 행위다. 그 후의 선행은 자신의 죄가 하나님께로부터 사면되고 의롭다 함을 입었음을 믿는 것이다. 그 후에는 우리를 먼저 사랑하신 하나님을 섬기며 사랑하는 것이다(요일 4:11). 그리고 이웃을 섬기는 것이다.

신자의 선행은 하나님의 은혜가 아닐 수 없다. 신자에게 있는 모든 것이 하나님이 주신 권능이요 은사요 능력이기 때문이다. 하지만, 하나님께서는 우리의 행위를 모두 전적으로 '우리의 것' 또는 우리 자신이 한 것이라고 인정해 주신다. 하나님은 우리의 미약한 선행을 보시고서도 그리스도께 속한 그 모든 하늘의 보화와 영광을 우리의 것으로 주신다.

그리스도 역시 그 자신이 우리에게 부여하셨음에도 불구하고 우리의 선행을 '우리의 것'이라 부르시고 보상을 받을 만하다고 인정해 주신다. 신자의 선행이 그 자체의 어떤 가치를 지니고 있어서가 아니라 하나님의 선하심 그 자체로부터 나온 (특정한) 가치가 그것에 매겨지고 있는 것이다(제3권 15장 3절 적용).

그래서 신자는 선행을 해야만 한다. 일체의 선행은 언제든지 자신이 하나님의 심판을 받아야 하는 존재임을 인정하는 데서부터 시작된다. 그리고 하나님의 은혜와 그리스도의 의로 말미암아 하나님의 자녀가 된다는 하나님의 언약을 믿어 의롭다 함을 받은 자임을 언제나 믿는 선행이 실천되어야 한다. 동시에 하나님의 자녀로서 하나님과 그리스도의 영광에 참여하기 위하여 삼위일체 하나님을 따르고 섬기고 전하고 찬양하는 등의 신자로서의 사명을 다하는 선행이 이어져야 한다.

이러한 선행의 근저에 자리하는 것이 믿음이다. 하나님께서 보시는 신자의 최고의 선행이 믿음이라는 말이나 마찬가지다. 굳세고 강한 믿음을 토대로 하여 인내와 연단을 더하면서 그리스도의 믿음의 분량으로까지 자라가는 것 그것이 신자가 하나님 앞에서 행해야 할 최고의 선행이라 할 수 있다. 이 선행은 신자의 모든 생활과 삶의 전선에서 실천되어야 한다.

> 오직 의인은 믿음으로 말미암아 살리라 함과 같으니라(롬 1:17).

말씀대로 사는 것이 신자의 선행이다.

제13장

칭의에 관한 율법과 복음의 조화

믿음으로 의롭다 함을 얻는다는 교리를 무너뜨리기 위해 사탄은 자기 수하들(스콜라주의자들)을 활용해 왔다. 그들은 믿음으로 의롭다 함을 받는다는 교리가 선행을 부정한다고 한사코 주장하고 있다. 이 교리로 인해 사람이 칭의를 얻기 전에도, 칭의를 얻은 후에도 선행을 하지 않아도 되는 것으로 생각하게 된다는 주장이다(제3권 17장 1절).

스콜라주의자들은 율법이 결코 쓸모없는 것이 아니라고 강변한다. 그래서 믿음으로만이 아니라 이 율법에 근거해서 의롭게 되는 행위가 필요할 수밖에 없다는 입장이다. 그들이 내세우는 증거는 이렇다.

> 너희가 이 모든 법도를 듣고 지켜 행하면 네 하나님 여호와께서 네 조상들에게 맹세하신 언약을 지켜 네게 인애를 베푸실 것이라(신 7:12).

> 너희가 만일 길과 행위를 참으로 바르게 하여 이웃들 사이에 정의를 행하며 이방인과 고아와 과부를 압제하지 아니하며 무죄한 자의 피를 이 곳에서 흘리지 아니하며 다른 신들 뒤를 따라 화를 자초하지 아니하면 내가 너희를 이 곳에 살게 하리니 곧 너희 조상에게 영원 무궁토록 준 땅에니라(렘 7:5-7).

이 말씀에 근거할 때 오직 믿음으로만 의롭게 된다고 하면 율법 자체가 역할이 없으며 쓸모없는 것이 되는 것처럼 보인다. 그 반대의 경우, 행함으로 인해 의롭게 되는 것이 되기에 믿음에 의해 의롭게 된다는 것이 또한 쓸모없게 된다.

하지만, 칼빈은 이 말씀들을 이들과 전혀 다르게 이해한다. 그는 이 말씀의 핵심 교훈을 하나님께서 율법 안에 "복과 저주를 너희 앞에 두"(신 11:26)셨다는 사실 자체로 내세웠다. 복과 저주는 아담의 경우에서 확인되듯이 생명과 죽음이다. 율법의 이러한 역할에 대하여 칼빈의 대처는 단호하다. 그는 율법이 우리에게 죄책을 일으켜 은총을 간구하도록 일깨워 주는 역할을 할 뿐이라는 것이다.

율법의 약속은 하나님의 선하심이 없으면 아무 쓸모가 없는 것으로 간주되었다. 더더욱 결정적인 것은 율법을 통한 의롭게 됨이 무효한 것은 사람이 본성적으로 율법을 완전하게 지킬 수 없다는 것이었다(제2권 7장 3-5절 적용).

율법이 우리에게 생명 혹은 죽음, 복 아니면 저주가 되고, 동시에 사람이 그것을 완전하게 지킬 수 없는 것이 사실인 한, 우리는 이미 죽음과 저주 아래 놓여 있다. 이러한 죽음의 상황은 일시적이 아니라 영원한 사태다. 이 상황이 사람의 영적 실재다. 사람이 자신은 율법의 저주 아래 있다는 사실을 믿지 않는다고 주장한다 해서 이 저주로부터 벗어날 수 있는 것도 아니다. 의인은 없나니 한 사람도 없다.

그러나, 율법의 약속들이 무효화되는 길이 있다. 칼빈은 그 길을 하나님께서 당신의 자비하심으로 우리를 돕기 위하여 보내주신 복음에서 찾았다. 복음의 도움은 의롭다 함을 얻는 데 모자라는 부분을 보충하는 것이 아니라 그리스도를 우리에게 주셔서 그 분 안에서만 의의 완성이 이루어진다는 진리의 선포이자 선언 그 자체다(제3권 17장 2절).

그 바른 정의가 바울 사도에게서 정확히 규정된다.

> 사람이 의롭게 되는 것은 율법의 행위로 말미암음이 아니요 오직 예수 그리스도를 믿음으로 말미암는 줄 알므로 우리도 그리스도 예수를 믿나니 이는 우리가 율법의 행위로써가 아니고 그리스도를 믿음으로써 의롭다 함을 얻으려 함이라 율법의 행위로써는 의롭다 함을 얻을 육체가 없느니라(갈 2:16).

그러므로 오직 예수 그리스도를 믿음으로 의롭다 함을 받는다면 율법의 행위가 의롭게 됨의 보상이 될 턱이 없다. 율법의 행위는 우리의 의롭게 됨에 대해 아무런 보탬이 되지 않기 때문이다.

그렇다고 율법이 믿음으로 의롭다 함을 받음과 관련하여 전혀 쓸모가 없는 것인가?

그렇지는 않다. 우리가 믿음으로 의롭다 함을 받음에만 집중하게 되면 자칫 율법이 지니는 나름의 의의를 완전히 사라지게 할 수가 있다. 율법의 역할은 분명히 있다.

이와 관련하여 다윗의 기도를 참고해 보자.

> 주의 진리로 나를 지도하시고 교훈하소서 주는 내 구원의 하나님이시니 내가 종일 주를 기다리나이다(시 25:2).

> 여호와는 선하시고 정직하시니 그러므로 그의 도로 죄인들을 교훈하시리로다(시 25:8).

> 자기 허물을 능히 깨달을 자 누구리요 나를 숨은 허물에서 벗어나게 하소서(시 19:12).

> 여호와여 나의 죄악이 크오니 주의 이름으로 말미암아 사하소서(시 25:11).

시편 25편 2절과 8절의 기도 속에서 뚜렷이 드러나고 있는 것은 구원자가 하나님이시라는 사실이다. 이 두 말씀은 다윗 역시 하나님의 자비로 말미암아 그리스도를 믿음으로 의롭게 된다는 사실을 간접적으로 확인시킨다.

"자기 허물을 능히 깨달을 자"와 "나의 죄악이 크오니"의 두 구절은 다윗이 자기의 잘못됨을 알고 있으며 동시에 이 잘못(죄악)의 해결의 필요성을 알고 있음을 시사한다.

그가 어떻게 자신의 죄를 알았을까?

그것은 율법을 통해서다. 율법은 몽학선생으로 하나님의 의가 무엇인지와 그 의에 미치지 못했을 때 그것이 허물(죄)이라는 사실, 그리고 이 허물로 인해 하나님의 심판을 받게 된다는 사실을 가르쳐 준다.

동시에 율법은 그 자체 안에 하나님의 심판을 면할 길이 있음을 내포하고 있다. 율법을 지켰을 때 주어지는 상급이 그 안에 약속되어 있다는 것이 그것이다. 그 길은 오직 하나님의 성취의 몫이다. 그 완성은 사람으로서는 불가능하고 오직 그리스도의 의로써만 가능하기 때문이다.

다윗이 "주의 진리로 나를 지도하시고 교훈"해 달라고 하며 "주의 이름으로 말미암아 사"해 달라고 기도하는 것이 그리스도의 의를 통한 완성임을 가리킨다. 율법의 약속은 그것이 명령하는 것을 행하면 (당신에게) 보상이 있다는 것이다(제3권 17장 6절).

이 보상 안에 복음의 약속이 담겨 있다. 복음의 약속은 율법의 행함과는 관계가 없는 것이며 하나님께서 자기를 사랑하는 자들과 맺은 자비의 언약을 지키신다는 사실을 내포한다. 즉, 하나님 자신의 언약에 따라 모든 불완전한 것이 그리스도의 완전함으로 가려지고 그리스도의 순수함으로 정결해져서 하나님의 심판에서 아무런 문제가 되지 않게 되는 것이다.

이 일이 그의 의로 인정되었으니 대대로 영원까지로다(시 106:31).

이로써 칭의는, 율법이 암시하고 있듯이, 우리의 행위가 아니라 하나님께서 그리스도의 의로 인해 우리의 불의에 대한 기억을 지워 버리시고 의롭게 여기시는 것임이 드러난다. 아브라함이 이스마엘이나 이삭을 낳기 전에 의롭다 함을 받은 것이 그 증거다(제3권 17장 14절).

궤변론자들은 "온전하게 행하는 자가 의인이라"(잠 20:7), "공의로운 길에 생명이 있나니 그 길에는 사망이 없느니라"(잠 12:28), "율례를 지키고 의를 행하면 의로운 삶을 산다"(겔 18:9, 21 ; 33:15) 등의 말씀을 제시하면서 의롭게 된 사람은 율법을 지키고 완전한 사람으로 살아가야 한다고 강변한다.

과연 그런가?

실제로 그들이 제시한 말씀대로 완전하게 산 사람이었던가?

성경의 증언대로 한 사람도 없다. 그래서 아우구스티누스는 "우리가 성도의 덕성을 완전하다고 부를 때, 이 완전함 자체에는 또한 진리 가운데서와 겸손 가운데서의 불완전함에 대한 지식이 포함된다"(3권 17장 16절)고 주장하였다.

야고보가 말한 행함이 있는 믿음은 의의 전가가 아니라 의의 선포에 관한 것이었다. 그의 행함의 믿음은 "외관적인 믿음의 가면이 아니라 참된 믿음으로서 의로운 자들은 자기들의 의를 순종과 선행으로써 증명"하라는 것이었다. 행함 내지 선행은 의의 열매이지 의를 위한 조건이 아니다(제3권 17장 12절 적용).

진실로 "만약 자비로운 하나님이 은혜를 베풀지 아니하셨다면 … ", "불경건한 자를 의롭다 여기는 은혜가 앞서지 않았다면 … " 우리에게 면류관, 의, 영생 등은 있을 수 없다.

"만약 그들 안에 있는 모든 불의를 그의 관용이 숨기지 않았더라면 … " 의의 전가는 있을 수 없다.

"만약 그의 선하심에 의해 그들 안에 있는 형벌 받아 마땅한 것이 지워져 없어지지 않았다면 … " 우리에게 어떠한 보상 역시 있을 수 없다(제3권 18장 5절).

선행의 의란 오직 하나님이 은총을 우리에게 베푸셔서 그것(의 의)을 인정하시느냐 그렇지 않느냐에 달려 있을 뿐이다.

믿음으로 의롭다 함을 받은 사람으로 살아가면 분명히 상급이 있다. 특히, 그들이 환란을 겪었을 때 더욱 그러하다. 바울 사도는 환난을 겪던 데살로니가 사람들에게 이렇게 말했다.

> 이는 하나님의 공의로운 심판의 표요 너희로 하여금 하나님의 나라에 합당한 자로 여김을 받게 하려 함이니 그 나라를 위하여 너희가 또한 고난을 받느니라(살후 1:5).

> 우리가 하나님의 나라에 들어가려면 많은 환란을 겪어야 할 것이니라(행 14:22).

그는 우리의 몸에 그리스도의 흔적을 지녀야 한다고도 하였다(갈 6:17).

하나님이 신자들의 선행에 대해서 갚으시는 은총은 선행 이전에 베푸시는 은총과 다를 바 없이 그 원인이 오직 하나님의 자비에 있을 뿐이다(3권 18장 2절). 그 행함의 은총조차 주님께서 신자들의 행위를 생각하기 전에 이미 그가 그들에게 베푸신 것이기 때문이다. 그러기에 신자들의 행위에 대한 보상이 하나님의 은혜의 선물이라고 하는 것이다.

참으로 하나님의 자비와 그리스도의 의의 공로로 의롭다 여김을 얻는 믿음이라면 그것은 사랑으로써 역사할 수밖에 없을 것이다.

> 산을 옮길 만한 모든 믿음이 있을지라도 사랑이 없으면 내가 아무것도 아니요(고전 13:2).

> 믿음 소망 사랑 이 세 가지는 항상 있을 것인데 그중의 제일은 사랑이라(고전 13:13).

믿음은 행위의 가치가 아니라 하나님의 자비와 그리스도의 공로에 의존한다는 데서 의의를 지닌다. 믿음이 의롭다 함을 얻게 하는 도구라는 말이다

(제3권 18장 8절). 예언, 방언, 통역, 지식 등의 모든 은사는 우리를 이끌어 하나님을 아는 지식에 이르도록 하려는 목표를 가지고 있다. 하나님을 더 알고자 하는 것은 소망이다.

그러므로 신자는 이 세상을 사는 동안에 믿음과 소망을 통해서 하나님을 알아가게 된다. 이 믿음과 소망을 지니고 살 때 반드시 사랑이 솟아난다. 그러므로 사랑은 당연하고도 필연적이며 지극히 마땅한 신자의 선행이다. 신자들의 사랑의 행위가 의의 열매가 되는 이유가 여기에 있다. 신자의 사랑 행함은 결코 공로일 수 없으며 더더욱 보상을 말할 수 없다.

이상에서 믿음으로 의롭게 됨(칭의)과 관련하여 율법이 하는 역할은 하나님의 의가 무엇인지를 알려 주고 그 의를 위해서는 하나님께로 향해야 함을 몽학선생으로서 가르쳐 주고 있음이 드러난다. 율법은 그 자신이 하지 못하는 것에 대하여 복음 곧 그리스도의 의로 말미암아 의롭게 되는 길을 알려 주고 있다. 복음은 하나님의 자비와 그리스도의 의를 만천하에 선포하여 그를 믿음으로 의롭게 됨을 확증한다.

이를 믿음으로써 신자는 죄를 용서받고 의롭다 함을 인정받는다. 의롭다 함을 받은 신자에게서는 믿음과 소망으로 살아가는 과정에서 그리스도로 말미암는 사랑이 자연스럽게 필연적으로 솟아나온다.

참 신자는 그 사랑을 좇아 실천하며 살아가는 사람이다. 어떤 신자라도 이 사랑을 실천하고자 하는 마음과 능력을 하나님의 은혜로 말미암아 모두 받았다. 하지만, 사랑을 실천하는 삶에서 완전한 자는 한 사람도 없다. 그래서 허물이 있고, 부족함도 많다. 그러기에 신자는 온전히 하나님만을 의지하며 하나님의 베푸시는 은총을 좇아 사랑을 실천하며 선을 이루어 가야 한다. 이 삶의 과정에서 그리스도로 말미암아 진정한 자유를 누리는 신자가 참으로 하나님을 예배하는 자다.

제14장

그리스도인의 자유 (칭의의 부록)

칼빈에 따르면 그리스도인의 자유는 칭의의 부록으로서 그것의 능력을 이해하는 데 있어서 중요하다. 그가 칭의를 먼저 소개한 후에 그리스도인의 자유를 말하는 것은 이러한 순서를 따르는 것이 더 효과적이라고 보았기 때문이었다. 아마도 그는 칭의로부터 오는 그리스도인의 자유를 설명해야만 소위 자유라는 말이 그(녀)에게 온갖 욕망의 발산을 허용하지 않는 것임을 명확히 알게 될 것으로 생각했던 것 같다.

동시에 그 자유가 하나님에 대한 모든 순종의 굴레를 벗겨지게 하는 것이 아님을 분명히 알 수 있다고 생각한 것 같다. 그런데도 칭의로부터 오는 그리스도인의 자유가 없다면 그리스도도, 복음의 진리도, 영혼의 내적 평화도 올바르게 인식될 수 없다는 것은 분명하다(제3권 19장 1절).

칼빈은 그리스도인의 자유가 세 부분으로 이루어져 있다고 보았다.

첫째, 그리스도인들의 양심이 하나님 앞에서 의롭게 됨을 추구하는 과정에서 율법을 넘어서야 하며 율법에 의해서 의롭게 될 수 있다는 생각을 더 이상 하지 않아야 한다.

율법은 어느 누구도 자유로운 상태로 놓아두지를 않는다. 그래서 칭의를 소망하는 사람은 우선적으로 그리고 반드시 율법으로부터 해방되어야 한다. 율법으로부터의 해방의 핵심은 율법이 주관하는 일체의 행위의 논리로부터 완전히 배제되는 데 있다. 그 출발은 "어떻게 의로울 수 있는가"의 물음에서가 아니라 "불의하고 무가치한 우리가 어떻게 의롭다 여김을 받을 수 있는가"의 물음에서 비롯된다(제3권 19장 2절).

이와 관련하여 성경은 그리스도인들이 (율법을 준수함이 아니라) 거룩함에 이르도록 부르심을 받았다고 선포하였다(살전 4:7; 엡 1:4). 이 전제에 따르면 그리스도인의 삶 전체는 율법(의 행함이나 준수 포함)이 아니라 경건(거룩함)의 훈련이 되어야 한다. 그리고 경건의 훈련은 율법의 모든 완전함을 능가하시는 한 분 그리스도의 의와 연결되기 마련이다. 그리스도인은 그리스도의 의로 말미암아 율법의 행위에서 자유로운 자들이 되는 것이다.

율법으로부터의 자유는 '율법의 의식과 저주'로부터의 자유까지를 포함한다. 이에 대한 성경의 증언은 이렇다.

> 그리스도께서 우리를 위하여 저주를 받은 바 되사 율법의 저주에서 우리를 속량하셨으니 기록된 바 나무에 달린 자마다 저주 아래에 있는 자라 하였음이라(갈 3:13).

> 그리스도께서 우리를 자유롭게 하려고 자유를 주셨으니 그러므로 굳건하게 서서 다시는 종의 멍에를 메지 말라(갈 5:1).

이 실제 사례가 그리스도의 오심 이후 폐지된 율법의 옛 그림자를 다시금 교회 속으로 끌어들이려고 하는 거짓 사도들과 맞서고 있던 바울 사도의 행적에서 확인된다. 그는 거짓 사도들이 교회에 할례를 행하는 의식을 끌어들이려는 것을 강하게 거부하였다.

> 보라 나 바울은 너희에게 말하노니 너희가 만일 할례를 받으면 그리스도께서 너희에게 아무 유익이 없으리라 내가 할례를 받는 각 사람에게 다시 증언하노니 그는 율법 전체를 행할 의무를 가진 자라 율법 안에서 의롭다 함을 얻으려 하는 너희는 그리스도에게서 끊어지고 은혜에서 떨어진 자로다(갈 5:2-4).

그는 "우리가 성령으로 믿음을 따라 의의 소망을 기다리노니 그리스도 예수 안에서는 할례나 무할례나 효력이 없으되 사랑으로써 역사하는 믿음뿐이니라"(갈 5:5-6)라고 증언하면서 율법의 의식 대신에 믿음과 소망과 사랑을 제시했다.

그리스도인들이 진정 율법의 정죄로부터 자유롭게 되는 것이 그리스도의 십자가를 통해서일진대 그리스도 한 분 안에서만 완전한 확신을 가지고 쉼을 누리는 그 자체가 그들의 자유다. 그리스도인들이 할례의 저주나 의식으로부터 벗어나서 하나님과 그리스도로 인한 믿음과 소망과 사랑을 가지고 살아가는 것이 자유라는 말이다.

둘째, 그리스도인의 자유는 하나님의 뜻에 자발적으로 순종하는 자유다(제3권 19장 4절).

본래 율법의 규범은 우리가 마음을 다하고, 영혼을 다하며, 힘을 다하여 하나님을 사랑해야 한다는 것이다(신 6:5). 이렇게 하려면 우리의 영혼은 다른 모든 지각과 생각을 없애고 마음의 욕정도 지워내야 한다. 우리의 온 힘도 하나님을 사랑하는 것으로 결집되고 집중되어야 한다.

그런데 우리에게는 욕정이 있어서 하나님만을 사랑하지 못한다. 우리의 육체는 우리를 약화시키며 그것의 욕망을 좇게 한다. 우리는 율법의 준수에 있어서 참으로 무능하다. 이러한 행위의 불완전함이 곧 율법 위반이다. 이 사실을 끊임없이 자각하면서 율법의 정죄를 받아야 마땅하다고 의식하는 그 자체가 우리가 율법의 저주 아래에 있는 증거다.

그런데 칭의의 그리스도인은 그리스도 한 분 안에서 완전한 확신을 가지고 쉼을 얻었기에 이미 율법의 저주에서 벗어난 자들이다. 그리스도인인 우리는 하나님 아버지로부터 보살핌을 받는 자녀들이다.

그렇기에 그리스도인들은 막 시작된 일, 절반만 이루어진 일, 심지어 약하게 여겨지는 일조차도 주저 없이 하나님께 드릴 수 있으며 또한 드리려 한다. 그들은 하나님을 사랑하여 하는 어떤 행함이 이제 겨우 시작 단계라 하더라도 그 행함의 완전함과는 상관없이 하나님께 드릴 수 있는 자유를 누린다. '율법의 의식과 저주'에 매임이 없이 그들은 하나님의 자녀로서 충성을 드린다. 그것이 두 번째 그리스도인의 자유다.

우리 그리스도인들이 이 확신을 가지고 하나님께 예배하지 않으면 하나님께서는 우리의 어떤 행위에 대해서도 예배를 받고 계신다고 생각지 않으신다. 그래서 칭의 곧 믿음에 의한 의롭다 함을 받는 것이 하나님을 예배하는 결정적 요소다. 칭의의 자녀는 하나님의 은혜 아래 있다.

> 죄가 너희를 주장하지 못하리니 이는 너희가 법 아래에 있지 아니하고 은혜 아래에 있음이라(롬 6:14).

하나님의 은혜 아래 있는 자녀들은 더 이상 자신들의 지체를 불의의 무기로 죄에게 내주어서는 안 된다. 오히려 죽은 자 가운데서 다시 살아난 자로서 자신들의 지체를 하나님께 드려야 한다. 당연히 그것들을 의의 무기로 드려야 한다. 이것이 하나님께 자발적으로 순종할 수 있는 그리스도인들의 자유다.

이 자유의 특성은 그리스도인들이 여전히 정욕으로 가득 찬 육체를 지니고 있으며 자기들 속에 의가 살아 있다거나 하는 데 대해 아직 완전한 확신이 없는 것과 상관없이 주어진다는 데 있다. 그리스도인들이 하나님의 은혜로 인하여 이미 율법에서 해방되었기에 율법이 그들의 행위를 판단할 수 없다는 이유에서다(제3권 19장 6절).

이런 의미에서 칭의의 그리스도인들은 어린아이처럼 미숙한 사랑의 행위를 통해서라 하더라도 하나님께 순종하고 예배할 수 있는 진정한 자유를 지닌 자들이다.

셋째, 자유는 구원과 무관한 '중립적인 것들'(ἀδιάφοροι, things indifferent)에 있어서 행하거나 행하지 않을 자유이다(제3권 19장 7절).

'중립적인 것들'은 하나님 앞에서 종교적으로 매이지 않는 것들이다. 예컨대 고기를 마음껏 먹을 수 있는 자유와 먹지 않을 자유, 옷을 입고 벗을 자유, 휴일을 즐길 자유와 즐기지 않을 자유 등등이다. 만약에 맛있는 음식이나 비싼 음식이 불법인가 불법이 아닌가, 또는 값싼 빵을 먹을 것인가 보통의 음식을 먹을 것인가 등으로 깊게 생각하기 시작하면 하나님 앞에서 평화로운 식탁을 대할 수 없게 된다.

이러한 논쟁들은 한 번 시작되기만 하면 가볍게 끝나지 않으며 경우에 따라서는 심각한 결과를 가져올 수도 있다(예를 들면, 음주문제나 다양한 직업 종류의 선택, 골프 등의 스포츠와 관련된 문제 등등). 그래서 중립적인 것들에 대한 자유를 올바르게 누리는 것이 그리스도인들에게는 대단히 중요하다.

그런데 중립적인 것들이라 하더라도 이 역시 하나님이 우리에게 주신 것이기에 이에 대한 자유의 행사는 하나님이 주신 선물들을 주어진 용도대로 어떤 양심의 가책이나 영혼의 동요 없이 사용되게 하는 것이 필수적이다. 잊지 말아야 할 것은 그리스도인의 자유는 전적으로 영적이라는 사실이다. 영적으로 자유를 누릴 때에만 그 자유가 하나님 앞에서 두려워 떨고 있는 (우리의) 양심을 평온하게 진정시킬 수 있다(제3권 19장 9절).

어떠한 중립적인 것들에 대해서든지 하나님 앞에서 양심의 가책이나 두려움 없이 마음껏 누리고 즐길 수 있다면 그 그리스도인은 그리스도인의 자유에 어울리는 자유를 누리고 있다고 말할 수 있다.

참으로 그리스도인들은 자유자들이다. 이 자유가 반드시 선포되고 누려져야 한다. 하지만, 이 자유가 다른 이들을 넘어지게 하거나 시험에 들게 할 정도로까지 활용되어서는 안 된다. 중립적인 것들에 대해 자유하게 되는 것과 되지 않는 것이 모두 중요한 이유다. 바람직한 방법은 그 자유를 누림에 있어 신자들이 서로 종노릇 하는 마음가짐이다.

> 형제들아 너희가 자유를 위하여 부르심을 입었으나 그러나 그 자유로 육체의 기회를 삼지 말고 오직 사랑으로 서로 종노릇 하라(갈 5:13).

바울 사도는 자유 안에서 디모데에게는 (동일한) 할례를 베풀라고 했고(고전 9:19-22), 역시 자유 안에서 디도에게는 (동일한) 할례를 베풀지 말라고 하였다(갈 2:3-5). 그가 이렇게 자유롭게 권면할 수 있었던 것은 어느 경우든 그것이 구원과 복음을 위한 것이었기 때문이었다.

이상에서 그리스도인들의 중립적인 것들에 대해 누리는 자유는 사랑의 열심을 다하는 것이자, 이웃을 위하여 덕을 세우려는 마음 쏟음의 표출이어야 함이 드러난다. 참으로 그리스도인의 자유는 사랑에 종속되어야 한다. 그것은 동시에 믿음의 순수함 아래서 준수되어야 한다.

사람에게는 양심이 있다. 그리스도인의 양심이라 하더라도 그것이 사람들과 세상의 권세와 법에 얽매이게 되면 그리스도 안에서 누리는 자유와 멀어질 수밖에 없다. 그리스도인이 자신의 영혼을 사람들에게 종속시키면 그리스도의 죽음은 헛되게 된다(갈 2:21). 우리 안에는 영적인 자유와 거듭난 양심의 법정이 존재하고 있다(제3권 19장 15절).

우리의 현실의 삶은 영적 통치(spiritual government)와 정치적 통치(political government, 세속적 통치) 둘 다에 의해 펼쳐지고 있다. 이러한 존재로서 살아가야 하는 자로써 그리스도인은 내적인 영혼의 갈구함이나 외적인 정치적 갈망 사이에서 마땅히 하나님의 형벌에 대한 두려움과 양심을 위해서 바르게 처리하며 살아가야 한다.

이 과정에서 우리의 양심은 한편으로는 하나님의 심판에 대한 의식을 갖게 하여 우리의 죄를 감추지 못하게 하고, 다른 한편으로는 선한 양심으로써 오직 거짓 없는 하나님에 대한 선한 믿음과 함께 작용할 수 있어야 한다. 특히, 그리스도인은 선한 양심, 곧 마음의 내적 순전함(딤전 1:19)으로 살아가야 한다.

참 그리스도인들은 칭의로 말미암아 '율법의 의식과 저주'로부터 벗어난 자유인이다. 이로 인해 그들은 하나님의 뜻에 자유롭게 순종하는 자유를 지녔다. 어린아이처럼 미숙한 순종이라 하더라도 조금도 염려 없이 하나님을 마음껏 믿으며 예배할 수 있다. 그들은 모든 중립적인 것들로부터도 자유를 누린다. 그들은 한편으로는 양심의 저주를 잘 다스리면서 다른 한편으로는 모든 주어진 것들을 선한 양심으로 하나님의 뜻을 이루기 위하여 자유 안에서 사용하고 누리는 자들이다.

그러므로 참 그리스도인이여!

우리가 율법과 율법의 의식들의 매임에서 해방되어 하나님께 순종하며 예배하는 자유를 맘껏 누리면서 일체의 세상의 것들을 하나님의 선물에 합당하게 즐기며 사용하는데도 세상이 감당하지 못할 존재로 살아가자(히 11:38).

제15장

기도, 그 구해야 하는 이유와 방법(1)

지금까지의 논의를 통해서 알려진 사실은 사람이 모든 선한 것들로부터 결여되어 있고 도외시되어 있다는 것이다. 사람은 현 생활 속에서도 구원에 필요한 도움들을 많이 받아야 하는 데, 이런 도움들도 결여되고 있다. 이런 실상을 마주하고 있는 사람이 선한 보화와 구원을 위한 부족한 것들을 도와줄 원천을 찾으려 한다면 그 첫째 조건이 자신 밖으로 뛰쳐나가서 그 외의 다른 곳에서 도움들을 구하지 않으면 안 된다(제3권 20장 1절 참조).

그 해답은 하나님께서 그리스도 안에서 우리(신자)에게 비참한 불행 대신에 행복을 제공하고 계신다는 사실에 담겨 있다. 하나님 아버지께서는 거저 베푸신 그 모든 충만함을 그리스도 안에 거하게 하셔서(골 1:19; 요 1:16) 풍부한 샘에서 물을 얻듯이 우리가 마시기를 원하고 계신다.

따라서, 우리에게 남은 문제는 우리가 배워서 하나님의 것이라고 알고 있는 보화들을 위해 기도하는 일이다. 복음이 꼭 집어 말하고 있고, 우리의 믿음이 주목하여 바라보고 있는 하늘 아버지께 있는 모든 보화들을 기도로 캐내는 것이 우리의 할 일이다.

어떤 이들은 이렇게 말한다. 하나님께서 다 알고 계시는 데 굳이 우리들이 일일이 기도해서 하나님께 상기시켜 드려야 하느냐는 것이다. 모르는 소리다. 엘리야가 비를 내리시겠다는 하나님의 뜻을 확신하고 아합왕에게 비가 오리라고 예언했다. 그런 다음에 그는 머리를 무릎 사이에 넣고 기도하였다. 자신의 종을 일곱 번씩이나 보내서 비가 오는 지를 알아보게도 하였다.

왜인가?

그는 기도함으로써 자신의 믿음이 잠자거나 무기력하지 않고 하나님 앞에 자신의 열망을 드러내는 것을 의무로 여겼기 때문이다.

또, 어떤 이들은 우리가 기도하면 관용이 많으시며 주무시거나 게으름을 피우시지 않으시는 하나님의 섭리가 훼방을 받으실 수 있다면서 기도하지 않아도 될 것이라 한다. 이 역시 무지의 소리다. 하나님께서는 자기에게 간구하는 모든 자, 곧 진실하게 간구하는 모든 자들을 가까이 하시는 분이시다(시 145:18).

일부 사람들은 주님이 기꺼이 주고자 하시는 것을 우리가 간구하는 것은 사족과 같은 헛일이라고 말하기도 한다. 하지만, 말씀은 우리에게 그렇게 가르치지 않는다. 우리 주님의 눈은 의인을 향하시고 그의 귀는 의인의 간구에 기울이고 있다는 것이다(벧전 3:12; 시 34:15). 하나님 아버지께서는 우리를 향한 자기의 사랑을 더 잘 증명하시기 위하여 우리의 신음을 기꺼이 들으려 하신다.

기도는 성도들에게 정말로 유익하다. 그것은 우리로 하여금 하나님께서 하늘과 땅에 저장해 두신 저 하나님의 부요함에 가 닿을 수 있게 한다(제3권 20장 2절). 기도가 믿음의 부록인 것은 맞다. 믿음으로 우리는 하나님의 온갖 부요한 재화의 존재를 확신하며 확보할 수 있다.

그러나 믿음으로는 하늘의 보화에 가 닿을 수는 없다. 이 믿음을 인하여 나오는 기도가 하나님 자신의 현존을 우리에게 드러내게 하여, 곧 우리로 하여금 그분의 온갖 재화를 실제로 누리게 하는 것이다. 하나님께서 현전하시어 다른 말로 말하면 우리의 기도에 응답하실 때 그 소유로 인해 우리의 마음에 특별한 평화와 안식이 깊이 스며들어 오는 것이다.

칼빈은 기도를 해야 하는 이유를 여섯 가지로 말하고 있다(제3권 20장 3절).

첫째, 우리의 마음이 하나님을 찾고, 사랑하며, 예배하는 진지하고 뜨거운 열망으로 불타오르게 하기 위해서이다.

둘째, 우리의 마음에 우리가 하나님을 증인으로 삼는 것을 부끄러워하게 만들 만한 어떤 욕정이나 어떤 소원도 들어오지 못하게 하기 위해서이다.

셋째, 마음으로 하는 참 감사를 통하여, 그리고 감사를 표하는 것을 통하여 그의 은총을 받을 준비를 하기 위해서이다.

넷째, 우리가 간구한 것들을 취하게 되고, 그가 우리의 기도에 응답하셨음을 확신하는 가운데 우리가 더욱 뜨겁게 그의 선하심을 묵상하는 데 이르도록 하기 위해서이다.

다섯째, 기도를 통하여 우리가 얻게 되었다고 인정하는 것들을 더욱 큰 기쁨 가운데 받아들이게 하기 위해서이다.

여섯째, 하나님의 섭리를, 그것의 실행과 그것에 대한 경험이 우리의 연약함에 부합하는 방식으로, 우리의 영혼에 확정하도록 하기 위해서이다.

우리(신자)는 무조건 기도해야 한다. 고맙게도 칼빈은 네 가지 기도하는 법을 우리에게 가르쳐 주었다.

첫째, 기도가 하나님과 대화하는 것이기에 우리가 그 대화의 수준에 필요한 하나님에 대한 경건함을 지녀야 한다는 것이다(제3권 20장 4절).

문병호 교수는 "하나님과 대화하는 자로서 자기의 마음과 뜻을 넘어서는 성향을 품어야" 한다고 하였다(제3권 20장 4절).

하나님께 나아가 기도하는 우리가 우리의 자세를 하나님과의 대화의 수준에 맞게 아니 그 이상으로 믿음과 경건함을 높이자는 말이다. 방랑자인 우리의 마음이 세상 일로 인해 하늘로부터 끌려 내려와 땅에 고착되어 있는 채로 기도해서는 안 된다. 기도하는 사람이 맹목적인 이성이 고안해 내는 것에 마음을 빼앗기거나 마음의 덧없는 척도에 갇혀서도 안 된다.

속마음과 열의를 기도에 바쳐야 하고 떠돌아다니는 생각들로 마음을 산만하게 흩어지게 하지 말아야 한다. 하나님께서 우리에게 친밀한 담화를 허락하시는 데 속된 것들이나 허망한 것들을 거룩함에 섞는 식으로 기도하여 하나님의 자애로움을 악용해서는 안 된다.

반면에, 기도할 때에 손을 드는 의식은 우리의 속마음을 높이 끌어올리지 않으면 하나님으로부터 멀어진다는 것을 기억하기 위한 것이어서 바람직하다. 시편 기자의 고백대로 "여호와여 나의 영혼이 주를 우러러보나이다"(시 25:1)라는 마음으로 기도해야 하는 것이다. 우리는 각성하여 무엇을 구하든지 하나님의 허락하심에 맡겨야 한다.

둘째, 우리에게 없어서는 안 될 것을 간절히 구하는 것이다(제3권 20장 6절).

우리는 항상 간구할 때마다 진실로 자신의 빈곤을 의식해야 한다. 간구하는 모든 것이 우리에게 얼마나 필요한지를 진지하게 생각해서 그것들을 얻고자 하는 그 진지한 정서를, 아니 불타는 정서를 기도 안에 담아야 한다. 우리가 기도를 습관적인 의무로 하고 우리들의 빈곤에 대한 위안을 구하는 정도로 해서는 안 된다. 성도가 자신이 죄인이 아니라고 생각하면서 기도하는 것은 하나님을 모독하는 것이다.

자신의 기도가 하나님의 영광을 위한 간청인지 아닌지 등을 묵상하지 않으면서 무턱대고 기도하려 해서도 안 된다. 만약에 우리가 주기도문의 "이름이 거룩히 여김을 받으시오며"(마 6:9; 눅 11:2)라고 기도한다면 그에 대해 주리고 목마른 심정으로 간절하고 뜨겁게 해야 한다.

다윗의 말대로 고난이나 어려움이나 근심의 때는 "주를 만날 기회"(시 32:6)이니 더 큰 뜨거움으로 기도해야 한다. 하나님을 예배하는 자들만이 기도할 수 있고 기도의 응답을 들을 수 있다. 그러므로 우리가 하나님께 기도할 때에는 우리의 마음의 빗장을 하나님을 향하여 활짝 열어젖혀야 한다.

셋째, 신자가 자기의 의에 대한 확신을 버리고 주님의 긍휼에 의지하여 간구하는 것이다(제3권 20장 8절).

믿는 자들의 기도의 시작과 준비는 죄과에 대한 겸손하고 진실한 고백과 아울러 은총에 대한 기원이다(시 25:18). 성경은 기도가 하나님의 자비로 말미암아 신자가 기도할 마음을 갖게 되고, 기도함으로써 마음을 달래게 되는 것임을 분명히 하고 있다.

어떤 기도이든 그것이 값없이 베푸시는 자비에 기초하고 있지 않은 이상 그 기도는 하나님의 마음을 돌려 부드럽게 할 수가 없다. 그러므로 하나님께 영광을 올려드리며 하나님 앞에 기도하기 위하여 서고자 하는 사람은 자기 영광에 대한 모든 생각을 버리고, 자기의 고상함을 주장하는 일체의 입장을 잘라내며 일체의 자기 확신으로부터 떠나지 않으면 안 된다.

적극적인 면에서 신자의 기도는 그것을 통해서 하나님께 자신의 의를 드러낼 수 있게 한다. 이것이 우리들이 소유해서 누리고 있는 기도의 보배로움(가치)이다. 다윗이 "여호와여 나는 경건하오니 내 영혼을 보존하소서"(시 86:2)라고 한 기도나 히스기야가 "여호와여 구하오니 내가 진실과 전심으로 주 앞에 행하며 주께서 보시기에 선하게 행한 것을 기억하옵소서"(왕하 20:3; 사 38:3)라고 한 기도가 그 증거다.

'죄인'은 의에 대한 어떤 갈망도 없이 자기의 죄 가운데 머물다가 죽어갈 따름이다. 하지만, 경건한 신자들은 다윗이나 히스기야처럼 자신들을 적들과 비교하기도 하면서 자기들의 의와 순진한 마음이 드러나면 여호와께서 헤아리시고 자기들에게 도움을 주실 것이라 믿을 수 있는 특권을 가지고 있다. 신자들이 기도를 통해 가슴에서 솟아나는 순수한 양심을 즐기며 하나님이 주신 약속을 확신할 수 있다는 말이다.

넷째, 소망과 믿음으로 두려움을 이겨 내는 것이다.

문병호 교수는 이를 회개의 쓰라림과 믿음의 달콤함을 버무려 소망 가운데 간구하는 것이라고 하였다(제3권 20장 11절). 신자는 무엇을 구하면 얻을 수 있다는 소망 가운데 용기를 내서 기도해야 한다. 자신의 기도에 대한 '확신'은 마음의 달콤함이나 완전한 쉼의 위로나 근심으로부터의 해방의 느낌 그 이상이어야 한다. 기도하는 자는 극도의 괴로움을 당하고 혼절할 정도가 될 때까지 기도를 감행해야 한다.

그때 믿음이 그 기도에 맞추어 적절하게 기도하는 사람을 돕는다. 그러므로 신자의 기도는 우연히 불쑥 터뜨리는 것이어서는 안 되고 앞서가는 믿음을 뒤따라야 한다.

> 구하는 것은 받은 줄로 믿으라(막 11:24).

> 믿고 구하는 것은 다 받으리라 하시니라(마 21:22).

신자의 기도에는 명령과 약속이 함께 포함되어 있다.

> 구하라 그리하면 너희에게 주실 것이요 … 문을 두드리라 그리하면 너희에게 열릴 것이니(마 7:7).

> 환란 날에 나를 부르라(시 5015).

> 하나님이여 … 기도를 들으시는 주여 모든 육체가 주께 나아오나이다(시 65:1-2).

> 그는 자기를 경외하는 자들의 소원을 이루시며(시 145:19).

이제 우리가 이 말씀들 안에 담겨 있는 하나님의 명령과 약속을 성취하고자 한다면 우리는 하나님의 말씀에 대한 묵상과 함께 그의 본성(권능, 선하심, 약속 지키심 등)에 대한 묵상을 병행하며 기도하는 것이 필요하다.

솔로몬은 외쳤다.

> 여호와의 이름은 견고한 망대라 의인은 그리로 달려가서 안전함을 얻느니라 (잠 18:10).

요엘 선지자는 외쳤다.

> 누구든지 여호와의 이름을 부르는 자는 구원을 얻으리니 (욜 2:32).

또 우리는 이 말씀을 기억해야 한다.

> 여호와께서는 자기에게 간구하는 모든 자 곧 진실하게 간구하는 모든 자에게 가까이 하시는도다 (시 145:18).

진정 우리가 우리의 염려를 하나님께 맡길 때(벧전 5:7; 시 55:22) 하나님은 향기로운 제물을 받으실 때처럼 그 기도를 기뻐하신다.

우리가 하나님께로 피하지 않고, 그를 찾지도 않으며, 그의 도움을 탄원하지 않는다면 그것은 새로운 신이나 우상을 만든 것이 된다. 담대한 기도의 영은 두려움, 경배, 간절함과 아주 잘 어울린다. 이 기도의 영, 곧 하나님에 대한 두려움과 경배와 간절함의 마음으로 우리가 하나님 앞에 엎드릴 때 하나님께서는 우리를 일으키신다.

비록 우리가 부족하지만 그런데도 우리는 구약의 족장들이나 선지자들처럼 하나님의 약속을 통해 공통된 명령을 받았고, 공통된 믿음을 가지고 있다. 그러므로 우리는 우리의 비천함과 부족함을 솔직히 고백하되 결코 실망치 말고 끝까지 그 비천함 속에서 하나님께 기도하고 간구하고 탄원하면서 약속의 계단을 밟고 올라가야 한다. 우리는 기도하는 사명을 다하여 하늘나라의 온갖 보화를 캐내어 우리와 우리의 후손들에게 선물해야 한다.

그리스도의 사랑받는 모든 신자들이여!
그러므로 기도하자!
또 기도하자!

제16장

기도, 중보자를 통한 교제(2)

기도는 성도의 믿음의 주요한 훈련이며 이를 통해 하나님의 은혜를 받게 한다(제3권 20장 제목). 신자에게 기도하고자 하는 마음이 생겨나는 것은 믿음으로 말미암아 '아빠 아버지'라 부를 수 있게 되었을 때다. 믿음으로 바라보게 된 아버지 하나님과 그가 소유하고 계신 모든 보화를 확신할 때 신자는 기도를 통해 그것을 캐낼 수 있다.

불경한 기도조차도 응답될 수 있다. 요담이 보복심에 가득 차서 세겜 주민들의 멸망을 원하는 기도를 하였는데 하나님께서는 그 기도를 들어주셨다. 삼손이 블레셋 사람들에게 사로잡혀서 "하나님이여 구하옵나니 이번만 나를 강하게 하사 할례 받지 아니한 자들에게 원수를 갚게 하옵소서"(삿 16:28)라고 기도했을 때도 들어주셨다. 아합 왕은 거짓으로 회개하는 기도를 하였는데도 그 조차도 들어주셨다.

왜인가?

하나님께서 믿음의 기도가 아닌 기도조차 들어주시는 것은 하나님의 자비 때문이다(제3권 20장 15절).

그렇다면 하나님의 자녀가 믿음으로 기도할 때 하나님께서는 그 기도를 어찌 들어주시지 않을 수 있겠는가?

하지만, 하나님이 기뻐하실만한 완전한 기도를 드릴 사람은 아무도 없다. 믿음이 하나님의 거저 주시는 은혜에서 비롯된 것처럼 기도 역시 하나님의 은혜가 우선적이며 필수적이다. 하나님의 자비가 없는 기도의 응답이란 있을 수 없는 일이다. 하나님의 도움이 없이 완전하게 할 수 있는 기도는 세상에 없다.

다윗의 한 기도는 그 좋은 예다.

내가 없어지기 전에 나의 건강을 회복하소서(시 39:13).

이 기도는 다윗이 자신의 병이 하나님의 진노에서 온 것으로 알면서 그 진노를 참을 수 없어서 불평한 것이다. 참으로 무절제한 기도다. 우리 역시 난관에 봉착했을 때 말씀에 부합하지 않는 소원들을 무작위로 내뱉는 경우가 많다.

하나님의 자녀임에도 근심과 환란에 처해 있을 때는 전혀 기도할 마음조차 생겨나지 않는다. 스스로 냉랭해진다. 그럴수록 더욱 궁핍함과 비참함에 빠져 참 마음으로 기도하는 것이 힘들어진다. 사람은 본성적으로도 하나님을 순전한 마음으로 찾으며 그에게 기도할 수 없다. 하나님의 은총이 없는 기도는 무기력하고 불구와 같다.

이상에서 두 가지 사실이 확인된다.

첫째, 불경의 마음으로 한 기도초자도 응답될 수 있다는 것이다.

그 경우는 하나님께서 그 기도한 사람을 사랑하시고 구원으로 이끄시기 위해서가 아니라, 오히려 하나님의 자녀들로 하여금 기도하도록 격려하기 위함이다. 다른 하나는 사람이 자신의 마음으로 스스로 기도할 수 없는 존재이기에 하나님의 은혜가 먼저이며 필수적이라는 사실이다. 이를 위해 신자는 상한 심령으로 철저하게 우리의 불신의 마음과 하나님의 은혜를 사모하지 않는 마음을 자복하고 회개하는 것이 필요하다.

둘째, 우리의 기도 속에 죄로부터의 벗어남, 달리 말하면 기도를 통해 자신의 죄가 용서받았다는 확신이 담겨져야 한다.

하나님의 은혜에서부터 시작된 기도가 죄의 용서를 확신하지 못하는 것이라면 기도의 의미가 사라지고 만다.

우리의 무지와 연약한 마음에서 오는 수치와 치욕, 사망의 공포로부터 구출하시고자 하나님께서는 예수 그리스도를 우리에게 주셨다. 성경의 증언대로 그리스도는 우리의 대언자(요일 2:1)이시자 중보자(딤전 2:5)이시다. 그가 우리를 메시고 가슴에 안으시며 그의 인격 안에서 우리의 기도를 응답되게 하신다. 그리스도께서 뿌린 피로 우리의 기도는 정결하게 된다(제3권 20장 18절).

하나님의 자녀인 우리가 소망을 그리스도에게 두지 않으면 기도의 은총을 빼앗긴다. 그렇기 때문에 우리는 그의 자비를 얻고 때를 따라 돕는 은혜를 발견하게 되리라는 확신으로 과감하게 그 앞으로 나아가야 한다(히 4:26).

그리스도께서 친히 말씀하셨다.

> 지금까지는 너희가 내 이름으로 아무 것도 구하지 아니하였으나 구하라 그리하면 받으리니 너희 기쁨이 충만하리라(요 16:24).

하나님의 자녀들이 서로를 위하여 기도하는 것은 성경의 가르침을 그대로 행하는 것이다.

> 몸 가운데서 분쟁이 없고 오직 여러 지체가 서로 같이 돌보게 하셨느니라 만일 한 지체가 고통을 받으면 모든 지체가 함께 고통을 받고 한 지체가 영광을 얻으면 모든 지체가 함께 즐거워하느니라(고전 12:25-26).

지체들인 우리의 기도는 머리이신 그리스도에게로 올라가고 우리는 그분 안에서 하나가 된다(롬 12:5). 즉, 우리가 기도 중에 중보자 그리스도를 통해 그와 함께 교제를 나눈다는 말이다.

기도의 모범은 주님이 가르쳐 주신 기도다. 칼빈은 주기도문을 모든 기도의 요체라 하였고, 테르툴리아누스는 그것을 "합법적 기도"라 하였다(제3권 20장 48절). 우리가 확신하고 담대히 구해야 하는 근거 역시 "나라와 권세와 영광이 아버지께 영원히 있사옵나이다"와 "아멘"에 있다. 우리가 아무리 비참하고, 무가치하며, 아무 권할 것이 없다 할지라도 하나님의 나라와 권세와 영광은 영원하다. 이와 같은 믿음의 기도가 기도의 요체이며 합법적인 것이다.

야고보에 따르면 "엘리야는 우리와 성정이 같은 사람이로되 그가 비가 오지 않기를 간절히 기도한즉 삼 년 육 개월 동안 땅에 비가 오지 아니하고 다시 기도하니 하늘이 비를 주고 땅이 열매를 맺"(약 5:17-18)을 수 있었다. 그러므로 "모든 경건한 자는 주를 만날 기회를 얻어서 주께 기도"(시 32:6)해야 한다.

기도는 "마음을 살피시는 이"(롬 8:27) 앞에서 부어지고 드러나게 되는 우리의 고유한 내적인 마음의 정서들이다. 주님은 기도의 고유한 자리가 마음에 있으며, 이 마음을 소동시키는 모든 근심을 멀리 떠나 고유함 가운데 드려져야 하는 비밀스러운 것임을 (겟세마네 동산에서) 보여 주셨다(제3권 20장 29절). 기도는 하나님께 드리는 입술의 열매이기도 하다(호 14:2).

그러므로 기도가 인간적으로 하나님을 감동시키겠다고 비틀어 짜낼 필요가 전혀 없다. 그 대신에 기도는 꾸준히 계속되고, 감사함과 병행되어야 한다. 성경은 정확하게 이 사실을 우리에게 가르치고 있다.

> 모든 일에 기도와 간구로, 너희 구할 것을 감사함으로 하나님께 아뢰라(빌 4:6).

> 쉬지 말고 기도하고 범사에 감사하라(살전 5:17-18).

이 기도 속에서 우리와 하나님, 우리와 그리스도, 우리와 우리 사이의 교제가 감동과 감사로 고백되며 쉼 없이 이어진다.

기도에는 공적인 기도와 사적인 기도가 있다. 공적인 기도는 대부분 교회 안에서 드려진다. 이때의 기도는 "모든 것을 품위 있게 하고 질서 있게"(고전 14:40) 되어야 한다. 회중이 일반적으로 이해할 수 있는 말로 간구되어야 한다. 동시에 영과 마음이 합쳐진 기도이어야 한다(제3권 20장 33절). 그리고 주기도문에서 알 수 있듯이 기도는 우리가 하나님의 인자하심으로 큰 위로의 열매를 받아 누리고 있는 사실을 드러내야 한다.

사적인 기도는 하나님의 자녀로서 하나님께 찬양과 감사의 제사를 중단하는 죄를 범하지 않기 위해 필요하다. 하나님의 자녀가 자신의 하나님 아버지의 관대하심으로부터 끝없이 흘러나와 이르는 은총을 누리면서 찬송 가운데 하나님께 고백하고 감사를 돌리는 것은 천번 만번 합당하다. 모든 성도는 간구와 기도와 도고와 감사(딤전 2:1)를 드려야 한다(제3권 20장 28절).

기도의 장소로 대표적인 곳은 성전과 골방이라 할 수 있겠다. 성전은 "기도하는 집"(사 56:7; 마 21:13)이다. 이 말씀은 성전이 모든 성도들의 공적인 기도의 장소임을 뜻하는 것이 분명하다. 그렇다고 성전에 무슨 비밀스런 거룩함이나 특별함이 있어서 하나님께 거룩하게 가 닿는다는 생각은 경계되어야 한다. 유대인들에게 성전이 주어진 것은 하나님을 그 벽 안에 가두라는 것이 아니라 참된 성전의 모양이 어떠해야 하는지를 묵상하게 하기 위함이었다(제3권 20장 30절).

마찬가지로 기도 역시 성전 안에서 드려졌다 하더라도 성전 벽과 담을 넘어서서 우주 자연의 모든 만물에 미치며 모든 성도들의 생활 전체에 미치는 교제로 확장되어야 한다.

골방은 사적 기도를 위한 대표적인 곳이다. 그러나 사악한 자들이 골방을 핑계로 도피하는 듯 하는 일은 경계되어야 한다. 중세에 수도승들이 수도원이나 동굴 등으로 도피한 것이 그것이다. 하나님께서는 우리 한 사람 한 사람의 지체를 성전으로 삼아 우리 안에 머무르고 계신다(제3권 20장 30절 제목). 그러므로 골방에서 드려지는 사적 기도라 할지라도 그것은 개인이 예배자로서 믿음으로 하나님을 예배하는 형식이어야 하며 그리스도와 다른 성도들과 교제하는 것이어야 한다.

기도를 실천하기 위하여 성도가 시간을 정하는 것은 바람직하다. 그러나 기도의 시간을 준수하는 것이 일종의 미신처럼 되어서는 안 된다. 기도시간을 정하는 것은 그렇지 않았을 때 기도하지 못하게 되는 우리의 연약함을 훈련하기 위해서일 뿐이다.

신자가 기도를 핑계로 그 응답 여부에 따라 하나님을 어떤 환경에 묶어 두고자 하거나, 어떤 시간, 어떤 장소, 어떤 방식으로 행하실 것을 규정해서는 안 된다. 그 모든 응답의 여부는 하나님의 주권 하에 있다. 하나님 한 분만이 우리의 모든 소원을 이루시는 주관자와 통치자이시기 때문이다(제3권 20장 50절).

기도 시에 목소리와 노래가 어우러지는 것은 너무도 합당한 일이다. 마음의 깊은 정서(감동이나 느낌)로부터 우러나는 목소리와 노래가 없다면 그것은 참 기도라 할 수 없을 것이다. 사람의 혀는 하나님에 대한 찬송을 풀어서 말하고 선포하기 위해서 지어졌다. 따라서, 혀의 용도는 성도들의 모임에서 한 성령과 동일한 믿음으로 함께 하나님을 예배하며 한 목소리로 그를 영화롭게 하는 공적인 기도를 드리는 데 있다(제3권 20장 31절).

바울도 교회 안에서 찬양하였다.

> 내가 영으로 찬송하고 또 마음으로 찬송하리라(고전 14:15).

아우구스티누스에 따르면 기도 중에 찬양(노래 부르기)은 암브로시우스(AD 340-AD 397년) 때에 밀라노교회에서 처음 시작되었던 것으로 보인다(제3권 20장 32절). 경계할 것은 목소리와 찬양이 "피차 가르치며 권면하고 시와 찬송과 신령한 노래를 부르며 감사하는 마음으로 하나님을 찬양하"(골 3:16)는 것이어야 한다는 것이다. 우리의 귀가 곡조에 집중하여 기울이기보다는 우리의 마음으로 신령한 말씀에 집중하게 하는 것이 중요하다.

아타나시우스(AD 296 of 298?-373) 역시 "노래하는 자가 아니라 말하는 자가 소리를 내듯이 억양을 낮추어서 목소리가 울리게끔 하라"고 하였다(제3권 20장 32절).

우리가 기도할 때 하나님 아버지를 부르는 순간 이미 그리스도는 우리의 중보자이시다. 그의 중보 없이 우리가 하나님을 아버지라 부를 수 없기 때문이다. 모든 기도를 마치며 우리는 예수 그리스도의 이름을 부른다. 하나님의 은혜를 입지 않은 자는 결코 예수 그리스도의 이름으로 기도할 수 없다.

우리가 기도를 통해 하나님 아버지를 부를 때 우리는 아버지와 교제한다. 우리가 그리스도를 부를 때 우리는 그리스도와 교제한다. 모든 신자가 함께 목소리를 합하여 소리 내어 하나님 아버지라 예수 그리스도라 부를 때 그 마음에서 우러나오는 감동의 교제가 이루어진다.

참 신자여!

공적으로든 사적으로든 함께 외치며 간구하고 손을 들어 찬양하는 중에 하나님 아버지와 예수 그리스도와 모든 성도들과 우주적인 교제를 나누자. 우리의 속 좁은 기도까지도 그것을 하나님과 그리스도와 모든 형제자매들과의 교제가 되도록 승화시켜 나가자.

제17장

예정론 – 영원한 현재적 선택과 유기

하나님의 예정(豫定)은 하나님께서 미리 결정하신 것을 가리키는 말이다. 그것은 영원한 선택과 영원한 유기에 관한 것이다. 영원한 선택과 유기이기에 그것은 동시에 현재적 사실이기도 하다.

본래 예정은 그렇게 대단한 말이 아니다. 사람이 날마다 하루를 사는 동안 미리 결정하지 않고 무턱대고 살아간다는 것은 생각하기 어렵다. 그렇게 사람은 날마다 나름의 예정을 하며 살아가고 있는 것이다. 동물들의 경우도 무슨 행동이라도 할라치면 반드시 그 전에 어찌할지를 생각해 본다. 식물들도 자신이 양분을 잘 흡수하고 잘 자랄 수 있는 방향을 미리 찾아서 대비하기 마련이다.

이처럼 사람을 위시해서 대부분의 모든 존재가 자신이 무슨 일을 하려 할 때는 한 번 쯤 미리 헤아려보는 예정을 다반사로 하고 있는 것이다.

한편, 예정이 예정이기 위해서는 그것이 현재(의 사태)와 반드시 관계가 있어야 한다. 예정은 현재 그대로 실천되고 있는가 그렇지 않은가에 따라 의의가 있고 없고 한다. 너무 자주 바뀌고 변경된다면 그것은 예정이 아닐 것이다. 반대로 사람이 아무리 훌륭하게 예정을 해서 그대로 실천했다 하더라도 그것이 대단한 것일지는 따져보아야 한다. 성경이 사람의 하는 일을 헛된 일이라고 설파하고 있는 사실에 주목할 필요가 있다.

하나님의 예정이 사람의 것과 다른 것은 우선 그것이 영원하다는 데 있다.

> 곧 창세 전에 그리스도 안에서 우리를 택하사 우리로 사랑 안에서 그 앞에 거룩하고 흠이 없게 하시려고 그 기쁘신 뜻대로 우리를 예정하사 예수 그리스도로 말미암아 자기의 아들들이 되게 하셨다(엡 1:4-5).

하나님이 우리를 구원하사 거룩하신 소명으로 부르심은 우리의 행위대로 하심이 아니요 오직 자기의 뜻과 영원 전부터 그리스도 예수 안에서 우리에게 주신 은혜대로 하신 것이다 (딤후 1:9).

하나님의 선택은 하나님께서 단번에 홀로 결정하신 것이었다.

··· 지극히 높으신 자가 ··· 여호와의 백성은 자기 분깃이라(신 32:8-9).

여호와께서 너희를 기뻐하시고 너희를 택하심은 ··· 다만 너희를 사랑하심으로 말미암아 ··· (신 7:7-8).

··· 여호와께서 오직 네 조상들을 기뻐하시고 ··· 택하셨음이 ··· (신 10:14-15).

그의 종 아브라함의 후손 곧 택하신 야곱의 자손(시 105:5-6).

그러나 내가 야곱을 사랑하였고 에서는 미워하였으며(말 1:2-3; 롬 9:13).

하나님이 우리를 구원하사 거룩하신 소명으로 부르심은 우리의 행위대로 하심이 아니요 오직 자기의 뜻과 영원 전부터 그리스도 예수 안에서 우리에게 주신 은혜대로 하심이라 (딤후 1:9).

이 예정의 핵심은 하나님의 기뻐하심으로 하신 것이고 뜻으로 하신 것이고 은혜대로 하신 것이라는 데 있다. 하나님께서 자기 백성들이 선하게 될 것이라는 것을 예지(豫知, 미리 아시고)하시고 한 것이 결코 아니다. 만일에 하나님께서 앞으로 어찌 될지를 미리 다 아시면서 예정을 하셨다면 그것은 예정이라 할 수 없다. 다 알고 있는 데 굳이 예정을 할 이유나 필요가 없는 것이다. 하나님의 예지는 예정이 아니라 하나님의 섭리 또는 속성에 속하는 일이다.

하나님의 예정의 또 다른 특징은 그것이 지금도 앞으로도 유효하다는 것이다.

여호와의 인자하심은 자기를 경외하는 자에게 영원부터 영원까지 이르며(시 103:17).

> 나를 보내신 이의 뜻은 내게 주신 자 중에 내가 하나도 잃어버리지 아니하고 마지막 날에 다시 살리는 이것이니라 내 아버지의 뜻은 아들을 보고 믿는 자마다 영생을 얻는 이것이니 마지막 날에 내가 이를 다시 살리리라 하시니라(요 6:39-40).

하나님이 단번에 홀로 영원히 예정하신 이유는 오직 자기 백성들 또는 자녀들을 사랑하기 위함이었다. 하나님은 사랑하겠다고 말만 하시고 그저 관망하기만 하는 분이 아니시다. 하나님은 자신의 예정을 거짓 없이 변함없이 순결하게 조성하셨고 지금도 하고 계신다. 실제로 하나님은 당신의 아들 그리스도를 죽음에 내어주셔서 자녀들의 구원을 완수하셔서 자신의 예정을 이루어 내셨다(행 2:23). 하나님은 그렇게 택한 백성을 사랑하시며 그들의 구원을 이루어가시는 조성자이시다(제3권 22장 6절).

선택의 다른 한 편에는 유기(遺棄, 내다 버림)가 자리하고 있다. 선택만 있고 유기가 없다면 선택의 의미가 없어진다. 선택이 단번에 영원히 이루어진 것처럼 유기 역시 단번에 영원히 이루어졌다.

칼빈은 하나님의 예정론(교리)을 탐구하는 것이 하나님의 지혜의 가장 깊숙한 경내로 들어가는 것이라고 보았다. 하나님의 영원한 선택을 알지 못하면 우리의 구원이 그의 값없는 자비의 샘에서 흘러나온다는 사실을 제대로 깨달을 수 없다고도 하였다. 교회의 분명한 모습도 이 예정 교리를 바르게 가르치느냐의 여부에 달려 있다고 보았다(제3권 21장 1절 참조).

> 감추어진 일은 우리 하나님께 … 속하였거니와 나타난 일은 … 우리와 우리 자손에게 속해 있다(신 29:29).

성경이 하나님의 예정을 밝히 드러냈다. 이제 그 예정이 우리의 일이 되었다. 그러므로 우리는 마땅히 하나님의 지혜의 깊음 속으로 들어가야 한다. 우리는 배워야 한다. 그 핵심은 하나님의 예정, 곧 영원한 선택과 유기를 영원하면서도 현재적으로 실증해 가는 데 있다.

하나님의 자녀인 우리(나)가 하나님의 예정을 실증하는 데 있어서 주의할 일이 있다. 하나님의 택함을 받았다고 우리가 무조건 행복하고 평안할 것으로 생각하는 것은 경계되어야 한다는 것이다. 하나님은 야곱을 택하시고 사랑하셨다.

그런데 야곱의 장자소유권은 미래의 세대와 관련된 것이었지 현실적으로 보장된 것이 아니었다. 그에게 현실은 수없이 많은 시련과 어려움들, 눈물 속의 도피, 슬픔, 쓰라린 근심들로 점철되었다. 가나안 땅 역시 하늘 처소의 보증으로 주어진 것이었을 뿐 그 땅에서의 삶도 야곱에게는 역경의 연속이었다 (제3권 22장 6절 참조).

역으로 말하면 극심한 고통 속에 있으면 하나님의 택함을 받지 못한 것이고 반대로 평탄한 생활을 하면 택함을 받은 것으로 여기는 것은 삼가하지 않으면 안 된다.

또한, 사람은 누구라도 함부로 하나님께서는 누구는 선택하고 누구는 내어 버렸다고 불만할 수 없다. 선택과 관련하여 불만을 제기하는 그 자체가 실은 그 사람이 이미 하나님을 전능하시고 불변하시며 진리이신 분으로 인정한 것이다.

그런 사람이 하나님께 왜 누구는 선택하고 누구는 유기했느냐고 불만을 제기한다면 그것은 하나님 이외에 다른 신을 구하고 있는 것이 된다. 불만의 제기는 그 사람 자신의 모순을 일으킬 뿐이다. 그 대신 사람이 해야 할 일은 우리를 선택하신 하나님의 순수한 선하심만을 헤아리며 그를 경배하는 것이다 (제3권 22장 9절 참조).

만일에 하나님께서 친히 성경에 계시하지 않으셨으면 사람은 누구도 선택에 대해 알 길이 없었다. 당연히 사람은 누가 선택되고 유기되었는지 알 수 없다. 사람이 지레짐작으로 아무개 아무개가 선택되었을 것 같다고 추측하는 것은 말 그대로 추측이거나 억측이다. 선택과 유기의 실체가 하나님의 마지막 심판 때에 드러날 것이어서 예수님조차 이 마지막 심판에 대해서는 알지 못한다고 하셨을 정도다.

예수님조차 가룟 유다에 대해서 유기된 자라 하지 않으시고 "나지 아니하였더라면 제게 좋을 뻔하였느니라"(마 26:24)라고 하신 것이 이 사실을 간접적으로 증명한다. 선택하거나 내버릴 수 있는 분은 오직 하나님 아버지 한 분뿐이시기에 예수님도 하나님의 예정에 복종하셨다.

하물며 무지한 사람에게 있어서이랴!

그렇다면, 우리(나)가 우리 자신의 선택 여부를 확인할 수 있는 방법은 무엇이겠는가?

물론, 우리가 아무리 확실하게 우리의 선택이 믿어진다 하더라도 그것이 거울로 보듯이 희미할 수 있다는 사실은 전제되어야 한다. 그런데도 우리가 하나님의 선택을 확신하지 못한다면 하나님의 자녀일 수 없다. 하나님의 택하심에 대한 확신의 길은 우리(신자)가 스스로 하나님의 사랑을 받고 있다고 깨닫고 느끼고 감사하며 하나님을 찬송하며 예배하는 한 가지뿐이다.

즉, 선택의 확신은 하나님의 사랑을 받는 것으로서 늘 현재적이어야 하며, 그로 인해 하나님을 감사하고 찬송하고 예배하는 그 자체다. 이 조건은 성직자이든 평신도이든 믿든지 믿지 않든지 누구에게나 공평하며 동일하다.

유기 역시 영원하면서도 현재적으로 일어나고 있는 사태다. 그리고 유기 역시 하나님의 비밀에 가려져 있기에 사람은 누구도 유기로부터 자유로울 수 없다. 그것으로부터 벗어나는 길 역시 사람(신자)이 현재 자신이 선택받았음을 믿으며 확신하는 것 외에 다른 길이 없다.

진정 선택이냐 유기냐의 문제는 사람이 살아 있는 동안 잠시도 쉴 수 없고 언제나 현재적으로 중차대하다. 이러한 생사의 갈림길에 처해 있는 존재인 사람이 하나님께 누구는 선택하고 누구는 유기했느냐고 따지고 묻고 하는 것은 정말로 웃기는 일이다.

사람은 하나님의 예정과 관련하여 뭣하나 보태거나 한 일이 도무지 없다. 선택과 유기는 사람의 일도 아니며, 조금이라도 관여할 수 있는 것도 아니다. 선택과 유기 사이에서 생사를 오가는 사람이 그렇게 한가하게 하나님께 따질 여유도 여지도 있을 수 없다.

이와는 반대로 사람이 하나님의 선택에 대하여 가져야할 태도는 오직 경성하여 깨어서 항상 복종하여 두렵고 떨림으로 자신의 구원(선택받았음)을 이루어가는데 진력하는 것이다(빌 2:12).

사정이 이러한데도 어떤 사람들은 영원한 죽음이 오직 하나님의 기뻐하심에 따른 뜻으로만 말미암기에 그것이 독재자의 육욕에 불과하다는 말도 되지 않는 주장을 해 댄다(제3권 23장 2절). 진정 하나님의 뜻은 존재하는 모든 것의 원인이다. 하나님의 뜻에 앞서는 것이 있을 수 없다. 하나님의 선택과 유기 역시 하나님의 뜻으로 말미암았기에 영원히 정당하다.

또, 어떤 이들은 하나님이 인류에게 필연성을 부과하셔서 그들이 불가피하게 죄를 지을 수밖에 없게 하셨다면 그들에게 책임을 전가하는 것은 부당하다고 주장하기도 한다(제3권 23장 6절).

이 말도 억지다. 그들은 삶의 순간마다 자신들의 선택과 유기에 대해 확인하는 일이 더 급하다. 하나님께서 누구를 선택하셨는지를 사람은 알지 못하기 때문에 오직 하나님의 사랑을 간구하는 것이 그들의 할 일인 것이다.

또 다른 어떤 사람들은 하나님의 선택이 편향된 것이라고 떠든다(제3권 23장 10절). 이 역시 무지의 소치다. 사람이 하나님께서 누구를 선택하셨는지를 모르기 때문에 그 선택이 편향되었는지 그렇지 않은지를 알 도리가 없다.

이외에도 터무니없이 하나님의 무조건적 선택이 사람들의 거룩한 삶에 대한 열의를 앗아 간다고 주장하는 자들도 있다(제3권 23장 12절). 택함을 받은 사람이라면 반드시 거룩한 삶에 이르고자 열의를 다하려 할 수밖에 없다. 택한 받은 사람은 경성하여 깨어 있는 자이다.

마지막으로 무조건적 선택 앞에는 모든 권고가 헛되다고 주장하는 무리들이 있다(제3권 23장 13절). 이 또한 사악한 말이다. 그런 사람들은 선택받은 사람 전체와 유기된 사람 전체를 속속들이 밝혀내야만 그렇게 말할 자격이 있다. 더 두려운 것은 어느 누구든 아무개 아무개가 선택받았고 아무개는 유기되었다고 말하는 순간 그 자신이 하나님이 되고 만다는 사실이다. 이는 불경스러움의 극치다.

하나님의 선택을 부인하는 자들에게 아우구스티누스의 권고는 적절하다.

> … 그러므로 우리 모두는 '사람아 네가 누구이기에'라고 전하는 이의 말씀에 귀 기울이자. 믿는 무지는 무모한 지식보다 낫다. 공로를 찾으라. 그리하면 그대는 오직 형벌만 발견하게 될 것이다. '깊도다'(제3권 23장 5절).

신자는 "여호와여 주의 장막에 머무를 자 누구이며"(시 15:1)라는 성경의 물음에 답해야 한다. 여호와의 장막에는 "곧 손이 깨끗하며 마음이 청결"(시 24:4)한 자가 들어간다. "이는 여호와를 찾는 족속이요 야곱의 하나님의 얼굴을 구하는 자"(시 24:6)들이 들어간다.

신자는 또한 겸손히 깨어 있어야 한다.

> 청함을 받은 자는 많되 택함을 입은 자는 적으니라(마 22:14).

> 그런즉 선 줄로 생각하는 자는 넘어질까 조심하라(고전 10:12).

높은 마음을 품지 말고 도리어 두려워하라(롬 11:20).

신자들은 믿음으로 의롭다 함을 받았다. 그런데 살아가는 동안 우리는 우리의 죄악된 삶으로 인해 의롭다 함을 받았음을 잊고 산다. 절망의 구렁텅이에 빠지기 일쑤다. 그때 하나님의 음성이 우리의 심금에 울려온다.

내가 땅 끝에서부터 너를 붙들며 땅 모퉁이에서부터 너를 부르고 네게 이르기를 너는 나의 종이라 내가 너를 택하고 싫어하여 버리지 아니하였다 하였노라 두려워하지 말라 내가 너와 함께 함이라 놀라지 말라 나는 네 하나님이 됨이라 내가 너를 굳세게 하리라 참으로 너를 도와주리라 참으로 나의 의로운 오른손으로 너를 붙들리라(사 41:9-10).

참으로 하나님의 예정하심, 곧 선택과 유기는 우리의 칭의를 담보해 주는 또 하나의 은혜의 원천이다. 이러한 은혜의 삶으로 안내하는 아우구스티누스의 권고가 우리를 격려한다.

우리는 믿음의 길에 이르렀다. … 그러므로 길에서 계속 행하자. … "내가 아직도 너희에게 이를 것이 많으나 지금은 너희가 감당하지 못하리라"(요:16:12). … 우리는 걸어가야 하고 나아가야 하고 자라가야 한다(제3권 21장 2절).

제18장

최후의 부활

신자들의 부활은 그들에게 장차 소유될 복락과 영광을 꿈꾸게 한다. 바울은 자신의 수고에 따른 특별한 면류관이 준비되어 있음을 믿고 의심하지 않았다(딤후 4:8).

다니엘은 다음과 같은 믿음을 가졌다.

> 지혜 있는 자는 궁창의 빛과 같이 빛날 것이요 많은 사람을 옳은 데로 돌아오게 한 자는 별과 같이 영원토록 빛나리라(단 12:3).

신자들에게 부활은 하나님의 무한하신 권능으로 가능하다.

> 그는 만물을 자기에게 복종하게 하실 수 있는 자의 역사로 우리의 낮은 몸을 자기 영광의 몸의 형체와 같이 변하게 하시리라(빌 3:21).

에스겔은 하나님께서 죽은 뼈들을 살리셨다고 하였다(겔 37:1-10).

> 그리스도를 죽은 자 가운데서 살리신 이가 너희 죽을 몸도 살리시리라(롬 8:11).

성경은 "만일 죽은 자의 부활이 없으면"(고전 15:13-14) 모든 복음이 헛되고 그릇될 것임을 선포하고 있다. 그야말로 부활이 없다면 그것을 믿으며 삶의 길을 걷는 신자들은 "모든 사람 가운데 더욱 불쌍한 자"(고전 15:19)다.

신자들의 사귐 자체가 하늘에 있으며 거기로부터 구원하는 자를 기다리는 것인데(빌 3:20), 만일에 부활이 없다면 그들의 일체의 삶과 사귐은 무슨 의미가 있겠는가?

그리스도가 부활의 실증자이시다. 그는 우리와 같이 육신을 입고 사람의 본성으로 자신의 삶의 여정을 십자가 위에서 마치셨다. 그 후 부활하시고 불멸성을 획득하셨다. 그의 부활은 여인들, 제자들, 빌라도와 군인들, 부활 후에 친히 만났던 제자들, 오백여 성도 앞에서의 승천 등을 통해 실증적이고 체험적으로 증명되었다. 이 사실은 뒤바뀔 수 없고 취소될 수 없다. 그리스도는 그렇게 부활하셨으며 영원히 계신다.

그리스도의 부활은 신자들로부터 분리될 수 없다. 그의 부활이 신자들로부터 분리되기 위해서는 먼저 그리스도가 그들로부터 분리되어야 하는 데 그리스도를 우리로부터 분리해 낼 자가 없기 때문이다. 그렇게 그리스도의 부활은 신자들의 부활과 결합되어 있다. 이 결합으로 인해 부활의 영광은 머리이신 그리스도로부터 시작되어 모든 지체 각자에게 위치와 직분에 따라 다르게 충만하게 채워져 간다. 그리스도는 그렇게 우리를 미래의 삶의 동료로 삼으셨다(제3권 25장 3절).

하나님께서는 그리스도의 부활을 그리스도 자신의 능력의 또 다른 표본으로서가 아니라 성령의 역사로 이루셨다. 성령은 죽은 자를 살리시는 생명(골 3:4)이시다. 이 동일한 성령이 지금 우리 안에 함께 계신다. 그 성령께서 그리스도를 죽은 자 가운데서 살리셔서 썩음이 없고 순전한 몸을 받게 하셨던 것처럼 우리도 그렇게 썩음이 없고 순전한 몸을 받게 하신다.

부활이 사람에게 던져주고 있는 현실은 이 부활을 받아들일 것이냐 거부할 것이냐 사이의 선택 요구다. 사정이 이러한데도 비참하게도 사람은 자신의 힘만으로는 부활을 소망하거나 바랄 수 없는 가련한 존재다. 그리고 피할 수 없는 죽음은 사람에게 모든 것의 한계선이자 멸망으로 받아들여지고 있을 뿐이다(제3권 25장 5절 적용).

그래서 부활을 꿈꿀 수 없다. 그들은 "산 개가 죽은 사자보다 낫기 때문이라"(전 9:4)거나 "인생들의 혼은 위로 올라가고 짐승의 혼은 아래 곧 땅으로 내려가는 줄을 누가 알랴"(전 3:21)라고 하면서 스스로 절망에 빠져 있다.

이 가련한 인생들에 대해 칼빈은 사람의 관습적인 매장 행위를 통해 영혼 불멸의 실상을 깨우치려 하였다. 관습적으로 행해지는 신성하고 불가침한 매장이 영원히 사는 것을 사람에게 입증하고 있다는 것이다(제3권 25장 5절). 매장 예식은 거룩한 믿음의 조상들에 의해서도 활발히 지켜졌으며 이방인들에게도 남겨져 있었다.

죽은 자를 보내는 예식은 오늘날에도 전 세계 어디에서나 각자의 전통과 문화 양식에 따라 이어지고 있는 것이 사실이다. 칼빈은 부활이 없다면 왜 이런 매장의 관습이 지속되어야 하는지를 다시 생각하게 함으로써 부활을 상기시킨다.

성경은 부활에 대해 이렇게 증언한다.

> 우리가 다 잠 잘 것이 아니요 마지막 나팔에 순식간에 홀연히 다 변화되리니 나팔 소리가 나매 죽은 자들이 썩지 아니할 것으로 다시 살아나고 우리도 변화되리라 (고전 15:51-52).

갑작스런 변화로 동일한 영광에 이른다. 부활과 영생의 관점에서 천년왕국설은 부정되어야 한다. 칼빈이 보기에 '천년'은 교회의 존속 기간이 아니라 교회가 감당해야 할 남아 있는 고난을 의미하는 것이었다 (제3권 25장 5절).

천년 왕국이 인정된다면 그 자체로 영원한 생을 부정하는 결과를 가져온다. 분명한 것은 택함을 받은 자들의 복락이나 유기된 자들의 징벌이 모두 끝이 없이 영원하다는 사실이다 (마 25: 41, 46).

성경은 종종 몸을 집으로 비유하고 있다.

베드로는 자신의 죽음이 가까워졌을 때 이렇게 말했다.

> 나의 장막을 벗어날 것이 임박한 줄을 앎이라 (벧후 1:14).

바울은 다음과 같이 고백했다.

> 만일 땅에 있는 장막 집이 무너지면 … 하늘에 있는 … 집이 우리에게 있는 줄 아느니라 (고후 5:1).

성경은 또한 몸을 주님과 연계하여 설명하고 있다.

> 몸은 음란을 위하여 있지 않고 오직 주를 위하여 있으며 주는 몸을 위하여 계시느니라 하나님이 주를 다시 살리셨고 또한 그의 권능으로 우리를 다시 살리시리라 (고전 6:13-14).

몸은 "그리스도의 지체"(고전 6:15)이자 "성령의 전"(고전 6:19)이다. 따라서, 몸의 부활은 영원한 몸으로, 주를 위한 몸으로, 그리스도의 지체로, 성령의 전으로, 하나님의 의의 병기에 합당한 몸으로의 부활일 것이다.

특히, 베드로와 바울 두 사람의 증언에 따르면 사람은 불멸하는 영혼이기에 몸을 떠나 하나님과 함께 할 수 있다. 우리가 "의인의 영들과" 함께 모였다는 가르침(히 12:33)은 우리가 믿음의 선조들과 함께 할 것을 예언하는 것이고, 예수님이 오른편 강도에게 "오늘 네가 나와 함께 낙원에 있으리라"(눅 23:43)라고 한 것도 영혼 불멸을 증언한 것이다.

육체의 부활은 다음의 말씀에 의해서 확실히 입증된다.

> 이 썩을 것이 반드시 썩지 아니할 것을 입겠고 이 죽을 것이 죽지 아니함을 입으리로다 (고전 15:53).

그렇다고 칼빈이 이 몸의 부활을 (다른) 새로운 몸으로서의 부활로 본 것은 아니다. 그는 하나님께서 사람들을 녹여서 만들려고 네 가지 원소들로부터 새로운 물질을 불러내시는 것이 아니라 죽은 사람들을 그들의 무덤으로부터 불러내신다고 믿었다(제3권 25장 7절). 그는 새로운 몸이 주어진다면 머리와 지체들이 어떻게 어울릴지에 대해 깊이 생각했던 것 같다. 그러한 숙고 속에서 그는 그리스도의 부활 그 자체에 주목할 것과 "무덤들이 열리며 자던 성도의 몸이 많이 일어"(마 27:52)났던 것을 상기시켰다.

지금 우리 안에 존재하는 것들은 비록 하늘의 삶을 위해서는 무가치한 것들이라 하더라도 우리의 부활을 막을 수 없다. 부활은 "예수의 생명이 또한 우리 죽을 육체에 나타나게 하"(고후 4:11)는 것이다.

그러므로 부활 시에 그 외모가 어떠함은 그다지 중요한 사항이 아니다. 우리가 어떠한 죄를 짓고 아무리 율법과 말씀에 부족하게 살았다 하더라도 하나님의 구속의 은혜와 그리스도의 사랑이 우리를 믿음으로 인도하시는 한 우리의 몸은 영원히 죽지 않는 몸으로 부활한다. 예수의 생명이 우리 썩어 죽어져야 할 육체에 나타나는 것이 핵심이고 썩을 것이 썩지 아니하고 이 죽을 것이 영원히 죽지 않게 되는 것으로 부활은 완결된다.

이 부활의 복락이 아브라함에게서는 상급으로 예표되었다.

아브라함아 … 나는 … 너의 지극히 큰 상급이니라(창 15:1).

다윗과 요한에게도 이렇게 말씀하셨다.

여호와는 나의 산업이시니 내게 줄로 재어 준 지역은 아름다운 곳에 있음이여(시 16:5-6).

나는 … 주의 형상으로 만족하리이다(시 17:15).

그가 나타나시면 … 그의 참모습 그대로 볼 것이기 때문이니(요일 3:2).

이상에서 부활은 하나님의 권능이며 그리스도의 실증이며 성령의 역사로 말미암았음이 드러났다. 부활은 세상이 흉내조차 낼 수 없는 하늘의 영광과 보화다. 부활의 영광과 보화는 아브라함과 다윗과 요한에게서 보이듯이 서로에게 다르게 보일 수도 있다. 중요한 것은 부활의 영광과 보화가 지금 당장은 아니기에 우리는 그 행복의 도래를 고대해야 하고 고대할 수 있다는 사실이다.

결론을 맺자.

부활은 우리로 하여금 신자로서 고상한 삶을 영유하게 하며, 어떠한 극한 고통의 현실과 절망 속에서도 유유자적하는 삶을 살게 한다. 부활의 영광과 부요함이야말로 우리로 하여금 현재의 삶 속에서 썩어질 것이나 죽어 없어질 것들을 추구하는 대신에 하늘의 별처럼 빛나는 몸을 가꾸며, 하나님의 상급을 기대하고, 그리스도의 생명을 우리 안에 채우게 한다.

제4부

『기독교 강요』 제4권

제1장　교회와 그 역할
제2장　교회는 거룩하다
제3장　참 교회와 거짓 교회
제4장　사역자들 – 직분과 선출
제5장　고대 교회와 교황제의 비교
제6장　로마교황청의 수위권의 실상과 그 비판
제7장　교리와 교회 회의의 권위
제8장　교회의 권위 – 입법권과 재판권
제9장　교회의 권징
제10장　맹세
제11장　성례
제12장　세례
제13장　유아세례
제14장　그리스도의 성찬과 그 의미(1)
제15장　그리스도의 성찬과 그 유용성(2)
제16장　교황제 미사의 모독성
제17장　다섯 가지 성례에 대한 비판
제18장　신자들이 국가 안에서 사는 법

제1장

교회와 그 역할

『기독교 강요』 제4권의 전체 장은 "하나님이 우리를 그리스도의 연합체에 초청하시고 그것 안에 머물러 있게 하시는 외적인 방편과 도움"에 관한 것이다. 그리스도의 연합체는 다음과 같이 정의될 수 있다.

> 모든 경건한 사람의 어머니로서, 우리가 그 하나 됨을 가꾸어가야 하는 참 교회이다(제4권 1장 제목).

교회는 하나님이 우리의 연약함을 보살피시려고 복음을 거기에 맡기셨고, 복음 선포의 형식으로 우리 신자들에게 외적인 도움을 주시기 위해 마련되었다. 하나님은 이렇게 신자(자녀)들을 교회로 품으시고 유아와 어린이의 시절을 지나면서 교회의 사역과 섬김을 통해 양육 받게 하시며 성인이 되어도 믿음의 목표에 도달하도록 교회를 통한 모성적 돌봄으로 계속 다스리신다(제4권 1장 1절).

그러므로 교회는 모든 경건한 사람의 어머니와 같은 역할을 해야 한다. 어머니는 아이를 잉태하고 낳고 양육하고 다스리며 보살펴서 성장하게 한다. 어머니의 이러한 돌봄이 없다면 사람은 생명의 길을 살지 못한다. 신자는 교회 안에서 교회와 함께 태어나고 성장하고 성인이 되어가야 한다. 하나님께서 교회를 어머니처럼 주셨기에 사람들이 교회의 슬하에서 멀어지면 누구도 죄사함이나 구원을 소망할 수 없다(사 37:32; 욜 2:32). 신자들은 필연적으로 이 '거룩한 공회'를 믿어야 한다.

사도신경의 "거룩한 공회를 … 믿사오며"라는 고백은 좀 더 분석될 필요가 있다. 칼빈은 이 말에 해당하는 라틴어의 'credere ecclesiam'(크레데르 에클레시암, 거룩한 공회를 믿으며)에 주목하였다. 그는 공회를 눈에 보이는 교회와 하나님께서 부르신 자녀들(이미 세상을 떠난 신자들도 포함됨) 공동체 모두를 의미하는 것으로 이해한다.

그런데 라틴어 '크레데르 에클레시암'에는 영어의 "We believe in the Church"에서처럼 전치사 'in'이 없다. 칼빈은 "believe in"이라는 영어 표현에는 우리의 마음이 하나님을 진실하신 분으로 기대거나 의지한다는 뜻과 우리가 자신감 있게 하나님 안에서 만족되고 있다는 의미를 담고 있다고 보았다.

이것은 '(우리의) 죄가 용서됨을 믿는다'고 할 때에 감히 우리가 죄의 용서를 우리 마음과 우리의 만족을 담아서 그 용서됨을 믿는다고 할 수 없는 것처럼 (죄의 용서의 주체가 하나님이시기 때문이다) '교회'(또는 공회)를 믿는다고 할 때에도 'in'이 포함된 것일 수는 없다는 지적이었다(제4권 1장 2절).

'믿는다'는 사실은 분명히 하나님의 자녀와 불경한 자녀들을 구분해 준다. 그러나 칼빈은 '믿는다'는 의미를 좀 더 분명히 함으로써 교회(공회)를 하나님의 주권적 택하심과 내적 부르심만으로 인정하려 한 것이었다. 그에게 교회는 오직 하나님께서 자기 백성을 택하셔서 은밀하게 불러내신 연합체였다.

> 그러나 하나님의 견고한 터는 섰으니 인침이 있어 일렀으되 주께서 자기 백성을 아신다 하며 또 주의 이름을 부르는 자마다 불의에서 떠날지어다 하였느니라(딤후 2:19).

이를 통해서 칼빈은 교회가 하나님이 부르신 자녀들이자 그 모임이기에 사람들이 자기들의 마음을 임의로 작용해서 함부로 교회를 떠나거나, 부정하거나, 타락시키거나 하는 것을 용납하지 않았던 것이다.

교회, 곧 그리스도의 연합체는 믿음에 자리하고 있으며 서로 교통하는 것을 핵심으로 한다. 교회는 "믿는 무리가 한 마음과 한 영혼이 되어"(행 4:32) 서로를 지체로 감화해 가는 곳이다. 이 연합체는 "몸이 하나요 성령도 한 분이시니 이와 같이 너희가 부르심의 한 소망 안에서 부르심을 받"(엡 4:4)은 자들의 교통 내지 교제다.

진정 신자들은 하나님이 자신들 모두의 한 하나님이시고 그리스도가 그들의 머리이심을 안다면 형제의 사랑으로 연합되어야 한다. 그들은 자신들의 은사를 마땅히 함께 나누어야 한다. 그들이 이렇게 교회를 믿을 때 그들의 구원은 그만큼 확실하고 확고한 기초 위에 서 있게 된다. 교회는 하나님의 택하심으로 이루어졌기에 변할 수 없고 무너질 수 없다. 비록 그 건물은 무너질 수 있어도 교회 자체는 흔들리거나 쓰러지지 않는다(제4권 1장 3절).
그래서 성경은 증언하고 있다.

> 구원이 시온에 있으리니 … (욥 2:32).

> 하나님이 그 성(예루살렘)에 계시매 성이 흔들리지 아니할 것이라(시 46:5).

말할 필요도 없이 "시온"이나 (예루살렘)"성"은 교회를 지칭한다.
하나님은 한순간에라도 자기에게 속한 자들을 온전하게 할 수 있으시다. 하지만, 하나님은 기다리시며 신자들이 태어나고 장성하여 어른이 될 때까지 교회의 교육 아래에서 자라가기를 원하신다(엡 4:10-13 참조). 하나님은 이 하늘나라의 가르침을 목회자들에게 위임하셨다. 따라서, 신자들은 온유의 영과 순종의 영을 좇아 자신들을 목회자들이 베푸는 하늘나라의 가르침을 받아들이도록 허용해야 한다.
목회자의 역할과 관련하여 이사야의 증언은 중대한 의의를 지닌다.

> 여호와께서 이르시되 내가 그들과 세운 나의 언약이 이러하니 곧 네 위에 있는 나의 영과 네 입에 둔 나의 말이 이제부터 영원하도록 네 입에서와 네 후손의 입에서와 네 후손의 후손의 입에서 떠나지 아니하리라 하시니라 여호와의 말씀이니라(사 59:21).

즉, 목회자들은 하나님의 영과 하나님의 말씀을 따라 그들 자신과 그들이 가르치는 많은 후손에게 전하는 사역을 감당한다. 신자들은 그들의 사역에 대하여 다음과 같은 고백으로 응하는 것이 마땅하다.

> 여호와여 주의 백성에게 베푸시는 은혜로 나를 기억하시며 주의 구원으로 나를 돌보사 내가 주의 택하신 자가 형통함을 보고 주의 나라의 기쁨을 나누어 가지게 하사 주의 유산을 자랑하게 하소서(시 106:4-5).

교회를 통해 제공되는 영혼의 하늘 양식을 거부하는 사람들은 마땅히 굶주림과 기근으로 파멸을 당해야 한다. 하지만, 우리 신자들에 대해서는 하나님께서 믿음으로 일깨우셔서 믿음으로 하늘 양식을 받아들이게 하신다.

믿음은 복음을 들음에서 난다(롬 10:17). 하나님은 믿음을 유지시키는 권능을 전권으로 가지고 계시면서 복음의 선포 가운데서 믿음을 내시고 그것을 풀어 펼치신다. 구약시대에는 하나님께서 성소에서 회중을 만나셔서 제사장의 입을 통해 나오는 말씀으로 그들의 믿음이 일치되게 하셨다(제4권 1장 5절).

한편, 성소(교회)는 하나님의 "쉴 곳"(시 132:13), 하나님의 "안식처," "하나님의 거하시며"(시 57:15), "그룹 사이에 좌정하신"(시 32:13, 14; 80:1) 곳이라 일컬어진다. 이 칭호들이 교회에 돌려지는 이유는 하늘 교리의 사역이 존경과 사랑과 경의와 위엄이 있는 것임을 드러내기 위해서였다.

엘리야는 자신의 직분이 빛을 비추어 "아버지의 마음을 자식에게 거스리는 자를 의인의 슬기에 돌아오게"(눅 1:17; 말 4:5-6) 하는 것으로 여겼다(제4권 1장 6절). 바울은 자신을 하나님의 동역자로 묘사하며 구원을 나누어 주는 역할이 자신에게 부여되었음을 강조하였다. 그는 "내 속에서 능력으로 역사하시는 이의 역사를 따라"(골 1:29) "우리 수고가 주님 안에서 헛되지 않았"(살전 3:5)다고 천명하였다. 이 말씀들은 말할 필요도 없이 오늘날 목회자들의 지침서다.

진정 교회는 하나님의 자녀 삼으심의 은혜를 입은 하나님의 자녀들이자 성령의 거룩하심을 입은, 하나님 앞에 실제로 존재하는 그리스도의 참된 지체들(의 연합체)이다. 참으로 교회는 지상의 성도와 창세 이래의 택함 받은 모든 자들로서 한 분 하나님과 그리스도를 예배한다고 고백하는 세상에 흩어진 모든 사람의 무리임이 분명하다.

그런데도 교회 안에는 위선자들이 포함되어 있을 수 있다.

이런 상황에서 그리스도의 연합체는 어떻게 그 순수성을 유지하면서 위선자들을 배제할 수 있을까?

그것은 무엇보다도 세례와 성찬 등에 참여하여 참된 교리와 사랑에 있어서 하나 됨을 입증하는 한편, 말씀 안에서 일치를 이루어 그리스도가 제정하신 복음 선포의 사역을 보존해 가는 것이다. 보편교회든 개별교회든 상관없이 하나님의 말씀이 순수하게 선포되고 경청되며 그리스도의 제도를 좇아서 성례가 거행되는 곳에는 하나님의 교회가 어떤 모습으로든 존재한다.

성례와 세례, 그리고 신자들의 삶을 통한 실증 등은 하나님께서 우리 수준으로 낮아지셔서 우리로 하여금 이것들을 통하여 우리가 하나님의 자녀임을 인식하게 하신 수단들이다(제4권 1장 8절). 이러한 참여에는 반드시 믿음의 확증을 필요로 하지는 않는다(믿음의 여부에 대한 판결은 오직 하나님만이 가능하시다).

하지만, 신자들이 세례나 성례에 참여하고, 실제 생활을 통해 증언하는 것 등은 하나님의 자비에 의지하여 얼마든지 신자들 자신이 교회의 지체임을 증명해 보일 수 있다.

그리스도의 연합체(교회)가 "진리의 기둥과 터", "하나님의 집"(딤전 3:15)인 한, 그리고 그것이 그리스도의 신부이자 그리스도의 "몸"과 "충만함"(엡 1:23)인 한, 이 교회를 비웃거나 떠나는 자는 하나님과 그리스도를 부인하는 자들일 수밖에 없다. 예컨대 도나투스주의자들, 카타리파들, 일부 재세례파들은 그들 자신을 신령하다고 여겨 더러운 성도들과 교제하지 않기 위해 교회를 떠났다. 무분별한 열정주의자들도 견실한 삶의 순수함과 순전함이 없는 곳에는 교회가 없다고 생각하고 교회를 떠나갔다(제4권 1장 13절).

교회를 떠나는 한 그들은 구원을 바랄 수 없다. 아무런 오점이 없는 교회를 찾는 것은 불가능하다. 기실 교회는 온갖 종류의 물고기가 모여 있고, 알곡과 쭉정이가 섞여 있다. 주지하듯이 고린도 교회는 격렬한 분쟁과 분파에 휩싸였고, 그들 가운데서 욕정과 논쟁과 소송이 일어났으며, 이방인조차 역겨워할 범죄가 일어났다. 하지만, 바울 사도가 그 고린도 교회에 여전히 말씀과 성례의 사역이 계속 남아 있었기에 교회로 인정한 것은 우리에게 주는 교훈이 크다(제4권 1장 14절).

오늘날 교회로부터의 일탈을 선동하는 사람들 중에는 자신을 뛰어나게 보이려고 모든 사람을 경멸하는 사람들이 있다. 어떤 분파주의자들은 할 수만 있다면 형제자매들을 잘라 버리려 한다. 남과 다투어 이기려는 자들도 교회 안에 있다. 제 정신이 아닐 정도로 괴팍함을 보이기도 하고, 흉계를 품고 중상모략하며, 선동을 일삼거나 문제를 야기하는 자들도 있다.

이런 경우를 대비해서 어떤 목회자가 바울을 닮고자 한다면 그는 교회의 권징을 시행할 때에 "평안의 매는 줄로 성령이 하나되게 하신 것"(엡 4:3)을 잊지 않으면서 경건하고 진실하게 행사해야 한다(제4권 1장 16절).

마지막으로, 교회와 그 역할에 대하여 두 가지 사실을 기억하자.

첫째, 모든 신자는 동일한 하나님과 그리스도를 고백하는 다른 사람들을 자신들과 똑같은 교회의 구성원임을 인정하는 일이다.

모든 신자들은 교회 안에서 함께 복음을 믿어 영원한 구원과 복음에 참여하는 그리스도의 연합체이자 동지들이다.

둘째, 교회 안에는 오직 하나님의 눈으로만 식별되는, 우리의 시야가 미치지 못하는 참된 성도들이 있다는 사실을 잊지 않는다.

모든 일의 심판주는 하나님 한 분 뿐이시다.

제2장

교회는 거룩하다

모든 면에서 완전한 교회 이외에는 어떤 교회도 교회로 인정하려 하지 않는 다면 아마도 교회로 남을 곳이 없다는 것이 칼빈의 입장이다(제4권 1장 17절). 이러한 사정은 현재에도 달라지지 않았다. 그런데도 교회는 거룩하다.

바울 사도는 이렇게 선포했다.

> 그리스도께서 … 교회를 위하여 자신을 주심같이 하라 … 물로 씻어 생명의 말씀으로 깨끗하게 하사 거룩하게 하시고 자기 앞에 영광스러운 아내로 세우사 주름잡힌 것이 … 없게 하려 하심이라(엡 5:25-27).

이 설교 속에 교회가 나아가야 하는 방향이 제시되어 있다. 주님께서 친히 날마다 교회의 주름잡힌 것을 펴시고 티를 깨끗하게 하신다는 것이 그것이다. 그렇기 때문에 교회는 종국에는 주님의 깨끗하게 하심과 그의 거룩함으로 인해 거룩하게 되고야 만다. 어떤 교회이든지 그것이 지금은 거룩함에 이르지 못하고 있지만 주님의 깨끗하게 하심과 거룩함으로 인해 거룩하게 된다는 말이다.

또한, 하나님의 말씀이 교회의 거룩함을 보증한다.

> 주께서 이르시되 나는 내가 택한 자와 언약을 맺으며 내 종 다윗에게 맹세하기를 내가 네 자손을 영원히 견고히 하며 네 왕위를 대대에 세우리라 하셨나이다(시 89:3-4).

그래서 교회는 거룩하다. 이사야의 증언에 따르면 예루살렘 교회 안에는 백성들 사이에서와 통치자들 사이에서, 심지어는 제사장직을 담당하는 자들 사이에서도 극심한 부패가 들끓고 있었다. 그리스도가 세상에 계실 때에도 바리새인들의 불경건과 방종에 젖은 삶이 예루살렘 교회 안팎에서 횡행하고 있었다.

하지만, 선지자들은 교회 자체를 부정하거나 어떤 새로운 제단을 쌓지 않았다. 그들이 교회 자체를 부인하지 않았던 것이다. 그리스도와 사도들 역시 바리새인들이나 유대인들의 타락과 박해, 예루살렘 성전의 타락에도 불구하고 백성들과 함께 동일한 제사를 드리고 공적인 종교의식들을 행하였다(제4권 1장 19절).

이러한 사실들은 주님께서 세상이 지어진 이후 자기의 교회를 두시지 않으신 적이 없었으며 또한 때가 완성될 때까지 한시도 자기의 교회를 두시지 않을 때가 없다는 것을 증명한다(제4권 1장 17절).

중세의 키프아리누스도 "비록 교회에는 가라지나 순수하지 않은 그릇들이 있는 듯 보이지만, 그렇다고 해서 우리 자신이 교회를 떠날 이유가 있는 것은 아니다. 오히려 우리는 알곡이 되도록 수고해야 한다. 우리는 할 수 있는 대로 금그릇과 은그릇이 되려고 해야 한다. 그러나 질그릇을 부수는 것은 오직 여호와께 속하며, 여호와께 또한 철장이 맡겨졌다"(시 2:9; 계 2:27 참조)고 하여 교회의 거룩함을 의심하지 않았다(제4권 1장 19절).

교회의 거룩함은 교회에 부여되어 있는 열쇠의 권세로 인해 보증된다. 교회의 권세는 그리스도를 믿어 구원에 이르고 하나님과 연합하게 하는 데 있다. 하나님과 연합한다는 것은 죄의 용서를 받고 하나님의 자녀가 되는 것을 말하는 데 이 사건은 교회 이외에서는 일어날 수 없는 일이다. 죄사함이 오직 교회에 속한 시민들과 그 가족들에게만 가능하다고 성경이 증언하기 때문이다(시 33:14-24). 참으로 죄사함이 없다면 하나님과의 어떤 언약이나 연합은 있을 수 없다(제4권 1장 20절).

거룩하신 하나님의 죄의 용서함이 있는 곳, 그리하여 그리스도를 믿어 구원에 이르는 곳, 그리하여 하나님과 연합하게 되는 곳이 교회다. 그래서 교회는 거룩하다.

그러므로 교회는 복음 사역, 곧 복음의 선포와 준행에 전심과 전력으로 헌신해야 한다. 그리스도께서 사도들에게 죄를 용서하라고 하신 것은 단순히 그들이 죄를 용서해야 하는 것을 가르치려 하신 것이라기보다는 자신이 친히 자신을 믿는 믿음에 이르게 될 자들의 죄를 용서해 주시는 직분을 영구적으로 수행하시기를 원하신 때문이었다. 하나님의 자녀들은 비록 그들이 아무리 거룩하다 하더라도 여전히 죽을 인생의 몸을 지니고 있는 한 죄를 범할 수밖에 없다.

따라서, 그리스도의 죄사함이 없다면 우리는 하나님 앞에 계속 설 수 없다. 그런 사람들에게 하나님의 죄사함의 은혜가 입혀지는 곳이 바로 교회다. 그 때문에 교회의 사역자들과 목사들은 복음 선포와 성례의 거행 등에 온전히 헌신하여서 하나님의 은혜가 모든 신자들에게 분배되게 하는 데 헌신해야 한다.

한편, 신자들은 그 누구도 교회(하나님이 선택하신 사람들의 공동체이지 개별 건물 교회를 말하는 것이 아니다)를 떠나서는 안 된다. 모든 신자들은 각각 오직 주님의 열쇠의 권세를 두신 곳(그리스도의 이름으로 두세 사람이 모인 곳도 포함)에서만 죄사함을 찾는 것을 자기의 의무로 여겨야 한다(제4권 1장 22절).

사실이 이러한데도 노바투스주의자들이나 재세례파들은 자신들이 세례 가운데 중생해서 천사와 같은 삶에 이르게 되기에 더 이상의 죄의 용서는 필요치 않다는 헛소리를 하였다. 그들이 이렇게 공허한 소리를 지껄이는 이유는 교회로부터 구원의 닻을 낚아채기 위해서다(제4권 1장 23절).

신자들은 이런 유혹에 넘어가지 않고 주기도문과 사도신경의 고백처럼 마땅히 죄의 용서를 구해야 한다.

교회는 또한 그 안에서 어떠한 죄일지라도 하나님께로부터 용서받을 수 있다는 점에서 거룩하다. 믿음의 족장들, 예컨대 야곱의 아들들과 다윗과 같은 이들은 오늘 우리(신자)들처럼 언약에 참여하도록 택함을 받은 자들로서 할례를 받았고, 의심할 바 없이 조상들의 열심에 힘입어 의와 순전함에 대하여도 교육을 받은 자들이었다(제4권 1장 24절).

하지만, 야곱의 아들들, 곧 요셉의 형들은 그들의 아우 요셉을 팔아먹었다. 르우벤은 음욕이 불타 아버지 야곱의 침상을 더럽혔고, 시므온과 레위는 누이의 원수들에게 교활한 술수와 잔악함을 베풀어 그들의 목숨을 빼앗고 재물을 약탈하였다. 다윗은 자신의 충성스러운 부하인 우리아의 아내 밧세바를 강탈하였고, 그것도 모자라 자기 범죄를 은폐하기 위해 우리아까지 죽였다.

하지만, "내가 그들을 내게 범한 그 모든 죄악에서 정하게 하며 그들이 내게 범하며 행한 모든 죄악을 사할 것이라"(렘 33:28)는 하나님의 말씀은 하나님께서 저 믿음의 조상들의 죄까지도 사해주셨음을 충분히 알아차리게 한다.

또, 다른 곳에도 하나님께서는 죄를 범한 자들을 용서하시고 포용하시고 감싸 안아 주심을 약속하신다.

> 네 하나님 여호와께서 마음을 돌이키시고 너를 긍휼히 여기사 포로에서 돌아오게 하시되 네 하나님 여호와께서 흩으신 그 모든 백성 중에서 너를 모으시리니 네 쫓겨간 자들이 하늘가에 있을지라도 네 하나님 여호와께서 거기서 너를 모으실 것이며 거기서부터 너를 이끄실 것이라(신 30:3-4).

예레미야는 대표적으로 하나님의 용서를 외친 선지자 중에 한 사람이었다. 그는 주저하지 않고 음란도 반역도 용서된다고 주장하였다.

> … 여호와께서 이르시되 배역한 이스라엘아 돌아오라 나의 노한 얼굴을 너희에게로 향하지 아니하리라 나는 긍휼이 있는 자라 노를 한없이 품지 아니하느니라 여호와의 말씀이니라(렘 3:12).

솔로몬의 기도 역시 그가 하나님의 용서를 얼마나 굳게 믿고 있는지를 증명한다.

> 범죄하지 아니하는 사람이 없사오니 그들이 주께 범죄함으로 주께서 그들에게 진노하사 그들을 적국에 넘기시매 … 그들이 사로잡혀 간 땅에서 스스로 깨닫고 그 사로잡은 자의 땅에서 돌이켜 주께 간구하기를 우리가 범죄하여 반역을 행하며 악을 지었나이다 하며 … 적국의 땅에서 온 마음과 온 뜻으로 주께 돌아와서 … 주께 범죄한 백성을 용서하시며 주께 범한 그 모든 허물을 사하시고 그들을 사로잡아 간 자 앞에서 그들로 불쌍히 여김을 얻게 하사 그 사람들로 그들을 불쌍히 여기게 하옵소서(렘 8: 46-50).

하나님의 은혜, 곧 죄의 용서와 사랑은 그리스도 안에서 충만하게 나타났다. 하나님의 관용은 그리스도로 말미암아 더 풍성하게 흘러내릴 뿐이다. 저 하나님의 용서는 끊어지거나 감해지지 않는다. 베드로가 세 번이나 주님을 모른다고 부인하였지만 그가 은총을 빼앗기지 않았다는 사실이 그 증거다. 고의로 범한 죄에 대해서조차도 성경은 이 죄를 속하기 위한 희생 제물을 드리도록 명령하였다.

고의로 범했든 무지로 범했든 그리스도가 친히 희생 제물이 되시어 그 죄를 대속하는 것이다. 범죄들이 가득한 교회들임에도 불구하고 하나님의 자비가 거두어지지 않는 이유가 여기에 있다. 신자들이 자주 불신에 빠져 비틀거리고, 때로는 쓸데없는 맹세가 나오고, 분노에 불탈 때가 없지 않으며, 심지어는 대놓고 욕설을 퍼붓기도 하며, 나아가 주님이 아주 싫어하시는 여러 악행들에 노골적으로 애쓰는 것 등을 부인할 수 없다(제4권 1장 29절).

그래서 이런 사람들이 교회의 교제로부터 따돌림을 당하는 것이 당연해 보인다. 하지만, 하나님의 은혜와 용서, 사랑하심이 교회에 머물러 있는 한 교회의 권징은 그 권징을 받아야 할 사람이 근심에 잠길 정도로 잔혹하고 엄하게 행사되어서는 안 된다. 교회의 바른 권징에 대한 바울 사도의 훈계는 이것이다.

> 그런즉 너희는 차라리 그를 용서하고 위로할 것이니 그가 너무 많은 근심에 잠길까 두려워하노라 그러므로 너희를 권하노니 사랑을 그들에게 나타내라(고후 2:7-8).

경건한 양심은 목사든 일반 신자든 어떤 다른 사람의 무가치한 행동에 의해서도 상처를 입지 않는다. 거룩하고 올바른 사람에게는 성례들이 순수하지 않은 사람에 의해 다루어진다 하더라도 그것이 덜 순수하거나 덜 유익하게 되지 않는다(제4권 1장 19절).

더욱이 순수한 목회자와 교사들은 신자들에게 일생동안 악의 짐 아래서 신음하며 살아가더라도 하나님의 은총을 피난처로 삼도록 가르친다. 이 모든 교회의 거룩한 일들을 우리(신자)들은 느슨하게 하거나 미온적으로 해서는 안 된다. 반면에, 교회를 어지럽히는 부류에 대해서는 키프리아누스의 말대로 질그릇을 부수는 것을 여호와께, 여호와의 철장에 맡겨 버리는 것이 상책이다(제4권 1장 19절).

교회는 여호와께서 택하신 시온으로서 그가 영원히 쉬시는 곳이다(시 132:13-14). 여호와는 자신의 법도를 영원히 폐하지 아니하시며 이스라엘 백성을 자녀로 지키신다. 그러므로 우리 신자들이 비록 세상을 사는 동안 육신의 약함으로 인해 수많은 죄를 저지른다 할지라도 여호와께서 영원히 쉬시는 성전, 곧 교회 안에서 용서받고 위로받고 쉼을 얻어야 한다.

> 너희를 위한 우리의 소망이 견고함은 너희가 고난에 참여하는 자가 된 것 같이 위로에도 그러할 줄을 앎이라(고후 2:7).

이렇게 하나님의 용서와 위로와 쉼이 있기에 교회는 거룩하다. 하나님의 선하심이 있기에 교회는 거룩하다.

> 예루살렘이 거룩하리니 다시는 이방 사람이 그 가운데로 통행하지 못하리라(욜 3:17).

거룩한 교회여!
일어나라!

제3장

참 교회와 거짓 교회

칼빈은 만약에 구약의 선지자 시대에 유대인의 모임들이 각각 교회였다면 그것들은 진리의 기둥이 아니라 거짓을 받치는 지주였고, 성전이 아니라 우상들을 담는 용기였다고 단정하였다(제4권 2장 10절).

엘리야와 미가, 이사야와 예레미야 등과 같은 선지자들은 당당히 이 모임을 떠나 있었다. 이러한 맥락에서 칼빈 자신은 로마가톨릭교회가 우상 숭배와 미신과 불경건한 교회라고 확신하였다. 그가 보기에 로마가톨릭교회 같은 곳에 참여하면서 교권을 인정한다는 것은 그리스도의 약속을 헛되이 사라지게 하는 것이었다.

교회의 근본이 선지자들과 사도들의 가르침에 있고 그 가르침이 신자들로 하여금 자기들의 구원을 오직 그리스도께만 맡기도록 명령하는데 있기에 이 가르침이 제거된다면 교회는 건물로만 남을 뿐이다.

껍데기로 서 있는 교회가 오래 지속된다 한들 무슨 유익이 있겠는가?

반면에, 말씀과 성례의 사역이 순전하고 깨끗하게 남아 있는 곳이라면 어디든지 '교회'라는 이름을 보유한다. 어떤 도덕적 악이나 병폐라도 교회를 막을 수 없다(제4권 2장 1절).

교황(제)들은 고대의 연대기들을 살펴볼 때 자신들의 참 교회가 옛날 이탈리아와 프랑스와 스페인에 있었다고 주장하였다. 그 교회들은 (로마가톨릭교회의) 건전한 교리로 교회들의 기초를 놓고 일으켜 세운 거룩한 사람들(로마가톨릭의 성자에 해당)과 그들의 피로 건물이 세워졌다는 것이었다. 이 교회를 로마 주교들이 계승해 가면서 유지될 때 참 교회라 칭해졌다는 것이 그들의 주장이었다(제4권 2장 2절 적용).

칼빈은 빈정대면서 이러한 주장을 했는데 헬라 교회에서도 주교의 전승이 있었고, 아프리카나 애굽, 또는 아시아 전역에 있던 교회들에 대해서도 참 교회라 할 만한데 교황들이 그렇게 인정하지 않았다고 고발한다. 참 교회의 기둥과 터는 말씀의 계승이지 인물의 계승이 아니다(4권 2장 3절).

그러므로 말씀을 계승하지 않는 교회는 이스라엘 백성(제사장 포함)이 하나님께 잘못된 제사를 드려 버림을 받았듯이 배척되어야 한다. 로마가톨릭교회는 주교의 계승을 전통으로 하면서 그리스도의 신부의 자리에 창녀를 앉힌 꼴이었다(제4권 2장 3절).

이처럼 적그리스도의 독재 아래에 있는 교회는 신성 모독적인 불경건과 무자비한 지배, 악하고 치명적인 교리들로 교회들을 부패시킨다. 이 교회들 안에서 그리스도는 절반은 매장되신 채 감춰져 있었다. 복음은 짓눌려졌고, 경건은 파괴되었으며, 하나님에 대한 예배가 폐지되다시피 했다. 그 교회들 가운데 있는 모든 것이 너무나 혼란에 빠져서 그것들 가운데서 하나님의 거룩한 도성의 모습은 사라지고 바벨론의 얼굴만이 드러났다(제4권 2장 12절).

실제로 교황제가 교회의 머리가 되어 있는 로마가톨릭교회는 모든 이들에게 그들의 모든 기도와 성례와 의식에 참여하도록 강제하였다. 이에 그치지 않고 로마가톨릭교회는 그리스도가 자신의 교회에 돌리시는 모든 영예와 권세와 재판권들을 똑같이 그대로 로마가톨릭교회에 넘겨줄 것을 요구하였다(제4권 2장 9절).

하지만, 이에 대한 칼빈의 비판은 통렬하다.

첫 번째 예는 구약의 예루살렘 교회가 부패했지만 그때에도 선지자들은 어떤 미신적인 예배에도 참여하도록 강요받지 않았으며 하나님이 제정하신 것 외에는 어떤 것도 짊어지지 않았다는 것이다. 그런데 지금 로마가톨릭교회는 잔악한 예배에의 참여를 강요한다는 것이었다.

두 번째 예는 여로보암 왕 당시의 예루살렘 교회의 실상이다.

비록 여로보암 왕 자신이 포고한 규정대로 할례가 남아 있었고, 희생 제사들이 드려졌으며, 율법이 준수되었고, 조상들이 하나님께 하던 기도가 드려지고 있었다. 하지만, 거짓된 것들과 금지된 것들이 드려지고 있었기 때문에 그곳에서 드려지는 예배는 하나님의 저주를 받았다.

그러므로 교회에 속한 경건한 사람들이라면 교회가 불경하고 부패한 예식들로 인해 타락한 경우에는 그런 교회를 무작정 계속해서 따라할 수 없다는 것이 칼빈의 주장이었다.

두 번째와 관련해서는 이사야의 고발을 통해 비판하였다.

> 너희가 내 앞에 보이러 오니 이것을 누가 너희에게 요구하였느냐 내 마당만 밟을 뿐이니라 헛된 제물을 다시 가져오지 말라 분향은 내가 가증히 여기는 바요 월삭과 안식일과 대회로 모이는 것도 그러하니 성회와 아울러 악을 행하는 것을 내가 견디지 못하겠노라 내 마음이 너희의 월삭과 정한 절기를 싫어하나니 그것이 내게 무거운 짐이라 내가 지기에 곤비하였느니라 너희가 손을 펼 때에 내가 내 눈을 너희에게서 가리고 너희가 많이 기도할지라도 내가 듣지 아니하리니 이는 너희의 손에 피가 가득함이라(사 1:12-15).

만일에 유대인들의 이런 모임 하나하나가 교회였다고 한다면 엘리야나 미가, 또는 이사야와 예레미야와 호세아 같은 선지자들은 하나님의 교회에서 따돌림을 받았을 것이 분명하다(제4권 2장 10절).

참으로 그 선지자들이 부패하고 타락한 예루살렘 교회와 제사장들과 연합하여 예배하였더라면 그들은 하나님의 사람들일 수 없었다. 마찬가지로 우상숭배와 미신과 불경건한 교리로 오염된 로마가톨릭교회를 인정하고 교류한다면 그것은 그리스도가 교회에 부여하신 권세와 영예와 재판권이 무효화되는 것이나 마찬가지다.

무엇보다도 말씀과 불가분의 고리로 연결된 교회의 열쇠로서의 권위가 로마가톨릭교회에서는 파괴되었다. 그리스도의 약속을 헛되이 사라지게 하는 그런 교회라면 그리스도의 종들은 마땅히 그런 교회의 교제로부터 떠나야 한다.

이러한 주장들 때문에 로마가톨릭교회는 칼빈을 이단자이자 분파주의자라고 비난하였다. 그가 이단자인 이유는 다른 교리를 가르친 것 때문이었고, 분파주의자인 이유는 로마가톨릭교회의 연합을 깨뜨린다는 것이었다.

하지만, 이러한 고발에 대한 칼빈의 교리적 통찰 역시 너무도 명쾌하였다. 먼저 그는 교회의 연합이 건전한 교리와 형제적 사랑이라는 두 개의 사슬에 의해 이루어지는 것이라고 주장하였다. 건전한 교리가 파괴되는 것은 이단자들의 거짓 교리들로 인해 믿음의 순수성이 오염될 경우다. 교회의 유대가 무너지는 것은 비슷해 보이는 믿음을 가지고 있는 척 하면서도 연합체의 고리를 파괴할 때이다.

그러므로 공동체의 유대는 다른 데 있지 않고 그 공동체의 연합된 믿음의 여부에 달려 있다. 진정한 하늘나라의 연합은 우리의 마음이 그리스도와 하나가 되고 우리의 의지 또한 서로 간에 선한 의지로써 그리스도 안에서 연합하는 것이다(제4권 2장 5절).

연합의 원리는 이것이다.

> 주도 한 분이시요 믿음도 하나요 침례도 하나요(엡 4:5).

그 연합은 "마음을 같이하여 같은 사랑을 가지고 뜻을 합하며 한마음을 품"(빌 2:2)는 것인데, 곧 "그리스도의 마음"(빌 2:5)과 하나 되는 것이다. 요약하면 칼빈은 하나님의 말씀이 없는 곳에는 신자들의 공동체는 존재하지 않고 단지 믿지 않는 자들의 분파만이 있다는 사실을 드러냈을 뿐이지 결코 이단자나 분파주의자가 아니었다.

이런 의미에서 보면 칼빈의 로마가톨릭교회에 대한 신랄한 비판은, 하나님께서 그런 교회의 얼굴에서 아무리 비참하게 흩어지고 쪼개진 자기 백성이라도 남은 자들을 그 안에서 보존하시는 한, 그리고 마귀의 계교나 인간의 사악함 모두로도 파괴할 수 없는 참 교회의 징표들이 조금이라도 남아 있는 한, 교회라 불렸던 사실(제4권 2장 12절)에서 드러나듯이 오직 참 교회를 세우려는 그의 열정적 믿음에서 기인한다.

그는 진실로 이단자이거나 분파주의자가 아니라 자신이 섬겨야 하는 교회가 참 교회이기를 열망한 것이었다. 그는 참으로 로마가톨릭교회의 부패와 잔악함에 맞서 하나님의 교회를 세워나가려 했다.

키프리아누스(Thaschus Caecilius Cyprianus, AD 210 – AD 258)도 교회적 조화의 모든 원천을 그리스도의 유일한 감독직에서 이끌어 내고 있다.

> 교회는 하나다. 그것은 다산(多産)의 증가를 이루어 널리 퍼져 간다. 태양의 많은 광선이 있기는 하지만 빛이 하나인 것처럼, 나무에 많은 가지가 있지만 견고한 뿌리에 근간을 둔 줄기는 하나인 것처럼, 하나의 샘에서 많은 시내가 흘러나오는 것처럼 … 태양의 몸체에서 광선을 떼어 낸다고 한들, 그 하나 됨에는 어떤 분할도 일어나지 않는다. … 교회는 주님의 빛에 흠뻑 잠겨서 모든 곳으로 퍼져 간다. 그런데도 모든 곳에 퍼진 것은 하나의 빛이다(4권 2장 6절).

참으로 교회의 모든 원천은 오직 그리스도 한 분이시다. 그러므로 그리스도 이외에 그 어떤 것으로 교회의 머리를 삼는다면 그곳에 교회는 없다.

성경이 말하는 참 교회는 "진리에 속한 자는 내 음성을 들"(요 18:37)는 곳에 존재한다.

> 나는 선한 목자라 나는 내 양을 알고 양도 나를 아는 것이(요 10:14).

그곳에 참 교회가 있다.
참 교회는 이런 곳이다.

> 내 양은 내 음성을 들으며 나는 그들을 알며 그들은 나를 따르느니라(요 10:27).

> 자기 양을 다 내놓은 후에 앞서 가면 양들이 그의 음성을 아는 고로 따라오되 타인의 음성은 알지 못하는 고로 타인을 따르지 아니하고 도리어 도망하느니라(요 10:4-5).

진실로 이런 교회들은, 그리스도의 음성을 듣는 자, 그의 양, 그를 따르는 자들은 그리스도의 인침을 받은 자들의 공동체다. 그리스도께서 자기의 말씀으로 이런 사람들을 다스리는 그곳이 교회이자 그리스도의 나라다(제4권 2장 4절).

칼빈은 자신의 시대의 참 교회를 이렇게 사도들과 선지자들의 가르침 위에 터 잡고 서 있으면서 그리스도가 친히 모퉁이 돌(엡 2:20)이 되시는 교회로 이해하였다. 그곳에는 자유 있는 여자에게서 난 자들, 조금 말을 달리하면 교리의 순수하고 합법적인 씨에서 난 자들이 하나님의 자녀(롬 9:6-9)로 남아 하나님을 예배하는 곳이다.

오늘날 전 세계의 모든 교회와 신자들은 분연히 불신앙을 떨치고 일어나 그리스도가 자기의 말씀으로 다스리시는 교회이자 공동체이자 하나님 나라를 사모하며 세워가야 한다. 특히, 대한의 모든 교회와 모든 신자들은 참 교회로 일어나 굳게 서서 진리의 말씀에 기초한 건전한 교리와 형제적 사랑의 교제를 전하고 실천해야 한다.

제4장

사역자들 – 직분과 선출

　오직 주님만이 교회에서 다스리시고 지배하시며 또한 감독하시고 높이 계신다. 주님은 우리 가운데 거하시지만 가시적 현존으로 드러내시지는 않는다. 그 대신에 자기의 뜻을 우리에게 공공연하게 선언하시기 위해 사람들을 사용하신다. 주님은 자신이 사용하시는 사람들에게 자신의 권리와 영예를 양도하심으로써가 아니라 그들의 입을 통하여 스스로 자기의 일을 행하신다(제4권 3장 1절).

　하나님께서 다른 도움이나 기구가 없이도 친히 일하시거나 천사들을 부려서 일하실 수 있다. 하지만, 하나님은 우리 사람들을 통하여 일하시기를 더 원하신다. 우리와 함께 일하시는 그 자체로 하나님께서 우리를 배려하시는 것이다. 하나님은 자신의 은밀한 뜻을 해석하는 자들을 사람들 가운데서 취하시고는 그들의 입을 사용하여 과거 성소에서 하나님께서 친히 사람들에게 자신의 대답을 들려주셨듯이 그렇게 교회에서 그들을 통하여 들려주신다.

　하나님의 사역자는 자신의 한 입에서 나오는 교리 (특히, 구원과 영생의 교리)를 신자들이 받아들여서 그 교리를 고리로 삼아 서로 한데 묶여 그들 상호 간의 사랑이 자라나게 하여 최고의 수준에서 자신의 사명을 감당해야 한다(제4권 1장 1절 적용).

　반면에, 신자들은 하나님께서 사용하시는 사람이 비록 부족함이 많다 하더라도 하나님의 위엄과 영광이 그와 함께 하고 있기에 그를 하나님의 사역자로 여기고 그에게 가르침 받는 자세를 보여야 한다. 그것이 하나님을 향해 보여야 하는 신자들의 경건과 공경의 선언이다.

　주님께서는 이렇게 구원과 영생의 교리를 중심으로 서로 교통하면서 하나가 되도록 하는 일을 사람들에게 맡기셨다.

　사역자들은 부르심을 받은 자들이다.

> 몸이 하나요 성령도 한 분이시니 이와 같이 너희가 부르심의 한 소망 안에서 부르심을 받았느니라(엡 4:4).

주님께서 이들을 부르신 목적이다.

> 어떤 사람은 사도로, 어떤 사람은 선지자로, 어떤 사람은 복음 전하는 자로, 어떤 사람은 목사와 교사로 삼으셨으니 이는 성도를 온전하게 하여 봉사의 일을 하게 하며 그리스도의 몸을 세우려 하심이라(엡 4:11-12).

그러므로 그들은 "오직 사랑 안에서 참된 것을 하여 범사에 그(그리스도)에게까지 자"(엡 4:15)라게 하는 것을 자신들의 사명으로 삼아 실천해야 한다.

그들은 신자들이 함께 한 몸을 이루어 원리를 좇아 연합해 가야 한다.

그리스도가 위(하나님 나라)로 오르신 것은 만물을 충만하게 하시기 위함이었다(엡 4:10). 하나님께서는 그분 자신이 이 직무를 맡기시고 그것을 수행하도록 은혜를 주신 사역자들을 통해서 자신의 은사들을 교회에서 각자의 분량대로 나누어 주시고 전달해 주신다. 이렇게 하나님은 자신의 영의 능력을 행사하셔서 교회 안에 언제나 현존하고 계신다(제4권 3장 2절).

그러므로 교회는 헛되거나 무익할 수 없다. 하나님의 영의 능력의 행사로 말미암아 성도들의 새롭게 됨이 성취되고 그리스도의 몸이 온전히 세워져 간다. 모든 면에서 신자들은 교회의 머리이신 그리스도의 분량에까지 자라게 되고, 서로서로 연합을 이루어서 그리스도와의 연합으로 들어가게 된다.

하나님이 허락하신 교회가 지속되기 위해서는 사도적이고 목회적인 직무가 절대적이고 필수적이다.

> 좋은 소식을 전하며 평화를 공포하며 복된 좋은 소식을 가져오며 구원을 공포하며 시온을 향하여 이르기를 네 하나님이 통치하신다 하는 자의 발은 너무도 아름답다(사 52:7).

그들은 "세상의 빛과 소금"이다(마 5:13-14). 그들의 직분은 실로 대단하여 그리스도를 대신할 정도다.

너희 말을 듣는 자는 곧 내 말을 듣는 것이요 너희를 저버리는 자는 곧 나를 저버리는 것이요(마 10:16).

고넬료의 구원이 또한 사역자들의 직분의 영예로움을 증명한다. 하나님께서 고넬료에게 자신의 진리의 빛을 비추고자 하셨을 때 하나님은 하늘로부터 천사를 보내셔서 베드로를 고넬료에게로 파송하셨다. 바울의 경우 하나님께서는 그를 셋째 하늘로 이끄셨으며, 말할 수 없는 영광스런 일들로 그를 존귀하게 하셨다(고후 12:2).

교회를 섬기는 자들로는 "사도"와 "선지자"와 "복음 전하는 자"와 "목사"와 "교사" 등이 있다(엡 4:11). 사도와 선지자와 복음 전하는 자 등은 비상한 직분(비상직)이다. 이 중에서 사도는 온 천하에 복음을 전파하면서 배역한 세상을 돌이켜 하나님께 순종하도록 하는 사명을 감당하였다. 그들은 구약의 교회들과는 다른 교회의 첫 번째 건축가들이었다.

선지자는 특별한 계시에 있어서 뛰어난 자들이었다. 복음 전하는 자들은 품위에 있어서는 사도들에 뒤떨어지나 직분에 있어서는 그들과 버금갔다. 누가, 디모데, 디도, 70명의 제자들이 여기에 해당한다. 목사와 교사는 항존직이다. 목사는 성경 해석을 중심으로 순수하고 건전한 교리를 신자들 가운데 보존하기 위해 설교, 성례, 권징, 충고, 권고 등을 한다. 교사는 성경 해석만을 주관하는 자들이다(제4권 3장 4절).

목사들은 사도들과 유사하고 교사들은 구약의 선지자들과 유사한 직분을 담당한다(제4권 3장 5절). 그렇다고 목사들이 사도들과 동등한 것은 아니다. 사도들은 듣지 못한 새로운 것을 전달하는 사명을 가졌었기에 목사들보다 더욱 특별하다. 선지자직 역시 그에 수반하는 계시의 특별한 은총으로 인해 교사들보다 훨씬 뛰어나다.

그러나 그 목적에 있어서는 목사와 교사 모두 사도들이나 선지자들과 동일하다. 그들이 모두 그리스도에 의해 보냄을 받았고 그의 전령자들이기에 얼마든지 사도들이라 불릴 수 있다.

그리스도께서 사도들을 보내시며 명령한 것은 이것이다.

모든 민족을 제자로 삼아 아버지와 아들과 성령의 이름으로 침례를 베풀고 ⋯ 분부한 모든 것을 가르쳐 지키게 하라(마 28:19-20).

그러므로 목사든 교사든 그들이 사도라 불릴진대 그리스도의 본, 곧 그의 몸과 피의 거룩한 징표들을 본으로 삼아 복음을 선포하고 나누고 행하는 것이 그들의 첫 번째이자 마지막까지 해야 할 일이다. 그들의 가르쳐 지키게 함은 바울의 공언대로 그들 자신은 "그리스도 때문에 어리석으나 너희는 그리스도 안에서 지혜롭고 우리는 약하나 너희는 강하고 너희는 존귀하나 우리는 비천"(고전 4:10)한 마음과 태도에 토대한 것이어야 한다. 그들의 책망은 "미쁜 말씀의 가르침을 그대로 지켜야 하리니 이는 능히 바른 교훈으로 권면하고 거슬러 말하는 자들을 책망하"(딛 1:9)는 마음에서 비롯되어야 한다.

목사의 역할은 복음을 알리는 것과 성례를 거행하는 것, 유익한 것을 전하고 하나님께 회개하기를 권면하는 것(행 20:20-21), 사도들이 수행한 일들을 본받아 맡겨진 자기의 양떼를 위해 수행하는 것 등이다(제4권 3장 6절).

목사의 역할은 결코 한가하게 자신들의 품위를 내세우는 데 있지 않다. 목사는 모든 사람에게 각자의 직책을 맡기되 교회가 소동되게 해서는 안 된다. 목사가 자신의 소명이 없이 우왕좌왕해서도 안 된다. 무모하게 한 곳으로 모든 사람이 쏠리게 해서도 안 되고, 육욕대로 교회를 내버려서 텅 비게 해서는 안 된다(제4권 3장 7절).

장로 선출은 하나님이 제정하신 것이다. 바울과 바나바가 루스드라, 이고니온, 안디옥 교회에서 장로를 택하여 세웠다(행 14:22-23). 바울은 디도에게 직접 장로를 세우라고도 하였다.

> 내가 너를 그레데에 남겨 둔 이유는 남은 일을 정리하고 내가 명한 대로 각 성에 장로들을 세우게 하려 함이니(딛 1:5).

바울은 에베소 교회의 장로들에게 설교하였다(행 20:18-19).
장도들이 담당하는 직분은 이것이다.

> 혹 섬기는 일이면 섬기는 일로 혹 가르치는 일이면 가르치는 일로 혹 위로하는 자면 위로하는 일로 구제하는 자는 성실함으로 다스리는 자는 부지런함으로 긍휼을 베푸는 자는 즐거움으로 할 것이니라(롬 12:7-8).

이 중에서 다스리는 자들은 일반 사람들 가운데 선출된 장로들로서 도덕적 문제들에 대한 견책과 권징을 행한다. 칼빈은 특히 각 교회에 경건하고 엄중하고 거룩한 자들 가운데서 뽑힌 연장자들의 회가 있었다고 보았는데(제4권 3장 8절), 이로 미루어 판단해 보면 그 당시 견책과 권징을 할 때에 목사를 포함한 장로들이나 교회의 연장자들이 모여서 경건하고 엄중하게 기도하고 토의하며 사명을 감당했음을 알 수 있다.

한편, 섬기는 일이나 구제하는 일과 관련한 직분은 집사에게 속한다.

성경은 권면하고 있다.

> … 구제하는 자는 성실함으로 … 긍휼을 베푸는 자는 즐거움으로 할 것이니라(롬 12:8).

집사 가운데는 구제를 집행하는 집사와 가난한 자들과 병자들을 돌보는 데 헌신하는 집사가 있다(제4권 3장 9절). 집사를 의미하는 섬김(διακονία, 디아코니아)이라는 말 자체가 구제하는 일을 담당하고 가난한 자들을 돌보며 그들을 위한 공적인 기금을 관리하는 청지기를 지칭한다.

그리스도는 사도들을 파송하실 때 그들의 "모든 대적이 능히 대항하거나 변박할 수 없는 구변과 지혜"(눅 21:15)를 주셨다. 그리스도는 그들에게 "위로부터 능력으로 입혀질 때까지 이 성에 머물라"(눅 24:49; 행 1:8)고 준비시키기도 하셨다. 바울 사도도 믿음의 아들이자 제자 목사인 디모데에게 "아무에게나 경솔히 안수하지 말고 다른 사람의 죄에 간섭하지 말며 네 자신을 지켜 정결하게 하라"(딤전 5:22)고 분부하였다.

오늘날 교회에서 말씀 전함과 가르침과 섬김을 담당하는 모든 하나님의 사역자들, 특히 목사들은 그리스도의 명령과 바울의 분부를 말씀대로 실천하고자 하지 않으면 안 된다. 목사가 되고 장로가 됨에 있어서 금식과 기도는 필수다(행 14:32). 그들은 기도에 몰두하여 하나님께 "지혜와 총명의 영, 모략과 재능의 영, 지식과 여호와를 경외하는 영"(사 11:2)을 간절히 사모하며 간구해야 한다.

하나님의 사역자들은 "모든 것을 품위 있게 하고 질서 있게"(고전 14:40) 해야 한다. 누가의 기록에 따르면 바울과 바나바가 장로들을 임명한 것은 교회를 통해서였다. 즉, 두 사람이 장로들을 선출한 것은 맞지만, 헬라인들의 선거 관례처럼, 전체 무리가 그들이 원하는 자가 누구인지를 손을 들어 선언하게 한 것이었다(제4권 3장 15절).

레위 제사장들이 하나님의 명령에 따라 회중 앞에 나타나서 선 것(레 8:4-6; 민 20:26-27)이나, 맛디아가 사도들의 모임에서 임명된 것, 일곱 집사들이 회중이 보고 승인하는 가운데 선출된 것(행 1:15-26; 6:2-7) 등이 모두 교회를 통해서였다. 성직자의 선출과 임명은 물론 교회 안의 모든 일들이 가능한 한 모든 사람의 증언에 따른 검토를 통하고 회중에게 공정하고 합법적으로 공지되어야 하는 것이다.

이럴진대 그리스도의 사역자들은 마땅히 건전한 교리를 지키고 거룩한 삶을 살아가면서 자신의 거룩한 사명의 권위를 앗아갈 수 있는 죄악을 저지르지 않아야 한다. 자신의 사역에 불명예를 안길 정도의 악을 저질러서도 안 된다(제4권 3장 12절). 야망과 탐욕, 그리고 그 어떤 욕정도 가져서는 안 된다.

그 대신에 그리스도의 사역자들은 하나님에 대한 진지한 경외와 교회를 세우기 위한 열의로 가득 차야 한다. 이를 위해 목사들과 교사들과 장로들과 집사들이 항상 살펴야 하는 준거들이 있다.

첫째, 자신들은 어떤 유형의 사역자들인가를 돌아보는 것이다.
둘째, 어떻게 그리고 누구에 의해서 임명되었는지를 돌아보는 것이다.
셋째, 어떤 예식 혹은 어떤 의식으로써 세움을 받았는지를 생각해 보는 것이다(제4권 3장 11절).

그들은 목숨을 다할 때까지 경성하여 되돌아보면서 자신들은 물론 모든 신자들이 각 지체의 믿음의 분량대로 역사하여 머리되신 그리스도에게까지 자라가고 사랑 안에서 스스로 세워져 가는 일에 헌신해야 한다(엡 4:10-16). 이것이 목사와 교사와 장로와 집사 등이 주님의 교회를 위해 해야 할 일이다.

제5장

고대 교회와 교황제의 비교

칼빈이 말하는 고대 교회는 비록 그것이 부족한 점이 전혀 없지는 않았지만 하나님의 제도를 보존하고 그것으로부터 멀어지는 오류를 범하지 않으려고 모든 노력을 정성껏 경주한 교회였다(제4권 4장 1절). 반면에, 로마가톨릭교회의 교황제 질서는 칼빈에 의해 독재 체제로 규정되었다(제4권 15장 전체).

고대 교회의 사역자들은 세 가지 직제로 구성되어 있었다. 장로들 중 일부가 목사와 교사로 선택되었는데 이는 예루살렘 교회가 성립할 당시의 사역자를 선출하는 제도와 일치하였다. 목사와 교사가 아닌 장로들은 도덕적 비행에 대한 견책과 교정을 맡아 수행하는 것이었다. 집사들에게는 가난한 자들을 돌봄과 구제품의 분배가 맡겨졌다.

히에로니무스(라틴명, *Eusebius Sophronius Hieronymus*, 영어명 Saint Jerom, 347-419)는 고대 교회의 직제를 감독, 장로, 집사, 신자, 입교 지망자 등 다섯으로 구분하였다(제4권 4장 1절).

이 당시 직제로 볼 때 장로로 지명된 자들은 무조건 가르치는 직무만을 명령받았다. 감독은 이들 중에서 한 사람이 선택되어 붙여지는 명칭이었다. 그는 동일한 신분을 가진 자들(장로들) 사이에서 일어나는 분쟁을 막는 역할을 하는 정도였을 뿐, 자기 동료들에 대하여 지배권을 행사할 어떠한 영예를 가지고 있지 않았다.

히에로니무스는 다음과 같이 주장하였다.

> 감독과 장로는 하나이며 동일하다. 마귀의 충동으로 종교에 분쟁이 일어나서 사람들 사이에 "나는 바울에게, 나는 게바에게"(고전 1:12; 3:4)라는 말들이 횡행하기 전에는 교회의 통치는 장로들의 공통된 협의를 따르고 있었다(제4권 4장 2절).

그 후에 여러 분쟁들을 해결하기 위해서 일들을 관장하는 직책이 한 사람에게로 넘겨졌다. 장로들은 이때부터 자연스럽게 교회의 관습에 따라 자기들을 다스리는 자에게 복종해야 한다는 것을 알게 되었다. 감독들 역시도 자신들이 교회의 관습에 따라서 장로들보다 우월하다는 사실과 자기들이 장로들과 협력해서 교회를 다스려야 한다는 사실을 알기 시작하였다.

 다만, 장로들의 복종이나 감독의 다스림이 주님의 명령에 의한 것은 아니었다는 것에 주의해야 한다. 히에로니무스 시대에 각 도시에 목사들과 교사들로 구성된 장로들의 모임이 있어서 그(감독)가 백성들을 가르치고, 권고하고 교정하는 직무를 감당하였다. 이 장로들의 모임이 조직과 평화를 유지하기 위해 한 감독 아래에 소속되어 있었던 것이다. 그러므로 감독이 품위에 있어서는 다른 장로들보다 우월했던 것은 사실이나 여전히 자기 형제들의 모임에 종속되어 있었다(제4권 4장 2절).

 고대 교회의 장로와 감독들은 말씀과 성례를 나누는 직분에 충실하였다. 고대 교회에서 감독이 해야 할 일은 회중을 하나님의 말씀으로 먹이고, 건전한 교리를 가르쳐 공적으로나 사적으로나 교회의 덕을 세우게 하는 것이었다(제4권 4장 3절). 감독의 경우 자신의 모습을 통해서 자기가 참된 감독이라는 사실을 제시할 수 없었으면 스스로 감독임을 자처하는 일을 흉측한 일로 여겼다.

 대감독의 선출이나 니케아 회의를 따라 대감독 위에 총대감독을 세우는 것은 오직 교회의 권징을 지키기 위함이었다. 어느 교회에서 일어난 어떤 일을 몇 사람으로는 잘 해결할 수 없을 때 그 교회가 속한 지방 회의에 맡겨 처리하려는 의도에서 세워진 제도였다. 사안이 중대한 경우나 어려워서 더 폭넓은 논의가 요구될 때에는 교회 회의가 구성되기도 하였고, 이와 함께 총대감독들이 소집되기도 하였다. 이것도 불충분하면 모든 교회로 구성되는 보편 회의에 상소하였다(제4권 4장 4절).

 한편, 칼빈은 이러한 직제들이 성경에 나오지 않는다는 이유에서 이것들조차 거부하였다.

 고대 교회에서 감독이 사람의 영혼을 맡고 있기에 금전에 관한 일을 돌보는 것 역시 당연하다고 여겨졌다. 집사는 감독 밑에서 신자들의 예물과 교회의 연간 수입을 받아 올바른 곳에 사용하는 직분을 담당하였다. 부감독은 재정에 관한 제반 업무와 여러 가지 영적인 일을 감당하였는데 구체적으로 교회의 수입과 소유지와 설비를 관장하고 예물을 모았고, 회중에게 복음을 읽어주고 기도를 권고하고 성찬의 잔을 나누어 주는 역할을 하였다(이상 제4권 4장 5절 적용).

고대 교회에서 모든 교회의 재산은 사역자들의 생활과 가난한 자들을 구제하기 위한 공적 경비로 사용되었다. 재산의 분배에 있어서 사역자들에게는 양식이 모자라지 않을 정도로 할당되었고, 가난한 자들이 무시되지 않도록 분배되었다. 반면에, 교회의 재산을 빼돌리거나 낭비하는 것은 피를 흘리는 살인 행위로 여겨졌다. 히에로니무스(제롬) 같은 이는 성직자들이 가난한 자들의 몫을 조금이라도 취하는 것은 신성 모독이라고 성토하였다(제4권 4장 6절).

교회 재산 사용의 구체적인 사례로는 성 아카티오스(Acatius, ?-303년)를 들 수 있다. 그는 페르시아 사람들이 기근으로 죽어갈 때 자신의 성직자들에게 "우리의 하나님은 접시도 잔도 필요하지 않으십니다. 그는 드시지도 마시지도 않기 때문입니다"라고 말하면서 성전 기물을 녹여 사람들을 구제하는 데 사용하였다.

암브로시우스(Ambrosius, 337-397) 역시 "금 없이 사도들을 파송하신 분은 금 없이 교회를 모으셨다. 교회는 보존하려고 금을 가지고 있지 않고, 필요한 곳에 충당하려고, 부족한 것을 채워서 곤경에서 벗어나게 하려고 가지고 있"는 것이라고 외쳤다(제4권 4장 8절).

그런데도 교회 재산 관리에서 일어나는 악행을 방지하기 위해 고대 교회에서는 재정을 특정하여 네 부분으로 나누어 사용하는 제도를 마련하였다. 성직자를 위한 사용, 교회 내 구제, 교회 외 구제, 그리고 교회 유지를 위한 사용이었다.

그레고리우스도 다음과 같이 명령하였다.

> 사도좌의 관습은 감독으로 임명된 자가 교회에 들어오는 모든 수입을 네 영역으로 나누어서, 한 영역은 감독과 그의 가족이 다른 사람들을 대접하고 자기들의 생활을 유지하기 위하여, 다른 한 영역은 성직자를 위하여, 셋째 영역은 가난한 자들을 위하여, 넷째 영역은 교회의 보수를 위하여 사용하도록 명령하였다(제4권 4장 7절).

이외에도 고대 교회의 조상들은 그들 이후에 교회의 모판을 남겨 두기 위해 젊은이들을 그들의 부모의 승낙과 동의를 얻어 자신들의 보살핌과 후견 아래에 두어 훈육을 받게 하여서 영적인 군대에 이름을 올리는 제도를 마련하였다 (제4권 4장 9절). 이 준비 단계의 훈련을 받는 젊은이들을 '성직자'(clerus, 또는 '맡은 자')라 불렀다. 하지만, 칼빈은 이들을 '상속자'로 부르기를 즐겨하였다.

어쨌든 성직자 제도는 교회를 위하여 섬기고자 하는 젊은이가 자신을 성별하고 감독의 돌봄 아래에서 양육을 받을 수 있게 하였다. 이 제도는 잘 준비된 자들만이 교회의 사역을 감당할 수 있음을 각성시켜 주기에 충분했다. 훈련생들에게 어려서부터 거룩한 교육과 엄격한 훈육을 통하여 더 거룩한 삶의 습관을 체득함으로써 세상적인 관심은 멀리하고 영적인 관심과 열의에 젖어들게 한 것이다.

그들의 직무이자 훈련은 세 가지였다.

첫째, 문지기로서의 훈련으로써 감독의 가사를 돕고 수행하는 것
둘째, 모든 사람 앞에 나타나서 말하기 훈련을 하는 것
셋째, 강단에서 성경을 읽는 훈련을 받는 것(제4권 4장 9절)

고대 교회에서 사역자들의 소명, 곧 그들을 선발하는 과정과 관련해서는 두 가지 사항의 기준이 있었다.

첫째, 누구를 선정할 것인가?
둘째, 선정함에 있어 얼마나 독실하게 주의를 기울일 것인가?(제4권 4장 10절)

그 준거로 작용한 것이 바울이 디모데에게 전한 명령(딤전 3:2-7)과 사도들이 행한 예들이었다.

구체적으로는 레오1세(Theodoret, 393-458/466)의 교훈을 따랐다.

> 성직자들에 의해서 선정된 자를 일반인들에 의한 시험을 거친 후 선정하라. 그리고 수도 대감독의 결정에 따라서 해당 지역의 감독들이 그를 성별하게 하라 (제4권 4장 11절 적용).

계속해서 그는 주장했다.

영예로운 자들의 증언, 성직자들의 인준, 높은 지위에 있는 자들과 일반인들의 동의가 있어야 한다(제4권 4장 12절).

고대 교회의 사역자 임명 역시 일반인들 모두의 동의를 기본으로 하고 있었다. 물론, 실제로 일반인들이 감독과 장로들에게 거의 위임하는 것이 보통이었고, 대개는 성직자가 직접 성직자(목사)를 선출하고 후에 회중의 인증으로 선출되는 식이었다. 이러한 사정은 그레고리우스 시대까지 계속되었다.

하지만, 그레고리우스가 자신이 교회를 다스리는 일을 맡을 수 있게 된 것이 황제의 명령 때문이라고 말하고 난 후부터 로마가톨릭교회와 콘스탄티노폴리스 교회 두 곳에서는 황제의 동의가 비로소 요구되기 시작하였다(제4권 4장 13절). 그리고 이때부터 성직자들에 대하여 세속의 권위가 관여되기 시작하였다.

고대 교회에서 성직자로의 서품(敍品, the ordination)은 감독에게 속해 있었다. 서품은 '축성'(祝聖, consecration)이라고도 하였는데 오직 안수(χειροθεσία)를 통해서 진행되었다. 대감독의 축성(의식)도 안수였고, 장로들과 집사들의 임명도 안수였다(제4권 4장 15절).

그러던 것이 로마가톨릭교회의 권위가 증가하게 되자 이탈리아에 있는 감독들이 그곳에서 축성을 받으려 하게 되었다. 그레고리우스 교황의 편지에 따르면 아마도 밀라노 교회를 대표로 소수의 교회를 제외하고는 대부분의 감독들이 로마가톨릭교회의 축성을 받으려 했던 것 같다(제4권 4장 15절 적용).

이때를 전후해서 칼빈의 로마가톨릭교회에 대한 비난의 톤이 강하게 바뀌었다. 그는 로마교황청과 그의 수하들이 붙잡고 있는 로마가톨릭교회의 통치 질서와 소위 그 계급 구분을 신랄하게 비판하였다. 무엇보다도 로마교황청과 그 수하의 사제들은 설교를 할 수 있는 자, 특히 진리의 말씀에 의거하여 교리를 올바르게 전할(설교할) 수 있는 자가 없었다고까지 비난하였다.

그들의 사제들은 술주정뱅이, 간음을 일삼는 자, 노름꾼이거나 사냥꾼이거나 난봉꾼이 보통이라는 것이다. 심지어 10세가 되지 못한 소년들이 사제가 되기도 했다고 조롱하였다(제4권 5장 1절 적용).

로마교황청은 성직자를 선출하는 회중의 권리를 빼앗았다. 그리하여 투표, 승인, 인증이 사라지고 말았다. 더불어 회중이 감독 선출에 무관심하게 되면서 그 책임이 장로들에게 넘어갔고, 장로들은 이 기회를 교묘히 악용하여 새로이 교회법을 제정하여 독재할 기회로 삼기 시작하였다. 지역의 군주가 로마의 대사제와 협잡하여 그 지역 교회 소속 참사회원이 주교를 지명할 권리도 확보하였다. 더 나아가 군주들이 직접 주교를 파송하게 되었다(제4권 5장 3절).

로마교황청의 입장에서는 이렇게 한다 한들 교회가 손해 볼 것은 아무것도 없었다. 주교들은 장로들을 선출하는 권리가 자기들에게만 있다고 주장하였다. 그들은 이 서품 수행의 권리를 이용하여 사제와 부제를 선출하였다. 사제나 부제를 임명할 때 그들의 재력이 풍부하면 성직을 수여하는 방식으로 자신들의 배를 채웠다.

대부분의 로마가톨릭교회 지도자들은 이처럼 종교를 배불리는 것으로 생각했으며, 자신들의 직함이 생활을 유지하는 데 필요충분한 수입원이 되는 것으로 족하다고 여기고 있었다(제4권 5장 4절 적용).

성직록의 타락 역시 로마교황청과 로마가톨릭교회의 부패를 고발한다. 본래 성직록은 서품을 받는 자에게 주어졌다. 하지만, 교황청은 성직록을 서품의 여부와 분리시켜서 그 외의 여러 가지 명목으로 남발하였다. 그들 자신이 성직록의 수여자가 되었던 것이다. 성직록을 돈으로 사는 것은 말할 것도 없고, 사사로이 받은 추천으로도 성직록을 수여받을 수 있게 하였다.

군주들까지도 자신이 임명한 사제에게 성직록을 주었기에 그것을 이발사나 요리사, 밑바닥 인생에게 주어지는 것과 같은 '하사품' 정도로 여겼다(제4권 5장 6절 적용).

사제직의 남용은 로마가톨릭교회의 극악한 현상 중에 하나다. 일부 군주들의 궁정에는 수도원장직 셋, 주교직 둘, 대주교직 하나를 지닌 자들이 있게 되었고, 심지어는 젊은이인데도 이 모두를 동시에 지니고 있는 경우도 있었다. 한 명의 참사회원(canonry)이 5-7개의 성직록을 차지하기도 하였다(제4권 5장 7절).

고대 교회에서는 수도사 제도가 없었다. 하지만, 로마가톨릭교회는 수도사 제도를 만들었다. 이들은 사제가 될 수 없었음에도 불구하고 사제가 되어 성직록까지 수령하였다. 인노켄티우스(Innocentius)와 보니파키우스(Bonifacius)의 교령을 인용해서 그들이 사제직의 영예와 권세를 부여받았던 것이다. 어쨌든 이 제도는 고대 교회의 장로와 집사의 선출이나 직분과는 전혀 관계가 없는 타락한 것들이었다.

이상에서 로마교황청이나 그 사제들은 교회에 바쳐진 것을 전리품과 약탈품으로 착복하는 자들이었음이 드러난다(제4권 5장 15절 적용). 주교나 교구사제들이 자신들의 역할은 전혀 하지 않으면서 주교라는 칭찬을 들으려 했던 것이고, 교회를 말씀으로 다스리기는커녕 수입만을 챙기고자 했을 뿐이었다(제4권 5장 11절).

교황제 아래의 교회지도자들은 교회의 기둥입네 종교지도자입네 그리스도의 대리인입네, 신자들의 머리입네라고 주절거리기만 할 뿐, 믿음의 제일 원리와 일반적인 초보 원칙도 파악하지 못하는 천치들이거나 유년기 아동 수준의 인간들이었다.

그런 자들이 교회의 고상함이 외적 장중함에 있다고 사기를 쳤다(제4권 5장 17절 이하 적용). 그래서 소위 제사장 직제를 화려하게 치장하였다. 그들은 그럴싸하게 성경적 근거까지 내밀었다.

> 왕들이 조공을 바치며 … 왕들이 예물을 드리리로다 모든 왕이 그의 앞에 부복하여 … 그를 섬기리로다(시 72:10-11).

그러나 이 왕들은 모두 자신들의 홀을 온전히 하나님께 맡겨둔 자들에 불과하다. 이에 반해 로마가톨릭교회 사제들은 하나님의 홀을 자신들이 소유했다고 소리치며 교회를 건축하여 미신에 빠뜨리게 하거나 조상(彫像)을 세우거나, 심지어 그릇과 예복을 사는 데 사용하였다.

그레고리우스시대까지만 하더라도 그의 말대로 "우리(사제들)는 겉으로는 분주하지만 맡은 일과 행하는 일이 서로 다르다. 우리는 설교의 사역을 내팽개친다"(제4권 5장 12절)라는 최소한의 미안함이라도 있었다. 하지만, 이후로 그들은 호색, 방탕, 악랄, 기만, 사기, 반역, 배신, 오만, 자만, 탐욕, 잔인함의 명장들로 전락해 갔다(제4권 5장 14절 적용).

오늘날의 한국 교회는 어떠한가?
과연 고대 교회의 장로 집사 직제가 말씀에 헌신하고 구제에 헌신했듯이 그러한 길을 걷고 있는가?
아니면 로마교황청의 후예들처럼 교회와 직제를 자신의 명예와 권력으로 또는 재산 치부의 수단으로 활용하고 있는가?

이제 이 두 갈래 교회의 길 중에 한국 교회가 어디에 있는지를 심각히 물어야 할 때가 되었다. 히에로니무스(제롬)는 사제가 부를 추구하는 것은 수치라고 경고하였다(제4권 5장 19절). 한국 교회의 목회자들이 명심해야 할 경고로 보인다.

대한의 목사들과 장로들, 특히 목사들에게 묻노라!

그대들은 고대 교회의 제도를 좇아 말씀을 진리로 전하고 실천하며 교회 재산을 바르게 사용하는 도구로 쓰임 받아 하나님과 그리스도를 영광되게 하고 있는가?

아니면 목사(와 장로)라는 직분을 악용하여 교만하게 행동하고, 진리의 말씀과 참 교리에 대하여는 무지하며, 교회의 재산에 대해서는 자신들의 배를 위하는 도구로 사용하지는 않는가?

목사들은 자신들이 하나님 나라인 교회를 세우는 자들인지 약탈자인지에 대한 질문에 답해야 할 때다.

제6장

로마교황청의 수위권의 실상과 그 비판

　로마가톨릭교회와 교황청이 주장하는 권리는 그들에게 교회를 하나 되게 하는 머리(교황제)를 가지고 있다는 것이다. 모든 교회가 교황을 중심으로 그에게 순종을 다하면서 붙어 있어야만 교회가 하나 되고 나뉘거나 흩어지지 않을 수 있다고 주장한다. 이 어설픈 교회의 수위권을 활용해서 그들은 교회를 자기들의 전유물로 만들 수 있었다(제4권 6장 1절).
　이 수위권을 지속적으로 유지하기 위해 그들은 교황(로마 대사제)이 그리스도를 대신해서 보편교회를 다스리며 로마 교구가 다른 교구들에 대하여 우선이라는 거짓 교리를 펼쳐야 했다(제4권 6장 2절).
　로마가톨릭교회와 교황청은 우선 율법에 규정된 대제사장의 직분과 하나님이 예루살렘에 수립하신 최고의 법정을 자신들의 교회 계급제도에 악용하였다. 그들의 논리에 따르면 대제사장 직책이 예부터 있었고, 하나님께서는 한 사람을 대제사장으로 임명하여 유대인의 예배와 예루살렘 교회의 일을 관장하게 하셨다는 것이다.
　칼빈은 이들의 논리를 말씀으로 단칼에 해부해 버린다. 대제사장의 규례는 하나님께서 우상 숭배자들에 의해 둘러싸여 있는 유대인들이 다양한 종교에 마음을 빼앗기지 않도록 하기 위하여 하나님을 예배하는 처소를 마련하시고 한 제사장을 세워 서로 하나 됨을 잘 지켜가게 하기 위한 것이었다는 것이다.
　칼빈은 또한 구약의 대제사장은 그리스도를 예표하는 모형으로 이해하였다. 대제사장의 권리는 오직 그리스도 한 분에게로 옮겨졌다. 그리스도 주님은 지금도 대리인이나 후계자 없이 친히 이 권리를 담당하고 계신다. 주님이 담당하시는 대제사장 직분은 자신의 죽음으로써 하나님의 용서를 성취하게 하셨으며 지금도 우리를 위하여 하나님 앞에서 중재하시는 사역으로 계속되고 있다는 것이다(제4권 6장 2절).

로마가톨릭교회와 교황청은 그들의 수위권의 신약적 근거도 준비하였다.

> 너는 베드로라 내가 이 반석 위에 내 교회를 세우리니 … 내가 천국 열쇠를 네게 주리니 네가 땅에서 무엇이든지 매면 하늘에서도 매일 것이요 네가 땅에서 무엇이든지 풀면 하늘에서도 풀리리라 하시고(마 16:18-19).

> (베드로야) 네가 … 나를 … 사랑하느냐 … 내 양을 먹이라(요 21:15).

이에 대해서도 칼빈은 여지없이 말씀으로 격파하였다. 그에 따르면 베드로가 그리스도로부터 양떼를 먹이라는 명령을 받은 것은 교회에 대한 지배권이 아니라 교화(敎化)에 대한 권세가 위임된 것이라는 것이다. 매고 푸는 권세는 교회에 대해서가 아니라 세상을 다스리는 것이다(제4권 6장 3절).

베드로는 자신을 이렇게 소개하였다.

> 함께 장로 된 자요 그리스도의 고난의 증인이요 나타날 영광에 참여할 자니라(벧전 5:1).

또한, 그는 동역자 장로들에게 "너희 중에 있는 하나님의 양 무리를 치되 억지로 하지 말고 하나님의 뜻을 따라 자원함으로 하며 더러운 이득을 위하여 하지 말고 기꺼이 하며"(벧전 5:2)라고 하여 자기 직분을 그들과 함께 나누었다.

이런 베드로가 도대체 교회에 대하여 무슨 권세를 가졌다는 것인가?

한편, '열쇠'에 대한 해석 역시 칼빈의 주장은 로마교황주의자들의 것과는 전혀 다르다. 칼빈은 열쇠를 "복음의 가르침으로 인해 하늘이 열리는 것"으로 이해한다. '매고 풀린다'는 것은 사람이 불신앙으로 인해 더욱 많은 억압(사탄으로부터)을 받는 것이거나 혹은 어떤 사람이 믿음으로 인해 하나님과 화목하게 되는 것을 말한다(제4권 6장 4절).

매고 풀리는 것은 사도가 감당해야 하는 고상한 직분을 상징한다. 만약에 이 진실이 교황에게도 적용되었다면 교황의 매고 풀리는 직무를 감당하는 주장을 비난할 자는 아무도 없다.

베드로가 주님께로부터 특별히 이러한 직분을 받은 것은 교황주의자들 못지않게 칼빈도 인정하고 있으며 오늘날 우리도 인정해야 한다. 사도행전에서 보면 베드로는 (예루살렘)교회를 세움에 있어서 으뜸가는 역할을 한 것이 사실이며, 그 당시에 그는 신자들 중에서도 으뜸가는 신자였다(제4권 6장 5절).

그런데도 베드로에게 교회에 대한 수위권이나 다른 모든 사람보다 뛰어나다는 영예는 돌려질 수 없다. 이런 식이라면 안드레가 베드로보다 먼저 그리스도를 만났기에 어쩌면 안드레에게 수위권이 돌려져야 할 것이다.

세속의 관습을 따를 때 예컨대 열 두 사람이 모여서 그중에서 한 사람을 자신들을 다스릴 자로 여기는 것은 전혀 놀랄 일이 아니다. 회의 주관자가 없는 연합체는 있을 수 없다. 그렇다고 반대로 몇몇 소수의 사람에게서 일어난 일을 세상에 있는 사람들에게 전부 적용해서는 안 된다.

예를 들어, 지도자 두루미나 지도자 벌이 각각 하나의 개체로서 나머지를 지도한다고 할 수는 있을지 모르나, 그것이 세상에 있는 모든 개체들 전체를 지도하는 우두머리는 될 수 없는 것은 지극히 상식적이다(제4권 6장 8절 적용). 다만 이 사실로부터 추론되는 것은 모든 교회마다 소속된 주교가 따로 있어야 한다는 확인 정도다.

바울이 한 번 베드로를 찾아간 적이 있었다. 그의 방문은 베드로에 대한 자기의 복종심을 공언하기 위함이 아니었다. 그것은 바울 자신의 가르침과 베드로의 가르침이 일치해야 함을 모든 사람에게 증명하기 위해서였다. 베드로 역시 바울에게 어떠한 복종심을 요구하지 않았으며 오히려 한 연합체에 속한 동료로서 그와 악수하였다. 이들 두 사람이 주님의 포도원에서 서로 함께 일하는 동역자임을 증명했던 것이다. 이런 이유에서도 교황의 수위권은 정당성이 전혀 없다.

로마가톨릭교회의 수위권 주장은 처음에 베드로가 안디옥에서 사역하다가 로마로 옮겨 왔는데 그 때문에 수위권이 로마가톨릭교회에 있다는 것이었다. 그것도 교황 마르켈루스가 안디옥의 장로들에게 보낸 한 통의 편지를 통해서였다.

> 베드로의 감독좌가 처음에는 당신들과 함께 있었으나 이후에는 주님의 명령에 따라서 이곳으로 옮겨졌습니다. 그리하여 옛날에 첫째였던 안디옥 교회가 로마가톨릭교회에 그 자리를 양보하게 되었습니다(제4권 6장 11절).

설령 베드로의 교구가 로마에 확립되었다 하더라도 그 도시의 주교가 세계 전체를 주관해야 한다는 근거를 밝힐 방법은 없다. 예수님께서는 예루살렘의 주교이자 사제의 직무를 다하셨지만 어떤 지위도 갖지 않으셨다(제4권 6장 11절).

역사적으로 볼 때 오늘날의 터키(지금의 튀르키예) 이스탄불에서 개최되었던 칼케돈 회의(451년 10월 8일-11월 1일)에서 로마가톨릭교회의 대표들이 첫 번째 자리를 차지했던 것은 사실이다. 교황 레오가 마르키아누스 황제와 풀케리아 황후에게 (로마가톨릭교회에게) 첫 자리를 양보해 줄 것을 간청하였다. 그런데 로마가톨릭교회 대표자들이 첫 번째 자리에 앉았던 것은 에베소회의 때 동방의 감독들이 소요를 일으켰는데 그 때문에 만약에 일어날지도 모를 위험에 대처하기 위함이었다.

하지만, 제5차 콘스탄티노폴리스 회의(553년)에서는 콘스탄티노폴리스의 총대감독 멘나스(Mennas)가 회의를 주재했는데 로마가톨릭교회의 감독들에게 첫 번째 자리를 허락하지 않았다(이상 제4권 7장 2절 적용).

칼빈은 로마교황제의 성립 시기를 그레고리우스(Gregorius, 교황 재위 590-604) 교황 시기 전후로 보았다. 그레고리우스가 "나는 자기의 죄를 발견한 감독으로서 사도적 교구에 복종하지 않을 자를 하나도 알지 못한다"고 말한 것으로 보아 로마가톨릭교회의 사도적 교구에 대해 긍지를 가지고 있었다. 그렇지만 "죄가 없을 때에는 모든 감독이 겸손의 법칙에 따라 동등하다"고 한 것으로 보아 그는 모든 감독을 자신과 동등한 자들로 여기고 있었던 것도 분명하다(이상 제4권 7장 12절).

로마가톨릭교회의 수위권이 본격적으로 논쟁이 되기 시작한 것은 교회와는 관계없는 세속적 통치권 영역과 관련해서였다. 로마제국의 수도가 콘스탄티노폴리스로 옮겨지면서 로마가톨릭교회의 수위권이 위협받게 되었다. 콘스탄티노폴리스 감독과 로마 감독 사이의 수도권 논쟁이 일어난 것이다.

그러나 로마 대사제 인노켄티우스(Innocentius, 교황 재위 401-417)가 "제국의 수도가 바뀐다고 해서 교회의 수도 대감독이 속한 교구가 바뀔 필요가 없다"는 교령을 발표하여서(제4권 7장 14절) 로마가톨릭교회의 수위권을 지키려 하였다.

로마가톨릭교회의 수위권은 마우리키우스 황제(Maurice, 539 - 602)를 죽이고 그의 왕위를 차지한 포카스(Phocas, 547 - 610)가 서로마의 황제가 되어 보니

파스 3세에게 로마가톨릭교회가 모든 교회의 수위(우두머리)가 되어야 한다고 승인함으로써 본격적으로 세워지게 되었다(제4권 7장 17절).

이후로 로마가톨릭교회와 교황청의 횡포가 본격적으로 자행되었다. 베르나두스의 로마가톨릭교회 비판에 따르면 로마로 모이는 자들은 지상 모든 곳의 야심가, 탐욕자, 성직 매매자, 불경한 자, 첩을 가진 자, 근친상간 자, 다양한 괴물 등이었다. 교회와 일반 법정에서 "가난한 자들의 생명이 부자들이 밟고 다니는 거리에 뿌려져 있"을 정도로 가증스러운 재판이 자행되었다.

교회들이 갈가리 찢기고 사지가 잘린다는 아우성이 끊이지 않았다.

이런 소문도 자자했다.

대수도원장들은 주교에 의해 쫓겨나고 주교들은 대주교들에 의해서 쫓겨난다 (제4권 7장 18절).

교황제의 최악의 불신앙적 요소는 세 가지다.

첫째, 교황의 수위권
둘째, 하나님의 교황에 대한 징계 유보권
세째, 교황의 무오류설

본래 로마가톨릭교회가 주변에 알려져 있기는 하였다. 칼빈에 따르면 아타나시우스(296/298?-373년 5월 2일, 성자 성부의 동일본질 주장)가 아리우스파에 의해 알렉산드리아 교구 감독에서 축출되자 로마로 들어갔다. 그는 로마 교구의 권위에 의해서 적들의 광포함을 억제시키고 거기에서 고난을 겪고 있는 경건한 자들이 확고한 신념을 가질 것이라는 믿음을 가지고 있었다.

로마가톨릭교회는 이처럼 아타나시우스의 사건으로 인해 알려질 수 있었던 것이다. 이외에도 불순한 자들이 합법적인 재판을 피하기 위해 아프리카 등의 지역에서 로마로 숨어들었는데 로마 감독들이 외부로부터 이런 자들에 대한 탄원들을 받아들여 해결하곤 하였다. 로마 감독들은 이런 것들을 통해서 스스로 특별한 권세를 지닌 것으로 착각하게 되었던 것이다(이상 제4권 7장 5절). 그들의 수위권은 이런 식이었다.

하지만, 고대의 교회 회의는 모두 각 지역의 수도 대감독들이 그 지역의 감독들을 임명하도록 하고 있었다. 니케아 회의의 조규에 따르면 로마 감독의 감독 임명권은 단지 그 자신의 관구 지역에 국한되어 있었다(제4권 7장 6절). 다른 감독을 충고하거나 견책하는 것도 당시 감독들 사이에서는 서로서로 자연스러웠다(제4권 7장 7절 적용). 어떤 교회도 모든 교회가 참여하는 보편회의를 소집할 권리를 갖고 있지 않았다(제4권 7장 8절 적용).

그러므로 로마가톨릭교회가 상급재판권을 확보하기 위해서는 문서를 날조하고 거짓을 선동하는 것 외에 달리 방법이 없었다. 그 하나의 예가 아프리카에서 개최된 밀레비스 회의 (여기에는 아우구스티누스도 참석하였는데) 내용의 날조다. 본래 한 교구 내 문제를 교구 밖으로 가지고 가는 것을 막고 유대를 강화하기 위해 밀레비스 회의에서 "해외로 상소하는 자들을 출교"하는 것이 가결되었다.

그런데 로마교황청이 "해외로 상소하는 자들은 교제로부터 끊어진다"는 결의 내용에 "만약 로마 교구에 상소하지 않는다면"을 첨가하여 날조한 것이었다. 칼빈은 로마교황청이 제시하는 수위권과 관련한 일체의 비상한 문건들이 대부분 다 이런 것들이라고 비난한다(제4권 7장 9절 적용).

유보권과 관련해서는 교황청이 스스로 로마 교구의 주교에 대해서는 하나님께서 자기 자신의 판단을 유보하시고 아무 신문도 하지 않으신다고 억지로 고안해 낸 특권이었다. 일단 그들은 다음의 말씀을 교묘하게 악용하였다.

> 신하들의 행위에 대해서는 우리가 재판을 하지만 우리의 행위에 대해서는 오직 하나님이 심판하신다(제4권 7장 19절).

그리고는 하나님은 교황이나 감독의 죄에 대해서는 심판을 유보하신다는 헛소리를 아무런 양심의 가책이 없이 임의적으로 각색했던 것이다. 이 자체로 그들은 하나님에 대한 모독을 저질렀다.

교황의 무오류설은 교황청이 고대 교회의 문건들을 날조하여 교황의 권위를 존숭할 것을 끊임없이 시도하다가 고안된 논리였다. 교황이 끝까지 존숭을 받기 위해서는 결국 죄가 없다는 것에 이르지 않으면 안 되었다. 그렇게 해서 교황 무오류설이 고안된 것이다. 이 거짓 논리에 근거해서 교황은 모든 교회

회의보다도 더 위에 있을 수 있게 되었다.

그들은 무오류설의 근거를 이 말씀에서 찾았다.

> 내가 너를 위하여 네 믿음이 떨어지지 않기를 기도하였노니(눅 22:32).

참으로 가소로운 짓이다. 이 말씀은 결단코 가까이는 그리스도께서 베드로가 세 번 자신을 모른다고 부인할 것을 아시고 베드로를 위하여 하신 것이었고, 멀리는 그리스도가 세상을 떠나시고 남아 있는 베드로를 비롯한 모든 제자들이 죄에 빠져 고통 받지 않도록 하기 위한 기도였다. 이 기도에는 오늘의 우리 신자들도 포함되어 있다.

그런데 교황청은 그리스도가 오직 베드로만을 죄에 빠지지 않도록 기도했다고 해석했던 것이고, 더 가증스럽게도 교황들만을 죄 없게 하기 위한 것으로 해석한 것이다. 이에 대해 칼빈은 그들에게 최고의 비웃음을 선물하고 있다. 주님께서 베드로에게 "사탄아 내 뒤로 물러가라 너는 나를 넘어지게 하는 자로다"(마 16:3)라고 말씀하셨으니, 베드로의 후계자(교황들)는 모두 다 사탄이라고 비아냥댄 것이다(제4권 7장 28절 적용).

그레고리우스는 (교황제로 인해) "(나는) 깊은 바다에 빠져들어 가게 되었다"고 탄식하였다(제4권 7장 13절). 그렇다. 로마가톨릭교회와 교황청이 수위권과 유보론과 무오류설을 주장하는 한 거기에는 설교도 없고, 권징을 위한 어떤 돌봄도 없고, 교회를 향한 어떤 열정도 없고, 어떤 영적 활동도 없다. 그들은(교황 대사제 감독 등등) 그 당시 로마의 삶의 처참한 현실을 외면하였다. 아니 오히려 묵시적으로 시인하였다. 그들의 권징 시행은 일반 신자들의 방자함에 재갈을 먹이려는 데 있었을 뿐이었다(제4권 7장 29절).

교황이나 대사제들이 이제 원하는 것은 무엇이겠는가?

그것은 복음의 교리가 다시 살아나서는 안 되는 것이다. 그리스도의 복음이 지배하게 되면 그들의 나라가 붕괴되기 때문이다. 그들은 자신들의 권세를 유지하고 교회를 지배하기 위해 하나님의 교회를 공적으로 분산하게 만들며 하나님께 속한 것, 그리스도께 속한 것을 자기 것이라고 내세운다. 그래서 로마 대주교는 적그리스도다(제4권 7장 25절 적용).

오늘날 우리나라의 교회의 실상은 어떠한가?

목사들이 하나님 앞에서 자신들이 일반 성도들보다 수위권을 가지고 있다고 주장하고, 하나님은 자신들의 죄에 대해서는 유보하신다고 주장하며, 자신들은 죄가 없다고 주장하고 있지 아니한가?

그러면서 일반 신자들이 세상을 살아가는 어려움에 대해서는 외면하면서 자신들에게 바르게 말하는 자들에게 징계권을 사용하여 재갈을 물리고 있지 아니한가?

그리하여 많은 목사가 복음이 살아나기를 바라지 않는 적그리스도가 된 것은 아닌가?

대한의 선한 목사들(노회장, 총회장 등)이여!

하나님의 말씀으로 일반 신자들을 가르치시라!

성례를 거행하시라!

교정과 권징을 하시라!

그리하여 모든 신자가 하나님의 말씀 안에서와 말씀 중심으로 살아가는 가운데 자신의 양심과 태도를 변화시켜 선하고 착하고 거룩한 마음 바탕을 가꾸어 가면서 동시에 주어진 능력을 발휘하며 세상을 이기어 하나님을 사랑하고 이웃을 사랑하는 사람이 되게 하는 데 죽도록 헌신하시라!

제7장

교리와 교회 회의의 권위

칼빈이 말하는 교회의 권위는 교회의 고유한 영적인 권세로서 교리와 재판권과 입법권으로 이루어진다. 그가 교회의 권위를 중시하는 이유는 교회를 굳건히 세우기 위해서다. 이를 위해서는 권위를 사용하는 사람들이 자신들을 그리스도의 일꾼인 동시에 그리스도의 백성의 일꾼이라는 마음을 갖지 않으면 안 된다(제4권 8장 1절 적용).

교리와 관련한 권위는 직접적으로는 교의를 가르치는 권위와 교의를 설명하는 권위 두 부분으로 핵심을 이룬다(네4권 8장 1절). 이 권위들은 근본적으로 주님의 이름과 말씀에서 비롯된다. 모세가 사전에 자기가 전해야 할 계명들에 대해서 가르침을 받았다는 것이 그 증거다(출 3:4-12).

또한, 교리의 권위 다음으로 분석되어야 하는 것이 교회에서 이루어지는 각종 회의들의 권위다. 당연한 말이지만 일체의 교회 회의의 주관자는 그리스도다(제4권 9장 1절 적용). 그렇다면 로마가톨릭교회의 회의와 교령은 말할 것도 없고 오늘날 모든 교회의 회의들(당회, 노회, 총회 회의 포함)의 권위는 그리스도의 권위 안에서 검토될 필요가 있다.

이에 따라 본 글에서는 교회의 권위인 교리의 권위, 입법권, 그리고 재판권 가운데서 첫 장인 교리의 권위를 중심으로 다루면서 동시에 교회의 모든 회의들의 권위 문제를 분석하기로 한다.

이미 언급되었듯이 교리의 권위는 주님과 말씀에서 비롯된다. 모세 외에 에스겔도 하나님께로부터 "내가 너를 이스라엘 족속의 파수꾼으로 세웠으니 너는 내 입의 말을 듣고 나를 대신하여 그들을 깨우치라"(겔 3:16-17)는 명령에 따라 말씀을 가르치고 해석하였다.

이사야는 심지어 부르심을 받은 선지자였음에도 스스로 자기는 입술이 부정한 사람이라고 말하였다(사 6:5). 예레미야는 아이라 말을 할 줄 모른다고까지 할 정도였다(렘 1:6). 모세를 비롯해서 선지자들은 모두 하나님께로부터 받은 "내가 내 말을 네 입에 두었노라"(렘 1:9)는 말씀을 그대로 실천한 사람들이었다.

오늘날 교의를 가르치는 사람들(목사들)은 구약의 제사장들이 그렇게 했듯이 자신들의 말을 듣게 하려면 그들 자신이 하나님의 사자로 보이도록 하는 것이 반드시 필요하다(제4권 8장 2절 적용). 사도들은 그리스도께서 친히 전해 주신 말씀과 계명을 전하고 행한 실천자들이었다. 그들은 오직 그리스도만을 전하고자 했으며 자신들의 믿음 생활로 "세상의 빛과 소금"의 역할을 다하였다.

심지어 그리스도께서도 몸소 자신의 가르침에 대하여 "내 것이 아니요 나를 보내신 이의 것"(요 7:16)이라고 하셨다. 그는 하나님 아버지의 유일하신 영원한 모사임에도 불구하고 가르침의 직분을 이런 수준에서 철저하게 수행하셨다.

그렇다면 오늘날 말씀을 가르치며 설명하는 모든 목사들(교역자들)은 마땅히 그리스도의 모범을 따라야 하고 모세와 제자장과 여러 선지자들, 사도들의 희생과 헌신을 따르지 않으면 안 된다. 교리의 권위가 교역자들 자신들에게 있는 것이 아니라 오직 하나님과 하나님의 영의 가르치심 안에 있기 때문이다. 그들이 해야 할 일이란 주님이 보여 주신 모범, 사도들의 믿음의 삶의 실천을 본받아 따르는 것이다.

베드로는 이렇게 권면하였다.

> 누가 말하려면 하나님의 말씀을 하는 것같이 하라(벧전 4:11).

목회자는 하나님의 종답게 확신을 가지고 스스럼없이 하나님의 계명들과 순수한 말씀을 전하지 않으면 안 된다(제4권 8장 9절 적용).

하나님께서는 자기의 유일한 지혜와 빛과 진리이신 아들을 통해서만 자신을 드러내신다(제4권 8장 5절 적용).

> 내 아버지께서 모든 것을 내게 주셨으니 아버지 외에는 아들을 아는 자가 없고 아들과 또 아들의 소원대로 계시를 받는 자 외에는 아버지를 아는 자가 없느니라(마 11:27).

그러므로 목회자의 교리의 권위는 아버지 하나님과 아들 예수님 그리고 이를 가르쳐 주시고 깨우쳐 주시는 성령님을 믿고 전하느냐의 여부에 달려 있다. 그러기에 로마가톨릭교회주의자들이 "내가 아직도 너희에게 이를 것이 많으나 지금은 너희가 감당하지 못하리라"(요 16:1)라는 말씀을 교묘하게 악용하여 로마 대사제들이 육성으로 그 감당하지 못하는 부분을 보충하였다고 주장하는 것은 거짓이다. 교회는 성경 말씀을 벗어난 교리는 물론 어떠한 교회 관례나 교회 관습도 새로 제정할 수 없다(제4권 8장 14절 적용).

일체의 교회 회의를 주관하시는 분 역시 그리스도시다. 따라서, 교회 회의의 권위 역시 그리스도의 주권 아래 있다. 그리스도께서는 이 권위를 자신 이외에 누구와도 나누지 않으셨다.

따라서, 그리스도가 교회의 회의를 주관하시는 한 그 회의에 참여한 모든 사람은 말씀과 성령에 의해서 지도를 받을 수밖에 없다(이상 제4권 9장 1절 적용). 교회 회의에 대한 그리스도의 이 권리와 권위는 설령 목사들을 비롯해서 일부 신자들 또는 사람들이 말씀과 성령을 어겨서 어떤 불법한 일들을 저지른다 하더라도 영원히 존속된다.

예를 들어, 아무리 오늘날 목사들이 교회 회의를 사리사욕을 좇아 자의적으로 처리한다 하더라도 그리스도의 권위는 그들에 의해 손상되지 않으며 전혀 영향을 받지도 않는다. 그리스도의 교회 역시 그것에 휘둘려서 교회 자체가 영향을 받지 않는다. 그리스도의 교회는 영원히 언제나 그리스도의 교회다.

그 증거들이 있다. 이사야의 "이스라엘의 파수꾼들은 맹인이요 다 무지하며 벙어리 개들이라 짖지 못하며 … "(사 56:10-11)라는 증언에서 보면 이스라엘의 교역자들은 맹인이자 개들이었다.

에스겔의 고발은 더욱 신랄하다.

> 그 가운데에서 선지자들의 반역함이 우는 사자가 음식물을 움킴 같았도다 그들이 사람의 영혼을 삼켰으며 재산과 보물을 탈취하며 과부를 그 가운데에 많게 하였으며 그 제사장들은 내 율법을 범하였으며 나의 성물을 더럽혔으며 거룩함과 속된 것을 구별하지 아니하였으며 부정함과 정한 것을 사람이 구별하게 하지 아니하였으며 그의 눈을 가리어 나의 안식일을 보지 아니하였으므로 내가 그들 가운데에서 더럽힘을 받았느니라(겔 22:25-26).

바울은 말하였다.

> 내가 떠난 후에 사나운 이리가 여러분에게 들어와서 그 양 떼를 아끼지 아니하며 또한 여러분 중에서도 제자들을 끌어 자기를 따르게 하려고 어그러진 말을 하는 사람들이 일어날 줄을 내가 아노라(행 20:29-30).

그렇지만 그리스도는 오늘도 여전히 파수꾼이나 선지자나 이리들의 사악함에 아랑곳없이 그리스도이실 뿐이다. 오늘날 그리스도의 부르심을 받은 신자들 역시 여전히 그리고 영원히 그리스도의 자녀들이다. 교회 회의 등을 통해서 아무리 사악한 목사들이 사욕을 좇아 횡포를 부린다고 하더라도 그리스도는 여전히 그리스도시며 그의 자녀는 여전히 그의 자녀로 지금 살아가고 있는 것이다. 이것이 그리스도께서 일체의 교회 회의에 대해 지금과 영원히 권위를 지닌다는 증표다.

그러나 교회 회의 자체를 임의로 사악하게 이끌고 세속적 결론을 도출해 내는 목사들은 자신들이 이사야의 증언대로 맹인 아니면 벙어리 개들, 또는 사람의 영혼을 삼키는 자, 또는 재산과 보물을 탈취하는 자, 과부를 많게 하는 자, 거룩함과 속된 것을 구별하지 못하는 자, 부정함과 정함을 구별하지 못하는 자, 안식일을 보지 못하는 자, 하나님을 더럽히는 자 등으로 심판받고 있음을 기억해야 한다.

이런 의미에서 신실한 신자들은 교회의 회의 내용을 전부 그대로 따라서는 안 된다. 모든 신자는 어떤 교회 회의의 교령(a decree of any council)이 공표될 때 그것이 어느 때, 어떤 의제로, 어떤 취지로 개최되었는지 그리고 어떤 종류의 사람들이 그곳에 참석했는지를 숙고해야 한다(제4권 9장 8절). 동시에 그것이 성경의 표준에 부합하는지, 그 회의의 성격이 무엇인지 등도 함께 검토해야 한다.

아우구스티누스가 막시미누스를 반박하면서 제시한 명령은 그 좋은 예가 된다.

> 니케아 회의를 내세워 내가 당신에 대해 예단해서는 안 되듯이, 당신 역시 아리미눔 회의를 내세워 나에 대해서 예단해서는 안 된다. 내가 아리미눔 회의에 종속되지 않듯이, 당신 역시 니케아 회의에 종속되지 않기 때문이다. 성경의 권위에 따라서 사안은 사안과, 원인은 원인과, 논리는 논리와 서로 맞서게 해

야 한다(제4권 9장 8절).

이것이 아우구스티누스가 교회 회의에 대하여 믿음으로 처신한 방식이었다. 원래 성경이 말하는 목회(인도)자는 이 말씀을 실천하는 사람이다.

> 이 율법책을 네 입에서 떠나게 말게 하며 주야로 묵상하여 … 우로나 좌로나 치우치지 말라(수 1:7-8).

그런데 성경은 신자들에게는 이 말씀으로 경계하게 한다.

> 거짓 선지자들을 삼가라 양의 옷을 입고 너희에게 나아오나 속에는 노략질하는 이리라(마 7:15).

또, 이렇게 당부한다.

> 오직 영들이 하나님께 속하였나 분별하라(요일 4:1).

그러므로 우리 신자들은 로마가톨릭교회주의자들은 물론 목사들의 말이나 권고, 교회 회의의 내용(교령 포함) 등을 우리들의 표준인 하나님의 말씀을 통해 살펴서 그것들이 하나님으로부터 나온 것인지 그렇지 않은지를 시험하는 것이 반드시 필요하다(제4권 9장 12절 적용).

모든 교회가 교리에 대한 논쟁을 대처하기 위해 감독(목사, 노회장 등)들이 모여 회의 안에서 처리하는 것은 성경적이며 바람직하다. 목사들이 함께 모여 공동체를 이루어 그리스도의 영에 호소하는 가운데 일치하는 결정을 내리는 것은 개개인이나 소수의 사람들이 사적으로 결정하는 것보다 훨씬 무게감이 있다.

이러한 회의를 통해 그들이 서로 편리하게 심사숙고하는 중에 다양한 입장 차이에서 오는 마음의 상처도 방지할 수 있다. 심각한 사안들이 있을 때 교회들이 모여서 심리하여 채택하는 것 역시 훌륭한 믿음의 처사들이다.

이러한 예로써 아리우스(Arius)가 흥기했을 때 니케아 회의가 소집되어 그 권위로 그의 사악한 시도를 분쇄했던 것이나, 유노미오스(Eunomios)와 마케도

니오스(Macedonios)가 소요를 일으켰을 때 콘스탄티노폴리스 회의를 통해 그에 적절한 처방을 내렸던 것을 들 수 있다(제4권 9장 13절).

로마가톨릭교회 회의 주재자들과 사리사욕의 방식으로 교회 회의를 주재하는 자들이 잊어서는 안 되는 사항이 있다. 그것은 그 누구든 어떤 교회 회의든 스스로 주체가 되어 성경을 승인할 수 없다는 사실이다.

예를 들어, 성경에는 없는 연옥, 성자들의 중재, 비밀고해, 그리고 유사한 다른 것들은 모두 사기요 거짓이다. 같은 이유에서 로마가톨릭교회가 콘스탄트 회의에서 평신도에게 잔이 주어지는 것을 금하고 사제만 마시게 한 것은 오만이요 거짓이다. 오늘날 목사들이 교회 회의를 통해 각종 자신에게 이익이 되는 어떤 결정을 하는 것은 그리스도에 의해서 폐지된 유대주의를 다시 일으켜 악을 도모하려는 것에 불과하다.

요한 사도는 선포하였다.

> 아버지께 참되게 예배하는 자들은 영과 진리로 예배할 때가 오나니 … 하나님은 영이시니 예배하는 자가 영과 진리로 예배할지니라(요 4:22-23).

하나님은 영이셔서 어디에나 계시고 모든 것을 아신다. 그러니까 참되게 예배하는 자들은 그 하나님과 예배를 위한 모든 것을 상의하면 된다. 말씀을 어떻게 전할 것인지, 말씀을 어떻게 들을 것인지, 헌금이나 십일조를 어떻게 정해서 드릴지, 어떤 봉사를 할지 등등 일체의 일을 하나님께 기도로 묻고 답을 듣는 것이다. 그 답이라는 것은 자신이 이렇게 하면 그리스도가 기뻐하실 것이라고 마음에 믿어지는 그대로 하는 것이다.

모든 교리와 교회 회의(교령)는 모든 예배자를 이렇게 하나님 앞에서 물으며 결정할 수 있는 신자가 되도록 하는 것들이어야 한다. 참으로 교리와 교회 회의들(교령)이 모든 예배자로 하여금 영이신 하나님을 신령과 진리로 예배하며 헌신하며 하나가 되도록 이끄는 것들이어야 한다.

제8장

교회의 권위 – 입법권과 재판권

교리의 권세는 말씀을 가르치고 해석하는 것이 핵심이다. 그것은 하나님의 말씀과 하나님의 뜻을 따라서 실행되어야 한다. 동시에 모든 교회 회의의 주권자는 그리스도이며 모든 교회의 회의가 주님의 말씀의 허락 안에서 공포되어야 한다. 본 장에서는 교회의 권세 중에서 입법권과 재판권이 다루어진다.

이것들 역시 결론적으로 말해서 하나님의 말씀과 뜻에 따라 제정되고 실천되어야 하는 것들이다. 사실 교회의 세 가지 권세인 교리(권)와 입법권과 재판권의 권세는 모두 하나님의 말씀과 뜻에 토대하는 것이며, 이를 벗어난다면 그것들은 그 존재의 의의를 상실한다.

칼빈이 교회의 입법권(the power of the Church in enacting laws)을 성경적으로 파헤치게 된 근본 의도는 그리스도의 자유로 해방된 신자들의 양심을 지키기 위함이었다(제4권 10장 1절 적용). 그의 교회 재판권(jurisdiction)에 대한 주장은 교회가 영적 정책(spiritual policy)을 보존하고 유지하는 통치를 필요로 하기에 교회의 재판권이 영적인 정책을 보존하기 위해 형성된 직제로서의 권세임을 밝히기 위한 것이었다.

칼빈은 교회가 신자들의 훈육을 위하고 신자들을 신중하게 그리고 평화롭게 할 수 있는 교회의 거룩하고 유용한 법을 제정해야 함을 강력히 주장하였다(제4권 10장 1절 적용). 다만 교회의 입법권은 바울의 전한대로 한 가지 일에도 올무가 되지 않기 위해 신중하게 다룰(고전 7:35) 수 있게 행사되어야 한다.

반대로, 자유인이 된 신자들을 극심한 근심 속에 빠져 당황하게 하며 온통 근심으로 가득 차게 하는 로마가톨릭교회의 법령들은 가차 없이 비난하였다. 그 법령들이 하나님 앞에서 신자들의 양심을 내적으로 묶어놓고서는 그것들이야말로 구원으로 가는 필연적인 경건한 의무인 것처럼 만들어 낸 거짓된 것들이라고 비난을 퍼부었다.

그렇게 한 이유는 그리스도 안에서 자유롭게 된 신자들의 자유를 위해 그 법령들의 죄악과 위선을 하나님의 말씀에 토대하여 만천하에 드러내려 했기 때문이었다(제4권 10장 2절 적용).

입법권과 관련하여 주목되는 것은 양심이다. 칼빈은 '안다'와 '양심'을 구분하였다. 이 구별이 의의가 있는 것은 이 말씀 때문이다.

> 그러므로 복종하지 아니할 수 없으니 진노 때문에 할 것이 아니라 양심을 따라 할 것이라 (롬 13:5).

여기서 복종은 세상의 통치권에 대한 것이다. 그런데도 바울은 양심을 따라서 복종해야 한다고 말한 것이다. 이 의미를 바르게 깨닫기 위해서는 양심에 대한 보다 깊은 이해가 필요하다. 칼빈은 '안다'를 어떤 사물에 대한 지식을 가지고 있어서 그 사물에 대해 두루 인지하는 정도로 이해하였다.

반면에, '양심'은 이 '안다'의 의미 전체를 포함하고 그에 덧붙여 사람이 하나님의 심판을 의식하고 있으며 (그래서) 자신들의 죄를 숨기는 것을 허용하지 않는 증언자이자 그들을 하나님 앞에 범죄자로 가져오는 일종의 증언자로 이해하였다(제4권 10장 3절 적용). 다른 말로 하면 양심은 하나님과 사람 사이의 중간자로서 사람이 자기가 알고 있는 것을 그 자신 속에 억누르는 것을 허용하지 않고, 그 자신의 죄책을 들춰낼 때까지 줄곧 추궁하는 것(일종의 매개체)으로 이해한 것이다.

양심의 역할에 대한 말씀이 있다.

> … 그 양심이 증거가 되어 그 생각들이 서로 혹은 고발하며 혹은 변명하여 그 마음에 새긴 율법의 행위를 나타내느니라(롬 2:15).

그렇다면, 교회의 입법권은 그리스도께서 자유하게 하신 신자들의 자유를 그대로 보장하고 신자들이 하나님과 화목하고 있는 것을 그대로 존속시키고 유지할 수 있게 하는 것을 보장하는 것이 되어야 한다. 더 나아가서 교회의 입법들은 모든 이의 양심으로 하여금 하나님의 법을 알고 그 법에 의해 죄를 숨기지 않고 하나님 앞에서 죄인임을 인정하게 하는 증언자가 되도록 하는 것들이어야 한다.

베드로는 "하나님을 향한 선한 양심"(벧전 3:21)을 증언하였다. 교회법은 이 선한 양심을 지킬 수 있도록 제정되어야 한다. 선한 양심은 순수한 내적 마음이자 하나님을 예배하려는 살아 있는 성향이며 경건하고 거룩하게 살고자 하는 신실한 욕구다. 사도 바울은 이 양심을 오직 하나님에 대해서만 적용하였던 것이고, 칼빈은 이에 대해 고유한 의미에서 양심은 하나님 이외에는 그 무엇에게도 관계되지 않는 것으로 이해하였다.

어떠한 교회법이든 그것이 누군가의 양심을 구속한다고 하면 다른 사람들을 고려한 것이 아니라 양심의 구속을 받는 바로 그 사람에게 해당된다는 말이다. 다른 말로 하면 하나님께서 우리의 마음을 순수하게 지키고 육욕을 멀리하여 더럽혀지지 않도록 금지하신 법이 있다면 그 법은 지상에 다른 사람이 아무도 없다 하더라도 나의 양심으로 하여금 이 법을 지키게 하는 것이어야 하는 것이다(이상 제4권 10장 4절 적용).

그렇다면 교회법은 양심의 자유, 그것도 하나님을 향한 선한 마음을 간직하고 지킬 수 있게 하는 것이 아니면 안 될 것이다. 설령 어떤 법이 외적인 행위를 제약하는 것이라 하더라도 그 제약 안에서 양심의 자유를 보장하는 것이어야 한다. 하나님께서 그리스도인의 자유의 증언이 어떻게든 존재하게 하셔서 사람들의 독재에서 양심을 구출해 내고자 하시기 때문이다.

통치자에 의한 법이든 교회가 만든 법이든 그것 자체가 양심의 자유를 결코 속박해서는 안 되며 동시에 새로이 제정되어 하나님을 예배하도록 강요하는 것이어서도 안 된다(제4권 10장 5절 적용).

단순한 예를 들어보면 어떤 교회법이 11시에 예배를 시작한다거나 예배 중에 또는 예배 시작 전에 헌금을 한다거나 하여 그 시간을 따라야 하는 행동의 제약을 주지만 그로 인해 신자들의 선한 양심은 자유를 누릴 수 있는 법이어야 하는 것과 마찬가지다.

그러므로 입법권의 권세는 오직 주님에게만 귀속되어야 한다. 일체의 교회법(실제로는 세속법도 포함되어야 한다)은 주님의 뜻을 따르는 의와 거룩함의 완전한 규범을 삼은 것이어야 한다. 제정된 법을 통하여 주님만이 우리의 영혼에 대한 통치권을 가지며 우리로 하여금 그에게 순종하고 그의 뜻을 섬기게 하는 것이지 않으면 안 된다(제4권 10장 8절).

"아버지께 참되게 예배하는 자들은 영과 진리로 예배할 때"(요 4:23)가 왔다. 참으로 초등학문의 방법이 아니라 그 수효를 적게 하고, 시행을 용이하게 하고, 의미를 명료하고 고상하게 하여 그리스도를 밝히 드러내는 교회법이 제정되고 운영되어야 할 때다(제4권 10장 14절 적용).

하나님은 자기의 말씀을 떠난 예배를 받지 않으실 뿐만 아니라 가증스러운 범죄로 여기신다. 로마가톨릭교회주의자들의 부당한 법 제정과 예배 양식이 그것들이다. 이렇게 사람들에 의해 만들어진 법에 따라 예배한다면 그때마다 주님의 나라는 그 법들에 의해 탈취당하고 있는 셈이다.

성경은 이런 법들을 통렬하게 비난한다.

> 사람의 계명으로 교훈을 삼아 가르치나 나를 헛되이 경배하는도다(마 15:9).

목회자든 누구든 자기들이 만든 법으로 하나님을 예배한다면 그들은 그 법으로 하나님께 명령하는 자들이 될 수밖에 없다. 그렇게 조작된 거짓 규율들로써 창조주의 권위보다 피조물의 권위가 더 대단하게 통용되는 곳은 헛된 미신에 의해 더러워지고 있을 따름이다(제4권 10장 24절). 하나님이 인정하지 않는 제사는 예배를 가장한 자신들의 염원을 채우는 미신에 불과하다(제4권 10장 25절). 교회법은 품위와 질서를 포함하며 보장하는 것이어야 한다(제4권 10장 28절).

그러므로 교회는 성경을 따르는 법을 세우고 이 법에 따라 신자들을 도덕적으로 견책하고 악행을 처벌하며 맡겨진 열쇠의 직분을 수행해야 한다. 이 재판권이 그리스도께서 베드로를 통해 교회에 맡기신 열쇠다.

첫째, 이 열쇠는 땅에서 무엇이든지 매거나 풀면 하늘에서도 그렇게 확정될 것이라 하신 것이다.

둘째, 이 열쇠는 숨을 내쉰 후에 (말씀을 선포하도록 제자들을 보내시며) "너희가 누구의 죄든지 사하면 사하여질 것이요 누구의 죄든지 그대로 두면 그대로 있으리라 하시니라"(요 20:23)라고 말씀하신다.

교회가 감당할 열쇠는 모든 인생들의 처지와 관련지어 생각할 때 참으로 중차대하다. 모든 사람은 죄에 매여 있는 죽음의 종인지 아니면 이 매임에서 구속을 통하여 해방된 자유로운 존재인지의 갈림길에 처한 존재다. 그러므로 교회의 열쇠의 감당은 복음 선포 그 자체가 된다. 그 권세는 권세가 아니라 사역이다(제4권 11장 1절 적용).

복음 선포로서의 열쇠의 감당은 사람들에게 미리 경고하는 것이라 할 수 있다.

> 만일 그들의 말도 듣지 않거든 교회에 말하고 교회의 말도 듣지 않거든 이방인과 세리와 같이 여기라 진실로 너희에게 이르노니 무엇이든지 너희가 땅에서 매면 하늘에서도 매일 것이요 무엇이든지 땅에서 풀면 하늘에서도 풀리리라(마 17:18-19).

사람이 그릇된 삶과 품행을 하면 정죄함이 있고 교회로부터 쫓겨남이 있다는 경고다. 다른 한편으로는 교회가 받아들여 교제하면 예수 안에서 함께 누리는 하나 됨에 참여하게 된다는 초대이자 경고다(제4권 11장 2절 적용).

이 직분을 맡아 감당하는 통치자는 반드시 두 가지 사실을 기억해야 한다.

첫째, 통치자가 교회 위에 있는 것이 아니라 교회 아래에 있다는 사실이다(제4권 11장 4절).

둘째, 그 감당이 개인적인 칼의 권리에 의해서가 아니라 말씀에 따른 합법적인 회합에 의해서 거행되어야 한다는 사실이다(제4권 11장 5절).

재판의 목표 자체가 걸려 넘어지게 하는 것들을 사전에 차단하는 것이 우선이고 그것이 일어났으면 그것을 제거하는 데 있기 때문이다.

재판을 담당하는 목사는 그리스도의 대리인이라는 마음가짐을 가져야 한다. 그리고 반드시 합법적인 회합을 통해 어떤 힘이나 무력을 방편으로 하지 않고 오직 말씀의 권능으로 재판을 하려는 자세를 갖추어야 한다(제4권 11장 5절). 통치자는 바울의 가르침대로 다음과 같은 일을 하는 자이기 때문이다.

> 우리의 싸우는 무기는 육신에 속한 것이 아니요 오직 어떤 견고한 진도 무너뜨리는 하나님의 능력이라 모든 이론을 무너뜨리며 하나님 아는 것을 대적하여 높아진 것을 다 무너뜨리고 모든 생각을 사로잡아 그리스도에게 복종하게 하니 너희의 복종이 온전하게 될 때에 모든 복종하지 않는 것을 벌하려고 준비하는 중에 있노라(고후 10:4-6).

그리스도는 재판장이심에도 불구하고 세상에서는 그 직무를 거절하셨다.

> 이르시되 이 사람아 누가 나를 너희의 재판장이나 물건 나누는 자로 세웠느냐 하시고 (눅 12:14).

하지만, 주교들은 그 재판을 강탈했다. 사도들은 하나님의 말씀을 제쳐 놓고 접대를 일삼는 것(행 6:2)을 마땅하게 여기지 않았다. 그러나 사도들보다 백배나 못한 주교들은 이것을 가로채어 실천했다(제4권 11장 9절 적용).

한편, 로마 대사제들은 자신들의 재판권이 신적인 것이라고 헛소리를 하였다. 그에 반해 베르나르두스는 로마 대사제의 이런 권좌가 사도적 권리에 따른 것이 아님을 분명히 하면서 그 증거로 베드로가 계승자들에게 준 것은 교회를 돌보는 직책이었다고 주장하였다.

이 사실은 그가 교황 에우게니우스에게 충고한 것에서 드러난다.

> … 우리에게는 사역이 주어진 것이지 주인의 권세가 주어진 것이 아니다. 선지자의 일을 하려면 당신에게 필요한 것은 홀이 아니라 호미라는 것을 배우라 (제4권 11장 11절).

오늘날 목사들은 이 둘 사이에서 선택을 해야 한다. 아마도 어떤 목사가 그리스도의 선한 청지기가 되어 교회의 열쇠의 권세를 대리한다면 그리스도를 위해 죽도록 쓰임을 받는 호미라고 자처할 것이다. 그(녀)가 스스로를 그리스도의 심장으로 선한 양심으로 채워서 모든 신자들이 그리스도 안에서 얻은 자유를 맘껏 누릴 수 있게 하는 직책을 감당하는 청지기라면 " … 양심과 거짓이 없는 믿음에서 나오는 사랑"(딤전 1:5)으로 헌신하려 할 것이다.

그리고 평생을 "믿음과 착한 양심을 가지라 어떤 이들은 이 양심을 버렸고 그 믿음에 관하여는 파선하였느니라"(딤전 1:19)는 말씀을 부여잡고 스스로를 평가하면서 양심을 지키는 자일 것이다.

제9장

교회의 권징

교회의 권징은 열쇠의 권세와 영적 재판권의 권세에 의존한다. 교회 안에서 권징이 필요한 이유는 교회를 최고로 질서 있는 상태로 유지하기 위해서다. 교회 안에서 그리스도의 교리를 지켜내는 것이 교회의 생명이라면 권징은 교리를 지켜내게 하는 힘줄이다.

무엇보다도 권징은 그리스도의 몸의 지체들이 각자 자신의 위치에서 함께 연합하여 고수해 가게 한다. 이러한 권징이 제거되기를 원하는 자들이나 권징의 회복력을 방해하는 자들은 교회를 철저하게 황폐화시키려는 목적을 지닌 자들이라고 할 수밖에 없다(제4권 12장 1절 적용).

이런 이유에서 권징은 무엇보다도 그리스도의 교리에 맞서서 광포하게 날뛰는 자들을 제어하고 길들이는 굴레가 되어야 한다. 권징은 또한 의기소침한 자들을 일깨우는 박차와 같아야 하며, 그리스도의 영의 온유함으로 은혜 안에서 징계를 하는 아버지 사랑의 채찍과 같아야 한다(제4권 12장 1절).

권징의 토대는 두 가지다.

첫째, 사적 권징이다.
사적 권징에 대하여 그리스도께서 주신 명령은 이것이다.

> 네 형제가 죄를 범하거든 가서 너와 그 사람과만 상대하여 권고하라 만일 들으면 네가 네 형제를 얻은 것이다(마 17:18).

어떤 신자가 자신의 의무를 자발적으로 하지 않거나, 불손하고 오만하게 행동하거나, 지극히 정직하지 못하게 살거나, 어떤 비난받을 만한 일을 저질렀을 때는 자기 스스로를 훈계에 내맡겨야 한다. 훈계에 대비해서는 모든 신자가 자신의 형제자매에게 어떻게 훈계할지를 깊이 탐구해야 한다.

목사들은 설교와 훈계를 통해 자신들의 불침번의 의무를 다하고 있는지를 늘 살펴야 한다. 이런 의미에서라면 권징이 목회자의 말씀 선포에서 시작되고 있다 하더라도 지나친 말이 아니다. 바울 사도의 권징은 그 모범이 된다.

> 유익한 것은 무엇이든지 공중 앞에서나 각 집에서나 거리낌이 없이 여러분에게 전하여 가르치고(행 20:20).

> 모든 사람의 피에 대하여 내가 깨끗하니(행 20:26).

> 내가 꺼리지 않고 하나님의 뜻을 다 여러분에게 전하였음이라(행 20:27).

둘째, 공적 권징이다. 그것은 그리스도의 명령에 근거한다.

> 만일 듣지 않거든 한두 사람을 데리고 가서 두세 증인의 입으로 말마다 확증하게 하라 만일 그들의 말도 듣지 않거든 교회에 말하고 교회의 말도 듣지 않거든 이방인과 세리와 같이 여기라(마 17:19-20).

바울은 디모데전·후서를 통해서 믿음의 아들 디모데에게 공적으로 죄를 범한 자들에 대해서는 공적으로 책망을 하라고 명했고, 자신의 명대로 본을 보여 베드로를 사적으로 만나지 않고 모든 사람 앞에서 권징하였다(갈 2:14).

권징의 목적은 세 가지다.

첫째, 교회의 몸을 순수하게 보존하기 위함이다.
둘째, 악의 전염을 막기 위해서다.
셋째, 자기의 수치를 돌아보고 회개에 이르도록 하기 위함이다(제4권 12장 5절).

성직자와 신자들은 추악하고 파렴치한 삶을 살아가는 자들에게 권징 함으로써 그들이 스스로를 그리스도인들이라 불리지 못하게 해야 한다. 그렇게 해서 성찬과 같은 거룩한 성례가 무분별하게 진행되고 더럽혀지지 않게 해야 한다. 선한 사람들이 사악한 사람들과의 계속적인 교제로 인해서 부패되어 "적은 누룩이 온 덩어리에 퍼지"(고전 5:6)지 않도록 해야 한다. 또한, 권징은 자신들의 추악함으로 인해 수치에 빠져 마음을 가눌 수 없는 자들을 궁극적으로 회개로 이끌어 내는 것이어야 한다.

> 사탄에게 내주었으니 … 이는 영은 주의 날에 구원을 받게 하려 함이라(고전 5:5).

권징의 행함은 온유한 심령으로 절제의 규범을 철저하게 지키는 방식이어야 한다. 권징은 지극히 엄격하되 동시에 '온유한 심령'이 결합되어 시행되어야 한다. 권징에서 최고의 수준은 출교다. 그런데 이 출교의 권징조차도 죄인을 끝까지 인도하여 회개에 이르게 하려는 것이고, 교회 안의 나쁜 예들을 제거함으로써 회중이 그 나쁜 본을 삼지 않기 위해서다(제4권 12장 8절).

만약에 어떤 권징이 그 타락한 자에게 두 번째 회개를 용납하지 않고 그의 삶의 끝에 이를 때까지 교회에서 내쫓는 것이라면 그것은 권징의 이치에 맞지 않는다. 오늘날 권징을 행하는 목사들은 키프리아누스의 믿음의 마음을 본받아야 한다.

> … 나는 자기들의 죄를 고백하면서 겸손하고 단순하게 값을 무르고 회개로 다시 돌아오는 자들을 즉시 마음을 다하여 영접한다(제4권 12장 8절).

온유함에서 나오는 권징은 완고함을 보이는 대신에 긍휼을 보이게 되어 징계를 받는 사람들은 물론 모든 신자들을 교회의 관대함과 사랑에 수용되도록 한다. 온유함의 권징은 교회로부터 축출된 자들에 대해서조차도 그들을 버림받은 자들로 대하기보다는 단지 일정 시간 동안만 교회와 단절된 것으로 여기게 한다.

이런 권징이 주님의 판단에 위탁하여 그들을 위하여 하나님께 간구하는 그런 유형의 권징이라 할 수 있다(제4권 12장 9절 적용). 온유한 권징은 하나님의 능력을 제한하거나 그의 자비를 법에 예속시키는 법이 없다.

절제에서 나오는 권징 역시 교회의 모든 지체가 긍휼히 여기는 마음을 지니고서 끝까지 인내하는 자세를 갖게 한다. 절제의 권징의 대표적인 모범은 아우구스티누스의 주장에서 찾아진다.

> 교정할 수 있는 것은 논박함으로써 교정할 수 없는 것은 화평의 고리를 깨뜨림이 없이 안전하게 배제시키는, 즉 공평함 가운데 배척하고 확고함 가운데 지지하는 사람, 바로 그 사람이 저주로부터 자유롭고 저주에서 풀려난 사람이다(제4권 12장 11절).

경건한 사람은 권징의 방식을 다룰 때 "평안의 매는 줄로 성령이 하나되게 하신 것"(엡 4:3)을 시종 바라보아야 한다.

다음은 아우구스티누스와 키프리아누스의 말이다(제4권 12장 11절).

> 그러므로 가능하거든 긍휼히 여기며 사람을 교정하자. 그러나 불가능하거든 끝까지 참고 사랑으로 신음하며 슬퍼하자(제4권 12장 11절).

바울은 "밤낮 쉬지 않고 눈물로 각 사람을 훈계"(행 20:31)하였다.

금식과 엄숙한 기도는 권징의 또 다른 영역이다. 금식과 기도의 권징은 율법과 선지자들의 시대에는 중대한 일이 일어나면 이스라엘 백성들(일반 신자들)이 함께 모여 금식과 간구를 하였으며, 사도들도 이 의례를 따라 금식하며 기도했던 관례에서 유래하였다(제4권 12장 14절 적용). 물론, 이외에도 자신을 낮추기, 회개, 믿음, 때를 정하기, 태도 등의 실천 여부가 교회의 판단에 맡겨져 있기는 하였다.

그러나 제사장들과 선지자들(목사들)은 특히 종교와 관련된 분쟁이나 사역자의 선정, 역병이나 전쟁과 같은 어려운 사안 등이 있을 때 회중에게 공개적인 금식과 특별한 기도를 요구하였는데 이 자체가 권징의 의미를 띠고 있다.

권징과 관련된 금식에는 세 가지 목적이 담겨 있다.

첫째, 육체를 복종시켜 방자함을 막기 위해서다.
둘째, 기도와 거룩한 묵상을 위하여 준비를 더 잘하기 위해서다.
셋째, 하나님 앞에서 우리의 죄책을 고백하는 가운데 우리의 겸손을 하나님께 드려 증언으로 삼기 위해서다(제4권 12장 15절).

그러므로 금식에 대하여 경계할 것은 금식이 우리의 마음을 찢게 하는 것일 뿐 무슨 공로 있는 행위가 아니기에 금식 자체를 높이 내세우려 해서는 안 된다는 사실이다. 금식을 하는 자는 "옷을 찢지 말고 마음을 찢고"(욜 2:13), 마음의 내적 정서를 가라앉히고 자기의 죄에 대한 반감, 참된 겸손, 참된 슬픔 등을 드러내야 한다.

금식은 그 자체로는 선하지도 악한 것도 아니기에 금식을 마치 하나님께 드리는 예배와 유사한 것으로 여겨서는 결코 안 된다. 칼빈에 따르면 위선적인 금식은 무용하고 헛되며 최고의 혐오의 대상이 될 뿐이다(제4권 12장 19절 적용). 로마가톨릭교회에서 그리스도의 금식을 본받는다는 핑계로 사순절을 미신적으로 행한 것이 그 대표적인 예다(제4권 12장 20절).

그런데도 금식은 폐지되지 않았다(제4권 12장 17절 적용). 그리스도께서 친히 "신랑을 빼앗길 날이 이르리니"(마 9:15; 눅 5:34-35)라고 말씀하시면서 재난의 때에 금식할 것을 명하셨다. 재난의 때에 목사들이 교회에 금식을 권고하고 간절히 구하게 하는 것은 그들의 직분이다. 금식이 권징과 관계있는 한 권징을 담당하는 목사들이 권징을 행사하려 할 때 스스로 금식하는 것은 너무도 당연하다.

권징과 관련하여 성직자들에 대한 권징이 실제적으로 폐지된 것이 많은 문제를 낳았다. 고대 감독들에게는 사냥, 도박, 환락에 빠져서는 안 된다는 것, 고리대금이나 상행위를 해서는 안 된다는 것, 난잡한 춤을 추거나 그와 비슷한 짓들을 해서는 안 된다는 등의 교회법이 있었다. 이들 성직자들에 대한 통치가 교회의 감독들에게 일임되어 있었다. 고대의 감독들은 자신들이 먼저 그 법령을 따르면서 스스로를 관리하였고, 각각의 성직자들에게 법령을 따라 그들 각자의 의무를 다하도록 관리하였다.

감독의 일을 감당하기 위해 감독들은 매년 수차례에 걸쳐 자신이 담당하는 성직자들을 방문하거나 교회 회의를 소집하였다. 감독은 단 한 사람의 성직자로부터라도 거칠거나 폭력적이라고 탄원을 받으면 예외 없이 지방의회가 소집되어 심문을 받아야 했다. 감독에게 가장 심한 징벌은 직분에서 쫓겨나서 성찬의 교제에 참여할 권리를 박탈당하는 것이었다(제4권 12장 22절 적용).

이 고대 교회법, 곧 성직자들의 삶을 규율한 이 모든 것이 땅에 떨어져 더 이상 행해지지 않으면서 성직자들은 상상을 초월할 만큼 더 몰염치하고 더 방종하게 되었다. 그리고 성직자들의 몰염치와 방자함은 온 세상을 절규하게 만들었다. 이에 그치지 않고 (로마가톨릭교회의) 성직자들은 자기들 때문에 고대 교회법이 완전히 매장된 것이 아님을 핑계대기 위해 주저 없이 괴상망측한 관습을 만들어 내기에 이르렀다.

그중에 하나가 사제들에게 결혼을 금지시킨 것이었다. 결혼 금지가 불법적인 이유는 주님께서 결혼을 자유롭게 두셨던 것을 금지했기 때문이고, 동시에 이 자유를 침해해서는 안 된다는 말씀을 어겼기 때문이다.

바울은 말세에 불경건한 자들이(대부분 이단들 포함) 혼인을 금하는 것은 사기꾼이자 마귀들(딤전 4:1, 3)의 짓이라고 고발하였다(제4권 12장 23절). 사도들의 경우는 아내를 데리고 다녔으며(제4권 12장 25절), 고대 교부들과 니케아 회의는 결혼을 거룩하게 여기고 부부가 동거하는 것을 순결이라고 규정하였다(제4권 12장 26절).

그러므로 교황주의자들은 사제들의 독신(제)을 주장하는 대신에 고대의 순결의 회복을 주장해야 했다. 사제들 중에 간음·음행하는 자들을 제거하고, 온갖 육욕에 뛰어드는 자들을 용납하지 말고, 권징을 회복하여 파렴치한 추악함으로부터 교회를 회복해야 했던 것이다.

이상에서 교회의 권징은 열쇠의 권세와 영적 재판권의 권세를 전제로 하여 엄격하고 온유하고 절제되어 행사되어야 하는 것임이 드러났다. 사적이든 공적이든 권징은 그리스도의 몸인 교회를 바르게 세우기 위해 비진리의 교리를 제거하고 선한 사람들을 악한 사람들로부터 보호하며 죄인을 끝까지 인도하여 그리스도에게로 돌아올 수 있도록 행사되어야 한다. 권징을 행사하는 자(목사)는 그리스도의 심령으로 무장하고 동시에 절제의 덕목을 갖추는 것이 필수다.

한편, 권징에서 경계되어야 하는 것이 있다. 권징의 행사에서 미신적인 수준의 요구나 금지가 행해져서는 안 된다는 것이다. 로마가톨릭교회가 금식과 결혼 금지를 마치 교회의 순결을 지키기 위한 것처럼 미신적으로 제정한 것이 그 예다. 마찬가지로 오늘날의 목회자들이 권징을 행할 때에도 성경이 허용하는 범위를 벗어나는 인간적인 권징의 조례를 첨가할 수도 없고 첨가해서도 안 된다.

이제라도 한국의 모든 교회의 권징이 그리스도의 온유한 심령으로 절제하면서 자신들의 죄책을 회개하고, 그 회개를 서로 용납하여서, 마침내 목사와 모든 신자가 그리스도의 자녀들로 연합하게 되는 말씀 전파이자 권면이자 징계이기를 기도한다.

제10장

맹세

사람이 하나님을 향하여 하는 약속을 맹세(서원)라 한다(제4권 13장 1절). 사람이 다른 사람에게 약속을 할 때조차도 그 당사자에게 받아들여질 만한 것들이거나 약속하는 사람이 상대에게 의무로 삼을 만한 일들로서 하는 것이 일반적이다. 그렇다면 사람이 하나님께 대하여 약속할 때는 훨씬 더 신중해야 하며 최고의 진지함으로 행동하지 않으면 안 될 것이다.

이런 맹세를 하기 위해서 사람은 두 가지를 기억하고 있어야 한다.

첫째, 경건하고 거룩한 삶을 질서 있게 영유하기 위한 (맹세의) 필요조건들이 모두 율법 안에 갖추어져 있다는 것이다.

둘째, 주님께서 사람이 새로운 일들을 고안해 내지 못하게 하기 위해 의에 대한 모든 찬미를 그 자신의 단순한 뜻에 대한 순종에 포함시켰다는 것이다(제4권 13장 1절 적용). 역으로 말하면 우리가 어떠한 맹세를 하든지 그 모든 것이 그리스도께서 하나님께 보이셨던 순종을 풋대로 해야 한다는 것으로 요약된다.

신자의 맹세와 관련해서는 다음의 세 가지 사항에 대하여 의문을 던지고 그 해답을 찾는 것이 필요하다.

첫째, "누구에게 맹세하는가"에 대한 문제 제기와 그 해답을 찾는 일이다(제4권 13장 2절).

하나님께서는 우리의 순종을 기뻐하시지만 사람 자신의 자의적 숭배는 저주하신다. 맹세라는 명목으로 계명을 떠나서 사람이 고안해 낸 것으로 하나님을 숭배하는 것은 그에게 받아들여지지 않는다는 것을 명확히 하고 맹세가 이루어져야 한다.

둘째, "맹세하는 우리는 누구인가"라는 의문과 그에 대한 해답을 찾아야 한다(제4권 13장 3절).

하나님이 우리에게 자유의 은총을 주셨다. 하나님은 우리를 만물을 주장하는 자들로 조성하셨고 만물을 우리 자신에게 종속시켜 편의를 누리도록 하셨다. 이 자유를 멸시하고 우리가 맹세하여 지킨답시고 우리를 도와야 할 외적인 것들에 굴복하고 예속당하는 그런 의무의 맹세를 해서는 안 된다. 신자가 자유의 은총을 받은 존재를 보존하며 지킬 수 있는 맹세는 하나님의 말씀의 지시에 따를 때이다.

셋째, "무슨 의도로 맹세하는가"에 대한 의문과 해답을 찾는 것이다(제4권 13장 4절).

칼빈은 맹세할 때 하나님께로부터 승인을 받으려 한다면 우리의 의도가 어떠한지를 살피라고 충고한다.

칼빈에 따르면 맹세에는 네 가지 목적이 있다. 이 중에서 과거와 관련된 맹세의 목적이 두 가지이고, 미래와 관련된 맹세의 목적이 두 가지다. 먼저 과거와 관련된 맹세에는 '감사의 실천'과 '회개의 실천'의 목적이 있다(제4권 13장 5절).

감사의 실천의 예로는 야곱이 하나님께서 자신을 고향으로 무사히 돌아가게 하시면 십일조를 드리겠다고 맹세(창 28:20-23)한 것이나 경건한 왕들이나 지도자들이 의로운 전쟁을 시작할 때 자기들에게 승리가 주어지면 드리겠다고 맹세한 화목제가 있다. 회개의 실천은 맹세를 통한 자신의 무절제를 징계하는 형식으로 한동안 사치스러운 음식을 절제하거나 자기 자신을 억제하는 것이다.

한편, 미래와 관련된 맹세에는 '신중하게 함'과 '직분에 대한 깨달음'이 담겼다(제4권 13장 5절). 미래에 대하여 맹세하는 그 자체만으로도 우리는 신중하게 될 수 있다. 신자가 자신에게 스스로 억제할 수 없는 경향이 있어서 게을러지거나 할 때 일정 기간 동안 그것을 사용하지 않겠다고 맹세하거나, 자신이 경건의 필연적 의무들을 망각할 때 맹세하고서 새롭게 기억하고 분연히 일어설 수 있다.

칼빈은 이러한 맹세를 합법적인 맹세로 보았다. 합법적인 맹세의 특성은 외적인 사안들에 있어서 우리에게 주신 승인에 의해 받쳐지고 우리의 소명과 일치하며, 하나님이 우리에게 주신 은혜의 재능으로 한정되는 그런 맹세이다(제4권 13장 5절 적용).

칼빈은 자신의 시대에 주님께서 자기 피의 측량할 수 없는 값으로 사셔서 자유롭게 하신 교회가 (교황주의자들과 로마가톨릭교회의) 사악한 독재에 억눌리고 거대한 전통이나 로마가톨릭교회가 고안해 낸 온갖 거짓 맹세들로 인해 폐해를 당하고 있는 실상에 의의 분을 일으켰다. 그 당시의 소위 '목회자'라는 자들도 이 비참한 영혼들을 자기들의 사악한 법의 올가미에 걸려들게 해서 하나님에 대한 예배를 오염시키고 있었기 때문이었다(제4권 13장 1절).

그는 이 사악한 타락으로부터 사람들을 건져내기 위해서 맹세와 관련하여 성경적인 규명을 시도하였다. 그래서 합법적인 맹세의 정립, 특히 성경에 일치하는 합법적인 맹세를 논증해 내는 데 진력하였다.

합법적 맹세는 율법과 그리스도의 순종 안에 포함되는 것으로서 공통의 맹세와 개별 맹세의 두 유형으로 이루어진다. 이 중에서 세례를 받을 때 행해지는 공통의 맹세가 중요하다. 이 맹세는 신앙교육서와 성찬을 받음으로써 행해진다. 이때 행해지는 성례들은 계약들과 같은데, 이 성례들을 통하여 주님께서 우리에게 자비를 베푸시고 이로부터 영생을 부여하시며, 이에 대해서 우리는 그에게 순종을 약속하게 된다.

게다가 성례의 계약조항 안에는 죄사함만이 아니라 성화의 성령을 담고 있는 은혜 언약이 포함되어 있다(제4권 13장 6절). 그래서 자연스럽게 세례와 같은 공통의 맹세는 성경의 계약 조항에 따라서 하는 것으로서 은총에 대한 간청과 도움에 대한 애원, 그리고 우리의 순종이 결합되어 있다. 한편, 개별 맹세들 역시 이러한 공식에 일치하는 것이어야 한다. 그리고 맹세는 공통의 경우든 개별의 경우든 신중하고 시의적절해야 한다.

반면에, 위선자들은 예컨대 거룩한 장소들에 서원적인 순례를 하는 것 등을 큰 지혜라고 치켜세웠다. 그리고는 이 맹세를 성스럽게 지킨답시고 때에 따라서는 그 여행을 맨발로 하거나 나체로 하였다. 이런 쓸데없는 짓들을 행했음도 불구하고 자기들은 스스로 범상치 않은 의를 얻었다고 믿었다. 더 한심하게도 그들은 자신들의 저 수준 낮은 맹세에 관심을 기울이지 않는 사람들을 경멸하였다.

그러나 올바른 수도사들의 맹세의 삶은 이러한 위선자들의 것과는 전혀 달랐다. 먼저 수도원 학교들은 교회의 직제에 따른 일종의 신학교들이었다는 사실에 주목해야 한다. 수도사들은 모두 이 수도원에서 교육을 받았다. 그곳에서 감독의 직무에 대한 부름을 받았다.

옛날의 수도원(칼빈 당시 로마가톨릭교회의 수도원이 아니다)에는 최고의 준엄함과 인내를 훈련받고자 원하는 사람들이 몰려 들었다.

> 그들은 이 세상의 유혹들을 경멸하고 함께 모여서 가장 순결하고 가장 거룩한 공동생활을 영위하며 함께 시간을 보내고 함께 기도하면서 살아가며 독서하며 토론하며 교만에 부풀어 있지 않고 완고함에 빠져서 무질서하게 행하지 않으며 시기에 가득 차서 안색이 변하는 경우도 없었다. … 신부들은 품행에 있어서 가장 거룩할 뿐만 아니라 하나님의 교리에 있어서도 가장 뛰어나고 모든 사안을 다룸에 있어서 월등하였다. … (제4권 13장 9절).

아우구스티누스 역시 밀라노의 수도원과 다른 수도원의 준엄함을 예찬하였다.

> 이런 형편에 있다고 해서 아무에게도 가혹한 것들이 강요되지 않는다. 아무도 자기가 거절하는 짐을 지지 않는다. 아무도 자기가 너무 약하기에 다른 사람들을 똑같이 따라할 여력이 없다고 고백한다고 해서 정죄되지 않는다. … 그들이 심혈을 기울이는 것은 … 자기들의 육욕을 길들이고 형제들에 대한 사랑을 지켜 가는 데 있다. … 무엇보다도 사랑이 수호되어야 한다. 사랑에 부합하게 먹고, 사랑에 부합하게 말하고, 사랑에 부합하게 입고, 사랑에 부합하게 표정을 지어야 한다. … (제4권 13장 9절).

칼빈은 자신의 시대의 수도원이 옷의 색이나 모양, 음식의 종류, 하찮고 무미건조한 의식들에 대해 지나치게 엄격하다고 비난하였다. 그 당시 수도사들이 그 자신들의 한가함을 내세워서 그들을 신성하게 보이려 하는 것을 강하게 힐난하였다. 수도사들이 그리스도의 경건에는 만족해하지 않으면서 모든 사람보다 더 완전해지려고 일종의 관망(명상)을 통한 경건의 모습을 새로이 꿈꾸고 있다고 비난하였다(제4권 13장 10절).

한편, 수도사들은 자신들이 일반인들에 비해서 "원수를 사랑하라" "보복하지 말라" "맹세하지 말라" 등의 복음적 권고들을 더 많이 약속(맹세)하고 있다고 주장했다. 이것은 그들이 자칭 일반 신자들에게 비해서 더 많은 복음의 짐을 지고 있는 양 교만을 떠는 행위였다. 그들은 수도원 제도가 모든 것 중에서 완전함을 얻는 최고의 길이기 때문에 자신들은 완전하다고 자랑하였다.

칼빈이 이러한 처사를 강하게 비난한 것은 물론이었다. 그들이 일반 성도들에 대하여 자신들을 과시하려 들 때, 배우지 못한 자들과 무지한 젊은이들에게 올가미를 놓으려고 들 때, 또 자신들의 특권들을 주장하려 할 때, 그리고 다른 사람들에게 모욕을 가해서 그들 자신의 가치를 끌어올리려고 할 때마다 그들이 수도원의 완전함을 빙자하여 자신들의 완전함을 내세우는 것 등을 모질게 비판하였다(제4권 13장 11절 적용).

이외에도 로마가톨릭교회의 수도사들이 "네가 온전하고자 할진대 가서 네 소유를 팔아 가난한 자들에게 주라 그리하면 하늘에서 보화가 네게 있으리라 그리고 와서 나를 따르라 하시니"(마 19:21)라는 말씀을 빙자하여 자신들은 소유에 관심이 없기에 온전하다고 자랑하며 떠벌려댔다. 그들은 그 젊은이가 실제로 재산을 팔았을지 어떨지에 대해서는 관심조차 없다. 수도사들은 단지 이 말씀을 자기들 입맛대로 난도질해서 사제가 되기 위해 자기들이 소유를 포기했다고 자랑하기 위해 악용했을 뿐이다.

하지만, 이 말씀은 어떤 한 부자 청년이 어떻게 하여야 영생을 얻을 수 있는지를 율법적 차원에서 질문한 것이기에 주님께서도 율법적으로 답하신 내용을 보여 주신 것 뿐이었다. 단순히 옛날에 여호와께서 율법을 통하여 가르치셨던 삶을 영위하는 방식과 같은 방식으로 예수님 자신이 가르치고 계심에 대한 예증이었다(제4권 13장 13절). 그 핵심은 설령 율법을 지켜서 재산을 팔았다 하더라도 그리스도를 믿어 영생을 얻는 복음의 선포와는 아무런 관계가 없다는 데 있다.

칼빈은 수도사들이 급기야 수도원의 서원을 세례(그들은 이를 제2의 세례라고 하였다)와 비교하면서 이중적인 기독교를 만들어 냈다고 비난하였다. 그들이 수도원에 들어간 것이 교회와의 단절이었으며 결국 고대의 수도사들과는 달리 사적으로 제단을 세워 교회를 분립시켰다는 비난이었다.

모든 수도원이 분파주의자들의 소모임으로 전락하면서 그곳에는 그리스도 대신에 베네딕트 파, 프란체스카 파, 도미니크 파라고 불리는 분파주의자들만이 남게 되었다(제4권 13장 14절 적용). 여기에 수도사들의 추악한 품행이 자행되면서 수도원들 중 열에 아홉은 순결한 곳이 아니라 매음굴이 되어 있었다. 그래서 아우구스티누스는 이렇게 탄식하였다.

> 수도원에서 몰락한 사람보다 더 타락한 사람을 본 적이 없다(제4권 13장 15절).

이 사악하고 불법적인 맹세로부터 돌아올 수 있는 길, 즉 소위 교황주의자들이 말하는 바 자신들을 하나님과 교회에 묶는 이 '풀 수 없는 고리'를 깨뜨리는 길은 무엇인가?

첫째, 사람이 확정한 맹세를 하나님이 철회해 주시는 것이다.
둘째, 진리를 아는 지식(성령)의 조명을 받은 후에 그리스도의 은혜로 인하여 자유롭게 되는 것이다.
셋째, 하나님께서 우리의 구원을 원하시기에 로마가톨릭교회의 저 불가능한 맹세가 그 영혼을 확실히 파멸케 하는 것이라면 누구도 그 맹세에 머무르지 않는 것이다(제4권 13장 21절).

현실적으로 모든 신자는 세상을 사는 동안에는 필연적으로 온갖 맹세에 둘러싸여 살아갈 수밖에 없다. 신자가 스스로 자신의 미래에 대해 이런저런 꿈을 꾸며 욕심을 내는 순간 즉시로 허다한 거짓되고 불법적인 맹세를 자행하기 쉬운 환경 속에 빠지고 만다.

예를 들어, 신자들은 얼마간의 재산을 증식시키겠다거나 일정량의 지식을 쌓겠다거나 어떤 소원을 이루겠다거나 하는 등등의 맹세를 하며 살아가는 것이다. 이렇게 자신의 욕심을 따라 쉴 새 없이 맹세를 해 놓고는 그것이 하나님의 뜻인 양 포장하거나 스스로를 속이기 일쑤다. 세속의 온갖 규례와 관습, 심지어는 윤리 등을 따른답시고 자신도 모르는 사이에 수도 없는 맹세를 해 대며 살아가고 있다.

하지만, 이제 우리가 참 신자라면 이러한 맹세들로부터 돌아서서 합법적인 맹세를 하는 삶을 살아야 한다. 이미 말했듯이 합법적 맹세는 율법과 그리스도의 순종 안에 포함되어 있다. 그리고 맹세를 할 때 세례와 같은 공통의 맹세를 기억하면서 감사와 회개, 신중함과 직분에 대한 깨달음을 주는 맹세를 해야 한다. 주님의 자비를 간구하며, 영생을 소망하며, 주님께 우리의 순종을 약속하는 계약에 따른 맹세를 해야 한다는 말이다.

이러는 중에 혹시 거짓된 맹세를 하거나 했을 때는 하나님께서 그 맹세를 철회해 주실 것을 구하면서 적극적으로 그리스도의 은혜 안에서 맹세(서원)의 자유를 찾아 누려야 한다. 말씀을 읽겠다는 자유의 맹세, 기도와 사랑과 봉사를 어떻게 하겠다는 등의 맹세의 자유를 끝없이 향유할 수 있어야 한다.

대한의 참 신자들이여!

이제는 거짓 맹세의 삶에서 돌아서서 주님께서 주신 은총으로 자유함을 받은 자들이 되어 진리를 사수하며 영혼을 살찌우는 맹세의 삶을 향유하자!

제11장

성례

성례는 헬라어로는 '뮈스테리온'(μστήριον, 비밀)이고 라틴어로는 '사크라멘트'(sacramentum)의 우리말 번역 용어다. 성례(聖禮)는 한자어로써 '거룩한 예식'을 의미한다.

'뮈스테리온'은 바울 서신에서 자주 사용되는 용어다.

> 그 뜻의 비밀을 우리에게 알리신 것이요(엡 1:9).

> 너희를 위하여 내게 주신 하나님의 경륜을 너희가 들었을 터이라 곧 계시로 내게 비밀을 알게 하신 것은 … (엡 3:2-3).

> 이 비밀은 만세와 만대로부터 감추어졌던 것인데 … 하나님이 그들로 하여금 이 비밀이 … (골 1:26-27).

> 크도다 경건의 비밀이여 … 하나님은 육신으로 나타난 바 되시고(딤전 3:16).

번역가들이 '뮈스테리온'을 번역할 때, 특히 그것이 하나님에 속한 것들을 나타낼 때는 라틴어로는 '사크라멘툼'을 사용하였다. 그들이 '뮈스테리온'을 '사크라멘툼'으로 번역한 것은 (하나님의) '본체의 장엄함'을 낮추어 표현하지 않기 위해서였다. 그들은 '은밀한 것'(acrcanum)이라는 용어 대신에 숭고하고 영적인 본체의 존엄한 표상을 지닌 표징(임)을 제시하려는 의도에서 'sacrament'(sacred thing)를 사용하였다(제4권 14장 2절).

성례의 바른 이해를 위해서는 성례가 제정된 목적과 현재의 용도가 무엇인지를 바르게 정립하는 것이 필요하다. 칼빈은 성례를 주님이 우리 믿음의 연약함을 지탱해 주시려고 우리를 향한 자기의 자애로우심의 약속을 우리의 양심에 인치시는 외적 징표로 이해하였다(제4권 14장 1절).

이 성례는 우리에게는 주님을 향한 우리의 경건을 주님과 천사들과 사람들 앞에서 입증하는 징표의 역할을 한다. 그러므로 성례는 우리를 향한 하나님의 은혜가 외적인 징표로써 확정되는 증언이요, 동시에 하나님을 향한 우리의 경건에 대한 입증이 된다.

아우구스티누스는 성례를 이렇게 정의하였다.

> 거룩한 본체에 대한 보이는 표징이다.
> 보이지 않는 은혜에 대한 보이는 형상이다(제4권 14장 1절).

그의 정의에는 약간의 모호함이 담겨 있긴 하다.

성례가 하나님의 비밀과 관련된다면 성례는 선행하는 약속의 말씀이 존재하지 않으면 그 자체로 존재할 수 없다. 성례는 일종의 부록과 같이 오직 하나님의 말씀과 결합되어 그 자체를 견고하게 하고, 인치고, 더욱 분명하게 우리에게 드러나게 하여 비준하는 것이어야 한다. 하나님의 진리는 그 자체로 충분히 확고하고 확실하여 그 자체가 아닌 다른 어떤 것으로부터도 더 좋은 확정을 받을 수 없기에 성례는 기껏해야 하나님의 진리를 진리로 드러나게 하는 보조 역할이나 수행할 수 있을 정도다.

이러한 전제 하에서 성례의 실제를 고찰해 보기로 한다. 성례에는 대표적으로 세례와 성찬이 있다. 세례의 표징은 물과 씻음이다. 하지만, 이 세례의 본체의 진리는 그리스도다. 성찬의 표징은 떡과 잔이다. 그 본체의 진리는 그리스도이며 그의 피와 살이다.

그렇다면 우리의 세례는 단순히 육체의 더러움을 제하여 버림이 아니고 그리스도를 닮은 선한 양심의 간구이지 않으면 안 된다(벧전 3:21). 하나님께서 믿음의 거룩한 조상들에게 주셨던 모든 표징들도 하나님의 말씀과는 결코 분리될 수 없는 것들이었다.

그러므로 성례는 하나님의 가르침이 없다면 전혀 성립될 수 없으며 가치가 없다. 이에 따라 신자는 사역자들에 의해서 성례적인 용어들이 언급되는 것을 들을 때 정신을 차리고 마음을 바르게 하여 이해하려 해야 한다(제4권 14장 4절).

성례의 유익함이 있다. 아브라함이 할례를 받은 것은 그 자신의 칭의를 위한 것이 아니고 그가 이미 믿음으로써 의롭다 함을 받은 언약에 대한 인침(인증)이었다. 하나님의 약속이 할례라는 성례에 의해서 인증이 된 것이다. 그리고 할례라는 성례의 거행은 눈으로 볼 수 있도록 행해지는 것이기에 말씀(의 약속)으로만 받았던 것보다는 뛰어난 증거 능력을 제공한다(제4권 14장 5절).

이것이 성례가 주는 유익이다. 여타의 성례도 모두 할례와 마찬가지다. 따라서 모든 신자는 성례가 자신의 눈앞에 놓일 때 거기에 육체적인 시선을 두는 것으로 그치지 말고 단계적인 경건한 숙고를 통해 그것에 숨겨져 있는 숭고한 비밀들을 향해 올라갈 수 있어야 한다(제4권 14장 5절).

성례와 관련하여 하나님의 말씀이 그것들에 앞선다는 것은 진리다. 언약의 법이 (성례의) 징표에 의해 인증된다는 의미다. 이런 의미에서 보면 성례는 하나님의 말씀에 대한 믿음을 더욱 확실하게 하는 훈련이라 할 수 있다. 우리가 육체적 존재이기에 하나님께서 성례라는 육체적 증표로 주신 것이다.

신자가 육체적으로 세례를 받는 것은 그 이전에 말씀이 증언하듯이 그리스도로 옷 입는 것이라는 의미에 대한 말씀(갈 3:27)의 깨우침을 전제로 하는 인증 절차다. 세례를 받음으로써 우리는 그리스도 안에서 한 몸이 되고 한 성령을 다 같이 마신다(고전 12:12-13).

성례는 하나님의 은혜의 증언이자 우리를 향하신 하나님의 자애로우심의 정서를 새기는 인장(도장)이다(제4권 14장 7절). 성례의 행함은 그 인침을 통하여 우리의 믿음 자체를 지탱하고 자라게 하며 확정하고 증가시킨다. 그러므로 성례와 관련하여 우리가 고백하는 말은 귀신들려 심히 경련을 일으키는 아이의 아버지의 고백과 같아야 한다.

> 내가 믿나이다 나의 믿음 없는 것을 도와주소서(막 9:24).

성례는 주님에 의해 빼앗겨질 수도 있다. 주님은 그가 성례 안에서 약속하셨던 일들에 대한 우리의 확신을 철회시키는 것이 필요하다고 보실 때에는 성례 자체를 우리로부터 빼앗아 가신다. 예컨대 아담이 죄를 범했을 때 혹시 그대로 내버려 두면 아담이 영생하는 과일을 따먹고 영생할까 하여 에덴동산에서 쫓아내신 것이 그것이다.

바울이 에베소 교인들에게 이렇게 말했다.

그 때에 너희는 그리스도 밖에 있었고 이스라엘 나라 밖의 사람이라 약속의 언약들에 대하여는 외인이요 세상에서 소망이 없고 하나님도 없는 자이더니(엡 2:11).

할례라는 약속의 표지를 받지 못한 사람들은 모두 언약에서 배제되었다는 것이다. 영생하는 과일 그 자체가 의미가 있는 것이 아니며 할례가 영원히 살게 하는 것이 아니다. 오직 하나님께서 보시기에 필요하다고 여기실 때 사용하시는 수단과 도구들이다. 떡과 태양과 불 등이 하나님께서 우리를 복 주시기 위해 나누어 주시는 도구들이 아니라면 그것들 자체로는 아무런 의미가 없다.

성례도 하나님께서 영적으로 우리의 믿음을 자라게 하시는 도구 중에 하나에 불과하다. 따라서, 우리의 확신이 성례에 부착되어서도 안 되고 하나님의 영광이 성례로 돌려져서도 안 된다. 우리의 믿음과 고백은 성례이든 만물이든 모든 것을 만드신 하나님 한 분에게로만 올라가야 한다(제4권 14장 12절).

성례 시 신자가 갖추어야 할 마음가짐이 있다.

첫째, 성례가 하나님을 믿는 우리의 믿음에 기여하는 것이라는 마음이다.
둘째, 그것이 사람 앞에서 우리의 믿음을 공표하는 것임을 믿는 마음이다 (제4권 14장 13절).

교황주의자들이 하나님이 부여하셨다는 거짓으로 성례에 믿을 수 없는 모종의 은밀한 능력들을 부착시킨 것은 사악한 일이었다. 그러한 성례들은 신자들을 하나님에게서 멀어지게 하고 헛된 것을 좇아 떨어져 나가게 한다. 신자들이 성례에 참여하여 하나님 자신보다 물질적인 것의 외형에 안주한다면 성례에 참여한 것이 될 수 없다.

아우구스티누스는 성례 안에 형상(the figure)과 실제(the truth)가 포함되어 있으나 그것들이 분리될 수 없을 만큼 결합되어 있지 않다고 보았다(제4권 14장 15절). 즉, 보이는 형상을 단순히 외적으로 먹는 것이 성례가 아니고 내적으로 먹는 자에게(형식적으로는 얼마든지 먹고 마시는 것으로 성례에 참여하는 것이 된다), 이로 씹는 것이 아니라 마음으로 먹는 자에게만 성례가 (실체가 포함된) 성례가 된다고 본 것이다.

성례는 공허한 표징으로만이 아니라 표징과 함께 믿음으로써 그것에 포함된 말씀을 이해하는 성례(참여)일 때 그 본체를 가진다. 외적인 징표인 떡과 포도주를 먹고 마시는 것만으로는 육체의 일로 그칠 뿐이다. 모든 신자는 가롯 유다가 만찬에서 예수님의 떡을 받고서도 죽었던 것을 잊어서는 안 된다. 그리스도 자신이 모든 성례의 질료(the matter) 내지는 실체(the substance of all the sacraments)이시다(제4권 14장 16절).

이 주장에는 두 가지 의미가 담겨 있다.

첫째, 하나님의 성례는 사람이 그것에 어떤 악한 요소들을 덧붙인다 하더라도 전혀 손상을 받지 않는다는 것이다.

둘째, 교황주의자들이 그 당시 자행하고 있던 사악한 성례들에 대한 조롱이었다는 것이다. 사람이 만드는 어떠한 성례도 성례가 아니다. 사람이 만든 어떠한 성례도 하나님의 참 성례를 해치거나 방해할 수 없다.

그리스도가 모든 성례의 질료이시자 실체이시기에 하나님의 성례는 하나님의 말씀의 역할처럼 그리스도와 그 안에 있는 하늘 은혜의 보화만을 제공하고 제시한다. 성례 자체가 하늘의 은혜를 제공하는 것은 아니다. 다만 하나님의 보이지 않는 은혜를 성례라는 보이는 표징을 통하여 선언하고 보여 주는 것이다(제4권 14장 17절 적용).

성례는 하나님께서 베푸시는 은혜의 담보물로서 하나님 자신의 표징 가운데 약속하시고 표상하여 행해지는 예식이다. 따라서, 신자가 성례에 참여하여 은혜를 구할 때 포도주가 잔에 부어지듯이 그렇게 보이는 형식으로 하나님의 은혜가 주어지는 것으로 생각해서는 오산이다.

성례를 통해 얻어지는 은혜는 전적으로 내적으로 주어진다. 하나님이 우리에게 믿음을 더하시고 확고하게 하셔서 성령의 내적 예증을 통해 준비된 우리의 마음이 성례에 의해 부여하는 확정을 받아들이도록 하신다(엡 4:30). 성령의 조명으로 외적인 말씀과 성례가 우리의 귀로부터 우리의 영혼으로 옮겨지는 것이다(제4권 14장 10절).

성례에 참여하는 신자는 표징과 실체의 결합과 분리와 관련하여 두 가지 경계할 일이 있다.

첫째, 표징을 받을 때, 그것이 헛되게 주어지기라도 한 것처럼 받아서 그 표징(포도주와 떡)의 은밀한 의미를 파괴시키고 약화시켜서 열매를 맺지 못하게 되는 것을 경계해야 한다.

둘째, 신자가 자신의 마음을 표징 너머로 들어 올리지 않고, 그 표징에 오직 한 분 그리스도에 의해 우리에게 부여된 선한 것들에 대해 찬송을 돌리는 것이다(제4권 14장 16절).

성례의 범위는 넓다. 하나님께서 자기 약속에 대한 실제를 더욱 확실하고 분명하게 제시하려고 사람들에게 친히 명령하신 모든 표징들이 성례에 속하기 때문이다.

예를 들어, 생명 나무(창 2:9; 3:22), 무지개(창 9:13-16), 연기나는 화로(창 15:17), 이슬로 양털을 적심(삿 6:37-38), 해시계의 그림자를 뒤로 가게 함(왕하 20:9-11; 사 38:17) 등등이 모두 성례에 속한다(제4권 14장 18절 적용). 그러므로 성례란 단지 외적인 표징에 그치는 것이 아니라 하나님의 백성을 훈련시킴으로써 내적인 믿음을 자라게 하고 자극시키며 확정시키는 일체의 종교 의식이라 할 수 있다(제4권 14장 19절). 이 의미가 좀 더 확장되면 그리스도 자신이 성례이자 언약이 되신다.

크리소스토무스의 말은 참고할 만하다.

> 주님은 우리가 우리 자신의 범법으로 인하여 짓눌려 있는 허물과 죄를 벗겨내 주시고 소멸해 주실 뿐만 아니라 우리를 그의 독생하신 아들 안에서 자기 자신과 화목하게 하시며, 우리는 이에 응하여 이러한 사실에 대한 고백 가운데 열의를 다함으로써 경건과 무죄함에 이르도록 우리 자신을 그에게 묶게 된다 (제4권 14장 19절).

한편, 할례와 세례와 정결례 등이 모두 그리스도를 인치고 있다는 점에서 동일한 성례들이다(제4권 14장 21절). 할례는 유대인들에게 인간의 씨로부터 난 것, 즉 인류 전체의 본성이 타락하여 가지치기의 필요성을 일깨워 주고, 아브라함에게 약속으로 주어진 복된 씨(그리스도, 갈 3:16)임을 확정시킨다.

세례와 정결례는 각각 그들(유대인들 및 모든 사람)의 본성의 불결함, 음란, 오염 등을 드러내며 모든 더러움이 씻기는 또 다른 씻음의 약속(그리스도가 씻음이시다)임을 표상한다.

한편, 희생 제물은 유대인(모든 사람) 자신의 불법을 책망하면서 하나님의 심판에 의해 죗값의 무름의 필요성을 드러내어 그리스도가 대제사장(히 4:3; 5:5; 9:11)이 되심을 분명히 한다.

요약하면 유대인의 성례들은 표징에 있어서는 다양했으나 본체는 같았고, 외양으로는 다양했으나 영적인 능력에 있어서는 같았다(제4권 14장 26절).

결론을 맺자.

옛날이나 오늘이나 성례는 모두 하나님의 부성적인 자애로우심과 성령의 은혜들이 그리스도 안에서 부여된 것이다. 신자들은 이 성례를 전적으로 수동적으로 받았다. 그래서 그들에게 돌려질 공적이 아무것도 없다. 모든 성례의 의식들이 성육신의 현현으로 완성되었다는 것이 우리의 고백이 될 뿐이다. 신자로서 우리는 모든 성례에 성령의 인도와 조명을 간구하면서 온 몸과 온 마음으로 참여하고 하나님의 은혜 주심에 응답하여 우리의 믿음을 자라가게 해야 한다.

제12장

세례

세례의 대표적인 특징은 씻어냄의 증표이자 증거다. 세례는 우리가 교회와 교제하는 것을 허용 받는 입문의 증표이자 그리스도에게 접붙여져서 하나님의 자녀가 되는 입문의 증표다(제4권 15장 1절). 그리고 증표로서의 세례는 세 가지 측면에서 우리의 믿음에 기여한다.

첫째, 우리가 정결하게 되었음을 확신하게 한다. 세례는 우리의 죄가 다 소멸되었고 덮어졌으며 지워졌음을 인증하는 임명장이다.

둘째, 사람들 앞에서 우리의 종교를 드러내는 배지(증표)이자 표시로서 기여한다.

셋째, 믿고 세례를 받으면 구원을 얻는다는 확신이다.

세례가 우리에게 물을 통하여 형상화되는 것은 그것이 깨끗하게 함, 씻음 등과 유사해서이다(제4권 15장 2절). 그러나 우리의 죄가 깨끗하게 되고 씻음을 받는 것은 물 때문이 아니라 그리스도의 피 뿌림을 통해서다. 베드로가 "세례라 이는 육체의 더러운 것을 제하여 버림이 아니요", 믿음으로부터 난 "하나님을 향한 선한 양심의 간구"(벧전 3:21)라고 한 것도 그 때문이다. 바울 사도가 교회를 "물로 씻어" 생명의 "말씀으로 깨끗하게 하사 거룩하게 하시고"(엡 3:26)라고 한 것도 세례의 상징성을 잘 드러내고 있다.

다음은 세례의 세 가지 특성이다.

첫째, 세례는 그것을 받기만 하면 어느 한 순간만 작용하는 것이 아니고 끝까지 계속된다라는 것이다(제4권 15장 3절).

사람이 어느 때에 세례를 받든지 간에 단번에 전체 삶 동안 씻음을 받고 정결하게 된다. 한때 세례는 과거의 죄만을 사하기에 그 후의 생에서 저지른 죄는 다른 형태의 성례로 죄사함을 받아야 한다는 망상이 로마가톨릭교회를 중심으로 퍼져 있었다.

이 때문에 사람들은 가능한 한 자신의 죽음 직전에 세례를 받으려 하였다. 하지만, 세례는 지나간 것처럼 보일지라도 그 후의 죄들로 인하여 폐지되지 않는다. 세례를 통하여 그리스도의 순수함이 그리스도 안에 거하는 모든 사람에게 부여되기 때문이다. 교회가 세례를 베풂으로써 죄인이 죄사함을 받는다는 것이 사실이다.

그러나 이미 밝혔듯이 교회가 아니라 그리스도의 피로 말미암아 우리의 죄가 사해진다. 세례는 우리가 그리스도의 피로 씻음을 받았다는 표징과 증언이다. 어쨌든 우리의 죄의 방면은 세례를 통해서 이루어진다. 신자가 세례를 받은 이후에도 죄를 범하게 되면 오직 죄사함의 증표인 세례를 기억하면서 그리스도에게로 돌아와야 한다. 그것이 회개다.

신자는 마땅히 죄를 범할 때마다 그리스도의 피로 씻음을 받았던 세례를 기억해야 하는 것이다. 회개는 중생을 죄사함은 씻음을 의미한다. 그러므로 교회가 고해성사와 같은 제도를 형식화하고 교회가 지닌 열쇠의 은총, 곧 교회(신부)가 죄를 사하는 것은 말씀과 세례에 대한 모독이다.

둘째, 세례는 그리스도 안에서 자신을 죽임과 살림의 표이기도 하다는 것이다(제4권 15장 5절).

> 그러므로 우리가 그의 죽으심과 합하여 세례를 받음으로 그와 함께 장사되었나니 이는 … 우리로 … 새 생명 가운데서 행하게 하려 함이라(롬 6:4).

올바른 믿음으로 세례를 받은 사람이라면 자기들의 육체(육의 생각들)가 죽는 것 가운데서 그리스도의 죽음의 효과를, 성령의 살리심 가운데서 그리스도의 부활의 효과를 의식하게 된다. 신자는 마땅히 죄에 대하여 죽고, 의에 대하여 살아야 한다. 바울은 이를 "중생의 씻음"과 "새롭게 하심"(딛 3:5)이라 하였다.

세례는 죄에 대한 값없는 은총과 의의 전가가 먼저 약속된 후에 우리를 갱신해서 새로운 삶에 이르게 하는 성령의 은혜가 뒤따르는 것을 우리에게 실증해 주는 표다.

셋째, 세례는 우리가 그것을 통하여 그리스도의 죽음과 생명에 접붙여졌을 뿐만 아니라 그리스도 자신과 하나가 되어 그의 모든 선한 것에 참여하는 자들이 된 것에 대한 증표라는 것이다(제4권 15장 6절).

신자는 세례 가운데서 그리스도를 옷 입는다(갈 3:26-27). 사도들이 아버지와 (아들과) 성령의 이름으로 세례를 주라는 명령을 받았음에도(마 28:19) 불구하고 그들은 그리스도의 이름으로 세례를 주었다고 하였다(행 8:16; 19:5).

하나님이 주시는 모든 선물이 오직 그리스도 안에서 발견되기 때문이다. 즉, 하나님께서 관용과 호의를 베푸시고 그 은혜 안으로 우리를 받아들이시고자 그리스도를 중보자로 주신 것이다. 또한, 성령께서는 우리가 그리스도의 죽음과 부활에 의해서 중생을 얻도록 하기 위하여 우리를 거룩하게 하신다. 이렇게 신자의 정결함과 중생이 그 모든 원인이 아버지 안에서, 그 질료가 아들 안에서, 그 효력이 성령 안에서 얻어진다(제4권 16장 6절).

이렇게 우리는 세례를 통하여 그리스도를 옷 입는다. 세례 요한이 먼저 베풀고 사도들이 그 다음으로 베풀었던 죄사함을 받는 회개의 세례(막 1:4; 눅 3:3; 마 3:6; 요 3:23; 행 2:38, 41)를 주신 이유가 여기에 있다. 세례는 그것을 행하는 손이 다르다고 그 의미가 달라지지 않는다. 세례 요한과 사도들은 모두 회개에 이르는 세례, 곧 회개와 죄사함이 있게 하시는 그리스도 안에서 세례를 주었다.

그리스도만이 유일한 의의 화목주이시자 구원의 조성자이시다. 그분은 우리를 위한 화목제물로 아버지 하나님께 바쳐지신 분이다. 요한의 세례는 그 동일하신 오실 분 안에서 세례를 주었고, 사도들은 그 동일하신 이미 자기 자신을 계시하신 분 안에서 세례를 주었다는 정도의 차이만 있다(제4권 15장 7절 적용). 그러므로 크리소스토무스가 세례 요한의 세례에는 죄사함이 포함되어 있지 않다고 주장하는 것은 전 인류에 대한 사기극이다.

사도들이 베푼 세례는 그리스도의 세례라 불렸다. 그렇다고 해서 그 세례가 세례 요한의 것보다 더 많은 성령의 풍성함이 있었던 것은 아니다(제4권 15장 8절). 칼빈은 세례 요한이 자신은 물로 세례를 베푸는데 그리스도는 성령과 불로 세례를 베푸신다고 한 것은 그것을 통하여 자신의 신분과 그리스도의 신분의 차이를 드러내려 한 것으로 이해하였다.

이러한 세례 요한의 신앙 자세는 오늘날 세례를 베푸는 목회자들이 깊이 새기고 명심하지 않으면 안 될 일이다. 아우구스티누스는 이와 관련하여 세례를 베푸는 자가 누구이던 간에 그리스도가 감독하신다는 말로써 간단하게 정리하였다(제4권 15장 8절).

이제 세례를 통한 '자기 자신'(우리)의 죽음의 의미를 고찰할 때다. 이 죽음은 우리 자신의 타락한 본성의 죽음을 가리킨다. 칼빈은 원죄를 "먼저 우리를 하나님의 진노에 속한 범죄자들로 삼고, 또한 성경에서 칭하는 "육체의 일"(갈 5:19)이 우리 안에서 양산하는 "우리 본성의 불량과 오염"(제4권 15장 10절, 539)이라고 정의하였다. 그가 본 원죄는 "우리 본성의 불량과 오염"이었다. 이 원죄는 유아들조차도 벗어나지 못한다. 모든 인생이 원죄 안에서 태어나기 때문이다(시 51:5).

의와 무죄함과 순수함 외에 그 무엇도 받아들여지지 않는 하나님 앞에 서기 위해서는 우리의 타락한 본성의 죽음이 반드시 전제되어야 한다. 하나님께서는 세례를 베푸셔서 원죄인 우리의 본성의 불량과 오염을 죽게 하신 것이다. 우리(나)의 타락한 본성이 세례를 통하여 죽게 된 것이다.

세례는 원죄를 죽인 것뿐만 아니라 우리 육체의 죄에 대하여도 우리의 죽음의 때까지 죽인다. 우리가 세례를 받아 원죄에 대하여 죽었다 하더라도 그것의 사악함은 우리 가운데서 중단되지 않는다. 그것은 우리의 정욕을 사용하여 쉼 없이 육체의 일을 만들어 낸다. 우리가 육체의 감옥에 갇혀서 이 세상을 사는 동안 죄의 잔재들이 우리 안에 거주하여 준동하면서 죄악을 저지르게 한다.

세례는 이 죄성을 완전히 존재하지 않게 하거나 문제를 일으키지 않게 하는 것이 아니고 계속해서 죄가 우리를 압도하지 못하게 해 준다. 세례를 통하여 우리가 하나님에 의해서 우리에게 주어진 약속을 믿음으로 굳게 붙잡을 수 있기에 세례 이후에 저지르는 모든 죄가 우리를 지배하거나 다스리지 못하는 것이다(제5권 15장 11절).

이상에서 세례는 우리의 타락한 본성(원죄)를 죽임과 함께 우리의 육체의 일로 인해 일어나는 모든 죄를 죽을 때까지 죽이는 것임이 드러난다. 다시 말하면, 우리가 세례를 받는다는 것은 우리의 본성을 죽임과 동시에 그 죽임이 세례에 의해서 우리 안에서 시작되는 것임을 의미한다.

세례를 통하여 본성은 죽었다. 그러나 본성의 사악함이 남아 있어서 우리로 하여금 하나님에 대한 두려움이 없이 자기의 욕정에 탐닉하게 하여 육체의 죄악을 일으키고 있다. 우리는 이 죄악에 빠져 비참한 예속의 사슬에 묶여 사로잡혀 있기 일쑤다. 하지만, 세례를 받았기에 우리는 이 죄악들과 항구적인 싸움을 하며, 하나님의 법에 전적으로 순종하고자 하는 영적 전투를 수행할 수 있다(제4권 15장 12절 적용).

그러므로 세례는 우리의 믿음을 세우고 자라게 하고 확정시키기 위해서 하나님이 주신 것이라 공언할 수 있다. 따라서, 세례를 받는 신자는 세례를 하나님의 손으로부터 받듯이 해야 한다. 하나님께서 물세례의 표증을 통하여 우리에게 우리의 원죄가 사해지고, 우리의 육체의 일들의 범죄들이 사해짐을 말씀해 주시는 것으로 받아야 한다. 하나님께서 우리를 정결하게 하시고 씻기시며 우리의 죄를 없애주시는 것으로 받아야 한다.

하나님께서 우리를 자기 아들의 죽음에 참여하는 자들이 되게 하시고 사탄의 나라를 몰아내시며 우리의 정욕을 무기력하게 하시는 것으로 받아야 한다. 하나님께서 우리를 그리스도와 하나가 되게 하시고 그리스도를 옷 입게 하시며 자신의 자녀가 되게 하시는 것으로 받아야 하는 것이다(제4권 15장 14절).

물론, 세례를 받지 않았다 해서 구원을 받지 못하는 것은 아니다. 하나님께서 자신이 우리의 하나님과 우리의 후손들의 하나님이 되실 것이라고 약속하실 때(창 17:7) 그 아이들이 태어나기도 전에 자기 자녀로 삼으셨다. 태어난 지 팔일 만에 행하는 할례가 유아에게 시행되기 전에 구원을 약속하신 하나님의 언약은 영원히 진리이며 여전히 진리다(제4권 15장 20절 적용).

그러므로 '유아가 물에 잠기기'(세례 또는 할례) 전에 현세의 삶을 떠난다 하더라도 천국에 들어가는 것이 가로막힐 수 없는 이유다. 하나님의 약속은 세례와 상관없이 그 자체로 충분하다. 그래서 누구든지 세례를 받지 않아도 구원을 받는 데는 별다른 문제가 있지 않다.

세례가 행해져야만 구원이 확증되는 것이 아님은 분명하다. 오히려 세례가 구원을 위하여 필수적이라는 교리는 그릇된 해석이자 많은 해를 야기할 수 있다는 것도 사실이다. 로마가톨릭교회의 세례 조례가 그 증거다. 그런데도 세례는 행해져야만 한다.

그 이유는 세례를 행하라는 것이 그리스도의 명령(마 18:19)이기 때문이다. 세례에 담겨 있는 하나님의 약속은 사람들의 세례에 대한 맹목적인 불신에 빠져 있는 것과 전혀 상관없이 지금도 여전히 유효하다. 세례를 통해 베푸시는 하나님의 미쁘심은 폐함이 없으며(롬 3:3), 세례에 대하여 사람이 신의를 버렸다 하더라도 그리스도는 영원히 구원으로 남아 계신다(제4권 15장 17절). 그래서 세례는 반드시 행해져야 하며 우리는 믿음으로 세례를 받아들여야 한다.

세례의 예법은 이렇다.

첫째, 세례를 받을 자를 신자들의 모임에 참석시키고 모든 교인이 증인으로 지켜보는 가운데 세례를 베푼다.
둘째, 모두가 기도하며 그를 하나님께 드린다.
셋째, 입교자로 하여금 신앙고백을 암송하게 한다.
넷째, 세례자가 세례를 통해 누리게 되는 약속들을 설명한다.
다섯째, 아버지와 아들과 성령의 이름으로 세례를 베푼다.
여섯째, 기도하고 감사하는 가운데 세례 받은 자를 돌려보낸다(제4권 15장 19절).

세례를 베풀 때 물에 몸을 잠기게 할지, 한 번 잠기게 할지, 세 번 잠기게 할지, 혹은 부어 놓은 물로 세례 받는 사람에게 뿌릴지 등은 교회에 자유롭게 맡겨야 한다. 고대에는 세례의 원뜻인 '잠근다'에 따라 교회에서 물에 잠그는 의식이 지켜졌었다.

세례가 하나님의 부르신 명칭일진대 그것은 죄사함에 대한 약속, 육체를 죽임에 대한 약속, 영적인 살림에 대한 약속, 그리스도에 참여함에 대한 약속 일체를 지니고 있다(제4권 15장 16절). 그래서 세례는 다시 받아야 할 것이 아니다. 재세례파가 하나님을 모독하는 자들이 된 것도 이 때문이다. 세례 시에 성경이 증언하는 것 이외에 어떠한 다른 것도 덧붙여질 필요가 없다.

그리스도는 양심의 가책으로 인하여 부식된 마음의 상처를 치료받기 위하여 탄식하는 비참한 죄인들을 위해서만 하나님께로부터 보내심을 받았다. 그러므로 하나님의 죄사함을 의지해서 죄를 지을 기회와 방종을 일삼는 자들에게는 그리스도의 은혜 대신에 하나님의 분노와 심판만이 있게 된다. 모든 인생은 세례를 받아야 한다. 우리가 세례를 통해 원죄의 사함을 받음은 물론 원죄의 잔재로 인해 육체의 죽음 때까지 저지르게 되는 죄악들을 죽이는 싸움을 할 수 있기 때문이다.

세례를 받아야 하는 또 하나의 이유는 참 회개를 위해서다. 회개는 근본적으로 죄악에서 벗어나서 하나님께로 돌아오는 중생의 의미를 지니는 데 그 자체가 세례의 특성과 같다. 세례가 '회개의 세례'라고 불리는 이유다. 참 신자라면 마땅히 날마다 세례를 받으며 회개하며 살아가야 한다.

제13장

유아세례

칼빈은 유아세례에 대해 논해야 하는 이유를 어떤 광란의 영들이 유아세례에 대해 혼란을 일으키고 있기 때문에 교회의 평화와 교리의 순수함을 위한 것(부록)으로 들었다. 그가 주장하고자 하는 것은 하나님의 확실한 권위가 결코 결여되어 있지 않은 어떤 하나님의 규례(유아세례 포함)도 폐지될 수 없다는 것이었다(제4권 16장 1절).

유아세례의 의의는 세례의 비밀을 밝히는 가운데서 드러난다. 세례는 이미 제4권 12장에서 살펴보았듯이 씻음의 증표이고 우리 원죄의 죽임과 원죄의 여파로 오는 우리 죄에 대한 죽임의 증표다. 세례는 그리스도의 죽음에 참여하며 중생하여 새로운 삶을 얻게 되고 그리스도와 연합체를 이루게 한다(제4권 16장 2절 적용). 유아세례 역시 유아에게 이와 동일한 작용을 한다는 것은 말할 필요가 없다.

모든 사람에게 있어 하나님께 접근하는, 곧 불멸하는 삶에 들어가는 첫 번째 통로는 죄사함이다. 죄사함은 깨끗함을 받는 세례의 약속에 부합한다(제4권 16장 3절). 하나님께서 아브라함에게 나타나셔서 말씀하셨다.

나는 전능한 하나님이라 너는 내 앞에서 행하여 완전하라(창 17:1).

완전하게 행하는 것은 죄사함을 받지 않은 사람에게는 불가능한 일이다. 그것은 죄에 대한 죽임, 다시 말하면 중생으로만 가능하다. 그 증표가 할례였다. 주지하다시피 할례는 남자 아이가 태어난 지 8일 만에 받아야 하는 성례다. 사람이 아담으로 대표되듯이 여자 아이도 남자 아이의 할례 받는 것으로 대표되었다. 모세는 할례를 이스라엘 백성이 여호와를 위하여 마음의 포피를 베는 것으로 이해하였다(신 10:16). 그는 이 할례를 마음의 할례를 받는 것으로 이해했다(신 30:6).

그리스도는 세례의 근본으로서 그 안에 죄사함과 육체의 죽임이 내재하고 있다. 그 죄사함과 육체의 죽임이 있는 한 그리스도는 세례의 근본이시자 할례의 근본이시다. 하나님께서 아브라함에게 "내가 너로 큰 민족을 이루고 네게 복을 주어 네 이름을 창대하게 하리니 너는 복이 될지라"(창 12:2)라고 말씀하셨을 때 아브라함은 얼마 안 있어 죽었기에 '복'이 될 수 없었다. 아브라함을 통해 약속되신 분이시자 모든 족속에 대한 복이 되시는 분은 그리스도였다(제4권 16장 3절).

그러므로 할례의 표증은 그리스도의 복되시는 은혜를 인치기 위한 것이었음이 분명하다. 바로 이런 이유에서 그리스도는 세례의 근본이시자 할례의 근본이신 것이다. 세례와 할례에는 서로 유사점과 차이점이 있다. 유사점은 두 성례가 약속하고 있는 것이 하나님의 부성적 호의, 죄사함, 영생이라는 것이다.

이 둘은 모두 표증의 능력을 가진다는 점에서도 유사하다. 두 성례의 본체가 모두 중생을 뜻하고 있다는 점에서 유사하다. 세례든 할례든 각각의 본체의 완성이 하나의 근본, 즉 그리스도에 의지한다는 것도 유사점이다. 그러므로 할례와 세례는 내적인 비밀에 있어서 서로 차이점은 없다. 둘 사이의 차이점이란 단지 외적으로 의식이 다르다는 것일 뿐이다(제4권 16장 4절 적용).

유대인들에게 할례는 교회로 들어가는 첫 번째 통로였다. 할례는 하나님이 그들을 자기의 가족과 백성으로 삼으셨음을 한층 더 확신하게 하는 표였다. 그것은 동시에 유대인들이 자신들의 이름이 하나님께 속하여 있음을 고백하는 표였다. 이와 똑같이 오늘날의 신자는 세례를 통하여 하나님께 속하게 되고, 그의 백성으로 여겨지며, 그에 따라 그의 이름에 맹세하게 된다. 세례가 할례의 자리를 차지하고서 할례와 동일한 직분을 수행하는 것이다(제4권 16장 4절).

하나님께서 아브라함에게 말씀하셨다.

> 너희 중 남자는 다 할례를 받으라 이것이 나와 너희와 너희 후손 사이에 지킬 내 언약이니라(창 17:11).

그러므로 할례는 언약의 표징이다(창 17:12). 이스라엘 집에서 난 자이든 이방 사람에게서 돈으로 산 자이든지 모든 남자는 난 지 팔 일 만에 할례를 받는데(창 17:13), 이 할례를 받을 때 하나님의 언약이 할례 받은 자들의 살에 있어 영원한 언약이 되었던 것이다(창 17:14). 할례를 받지 아니한 남자는 하나님의 언약을 배반한 것이 되기에 이스라엘 백성에게서 끊어졌다(창 17:15). 할례는 하나님의 언약의 미래 약속을 인치는 인장이었다(제4권 16장 5절 적용).

하나님의 이 언약은 당연히 오늘날도 그리스도인들의 자녀들에게 구약 아래 있었던 유대인들의 아이들과 다를 바 없이 적용되어야 한다. 그리스도가 이 땅에 오심으로써 아버지의 은혜가 감해지거나 없어진 것이 아님이 분명하기에 하나님께서 아브라함과 맺으셨던 언약은 지금도 유효하다.

유대인의 아이들이 하나님의 언약의 상속자들이 되어 거룩한 씨라 인정되었듯이 그리스도인들의 아이들도 거룩하다고 여겨져야 한다. 이 언약이 유대인들에게는 할례로 오늘날의 그리스도인들에게는 세례로 대체되어 계속되고 있다. 그리스도를 통하여 아버지의 무한한 선하심이 이전의 어느 때보다도 분명하고 후하게 땅 위에, 우리에게 부어지고 있는 것이다(제4권 16장 6절 적용).

어떤 사람들은 그리스도가 어린아이들을 안으신 것이 세례와는 전혀 상관이 없었다고 말하기도 한다. 하지만, 칼빈은 그들과 다르게 해석한다. 그는 그리스도가 어린아이들이 자기에게 나오게 하라고 하시면서 "천국이 이런 사람의 것이니라"(마 19:14)라고 말씀하신 것에 주목하였다. 어린아이들이 천국의 상속자라면 그들에게 세례를 주어 교회에 가입시키는 것은 너무도 당연한 일이었다.

세례가 그리스도와의 교제와 사귐의 증표이기에 그리스도께서 어린아이들을 맞이하시고 안으시고 축복하신 것은 그 자체로 세례의 본질을 드러낸다. 어떤 의미에서는 (유아)세례가 그리스도가 맞이하시고 안으시고 축복하신 것보다 더 값진 것이라 하더라도 지나치지 않다고까지 하였다(제4권 16장 7절 적용). 현실적으로 그리스도께서 지금 어린아이들을 품에 안으시고 축복하실 수는 없는 노릇이다.

어린아이는 '브레페'(βρέφη, 눅 18:15), '파이디아'(παιδία, 마 19:14)로서 '어머니의 젖을 먹는 아이'를 의미한다. 그리스도에게로 '오는 것'은 가까이함을 의미한다. 그러므로 일부의 사람들이 주장하듯이 "내게 오는 것을 금하지 말라"(마 19:14)라는 말씀을 자의적으로 해석해서 어린아이들이 어느 정도 자라 주님께로 나올 만큼 된 아이들을 가리킨다고 오해해서는 안 된다.

헬라어의 용어 상 어린아이는 어머니의 젖을 먹는 아이를 가리키기 때문이다. "천국이 이런 사람의 것이니라"(마 19:14)라고 할 때 '이런 사람'은 어린아이들 자신들과 그들과 같은 사람을 지칭한다(제4권 16장 7절).

물론, 복음서 기자들이 유아세례의 실제를 단 한 번도 자세히 기록해 두지 않았다는 것은 사실이다. 그렇지만 가족이 세례를 받았다는 기록은 있다. 그렇다면 가족 안에 유아들이 속해 있었을 것이라는 것은 얼마든지 유추할 수 있다. 그들이 세례를 받았을 것으로 유추하는 것도 아주 자연스럽다.

사도 시대에 여자들이 성찬에 참여했다는 기록은 없다. 그렇다고 해서 여자들이 성찬에 참여하지 않았다고 할 수 없다. 성찬에 참여하여 떡과 잔을 받는 것이 누구에게 허용되어야 하는지를 생각하면 남자와 여자가 모두 참석해야 하는 것이 분명하기 때문이다.

할례가 이스라엘의 씨의 거룩함을 입증하는 증표였기에 남자들은 물론 여자들 역시 동등하게 거룩해야 한다. 남자들의 몸에 할례의 표증이 새겨진 것은 그것에만 본성을 통하여 그 표징이 새겨질 수 있다는 단 한 가지 이유 때문이었다. 여자들은 남자들을 통하여 그들과 똑같이 할례의 동료이자 동반자였다(제4권 16장 16절 적용). 이러한 사실에 비추어 볼 때 유아세례가 사도 시대에도 있었다는 것은 분명한 사실이다(제4권 16장 8절 적용).

그런데도 여전히 어린아이에게 세례를 주는 것을 반대하는 자들이 있다. 어린아이들은 아직 어려서 세례가 의미하는 비밀, 곧 영적인 중생을 이해할 수 없다는 것과 갓난아이 때에는 그러한 중생이 일어날 수 없다는 이유에서다. 그래서 아이들을 두 번째 태어남에 적합할 때까지 세례를 베풀지 말고 아담(죽음)의 자녀로 그냥 두자고 한다. 그러나 결론부터 말하면 이러한 짓은 아이들을 그리스도로부터 멀리 내쫓아내고서 죽음의 선고를 내리는 것이나 마찬가지다(제4권 16장 17절 적용).

주님께서 어린아이를 내게 데리고 오라고 하신 것은 아담의 자녀로 죽음에 빠져 있는 그들을 자기 자신에게 참여시키서 그들을 살리기 위함이었다. 그리스도가 생명이시기에, 그분 외에는 생명의 소망이 없기에(고전 15:22), 어린아이들이나 우리나 생명의 상속자가 되도록 하기 위해 부르신 것이다.

세례 요한은 하나님의 은혜로 그의 어머니의 모태 때부터 거룩하였다(눅 1:15). 그는 아직 태어나지 않았을 때 이미 성령의 충만함도 받았다. 우리의 주,

그리스도께서도 갓난아이 때부터 거룩하셨다. 그리스도를 통해 우리는 유아기 때라 해서 성화가 없지 않음을 확신할 수 있다(제4권 16장 18절). 그러므로 유아세례를 베풀어야 한다.

하나님께서는 얼마든지 설교와는 별개의 방식인 성령의 조명으로 유아들에게도 자신에 대한 참된 지식을 제공할 수 있으시다. 유아가 설교를 이해하지 못한다고 해서 하나님을 알 수 없다는 것은 이치에 맞지 않는다. 그리고 유아들이 지금은 어리지만 얼마만 지나면 하나님의 은혜의 충만한 부여를 온전히 누리게 될 터인데 그들이 어릴 때에 그 은혜의 어떤 부분을 누린다고 해서 잘못될 것도 전혀 없다.

진실로 모든 사람의 삶의 부요함이 하나님을 아는 완전한 지식에 있다면 유아로서 설령 유아기에 죽음을 마주한다 하더라도 그들이 하나님께 받아들여져 그의 현존하는 얼굴을 깊이 바라보리라는 것은 의심의 여지가 없다(제4권 16장 19절 적용). 그러므로 유아세례는 필요하다.

하나님께서는 회개와 믿음의 성례인 할례를 통해서 유아들과 교통하셨다. 할례를 받을 때 유아들은 아직 자신들의 본성의 오염과 부패를 알지 못한 상태에서 그것들을 죽이는 할례를 받았다(제4권 16장 20절).

자신들의 하나님께서는 지금도 여전히 "중생들의 씻음과 성령의 새롭게 하심"(딛 3:5)의 세례를 통해 비록 그들이 자신의 죄악을 알지 못한다 하더라도 유아들을 품에 안으신다. 그래서 유아세례는 베풀어져야 한다.

이외에도 유아세례를 베풀어야 할 두 가지 중대한 조건이 있다.

첫째, 주님이 자기가 선택하신 자들이 중생의 표징을 받았으나 장성하기 전에 현세의 삶을 떠나게 되면 우리가 이해할 수 없는 자기의 영의 능력으로써 무슨 방식으로든지 그들을 갱신시키시기 때문에 유아에게 세례를 베풀어야 한다는 것이다.

둘째, 유아들이 세례의 진리에 대해서 가르침을 받을 수 있을 만큼 성장하게 되면 하나님께서 자기들에게 갱신의 표를 주신 것이 그들의 전 생애에 걸쳐 갱신을 묵상하게 하기 위한 것이었음을 깨닫게 되어 갱신을 위한 열의를 더 크게 불타오르게 한다는 것이다(제4권 16장 21절 적용).

사람의 본성의 상황에서는 유아세례는 필연적으로 베풀어져야 한다. 사람은 타고난 죄인들이기에 어머니의 모태에서부터 사함과 은총이 절대로 필요하다. 하나님께서는 우리를 어릴 때부터 자기의 자비에 대한 소망의 싹을 자르지 않으실 뿐만 아니라 더욱 확실하게 새겨 주시기를 기뻐하신다. 교회가 물로 씻음을 받음으로써 깨끗하게 된 것(엡 5:26)도 같은 이유다.

그렇다면 교회의 한 부분이자 천국의 상속자로 부르심을 받은 어린아이들 역시 어려서부터 죄사함이 필요하다. 그들이 교회 안에 속해 있기에 그들에게 세례를 베풀어야 함은 너무도 당연하다.

주님께서 자신의 지체들로 인정하시는 유아들이 그의 몸에서 찢겨 나가지 않도록 하기 위해 세례를 주실 것이라는 것은 너무도 명확한 일이 아닌가?

그렇다고 어떤 사람에게서 세례를 취할 재능이 제거되었다고 곧바로 그가 멸망에 이르렀다고 판단해야 할 만큼 세례가 절대적이지는 않다(제4권 16장 26절 적용). 주님이 삼십 세가 되셔서 세례를 받으셨다는 사실도 유아들 가운데 얼마든지 세례를 받지 않을 수 있다는 것을 말해준다.

"믿고 세례를 받는 사람은 구원을 얻을 것이요"(막 16:16)라는 말씀은 제자들에게 복음을 공표하라는 명령이었지 저 순서에 따라서 누군가가 먼저 믿거든 세례를 주라는 뜻은 아니었다. 세례는 가르침이라는 직분 안에 종속된다(제4권 16장 29).

유아세례를 받은 유아들을 성찬에 참여하지 않게 하는 것도 자연스럽다. 본래 성찬은 주님께서 친히 주님의 몸과 피를 분별하고 자기 자신의 양심을 살피며 주님의 죽음을 선언하며 그 능력을 깊이 숙고하도록 하기 위해 주셨다.

그러면서 주님은 말씀하셨다.

> 자기를 살피고 난 그 후에야 이 떡을 먹고 이 잔을 마실지니 주의 몸을 분별하지 못하고 먹고 마시는 자는 자기의 죄를 먹고 마시는 것이니라(고전 11:28-29).

그러므로 아직 분별하지 못하는 유아들을 성찬에 참여시켜 자기의 죄를 먹고 마시게 할 수 있겠는가?

신앙의 선배들로서 우리는 유아들을 성찬에 참여시켜 이 위험한 상황에 처하게 해서는 안 된다.

세례의 기원과 시작은 복음의 선포에 있다(제4권 16장 29절). 유아세례의 기원과 시작도 복음의 선포에 있다. 그렇다면 유아세례를 부정하는 것은 사탄의 의도를 따르는 것이 된다. 사탄은 유아세례에서 얻을 수 있는 확신과 영적 즐거움의 열매를 앗아 가고 하나님의 선하심의 영광을 그만큼 감소시키려 한다.

이에 맞서 우리는 우리의 자녀들을 출생 이후 즉시 자기의 자녀들로서 취하시고 인정하신다는 생각을 명심하면서 그들에게 하나님에 대한 진지한 경외와 율법을 준수하게 하려는 강한 열망을 소유하게 해야 한다. 우리는 우리의 유아들을 하나님께 바쳐야 한다. 유아세례를 베풀어야 한다.

세상이 점점 악해지고 있다. 사탄이 우는 사자와 같이 날뛰고 있다. 교묘하고 사악한 지식이 넘쳐나고 있다. 태어나자마자 사탄의 가족 안에서 사탄의 종으로 살아가는 아이들이 많다. 그만큼 어린아이들의 사악한 언어와 말과 행동이 번지고 있다. 그들이 어려서부터 타락하고 있다.

자연환경의 급격한 변화 역시 어린아이들의 건강과 지식 등을 위협하고 있다. 이 사악한 세상에 맞서서 우리 신자들은 정신을 차리고 마음을 굳게 하여 가능한 한 일찍이 우리의 자녀들과 이 땅의 어린 자녀들을 하나님께 바쳐야 한다. 이를 위해 교회는 유아세례의 경우는 바람직하지만 세례와 입교 문답의 연령을 낮추는 것이 필요하다.

세례나 입교를 초등학교 5학년 전후로 낮추는 것을 고려해야 한다. 그들이 사탄의 세력 하에 더 오랫동안 종으로 살지 않도록 하기 위해서다. 성인 신자들은 그들의 신앙의 선배로서 그들을 사탄에게로부터 지켜내는 직분을 다해야 한다.

할례의 날짜는 정해져 있었지만 세례의 날짜는 정해져 있지 않다. 하나님의 은혜다. 할 수만 있다면 일찍 유아세례와 세례 그리고 입교를 베푸는 것이 정말로 중요하다. 모든 신자들이 마음을 모아 유아세례와 세례를 베풀고 받기에 열심을 내야 할 때다.

제14장

그리스도의 성찬과 그 의미(1)

그리스도의 성찬의 정의는 다음과 같다.

> 떡과 잔의 표징들로써 자기 자신을 구원의 제물로 드리신 그리스도의 살과 피에 참여하는 영적인 잔치이다(제4권 17장 1절).

이 잔치에서 그리스도는 자기가 생명을 살리는 떡임을 증명하시며, 우리 영혼은 그 떡으로부터 참되고 복된 불멸성을 얻게 된다. 그래서 신자에게는 이 비밀을 아는 지식과 이에 대한 엄밀한 설명이 필요하다.

사탄은 이 보화를 교회로부터 빼앗기 위해 사악한 의도를 드러내 왔고, 사람들의 마음으로부터 성찬의 거룩한 양식의 맛을 멀어지게 하려고 분쟁과 싸움을 조장해 왔기에 이를 물리치기 위해 성찬에 대한 근본적인 가르침이 필요하다.

하나님께서 세례를 통해 우리를 중생하게 하시고, 교회의 연합체에 접붙이시고, 자녀 삼으신다. 우리의 아버지이신 하나님은 우리를 그냥 두시지 않으시고 부여해 주신 생명 가운데 살아가도록 계속 지키시고 보존해 가시며 양식을 공급하신다. 하나님은 이렇게 우리를 향하여 아버지로서의 직분을 다하고 계시는 것이다.

하나님께서 우리에게 주시는 양식은 말씀이신 그리스도시다(제4권 1장 1절). 하나님은 우리를 그리스도에게로 초대하셔서 그와 교통하게 하여 힘을 얻게 하시며 마침내는 하늘의 불멸성을 얻게 하신다. 그 얻음이 곧 그리스도와 경건한 자들의 비밀스런 연합이다. 사람들은 이 연합을 이해할 수 없다. 이에 하나님께서 우리의 수준에 맞추어서 표징을 통하여 그 비밀의 모양과 (형)상을 제시해 주셨는데 그것이 성찬과 성찬 때의 떡과 포도주다.

성찬의 떡과 포도주는 그것들이 몸의 생명을 지키듯이 그리스도께서 우리를 먹이신다는 증표다. "받아서 먹으라 이것은 너희를 위하여 주는 내 몸이라"(마 26:26; 막 14:22; 눅 22:19; 고전 11:14)라는 말씀은 우리를 구원하시기 위하여 단번에 자신을 드리신 그리스도의 몸을 받아먹음으로써 그의 생명을 주시는 능력이 우리 안에서 효과적으로 역사하심을 분명히 한다.

"내 피로 세우는 새 언약이니"(눅22:20; 고전 11:25)라는 말씀 역시 떡을 먹음과 같이 단번에 자신을 드려 우리 죄를 속하시고 우리에게 생명을 주신 그리스도를 믿게 한다. 이 성찬(례)이 결국 경건한 영혼들에게 그리스도와 결합되어 한 몸을 이루게 하여 그의 모든 것을 우리의 것이라고 부를 수 있게 한다. 그리스도의 영생이 우리의 것이다. 그의 천국이 우리의 것이고, 그의 정죄 받지 않으심이 우리의 것이다. 그리스도께서 자기의 의로 우리를 옷 입혀 주신 것이다(제4권 17장 2절 적용).

신자는 성찬에 참여할 때마다 떡과 포도주를 통하여 현존하시는 그리스도 자신이 우리의 눈앞에 드러나시고 우리의 손으로 만져지시듯이 확신해야 한다(제4권 17장 3절). "받아서 먹고 마시라 이것은 너희를 위하여 주는 내 몸이라 이것은 죄사함을 얻게 하려고 흘리는 나의 피니라"라는 말씀은 성찬을 통한 신자의 그리스도와의 교제를 실제화해 준다.

그의 몸과 그의 피가 우리를 영생하도록 하는 실상이다.

진실로 성찬의 의미는 다음의 말씀 안에 구체적이고도 실증적으로 담겨 있다.

> 이것은 너희를 위하여 주는 내 몸이라(마 26:26).

> 이것은 죄사함을 얻게 하려고 흘리는 나의 피니라(마 26:28).

따라서, 신자는 성찬에서 떡을 받을 때 그 떡이 그리스도의 몸의 증표로서 그리스도의 몸을 우리의 영혼을 양육하고 살리는 유일한 양식으로 마음속에 받아야 하며, 포도주잔을 받을 때 그 잔은 그리스도의 피의 증표로서 그리스도의 피가 우리를 영적으로 자라게 하고, 새롭게 하고, 견고하게 하고, 즐겁게 한다는 것을 마음속으로 받아들여야 한다(제4권 17장 3절 적용). 그럴 때 신자에게 참 의미에서의 그리스도와의 연합과 교통이 이루어진다.

한편, 떡과 포도주의 징표를 통해 그의 몸과 살을 먹고 마심은 반드시 우리를 그리스도의 십자가로 향하게 한다(제4권 17장 4절 적용). 성찬이 우리로 하여금 그리스도께서 자기의 죽음으로써 죽음을 삼키시고 파멸하셨음을 반드시 기억하게 하며, 자기 부활 가운데서 우리의 썩은 육체를 영광과 썩지 않음으로 일으켜 세우신 것을 반드시 기억하게 하는 것이다.

말할 필요도 없이 그리스도의 일체의 부요함의 은총은 복음을 통하여 우리의 것이 되었다. 그리고 성찬은 이를 가시화하여 그것을 더욱 분명하게 하였다. 성찬에서 그리스도는 자기의 모든 선한 것을 우리에게 부여하시고 우리는 그를 믿음으로 받아들인다(제4권 17장 5절). 그리스도가 우리를 위한 생명의 떡이 되심이 가시적으로 영원히 계속되는 것은 그의 탄생과 죽음과 부활의 효과와 열매가 성찬을 통하여 언제나 계속되기 때문이다.

신자는 성찬에서 떡을 보는 것이 아니라 '먹는다.' 포도주를 보는 것이 아니라 '마신다.' 반드시 먹고 마셔야 한다.

그 이유는 두 가지다.

첫째, 우리가 표징들을 가볍게 여겨서 이 표징들과 어떤 형식으로든 부착되어 있는 비밀들로부터 갈라놓지 않기 위해서다.

둘째, 표징 자체에 지나친 의미를 부착하여서 그리스도의 은밀한 비밀들을 모호하게 하지 않기 위해서다(제4권 17장 5절 적용).

칼빈은 이에 대해 믿음이 먼저고 그 믿음을 뒤따라서 '먹고 마시는 일'이 있게 된다고 주장하였다.

> 믿는 것으로써 그리스도의 살을 먹게 된다(제4권 17장 5절).

그는 아우구스티누스가 자신의 저서 『기독교 교리론』(De doctrina Christiana) 제3권에서 "인자의 살을 먹지 아니하고"(요 6:53)라는 말씀을 일종의 형상으로서 우리가 주님의 고난을 나누어 가지는 데 참여하는 것을 가리키는 것으로 이해하였다(제4권 17장 6절 적용).

칼빈은 또한 베드로의 설교를 통하여 삼천 명이 세례를 받았을 때 삼천 명의 무리가 베드로의 설교 중에 믿음이 들어간 것으로 이해하였다. 말하자면, 마치 몸이 음식을 통하여 소생하게 되듯이, 믿음을 통하여 우리의 영혼이 그리스도의 육체와 교제함(세례와 성찬)으로써 소생하게 된다고 본 것이다. 주님의 잔을 "피로 세우는"(눅 22:20) 언약이라 부를 때 거기에는 믿음을 확정하도록 작용하는 약속이 표현되어 있다고 본 것이다(제4권 17장 6절 적용).

성찬의 의미와 관련하여 사도 요한의 선언에 주목할 필요가 있다. 그는 그리스도가 생명의 원천이시자 기원이시며, "생명의 말씀"이라고 고백했음에도 불구하고 그리스도가 육체를 취하신 이후, 다른 말로 하면 우리가 하나님의 아들을 눈으로 보고 손으로 만지게 되었을 때 비로소 생명이 나타났다고 선언하였다(요일 1:2).

신자들이 하나님의 말씀 그 자체 안에 생명의 충만함이 들어 있다는 말씀을 듣는다고 하더라도 자신들의 주변에서 죽음만을 만나고 죽음만이 눈앞에서 떠돌아다닌다면 진실로 생명의 말씀을 믿기가 쉽지 않을 것이다.

그런데 성찬은 그리스도가 우리의 육체 안에 거하시며 그에게 참여하고 있음을 가시화하며 실증해 준다. 성찬이 생명이신 그리스도와의 교통됨을 우리에게 스며들게 하는 것이다. 성찬이야말로 그의 살이 참된 양식으로, 그의 피가 참된 음료(요 6:55)로 주어지기에 우리가 이 양식들로부터 공급을 받아 영생에 이른다는 사실을 실체화하는 것이다(제4권 17장 8절 적용).

물론, 그리스도의 살 그 자체에 우리를 살릴 수 있는 능력이 있는 것은 아니다. 그 살 역시 멸성(滅性)에 종속되어 있으며 신자들에게 지금 불멸성이 부여되어 있는 상태에서도 그 자체로는 살지 못한다. 그런데도 그것이 '생명을 살리는 것'인 이유는 생명의 충만함이 그 속에 스며들어 있어서 우리에게 옮겨지기 때문이다(제4권 17장 9절).

> 아버지께서 자기 속에 생명이 있음같이 아들에게도 생명을 주어 그 속에 있게 하셨다 (요 5:26).

그리스도의 인성에는 생명의 충만함이 내재하기에 그의 살과 피와 교통하는 자가 또한 생명에 참여하는 열매를 얻는 것이다.

바울 사도는 교회를 그리스도의 "몸"이자 그의 "충만함"(엡 1:23)이라 불렀다. 그리스도는 교회의 "머리"(엡 4:15)이시다. 우리의 몸은 그리스도의 지체다(고전 6:15).

> 그에게서 온 몸이 각 마디를 통하여 도움을 받음으로 연결되고 결합되어 각 지체의 분량대로 역사하여 그 몸을 자라게 하며 … (엡 4:16).

이러한 말씀에 근거하여 바울 사도는 "우리는 그의 뼈와 그의 살로부터 나온 그 몸의 지체임이라"(엡 5:30)고 고백할 수 있었다. 그가 보기에 신자들이 그리스도와 살과 피로써의 교제 나눔이 너무도 위대하였기에 "이 비밀이 크도다"(엡 5:32)라고 감격할 수 있었다.

시간상으로나 공간상으로 그렇게 멀리 떨어져 있는 그리스도의 살과 피가 우리 속으로 깊숙이 들어와서 양식이 될 수 있는 것은 성령의 은밀하시고 무한하신 능력의 역사 때문이다. 성령은 얼마든지 공간상 떨어져 있는 것들을 하나가 되게 하신다(제4권 17장 10절 적용).

사람이 이 사실을 마음으로 이해할 수 없다면 믿음으로 품어야 한다. 참으로 그리스도가 자기의 몸을 주시고 보도록 드러내신다는 사실에 대하여 어떤 의심의 여지가 없어야 한다. 이 큰 선하심을 마음의 참된 믿음과 감사함으로 받는 자는 누구든지 이 유익을 누릴 수 있다. 바울 사도의 감격해 함이 이에 대한 증거다.

성찬의 질료, 곧 성찬의 본체는 그리스도시다. 그의 육신을 입으심, 죽으심, 부활하심 등등이 질료이자 본체이자 실체다. 성찬의 능력 내지 효력은 구속, 의, 거룩함, 영생, 그리고 그리스도가 베푸시는 일체의 은총들로 발휘된다(제4권 17장 11절 적용). 그리고 성찬을 통하여 그리스도와 그의 은총이 우리에게 받아들여 질 수 있는 유일한 방식은 우리의 지성이나 이성이 아니라 믿음이다.

이 믿음을 바탕으로 할 때 성찬의 물질적인 표징들(떡과 포도주)은 우리의 눈앞에 보이는 것들로서 우리가 받아들일 만하도록 본체들을 표상하는 것이 된다. 우리 신자들의 연약함으로 인해 그리스도의 육신을 입으심, 죽으심, 부활 등을 이해하지 못하기 때문에 표징으로 주셨다는 말이다.

이 물질적 표징들 또한 영적인 실제를 형상화하고 있다. 떡과 포도주가 그리스도의 영생이 우리의 영생이 되고, 그리스도의 하늘나라가 우리의 것이 되는 것을 형상화하면서 눈앞에 제시되고 있는 것이다. 따라서, 신자는 성찬의 의미가 지금까지 논의된 바대로 표징에 담겨 있는 하나님과 그리스도의 일체의 약속들에 있음을 명심해야 한다.

이에 근거할 때 로마교황청이 성찬 시의 떡은 그리스도의 몸이 지역적으로 현존하고, 마치 우리 손으로 만져지고 이로 씹히고, 입으로 삼켜지듯이 한다고 주장한 것은 거짓이다. 그리스도의 몸은 인간의 몸의 항구적인 질서를 따르기에 유한하다.

그의 몸은 심판을 위하여 다시 오실 때까지 하늘에 제한되어 계신다. 그래서 성찬 시에 나누어지는 떡으로 오실 수가 없다. 하지만, 주님께서 자기의 영을 통하여 우리를 몸과 영과 혼에 있어서 자기와 하나 되게 하신다는 것은 분명하다(제4권 17장 12절 적용).

스콜라주의자들은 떡의 '외양'에서 그리스도를 찾으려는 거짓을 저지르기도 하였다. 이미 언급했듯이 그들은 자신들이 떡을 축성할 때 그 떡 안에 그리스도가 제한적으로 계신다는 헛소리를 하였다. 그 논리가 그들 자신들이 보기에도 우스워 보였던 것 같다. 이에 논리를 좀 변형시켜서 그들이 축성할 때 그리스도가 떡으로 변하는 것이 아니고 떡의 외양, 그러니까 변하지 않고 그대로 있는 (떡의) '흼'(whiteness)(흰색)으로 변한다고 주장한 것이다.

그들은 악착같이 성찬을 통한 그리스도의 몸의 현전에 매달리려 발버둥치고 있었다. 그래서 롬바르두스 같은 이는 다음과 같은 거짓말을 해야 했다.

> 그리스도의 몸은 그 자체로는 보이는 것이나 축성 이후에는 떡의 외양 아래에 숨어 있고 덮여 있다(제4권 17장 13절).

한걸음 더 나아가 그들은 그리스도의 몸이 지역적으로 현존한다는 주장을 고집하기 위해 화체설(化體說, transubstantiation)을 조작해 내었다. '화체'는 '떡이 몸으로 변한다'는 말이다. 이 논리에 맞추기 위해 이번에는 그리스도의 몸이 떡 그 자체로부터 고유하게 만들어지는 것이 아니고 그리스도가 자신을 형상 아래에 감추기 위하여 실체를 아무것도 아닌 것이 되게 한다고 주장하였다(제4권 17장 14절).

이 주장으로 그들은 축성을 할 때 은밀하게 변화가 일어나서 축성 후의 떡과 잔은 축성 이전의 그것들과는 전혀 다른 것이라고 포장하였다. 이것은 그들이 소위 신자의 변화를 세례에서 죄인이 의롭게 되는 변화로 착각한 것이었으며 나아가 왜곡시킨 것에 불과하였다. 성찬에서는 그들이 말하는 변화는 존재하지 않는다.

그러므로 화체설을 혹독하게 평가하여 말하면 교황주의자들이 그리스도를 지상에 머물게 하여 사람들이 하늘에 계신 그리스도께 접근할 필요가 없게 하려는 의도였다고 밖에 볼 수 없다(제4권 17장 15절 적용). 그렇게 할 때 그들의 지상에서의 권위가 세워지고 재산도 더 증식시킬 수 있다고 판단했던 것 같다.

성찬의 떡과 포도주가 다른 떡이나 포도주와 다른 것은 그것이 변해서가 아니라 영생을 주시는 그리스도의 몸과 피를 표징한다는 의미에서만 그러하다. 변화의 의미는 "광야의 바위에서 솟아나는 물"(출 17:16)과 같이 지상적 요소들이 영적인 용법에 사용될 때 그것들을 사용하는 사람들에게 하나님의 약속에 대한 인증이라는 한에서만 드러났었다는 사실을 잊어서는 안 된다(제4권 17장 15절).

그리스도는 하늘이든 땅이든 원하시는 곳에서 자기 백성을 자기의 몸으로 먹이시고 자기의 영의 능력으로서 그들이 자기와 교제하는데 젖어들게 하신다. 이 방식에 따라서 그리스도의 몸과 피가 성례 가운데서 우리에게 제시될 뿐이다(제4권 17장 18절).

그러므로 성찬과 관련하여 신자들이 고백할 것은 다음과 같은 말씀들로 충분하다.

> 받아서 먹으라 이것은 너희를 위하여 주어진, 혹은 깨뜨린 내 몸이니라(마 26:26; 막 14:22; 고전 11:24).

> 이 잔은 죄사함을 얻게 하려고 많은 사람을 위하여 흘리는 새 언약의 피니라(마 26:28; 막 14:24).

> 이 잔은 내 피로 세우는 새 언약이니(눅 22:20; 고전 11:25).

대한의 참 신자들이여!
이제 믿음으로 성찬에 참여하여 그리스도와의 연합을 이루고 교회 공동체의 연합을 이루는 데 헌신하도록 하자!
그리하여 하나님의 일체의 언약과 약속을 상속하는 자들이 되자!

제15장

그리스도의 성찬과 그 유용성(2)

성찬에 있어서 그리스도의 몸과 피와 관련하여 "내 몸이니라" "내 피니라"라는 말씀의 의미를 좀 더 탐구할 필요가 있다. 결론부터 말하면 '(몸)이니라' '(피)니라'는 환유(換喩, 다른 것으로 바꾸어 비유함)적 표현이다.

할례는 언약을 상징한다(창 17:13). 어린양은 유월절을 상징한다(출 12:11). 율법의 희생 제물은 속죄(레 17:11; 히 9:22)를 상징하며, 광야에서 물이 흘러나왔던 바위는 그리스도(출 17:6; 고전 10:4)를 상징한다. 할례, 어린양, 희생 제물, 광야의 물은 모두 그것들이 각각 상징하는 본체로부터 한 치도 벗어나지 않는다. 같은 맥락에서 '내 몸'은 그리스도와 함께 하는 양식이자 영생을, '내 피'는 그리스도의 영생의 음료이자 죄의 용서와 씻음과 구원을 상징하는 것으로 이해되어야 한다.

화체설을 주장하는 자들은 그리스도께서 "이것은 내 몸이라, 내 피라"고 말씀했을 때 '이것'은 눈에 보이는 떡을 가리킨다고 주장한다. '이다'(라틴어 est)는 너무 강한 말이기에 떡 이외에 다른 어떤 비유도 허용할 수 없다는 것이다(제4권 17장 22절 적용). 그러므로 그리스도는 떡 이외에 어떤 다른 것일 수 없다는 논리다. 더욱이 곤경에 처한 제자들에게 특별한 위로를 준비하신 그리스도가 모호한 말씀이나 수수께끼 같은 말을 했을 리 없다고 하면서 떡이 그리스도임을 한사코 고집한다.

하지만, 칼빈은 '이다'가 얼마든지 다른 것을 비유하는 것으로 사용될 수 있다고 보았다. "이것이(어린 양) 여호와의 유월절이니라"(출 12:11, 43), "그 반석은 곧 그리스도시라"(고전 10:4) 등에서 사용되는 '이다'(est)는 각각 유월절과 그리스도를 비유 내지 환유한다고 본 것이다(4권 17장 22절).

만일에 하나님을 "용사"(출 15:3)라고 한 성경 말씀을 그대로 받아들인다면 그 사람은 신인동형동성론자(神人同形同性論者)에 불과하다. 이외에 성찬과 관련하여 그들(화체설 주장자들)이 그리스도가 하신 말씀에 대하여 어떤 해석을 시도하는 것 자체를 거짓말 하는 자로 정죄하는 것은 오만이다. 그들이 칼빈주의자들의 화체설 부정에 대하여 이성에 얽매여서 자연의 질서와 상식이 명하는 것 이상을 하나님의 권능에 돌리지 않는다고 비난하는 것도 억지 논리다.

화체설 주장자들에 대한 칼빈의 논박은 그들을 진정시키는 것으로부터 시작한다. 교황주의자들은 먼저 평온한 마음과 온유한 영을 지니고서(약 1:21) 하늘로부터 내려오는 완전한 가르침을 받아야 한다는 것이다(제4권 17장 25절). 그 다음으로 그리스도가 하늘로부터 우리의 영혼을 자기의 살로써, 피로써 먹이신다는 (우리의) 믿음은 결코 이성이나 자연 과학으로는 알 수 없다는 것이다.

그 후에 그는 그리스도가 외적인 징표와 자기의 영으로써 우리에게 오셔서, 함께 계시며, 우리를 참되게 살리신다고 선포한다. 그리스도는 육체를 입으셨기에 육체의 조건에 따라 하나의 확실한 장소에 존재하시고, 그 규모에 따라서 존재하시며, 그 양식으로 존재하신다고 공언하였다. 그리고 그리스도에게는 부패하지 않음과 영광이 계신다고 하였다(제4권 17장 24절 적용). 결론적으로 그리스도는 결단코 성찬의 떡으로 환유될 수 없으시다는 것이다.

성경이 증언하듯이 부활하신 그리스도의 몸은 그때로부터 유한했으며 마지막 날까지 하늘에 받아들여져 있다(행 3:21). 그리스도께서 "나는 항상 너희와 함께 있지 아니하리라"(마 26:11), "그가 … 여기 계시지 아니하니라"(막 16:6)라고 말씀하신 그대로다. 그는 지금은 아버지 우편에 계신다(막 16:19). 동시에 그는 "볼지어다 내가 세상 끝날까지 너희와 항상 함께 있으리라"(마 28:20) 하신 말씀 그대로 지금도 우리와 함께 계신다. 그래서 그리스도는 우리와 함께 계시기 위해 떡으로 변하시거나 떡의 외양 등에 현전할 필요가 전혀 없으시다.

아우구스티누스는 그리스도께서 세 가지 방식, 곧 엄위와 섭리와 형언할 수 없는 은혜의 방식으로 우리와 함께 계신다고 믿었다(제4권 17장 26절). 그리스도의 엄위는 우리를 떠나지 않는다. 그는 자신의 섭리로 우리와 함께 계신다. 또한, 그는 형언할 수 없는 은혜로써 우리와 함께 계신다. 칼빈은 특히 이 형언할 수 없고 볼 수 없는 은혜로 우리가 그리스도의 몸과 피에 놀랍게 교제하는 것으로 믿었다. 이 방식으로 그리스도는 육신으로 한정되셨음에도 지금 하늘에 계시며 여전히 여기에도 계신다.

그런데도 교황주의자들은 그리스도의 하늘에 올라가심에 대하여 그것이 장소의 이동이 아니라 통치권의 엄위(the majesty of his rule)만을 의미하는 것으로 발악하였다. 그들에 따르면 그리스도는 땅을 떠나지 않으시고 보이지 않는 분으로 땅에 제자들과 함께 머무시다가 때가 되면 보이는 분으로 오시게 된다(제4권 17장 27절 적용).

이에 대한 아우구스티누스의 논박은 통렬하다. 그리스도는 자기의 육체에 불멸성을 부여하셨으나 그것으로부터 그 본성을 제거하지 않으셨다. 그는 하나님과 사람이 한 인격이시며 이 둘이 한 그리스도이시다. 그가 하나님이시라는 사실을 통하여서 그는 모든 곳에 계신다. 그가 사람이시라는 사실을 통하여서는 그는 하늘에 계신다(제4권 17장 28절).

그렇다. 지금 그리스도는 하늘로 올라가셔서 하늘에 계신다(행 1:9). 그가 하늘에 들어가신 것은 경건한 모든 자를 그곳으로 모으기 위함이다. 바울 사도가 그리스도는 하늘에 계신다고 선포하면서 그곳으로부터 오실 그를 기다리라고 명령한(빌 3:20) 것도 이 때문이다.

이외에도 교황주의자들은 성찬에서 그리스도의 몸이 떡의 가면에 가려져 있지 않는 한 주어질 수 없다고도 고집을 피운다. 특히, 세르베투스는 그의 몸이 그의 신성에 흡수되었기에 그리스도의 몸은 하늘에서는 그 자체로 보이는 것으로 존재하지만, 성찬에서는 특별한 방식의 경륜에 의해 보이지 않는 것으로 존재한다고 주장하였다(제4권 17장 29절). 즉, 그는 어떤 형태로든 그리스도가 떡 안에 있어야 한다고 해야만 (교황주의자들의) 성축의 의의와 권위가 설 것으로 판단했던 것이다.

단언컨대 그리스도는 몸을 지니시고 계시며 가시적이시다. 누가는 그리스도에 관하여 "보고 … 만져보라 … 영은 살과 뼈가 없으되"(눅 24:39)라고 증언하였다.

바울 사도는 말하였다.

> 우리는 … 하늘로부터 … 구원하는 자를 기다리노니 … 그는 우리의 낮은 몸을 영광의 몸의 형체와 같이 변하게 하시리라(빌 3:20-21).

그리스도는 형체가 있는 몸을 가지신 것이다. 이 때문에 칼빈은 부활 후에 마리아가 예수님의 몸을 만지려 했을 때 금하신 것을 사람들로 하여금 자기를 하늘에서 찾게 하도록 하시기 위한 것으로 이해할 수 있었다. 그는 스데반이 그리스도를 본 것과 관련해서도 그리스도께서 자기의 종들에게 하늘을 꿰뚫어 볼 수 있는 통찰력을 주셔서 자신을 보겠다고 장소를 옮길 필요가 없게 하신 것으로 이해하였다(제4권 17장 29절).

이제 성찬 시에 그리스도께서 우리와 함께 하시며 교통하심을 살펴볼 차례다. 교황주의자들은 떡을 먹고 포도주를 마시는 것을 교통하는 것으로 여긴다. 심각한 오해다. 그리스도께서 우리와 연합하심은 항구적이며, 그리스도의 인성과 신성의 두 성의 연합이다. 그래서 그리스도의 신성이 있는 곳에는 그리스도의 인성이 함께 한다. 즉, 성찬 시에 떡과 포도주를 먹고 마시는 것은 그것의 본체로써는 그리스도의 영생하는 몸과 죄 씻음과 영원한 구원을 약속하는 그의 신성과 인성을 동시에 먹고 마시는 것이 된다.

이를 오해하여 유티케스와 세르베투스는 그리스도 안에서 하나가 된 본성들로 인해서 그리스도의 신성이 있는 모든 곳에는 그것으로부터 분리될 수 없는 그의 육체가 있다고 헛소리를 하였다. 그래서 그들에게는 떡과 포도주가 있는 곳에는 반드시 화체되신 그리스도가 계셔야만 되게 되었다.

이 주장을 정당화할 양으로 유티케스는 두 본성 사이의 구별을 제거한 채 그리스도와의 연합을 인격의 하나 됨으로 격하시킴으로써 하나님으로부터 사람을 만들어 내고, 사람으로부터 하나님을 만들어 내야했다(제4권 17장 30절 적용).

성찬 시에 신자들이 먹는 떡과 마시는 포도주가 그 효능이 얼마나 오래갈 수 있는가?

이것들은 겨우 하루 정도나 우리의 몸 안에 남아 있을까 말까다. 떡을 먹고 포도주를 마시는 그 자체는 참으로 아무런 의미가 없다. 따라서, 신자는 성례적으로 먹는 것과 본체로써 먹는 것 사이의 대조를 깊이 생각해야 한다(제4권 17장 34절).

이와 관련하여 아우구스티누스의 증언이 그 해답을 제공한다.

> 당신의 목구멍을 준비하지 말고 마음을 준비하라. 이것이 성찬에서 위탁되기 때문이다. 보라 우리는 믿음으로써 그리스도를 받을 때 그를 믿는다. … 우리

가 적은 양을 받으나 마음이 기름지게 된다. 우리를 먹이는 것은 보이는 것이 아니라 믿어지는 것이다(제4권 17장 34절).

그리스도의 나라는 영적이다.

내가 세상 끝날까지 너희와 항상 함께 있으리라(마 28:20).

하늘에서 내려온 자 곧 인자 외에는 하늘에 올라간 자가 없느니라(요 3:18).

아버지 품속에 있는 독생하신 하나님이 나타나셨느니라(요 1:18).

그리스도 전체(신성과 인성)가 모든 곳에 계시기에 우리의 중보자는 항상 자기에게 속한 자들과 함께 현존하시고, 성찬에서 특별한 방식으로 자기를 제시하신다. 그런데도 그리스도 전체가 현존하시지만 전부가 현존하는 것은 아니다. 그리스도께서 심판을 위하여 나타나실 때까지 그리스도 자신의 육체 가운데서 하늘에 계시기 때문이다(제4권 17장 32절 적용).

그러므로 그리스도의 현존이 떡 안에 있어야 한다는 것은 말이 되지 않는다. 그리스도가 떡으로, 또는 떡 안에, 또는 떡의 외형으로 계셔야만 성찬의 참 의미가 있는 듯이 여겨질 수가 없다. 신자는 떡과 포도주로 상징되는 성찬의 참여를 통해 그리스도와의 교통 곧 그의 현전을 경험하는 것으로 나아가야 한다. 이 경험, 곧 그리스도가 우리와 연합하여 현존하는 경험은 오직 성령의 역사로 말미암는다.

칼빈은 자신의 성찬에 대한 경험으로 영혼의 양식인 그리스도의 몸과 영혼의 음료인 그의 피를 받아먹고 마시기 위해 자신의 영혼을 드렸다고 고백하였다(제4권 17장 32절 적용). 그의 성찬에의 참여는 오직 하나님의 말씀을 따라서 그리스도가 천국의 영광에로 받아들여지셨다는 신성과 참 인성에 고유한 것들을 결코 모자람 없이 구유하고 계신다는 확신(믿음)에 따른 것이었다.

성례는 사람들을 통해서이지만 신적인 것이며, 땅에서 이루어지는 일이지만 천상적이다. 그리고 성찬의 논리는 반드시 몸의 현전을 요구한다(제4권 17장 32절 적용, 688). 따라서, 그리스도의 살과 피를 각각 표징하는 떡과 포도주를 먹고 마시는 참여를 통해 우리의 영혼에 대한 영생을 확신하며 우리의 육체의 불멸성에 대해 평정의 마음을 갖게 되어야 한다. 이 영생과 불멸의 교통 바로 여기에 그리스도의 현전이 있다.

그리고 이 교통은 오직 성령의 능력으로 말미암는다(4권 17장 33절). 즉, 성령의 능력으로 그리스도의 죽음의 희생 제물 되심으로 우리가 죄를 속함 받고, 그의 피로 씻음을 받으며, 그의 부활에 의해 우리가 천상의 삶의 소망을 갖게 되는 것이다.

> 내 살을 먹고 내 피를 마시는 자는 내 안에 거하고 나도 그의 안에 거하나니(요 6:56).

신자가 성례를 통해서 경배하는 분은 하늘에 앉아 계시는 그리스도시다(4권 17장 37절).

> 이를 행하여 나를 기념하라(눅 22:19).

이것이 성례의 첫 번째 유용성(또는 목적)이다.

그리고 성례를 통하여 "주의 죽으심을 … 전하는 것이다"(고전 11:26). 즉, 신자는 우리의 생명과 구원에 대한 확신이 오직 주님의 죽음에 자리하고 있음을 한 입으로 공적으로 고백하는 한편, 이 고백을 통하여 주님을 영화롭게 하며 동시에 다른 사람들도 그에게 영광을 돌리도록 권고해야 한다. 이것이 성례의 두 번째 유용함이다.

성례의 세 번째 유용성은 그리스도 안에서 서로를 사랑하여 한 몸을 이루는 것이다.

> 우리가 축복하는 바 축복의 잔은 그리스도의 피에 참여함이 아니며 우리가 떼는 떡은 그리스도의 몸에 참여함이 아니냐 떡이 하나요 많은 우리가 한 몸이니 이는 우리가 다 한 떡에 참여함이라(고전 10:16-17).

그래서 아우구스티누스는 성찬을 자주 '사랑의 고리'라고 불렀다(4권 17장 38절).

성찬에는 또한 말씀이 따라야 한다. 말(설교)없이 하는 성찬은 터무니(근거가)없다. 떡과 잔과 더불어 약속들이 신자들에게 주어져야 한다. 약속의 말씀은 그것을 듣는 자들을 세우고, 그들의 마음속으로 깊이 파고 들어가며, 그들의 마음에 각인되고 정착되며, 그것이 약속하는 것을 성취함에 있어서의 그것의 효과를 보여 주는 살아 있는 설교다(4권 17장 39절).

> 사람이 자기를 살피고 그 후에야 이 떡을 먹고 이 잔을 마실지니(고전 11:28).

> 그러므로 누구든지 … 합당하지 않게 먹고 마시는 자는 주의 몸과 피에 대하여 죄를 짓는 것이니라 … 주의 몸을 분별하지 못하고 먹고 마시는 자는 자기의 죄를 먹고 마시는 것이니라(고전 11:27, 29).

성찬(례)은 완전한 사람들을 위해서가 아니라 연약하고 무기력한 사람들의 믿음과 사랑의 정서를 깨우고, 일으키고, 자극하고 훈련시키기 위해 제정되었다(4권 17장 42절). 그러므로 신자는 성례의 참여에 있어 온전히 그리스도를 믿는 믿음과 그의 사랑에 의지하여야 한다.

성찬의 횟수와 관련해서는 칼빈은 교회의 자유로운 처사에 맡겼다. 하지만, 성찬을 자주 거행하는 것이 더 낫다고 보았다. 그는 적어도 일주일에 한 번씩 성찬을 거행할 것을 권했다. 바울이 받은 말씀은 모든 사람이 성찬에 참여하는 것이었다.

그러므로 성찬은 가능한 한 모든 신자들이 참여하여 자주 거행하되 그리스도의 죽음과 부활에 참여하여 우리의 죄를 죽이고 영생을 확신하며 평안해 하는 영적 교통의 성례로 진행되어야 한다. 교회는 말할 것도 없고 신자들의 가정 안에서의 잦은 성찬도 고려해 볼만 하다. 성찬이 형식적 성례인 반면에 신자가 무엇을 먹고 무엇을 마시든지 그때마다 참으로 주를 기억하며 그를 경배한다면 그 의례는 그리스도가 말씀하신 성례(찬)가 된다. 그때마다 그리스도와의 교통과 현전이 있게 되는 것이다.

대한의 신자들이여!

성령으로 말미암은 성찬, 그리스도의 현전의 교통을 통해 영생과 구원을 확신하며, 그리스도와 우리가 하나 되는 성찬에 참여하여 언제나 평안을 누리며 살자!

제16장

교황제 미사의 모독성

교황제 미사(the mass)의 하나님에 대한 모독성(불경함)은 그 미사가 죄사함을 얻는 희생 제물이자 제사라고 믿게 한다는 데 있다(제4권 18장 1절). 교황주의자들은 미사가 그것을 올려 드리는 사제와 그 제사에 참여하는 다른 자들이 하나님께 공로를 얻는 일이자 속죄의 제물이라고 주장한다.

더 나아가서 그들은 미사를 행하는 자체가 산 자들과 죽은 자들의 속죄를 위하여 하나님께 보속(補贖-'죄의 값을 보상하다' 또는 '하나님께 만족satisfaction으로 받아들여질 수 있는 값')하는 일종의 유화의 제도로 수립하였다.

칼빈은 이 미사를 한 마디로 무효화한다. 미사는 그리스도께 모욕을 끼치고, 그의 십자가를 매장하고 짓누르고, 그의 죽음을 망각하게 하며, 그 죽음으로부터 우리에게 맺혀지는 열매를 걷어버리며, 그의 죽음을 기억하게 하는 성례들을 약화시키고 흩어져 사라지게 할 뿐이라는 것이다(제4권 18장 1절 적용).

그의 이러한 비판은 오늘날의 교회들 역시 미사와 같은 헛된 예배 의식으로 그리스도를 모욕하고 망각하게 하고 그의 은혜로부터 멀어지게 하고 있지나 않은지 깊이 살피게 하는 반면교사이기도 하다.

칼빈은 미사의 하나님에 대한 모독성에 대해 다섯 가지로 말한다.

첫째, 그것이 멜기세덱의 반차를 따르는 유일하시고 영원하신 대제사장이신 그리스도를 모욕한다는 것이다.

그리스도는 구약의 제사장들처럼 일시적으로 제사장과 대제사장이 되신 것이 아니다. 그는 "영원히 멜기세덱의 반차를 따르는 제사장"(히 5:6, 10)으로 정해지셔서 영속하는 제사장 직분을 지니셨다(제4권 18장 2절).

그런데 교황주의자들은 "살렘왕 멜기세덱이 떡과 포도주를 가지고 나왔으니"(창 14:18)라는 말씀을 인용하여 자신들이 떡과 포도주를 나누어 주는 것으로 둔갑시키고, 멜기세덱은 마치 구약의 제사장처럼 일시적인 직분을 가진 것으로 만들었다. 실제로 떡과 포도주는 원정과 전쟁으로 지친 아브라함과 그의 가신들이 활기를 되찾게 하려고 주었던 것이지 결코 희생 제물이 아니었다(제4권 18장 2절).

그들은 영원하신 멜기세덱을 유한한 존재로 모독함으로써 그리스도의 제사장 직분을 유한한 것으로 만드는 불경을 저지름과 동시에 유한한 존재의 제사장들을 계승하고 대리하게 하는 사제들을 임명하는 모독을 저질렀다. 아울러 멜기세덱이 활기를 되찾도록 하기 위해 주었던 떡과 포도주를 희생 제물로 둔갑시켜 참 희생 제물이신 그리스도를 모독하였다.

둘째, 그리스도가 자기 자신을 희생 제물로 삼아서 단번에 드리신 영원한 제사를 부인함으로써 십자가에서 다 이루신 그의 의를 받아서 누리는 은총을 앗아간다는 것이다(제4권 18장 3절).

그리스도의 희생 제물의 능력과 효과는 영원하다. 그것은 오직 한 번만 드려졌다. 그런데 미사는 반복되어야 한다. 그것이 미사가 그리스도의 십자가를 무효화하는 이유다. 교황주의자들은 미사의 근거를 주님이 때가 이르면 온 세상이 자기의 이름에 향과 깨끗한 제물을 바칠 것이라고 약속하신 예언의 말씀(말 1:11)에서 찾는다. 거짓이다. 모든 예언은 그리스도 한 분을 통해서 성취되었다. "다 이루었다"(요 19:30)라는 말씀이 그 증거다(제4권 18장 4절).

셋째, 그것이 언약을 다 이루신 그리스도의 참되고 유일한 죽음을 부인하고 이를 대체하는 무수한 죽음을 요구한다는 것이다(제4권 18장 5절).

주님은 우리에게 죄사함과 영원한 의를 주셨던 언약을 자기의 죽음으로써 확정하셨다(히 9:15-17). 그런데 미사는 매번 새로운 죄사함과 의의 획득을 강요한다. 그 말은 그때마다 그리스도가 죽임당해야 함을 의미한다. 그들이 미사는 피 없는 제사라고 아무리 외쳐댄다 하더라도 그것이 그리스도를 죽게 하는 것은 변하지 않는다(제4권 18장 5절).

넷째, 그것이 그리스도의 죽음의 열매를 빼앗아 간다는 데 있다.

만약에 미사에서 새로운 구속을 보게 된다면 그 누구도 그리스도의 죽음으로써 자기가 구속받았다고 생각할 수 없을 것이다. 그리고 미사에서 새로운 구속을 얻는다면 아무도 자기의 죄가 용서받았다고 자신 있게 말할 수 없다(제4권 18장 6절 적용).

그 다음 미사, 그 다다음의 미사를 통해서 새로운 죄의 용서가 끝없이 확인되어야 하기 때문이다. 이는 결국 미사 참가자들이 스스로 구속자가 될 것을 요구한다. 하지만, 하나님의 진노를 누그러뜨려서 속죄의 희생물로 단번에 드려진 분은 그리스도 한 분 뿐이시다. 그는 우리에게 한 번의 제사로 그렇게 하셨다(제4권 18장 6절 적용). 미사를 통한 새로운 보속의 약속은 그래서 사기다.

다섯째, 그것이 보속의 공로를 내세워서 하나님을 빚쟁이로 만든다는 것이다.

교황주의자들은 미사의 희생 제물이 하나님께 값을 지불하는 것이라고 주장한다. 달리 말하면, 그들은 자신들의 미사 참여가 하나님에게 그들의 빚진 값(만족)으로 지불받게 되는 것으로 여긴다.

이는 하나님이 우리에게 베푸신 선하심을 인정하고 감사해야 하는 곳에서 미사가 악하게도 하나님을 우리의 빚쟁이로 만드는 것에 다름 아니다. 분명히 하나님이 제정하신 성례는 그리스도의 죽음으로 말미암아 우리가 단번에 생명으로 회복될 뿐만 아니라 계속해서 영생함을 약속한다. 그러나 미사의 희생 제물은 그리스도가 우리에게 무언가의 유익을 주시려고 날마다 희생 제물로 드려지지 않으면 안 되게 만든다.

이외에도 미사는 희생 제물을 드리는 사제들을 필요로 한다고 주장하면서 그리스도 대신에 사제들을 세웠다. 이것이 미사가 머리 되시는 그리스도의 교회공동체를 해체시킨다. 이런 이유에서 미사는 결단코 하나님의 은혜의 선물인 성찬과 양립할 수 없다(제4권 18장 7절 적용).

'미사'(the Mass)라는 용어가 어떻게 기원이 되었는지는 정확하게 알려져 있지 않다. 칼빈은 그 기원을 제물들이 '많이 모여져 있던 데'서부터 유래된 것으로 추측하였다(제4권 18장 8절). 그 하나의 예로 고대인들에게는 '미사'가 '많은 수'라는 뜻으로 사용되었다는 사실이다. 억측일 수 있지만 미사가 '많은'의 뜻으로 불렸던 것은 교황주의자들이 그것을 많이 자주 드려야 자신들의 권위 유지와 재산 증식에 유리하기 때문인 것으로 추측된다.

미사에서 벌어지는 일은 한 사람의 사제가 나누어 주고 신자들은 오직 받아먹기만 하는 것이다. 이런 미사는 성경에 없다. 성경은 주님이 세우신 성찬이 떡과 잔을 받아서 나누는 것이며, 참여한 사람들이 떡을 나누어 그리스도의 몸에 참여하고 잔을 나누어 그리스도의 피에 참여하는 것이라고 증언한다(고전 10:16).

성찬의 자리는 희생 제물의 제단이 아니라 만찬을 즐기는 식탁이었다. 제자들이 그리스도께로부터 떡과 잔을 받아 먹고 마셨으며, 또한 그들에게 그대로 그렇게 하라고 하셨기에 제사장들이 아니라 사역자들이 나누어 주는 거룩한 잔치였다(제4권 18장 12절 적용). 그러므로 미사는 그리스도가 세우신 성찬이 아닌 것이 분명하다. 그것은 그리스도가 세우신 성찬을 거짓으로 모방한 것이기에 한갓 우상화에 지나지 않는다.

성찬에서 신자가 드리는 모든 희생 제물은 일반적으로 하나님께로부터 받은 모든 것으로서 죄를 위해 드려지거나 하나님에 대한 예배의 징표와 종교(경건)에 대한 입증으로 드려진다(제4권 18장 13절). 모든 희생 제물은 하나님의 은혜로써 화목하게 되기 위해 필요한 모든 것과 죄사함과 의와 구원을 얻기 위하여 필요한 모든 것이다.

그 희생 제물이 은혜와 화목을 다 이루어 내신 그리스도 자신이셨다(요 19:30). 그가 제사장의 모든 희생 제물과 그들의 사역을 다 완수하셨기에 더 이상의 새로운 희생 제물이 필요하지 않다. 그의 분부를 받은 사역자들 이외에 떡과 잔을 나누는 사제가 따로 필요하지도 않다.

그러므로 미사가 사람에게 주는 해악은 사람들을 눈 멀게 하고, 속아 넘어가게 하고, 타락하게 하고 방종하게 하는 것 등이다. 그 실상은 플라톤이 『국가론』 제2권에서 비난한 대로 다음과 같다.

> 속죄물로 인해서 신들의 눈이 가려져 보이지 않게 되기에 자기들의 악행이 줄어들고, 그 신들과 언약을 맺었다고 안심하고 방종하고 타락하며 사악해지는 사람들을 비웃는다(제18장 15절 적용).

미사가 아무리 많이 드려져서 희생 제물이 쌓이고 쌓인다 하더라도 그 제물이 사람의 죄를 용서할 수 없다. 그것들이 하나님의 진노의 마음을 달랠 수도 없고, 속죄를 얻어낼 수도 없다. 죄를 용서하고 의롭다고 인치시는 분은 오직 그리스도 한 분 뿐이시다. 그리고 이 일은 하나님의 거저 주시는 은혜와 그리스도의 단번에 제물되심으로 완성되었다.

신자의 감사의 희생 제물은 하나님을 찬양하며 높이기 위해 반드시 필요하다. 하지만, 그리스도 이외의 어떤 희생 제물도 하나님의 진노를 누그러뜨리거나 죄사함을 얻거나 의의 공로를 세우는 데는 전혀 쓸모가 없다(제4권 18장 16절 적용).

그리스도의 성찬에서 신자들의 육체적 희생 제물, 감사의 기도, 마음의 헌신, 찬송 등의 제사가 반드시 필요한 것은 오직 하나님을 예배하고 경배하기 위함이다. 신자들이 그리스도를 본받아 이러한 제사를 드리는 직분을 감당하기에 '왕적 제사장직'(a royal priesthood)을 지닌 자들이라 불리는 것이다(제4권 18장 17절 적용).

하나님께서 제정하신 성례는 두 가지다.

첫째, 교회에 입문하는 '세례'이다.
둘째, 그리스도가 자기의 가족을 영적으로 먹이시는 계속적인 양식인 '성찬'이다(제4권 18장 19절).

세례는 오직 하나이며 반복되지 않는다. 반면에, 성찬은 반복해서 분배됨으로써 한 번 교회에 가입한 사람들이 계속해서 그리스도를 먹는다는 것을 깨닫게 한다. 구원의 약속이 없는 성례는 절대 있을 수 없다. 하나님의 말씀이 없는 성례는 성례일 수 없다.

주교나 사제들이 미사라는 중재를 통해서 신자들의 죄를 용서받게 할 수 있다고 생각한다는 것은 너무도 위험하고 불경한 일이다. 유다는 단 한 번 은 삼십에 예수를 팔았다. 그리고는 죽었다. 유다는 한 번 팔았지만 사제들은 매수자가 있을 때마다 자주 판다. 그들은 정말이지 죽을 짓을 하고 있는 것이다. 하나님은 어떤 새로운 제자장직을 제정하지 않으셨다.

> 이 존귀는 아무도 스스로 취하지 못하고 … 하나님의 부르심을 받은 자라야 할 것이니라 (히 5:4).

『집사 페트루스를 향한 [삼위일체] 신앙론』의 저자(익명)는 고백하였다.

> 우리를 위하여 육신이 되신 … 이제 아버지와 성령과 함께 한 신성을 가지고 계시는 그에게 거룩한 교회는 모든 세상에서 떡과 포도즙의 희생 제물을 드리기를 그치지 않는다 … (제4권 18장 10절).

하나님께서 선을 행함과 서로 나누어 주기를 잊지 않는 제사를 기뻐하신다(히 13:15). 그러므로 신자들의 희생 제물이 주님의 성찬에서 없어서는 안 된다.

하나님께서 옛날 이스라엘에게 만나, 바위에서 솟아나는 물, 놋뱀 등을 주시면서 앞으로 더 나은 것을 자신에게 기대하라고 충고해 주셨다(제4권 18장 20절). 이 언약대로 그리스도는 지혜와 지식의 모든 보화가 풍부하고 부요하게 감추신 채로(골 2:3) 우리에게 나타나셨다.

이 시대는 "마지막 때"(요일 2:18), "모든 날 마지막"(히 1:2), "말세"(벧전 1:20)이다. 세례와 성찬을 토대로 하나님을 경배하며 찾아야 한다.

> 아버지께 참되게 예배하는 자들은 영과 진리로 예배할 때가 오나니 곧 이 때라(요 4:23).

이 때를 마주하고 있는 신자들은 오직 한 분 그리스도를 갈망하고 찾고 바라보고 배우고 익혀야 한다. "영과 진리"(요 4:24)로 예배하는 삶을 살아야 한다.

제17장

다섯 가지 성례에 대한 비판

교황주의자들은 미사에서 그치지 않고 성례를 새로이 만들어 내어서 그들의 불경한 행위를 확장하였다. 그들이 (7가지) 성례를 성령의 그릇들, 의를 부여하는 도구들, 은혜를 얻는 원인들 또는 보이지 않는 은혜를 보이게 하는 형상이라고 주절대고 있기 때문이다(제4권 19장 1절).

그러나 성례가 성례이기 위해서는 하나님의 말씀이 그것에 선행되어야 한다. 그런데 그들의 성례에는 그에 관한 하나님의 말씀이 없다. 대표적으로 그들이 말하는 다섯 가지 성례가 모두 그러하다.

첫째, 견진성사(堅振聖事, Confirmation)는 '도유'(塗油, 기름부음)와 "성부와 성자와 성령의 이름으로 나는 너를 거룩한 십자가의 표징으로써 인치고 구원의 기름으로써 견진(堅振, '굳세게 떨쳐 일어남')하노라"는 말로 행해진다(제4권 19장 5절).

견진성사에서 핵심은 도유와 그것을 주재하는 주교다.

교황주의자들은 도유를 '구원의 기름'이라고 부르는데, 이 말 자체가 그리스도 안에 구원이 있다는 것을 부인하고, 그리스도를 부정하며, 하나님의 나라에 참여하지 못하게 한다(제4권 19장 7절 적용). 그들이 기름을 바르면서 주장하는 내용은 더욱 가관이다. 성령이 세례에 있어서는 결백함을, 견진성사에 있어서는 은혜의 증가를 위해 주어진다는 것이다.

또는, 세례에 있어서는 (우리가) 생명으로 거듭나고, 견진성사에 있어서는 싸움을 준비하게 한다는 것이다(제4권 19장 8절 적용). 거짓이다. 성경이 "세례 가운데서 그리스도의 죽음에 참여한 자가 된 것은 그와 함께 장사되고 그와 함께 다시 살아나기 위함이"(롬 6:4-5)라고 증언하고 있기 때문이다. 바울 사도는 오직 성령만이 우리의 육체를 죽이시고 우리 영을 살리실 수 있다고 하였다. 그들(주교 또는 사제)이 붓는 기름에서 썩은 냄새가 난다고 하는 것도 이 때문이다(제4권 19장 5절).

도유를 하는 자는 최고 사제인 주교다. 도유는 사람의 이마에 하고 세례는 사람의 머리에 한다. 웃기는 것은 이마가 더 중요한 곳이기에 도유가 세례보다 더 중요하다고 주장하는 것이다. 더욱 한심하게도 도유하는 주교의 손이 중요하기에 은혜의 분량이 주교가 어떤 사람인가에 달려 있다고 떠드는 것이다(제4권 19장 10절).

그들은 주교(후에 사제들 포함)를 죄를 방면하는 자로 만들었다.

도대체 주교의 권위가 어디서 오는가?
주교들만이 유일한 사도들일 수 있는가?
피의 성례는 사도들에게만 주어졌는데 왜 주교들은 만지고 평신도들은 만지면 안 되는가?(제4권 19장 11절)

아나니아는 사도가 아니었지만 바울에게 성령 충만의 기름부음을 주었다(행 9:17-18). 권위는 오직 하나님께로부터만 온다. 주교는 결코 사도들이 아니다. 도유가 아니라 오직 성령의 임재가 있어야 하는 것이다. 견진성사는 하늘에서가 아니라 사람에게서 왔다(제4권 19장 5절 적용).

따라서, "주교의 견진성사로서 기름을 바르지 않으면 절대 그리스도인이 아니다"(제4권 19장 9절)라는 그들의 불경한 주장은 당장 쓰레기통에 던져져야 한다. 믿음에 입문하고 믿음 위에 서서 당당히 나아가는 것은 세례와 성령의 역사로 완전하며 충분하다.

둘째, 고해성사(告解聖事, Penance or Penitence)는 고대 교회의 회개의 질서에서 나온 것으로 보인다.

고대 교회에서 공적으로 회개할 때 지켜지던 질서가 있었는데, 그것에 따르면 자신들에게 지워져 있는 보속을 완수한 사람들은 공식적인 안수를 통해서 (그 안수하는 사람들과) 서로 화해되었다는 것이다. 즉, 안수는 씻음의 징표로써 죄인(자신)이 은총에 대한 확신을 가지고 하나님 앞에 세움을 받게 하는 것이었고, 교회는 그를 은혜 중에 선하게 받아들이는 권고로서의 질서와 같았던 것이다(제4권 19장 14절 적용).

교황주의자들은 여기에 사람들에게 무게감을 더하고 더 높이 평가하도록 하기 위해 주교의 권위를 끼워 넣었다. 이 공적 회개 행위는 시간이 가면서 사적인 회개에도 적용되어 갔으며 마침내 그들은 외적인 회개가 성례라고 주장하기에 이르렀다(제4권 19장 15절 적용).

외적 회개가 내적 회개의 징표이자 마음의 회개의 증표라고 우긴 것이다. 하지만, 안수는 사람이 제정한 의이지 하나님의 말씀에 의한 것이 아니다. 더욱이 고해성사에는 하나님의 그 어떤 특별한 말씀이 담겨 있지 않다(제4권 19장 17절). 거기에는 그 본체로서 하나님의 언약이 전혀 존재하지 않는다. 그래서 고해성사는 헛것이다.

아우구스티누스는 이 상황을 정확히 통찰하고 비판하였다.

> 가시적인 성례가 없는 성화가 있으며 내적인 성화가 없는 가시적인 성례가 있다(제4권 17장 16절).

그는 안수를 기도와 같이 여겼다.

> 성령의 가장 위대한 선물인 사랑, 그것이 없이는 사람 안에 있는 어떤 다른 거룩한 것도 구원을 위하여 무가치하기 때문에, 이단들을 바로 잡기 위해 안수하는 것이다(제4권 19장 12절).

그는 안수가 육신을 지닌 자들을 위해 보여 주어서 죄의 속죄에 담겨 있는 뜻을 깨닫게 하는 성질의 것으로 이해하고 있었다.

육신의 사람들은 성례의 사다리를 통해서 눈에 보이는 것으로부터 이해함으로써만 지각될 수 있는 일들로 옮겨가게 된다. 그러므로 어떤 육신의 형식도 영적 열매를 드러내지 못하는 한 아무런 의미를 지니지 못한다. 회개가 외적 형식의 회개가 아니라 내적 곧 마음의 회개이며 외적 형식의 몸이 아니라 내적인 성령의 열매가 맺혀지는 것이어야 한다. 이 열매가 없는 회개는 아무런 의미가 없다. 이런 이유에서 고해성사는 아무 의미가 없다.

셋째, 종부성사(종부성사, Extreme unction)는 주교에 의해서 거룩해진 기름과 그의 말을 곁들여서 사제에 의해서 임종의 때에 행해진다(제4권 19장 18절).

이것을 행하는 이유는 죄사함과 질병의 치유, 그리고 영혼의 구원에 유익을 끼치기 위해서이다.

그들은 이 제도의 기원을 야고보에게서 찾았다.

> 너희 중에 병든 자가 있느냐 그는 교회의 장로들을 청할 것이요 그들은 주의 이름으로 기름을 바르며 그를 위하여 기도할지니라 믿음의 기도는 병든 자를 구원하리니 주께서 그를 일으키시리라 혹시 죄를 범하였을지라도 사하심을 받으리라(약 5:14-15).

그들은 특히 죽어가는 자들이나 병든 자들에 대하여 도유가 효험이 있을 것으로 믿었다. 예루살렘 교회의 감독이었던 야고보에 의해서 명령된 것이기에 자신들끼리 효험이 있다고 믿은 것이다(제4권 19장 19절). 또한, 성경이 기름을 '성령의 기름'으로 호칭하기도 하기에 그들은 도유를 성령의 능력이라고 포장해 내었다(제4권 19장 20절).

교황주의자들이 도유의 기름을 거룩하다고 하는 이유는 그것이 주교에 의해서 많은 호흡으로 데워지고 주문으로 중얼거려졌기 때문이라는 것이다. "평안하라 거룩한 기름이여"(3번) "평안하라 거룩한 성유여"(3번) "평안하라 거룩한 향유여"(3번), 이렇게 아홉 번 무릎을 꿇고 절한 기름이기에 거룩하다는 말이다(제4권 19장 21절).

칼빈은 그들의 말에 대하여 야고보가 장로들을 청해서 병자에게 기름을 바르라고 한 것은 기름을 치유의 도구가 아니라 일종의 징표로 여긴 것에 불과하다고 반박한다. 야고보의 기름은 그냥 보통의 기름일 뿐이다.

야고보가 장로들에게 기름을 바르고 기도하라고 한 것은 신자들이 어려움에 처한 형제를 하나님께 맡기는 기도가 헛되지 않는다는 것을 강조한 말이다. 치료자이신 그리스도는 모든 세대를 통해서 자기의 백성 가운데 현존하시며, 그들의 병약한 부분들을 필요할 때마다 고치시고 계신다(제4권 19장 19절). 그러니 달리 무슨 기름부음이 더 필요할 이유가 없는 것이다.

넷째, 신품성사(神品聖事, the sacrament of orders)는 성령의 7가지 서로 다른 은혜에 상응하여 일곱 신품으로 이루어진다(제4권 19장 22절). 수문품(守門品, door-keeper), 강경품(講經品, readers), 구마품(驅魔品, exorcists), 시종품(侍從品, acolytes), 차부제품(次副祭品, sub-deacons), 부제품(副祭品, deacons), 사제품(司祭品, priests) 등이 그것이다. 이것은 교황주의자들이 이사야 선지자의 말을 오해한 데서 왔다.

이사야는 선포하였다.

> 그의 위에 여호와의 영 곧 지혜와 총명의 영이요 모략과 재능의 영이요 지식과 여호와를 경외하는 영이 강림하시리니(사 11:2).

누가 보더라도 이 선포로부터 일곱 신품이 나올 여지는 전혀 없다. 또한, 성령은 생물의 영(겔 1:20), 성결의 영(롬 1:4), 양자의 영(롬 8:15)으로도 불린다. 교황주의자들 사이에서도 신품에 대한 의견이 제각각이다. 어떤 사람은 9가지 신품을 주장하기도 하고 다른 사람들은 삭발례를 넣기도 한다.

신품성사는 그리스도의 사역을 모방한 것이었다. 수문품은 그리스도가 "매매하는 자들을 성전에서 내쫓으심"(요 2:15; 마 21:12)에서 찾았다. 강경품은 회당에서 이사야의 말씀을 읽었을 때의 그리스도를 모방하였다.

구마품은 말 더듬는 사람을 다시 듣고 말하게 했을 때를 모방한 것이었고, 시종품은 "나를 따르는 자는 어둠에 다니지 아니하고"(요 8:12)를, 차부제품은 천을 두르고 제자들의 발을 씻었을 때를, 부제품은 성찬에서 살과 피를 제자들에게 나누어 주실 때를, 그리고 사제품은 십자가에서 제물로 드리실 때를 각각 모방한 것이었다(제4권 19장 24절 적용).

성례의 의식들은 본체 자체와 최고의 조화를 이루어야 한다. 주님께서 하신 일들이 그것을 증명한다. "성령을 받으라"(요 20:22)라고 하시면서 숨을 내쉬었고, "나사로야 나오라"(요 11:43)라고 하시고 그렇게 하셨으며, "일어나 걸어가라"(마 9:5; 요 5:28)라고 하셨다. 그리고 주님은 여러 다양한 표징으로 자신에게 하나님의 능력이 있음을 직접 보이셨다(제4권 19장 29절).

하지만, 칼빈은 교황주의자들이 하급사제들에게 "성령을 받으라"고 중얼거리는 것을 조작으로 보았다. 그는 만약에 사제들이 자기들의 강경사들, 성가를 부르는 자들, 문지기들, 시종들을 세우면 그들은 아무 일도 하지 않을 것으로 확신하였다. 구마사와 관련해서는 그들 자신이 대부분 악한 영에 끌려 다니기에 이 일을 감당할 수 없다고 보았다(제4권 19장 24절).

더욱이 그들은 아론과 그 아들들이 제사장직과 관련하여 에봇, 속옷, 관, 기름 불사름, 숫양을 죽이는 것 등 무수한 규례에 관한 명령을 받았다고 하면서도 왜 단지 썩은 기름 붓는 것만을 실행하는지(제4권 19장 31절)를 칼빈은 의심하였다. 단언컨대 기름보다는 피가 뿌려져야 한다.

삭발례(tonsure)의 경우는 더 가관이다. 그것이 사제들은 다른 사람들을 다스리는 왕이기에 정수리를 면도해야 한다는 주장에서 나왔기 때문이다. 그들이 제시하는 성경적 근거는 이 말씀이다.

> 너희는 택하신 족속이요 왕 같은 제사장들이요 … (벧전 2:9).

머리끝이 발가벗겨지는 것은 "수건을 벗은 얼굴로"(고후 3:18) 하나님의 영광을 관조하기 위한 것이라고 포장한다. 당시 삭발례는 장발의 사회적 분위기 때문에 성직자가 물들지 않기 위해 한 것이라는 것은 맞다(제4권 19장 27절). 그러나 바울이 머리를 깎은 것은 성화가 아니라 형제들의 연약함을 돕기 위한 것이었다. 그가 유대인들에게 자기를 맞추려 한 것이다.

그래서 칼빈은 이를 '사랑의 서원'이라 불렀다(제4권 19장 26절). 따라서, 사제들이 머리카락을 조금 깎고서는 현세적 재산의 풍요로움을 버리고 하나님의 영광을 묵상한다고 허풍을 떨거나, 귀와 눈의 정욕을 죽였다고 자랑하려 드는 것은 지극히 가소로운 일이다.

혼인성사(婚姻聖事, the sacrament of Marriage)는 하나님께서 제정하신 것은 맞지만 그러나 거기에는 성례의 표징이 없다(제4권 19장 34절). 교황주의자들이 이 성례에 대해 주장하는 성경적 근거는 바울 사도의 증언이다.

> 이와 같이 남편들도 자기 아내 사랑하기를 자기 자신과 같이 할지니 자기 아내를 사랑하는 자는 자기를 사랑하는 것이라 누구든지 언제나 자기 육체를 미워하지 않고 오직 양육하여 보호하기를 그리스도께서 교회에게 함과 같이 하나니 우리는 그 몸의 지체임이라 그러므로 사람이 부모를 떠나 그의 아내와 합하여 그 둘이 한 육체가 될지니 이 비밀이 크도다 나는 그리스도와 교회에 대하여 말하노라(엡 5:28-32).

그들은 이 말씀으로부터 두 가지 사실을 왜곡했다.

첫째, 이 말씀은 남자들이 아내를 어떻게 사랑해야 하는지의 모범으로서 그리스도를 제시한 것이고, 그리스도께서 교회를 사랑하신 것처럼 사랑하게 하기 위한 것이며, 우리가 그리스도의 '몸, 곧 살과 뼈의 지체'로서 그와 '한 육체'임을 증명하게 한 것이며, 마지막으로 그리스도가 우리 안에 사시게 하기 위한 것이었다(제4권 19장 35절).

둘째, 그들은 라틴어(Vulgata) 번역자가 바울의 '뮈스태리온'(μυστήριον)을 '사크라멘툼'(sacramentum)으로 번역한 것을 오해하였다(4권제 19장 36절). 이 오해에서 출발하여 결혼을 성사라고 한 것이다.

하지만, 사제들이 결혼을 성사라고 주장하면서도 그들 자신의 결혼은 불결하고, 오염적이며, 육체적 찌꺼기라고까지 폄훼한다는 사실 그 자체가 혼인성사의 비합리성을 그대로 노출시킨다. 그들은 이 모순을 해결하겠답시고 자신들의 비혼이 하나님과 영혼의 성사이자 그리스도와 교회의 성사(남편과 아내)라는 교묘한 계책까지 고안해 내었다.

하지만, 이 조차도 아무 소용이 없다. 결혼이 성사라고 주장하기 위해서 "부모의 동의가 없이 자발적으로 맺은 연소자들의 결혼은 그대로 확고하며 유효하다"라는 억지 논리까지 만들지 않으면 안 되었기 때문이다.

여기에 그치지 않고 "간음한 아내를 배척한 남자는 다른 여자를 들일 수 없다"거나 "영적인 혈육들은 결혼으로써 결합될 수 없다." 또는 "칠순절로부터 부활 대축일 8일까지 요한의 탄생일 전 3주 동안, 그리스도의 내림으로부터 공현(公現) 대축일까지는 결혼식을 할 수 없다" 등의 말이 되지 않는 불법적 정책들을 궁여지책으로 고안해 내지 않으면 안 되었다(제4권 19장 37절 적용).

다시 말하지만, 하나님이 정하신 성례는 '세례'와 '성찬'이다. 세례는 교회에 들어감과 믿음의 입문이고, 성찬은 그리스도가 자기의 신자들로 이루어진 가족을 영적으로 먹이는 계속적인 양식이다(제4권 18장 19절). 세례는 하나이며 반복되지 않는다. 한 번의 세례라는 것은 그리스도의 피 흘림의 희생 제물 되심으로 우리의 죄가 단번에 사해지기 때문이다.

반면에, 성찬은 반복된다. 신자들이 계속해서 그리스도의 먹여주심을 깨닫고 잊지 않기 위해서다. 그 외에 다른 성례는 없다. 만일에 말씀에 기록되어 있는 것들이 성례가 되어야 한다면 너무 많은 성례가 세상에 있게 될 것이다.

오늘날 우리나라 교회 안에도 성례 아닌 성례가 많이 있는 듯하다. 지킬 만하면 지켜야 하지만 지키지 않아도 될 법한 상당히 많은 규칙이 교회 안에 자리하고 있다. 교회 안의 각종 모임에서나 개별 가정 안에도 성례 아닌 것들이 성례처럼 지켜지고 있다.

실제로 신자들이 살아가면서 삼아야 할 규칙은 그것이 그리스도의 구속과 우리의 죄를 깨닫게 하는 것이면서 동시에 하나님의 계속 부어주시는 은혜를 깨달아 알 수 있게 하는 것으로 충분하다. 교회 안의 모든 규칙이 그러해야 하며 신자 개개인의 규칙이 모두 그러해야 한다. 그 이외의 일체의 규칙들로부터는 신자는 자유자가 되어야 한다.

제18장

신자들이 국가 안에서 사는 법

신자가 현세의 삶을 위해 만물을 활용할 때에 필요한 것이든, 즐거움을 위한 것이든 순수한 양심을 가지고 사용하기 위해서는 일정한 생활방식을 지켜야 한다(제3권 10장 1절). 하나님께서 만물을 주신 것은 그를 창조주로 인정하고 그에게 감사하게 하기 위함이다(제3권 10장 3절).

그러므로 하나님의 선물을 방자하게 오용하는 일에 대해서는 반드시 재갈이 물려져야 한다.

> 정욕을 위하여 육신의 일을 도모하지 말라 (롬 13:14).

그 대신에 우리는 이 세상의 나그네로 살아가는 데 도움이 되는 것들을 골라서 사용하는 생활방식을 지녀야 한다.

이를 위해 신자가 지녀야 할 태도는 세 가지다.

첫째, 더 많이 가진 자들의 태도라 할 수 있는데, 그것은 절제다(제3권 10장 4절).

둘째, 더 적게 가진 자들의 태도라 할 수 있는데, 그것은 인내다.

셋째, 많이 가졌든 적게 가졌든 부여된 것들은 우리에게 위탁된 것들이기에 우리가 언젠가는 그에 대해 결산하는 태도를 갖는 것이다(제3권 10장 5절).

> 네가 보던 일을 셈하라 (눅 16:2).

세상을 사는 데 있어서 무엇보다 중요한 것은 군주에게 복종하든 교회법에 복종하든 양심의 자유가 보장되고 그것을 지켜내는 일이다. 어느 통치자에 의해서 제정된 법이든 영혼의 내적인 통치에까지 적용되어서는 안 된다. 칼빈에 따르면 양심의 자유는 영혼의 자유로서 "하나님을 향한 선한 양심의 간구"(벧전 3:21)의 확보다. 선한 양심은 하나님께 대한 거짓 없는 믿음과 함께 작용한다(제4권 10장 3절).

통치자들은 하나님에 의해 임명되었기에 영예로운 대우를 받아야 한다는 것은 타당하다. 그러나 동시에 그들이 만든 법이 영혼의 내적 통치에 적용되지 않는다는 것도 분명한 사실이다(제4권 10장 5절 적용). 영혼의 통치는 하나님께 드리는 예배와 올바른 삶에 대한 영적인 규범을 따를 뿐이다. 통치자에 의한 법이든 교회가 만든 법이든 그것 자체가 양심을 속박하는 것이어서는 안 된다.

이런 이유에서 그리스도의 영적인 나라와 시민 국가의 관할권은 전적으로 다르다. 그런데도 이 둘을 결합시키는 것이 가치가 있으며 또한 반드시 그래야 한다(제4권 20장 1절 적용). 이 두 나라 중에서 어느 하나도 부정될 수 없다. 야만적인 사람들은 하나님이 수립한 질서를 전복시키려고 광포하게 덤빈다. 잘못이다.

반대로 자기의 권능을 과도하게 치켜세우는 군주들에게 아첨하는 자들은 하나님의 통치권에 반발하는 것이나 마찬가지다(제4권 20장 1절 적용). 두 나라 사이에서 방향을 잃고 뒤섞이게 되어서도 안 된다.

그리스도의 나라를 단지 이 세상의 요소들 아래에서 찾고 그것들에 제한시키려 하는 것은 일종의 유대주의의 공허함에 불과하다. 칼빈은 시민 정부의 목적이 하나님께 드리는 외적인 예배를 지원하고 보호하고, 경건에 대한 건전한 교리와 교회의 위치를 변호하며, 우리의 삶을 사람들의 사회에 적응케 하고, 우리의 시민적 관습을 시민적 의에 따라서 형성하며, 우리를 화목하게 하고, 공공의 화평과 평안을 육성하는 데 있다고 보았다(제4권 20장 2절).

근본적으로 권세는 "하나님의 명"(롬 12:3)이자 "하나님께서 정하신 바"(롬 13:1)다. 다스리는 자는 "하나님의 사역자들"(롬 13:4-5)이다. 다윗, 요시아, 히스기야 등은 왕으로서 하나님의 사역자들이었고, 요셉과 다니엘 등은 총독으로서 하나님의 사역자들이었다. 그리고 모세, 여호수아, 사사들은 모두 자유로운 시민 통치자들이었다(제4권 20장 4절).

통치자들은 자신들이 하나님의 대리인들이라는 사실을 기억해야 한다. 그들은 여호와의 일을 게을리 하는 자는 저주를 받는다(렘 48:10)는 사실도 잊지 않아야 한다. 국가의 형태는 상황에 따라 다르게 정해지는 것이 합당하다. 이 때문에 철학자들은 귀족정, 공화정, 귀족정과 공화정의 혼합 등과 같이 다양한 정치체제를 주장하였다. 사람들의 악이나 결함 때문에 많은 사람에게 행정권을 가지게 하는 것이 낫다고 보았기 때문이다(제4권 20장 8절).

그런데 하나님께서는 다윗 안에서 그리스도의 형상이 드러날 때까지 공화정에 가까운 귀족정을 이스라엘에게 제정하셨다. 이 정치체제는 복된 정치였다. 그 체제에서는 자유가 마땅한 절제로써 조화롭게 조절되고 올바르게 확립되어 있으면서 영속성을 지닐 수 있게 되어 있었다. 그러나 어떤 민족이 어떠한 정치체제를 다스리든 모든 국가와 모든 지역은 궁극적으로는 하나님의 섭리로, 섭리를 벗어남이 없이, 통치되어야 하며 실제로 그렇게 되고 있다(제4권 20장 8절 적용).

국가가 최고의 관심을 기울여야 하는 분야는 종교와 경건이다(제4권 20장 9절). 그리고 성경은 그 나라의 예배가 부패하거나 소멸되었을 때 그것을 회복하는 통치자를 칭찬한다. 그 대표적 인물이 다윗 왕과 히스기야 왕이다. 진정 하나님이 바라시는 통치 방식은 다음과 같다.

> … 너희가 정의와 공의를 행하여 탈취 당한 자를 압박하는 자의 손에서 건지고 이방인과 고아와 과부를 압제하거나 학대하지 말며 이 곳에서 무죄한 피를 흘리지 말라(렘 22:3).

> 가난한 자와 고아를 위하여 판단하며 곤란한 자와 빈궁한 자에게 공의를 베풀지며(시 82:3).

> 가난한 자와 궁핍한 자를 구원하여 악인들의 손에서 건질지니라(시 82:4).

솔론(Solon, BC 630년경-560년경)에 따르면 모든 공화국은 상과 벌로써 유지되어 간다. 그것들이 제거되면 시민 국가들의 모든 훈육은 붕괴되고 해소되고 만다. 이런 의미에서라면 통치자들은 주님의 심판을 수행하는 자들이 되어야 한다. 바울 사도의 증언도 이 사실을 뒷받침한다.

> 그는 하나님의 사역자가 되어 네게 선을 베푸는 자니라 그러나 네가 악을 행하거든 두려워하라 그가 공연히 칼을 가지지 아니하였으니 곧 하나님의 사역자가 되어 악을 행하는 자에게 진노하심을 따라 보응하는 자니라(롬 13:4).

실제로 모세는 범죄한 자들에 대한 징계로 하루에 삼천 명을 죽게 했다. 다윗은 자기 생의 마지막에 아들 솔로몬에게 요압과 시므이를 죽이라고 명했다.

이상에서 국가나 통치자는 종교와 경건을 중심으로 타당한 법에 의해 상과 벌로써 다스려져야 함이 드러난다. 그리고 여기에 더해 통치자에게 필요한 것은 관용이다. 통치자가 피통치자에게 치료는 하지 않고 과도한 엄격함으로 상처를 입히는 짓을 해서는 안 된다.

그렇다고 관용을 베푼답시고 분별력 없는 인간미에 빠져서 관용을 미신적으로 추구하느라 우유부단하고 해이한 너그러움으로 인하여 많은 사람을 위험에 빠뜨리는 통치자가 되어서도 안 된다. 그런 통치자라면 로마 황제 네르바(Marcus Cocceius Nerva, AD 98년)의 치세 중에 익명의 어떤 사람이 남긴 다음 말을 마음에 새겨 두어야 한다.

> 아무것도 허용되지 않는 군주 밑에서 사는 것은 참으로 불행하다. 더욱 불행한 것은 모든 것이 허용되는 군주 밑에서 사는 것이다(제4권 20장 10절).

통치자들에게 주어진 권세의 행사는 영토의 평온을 지키거나, 선동을 일삼는 자들의 소요를 억제하거나, 압제 당하는 자들을 도와주거나, 악행들에 대한 벌을 가하는 것 등이다. 이때에도 군주는 자연적인 공평과 직분의 질서에 따라서 사법적인 형벌을 가하는 범위 내에서의 권세를 행사해야 한다(제4권 20장 11절).

전쟁은 평화를 추구하기 위한 최고의 필연성이 있는 경우에만 허용될 수 있다. 신약성경에서도 군인의 제도는 인정되었다.

> 군인들도 물어 이르되 우리는 무엇을 하리이까 하매 이르되 사람에게서 강탈하지 말며 거짓으로 고발하지 말고 받는 급료를 족한 줄로 알라 하니라(눅 3:14).

성경이 무기를 드는 것을 금하지 않은 것이다. 하지만, 사도들은 하늘나라의 건설이 그들의 사명이었기에 이런 전쟁과는 상관이 없었다는 사실이 함께 고려될 필요가 있다.

통치자는 권세를 행사할 때 그것이 자기들의 욕망으로 기울게 해서도 안 된다, 이외에도 격노에 빠져 헤어 나오지 못하거나, 증오에 사로잡히거나, 무자비한 준엄함에 불타는 권세를 행사해서도 안 된다. 이외에도 통치자는 끝까지 자신들의 사적 감정에 흔들리지 않고 공공 의식을 지켜야 한다(제4권 20장 12절).

통치자가 직무 수행을 위하여 필요한 공적 비용을 거두는 것은 정당하다. 법을 제정할 수도 있다. 다만 법 제정의 토대는 공평이다. 공평은 법의 적용 목적의 동일성을 담보해 주기 때문이다.

법을 그 목적에 맞게 바르게 시행하는 길은 시대마다 민족마다 다를 수 있다. 예컨대 율법에는 도덕법과 의식(례)법과 재판법이 있었다. 도덕법은 순수한 믿음과 경건으로 하나님을 예배하는 것과 순수한 사랑으로 사람들을 포용하기 위한 것, 그리고 하나님의 영원하고 불변하는 뜻대로 하나님이 우리의 예배를 받으시고 우리가 서로 간에 참된 사랑을 나누도록 하기 위한 것이었다.

의식법은 유대인들의 초등학문으로서 소년기에 훈육하기에 적합하였다. 재판법은 하나님에 대한 예배와 종교를 보존시키기 위한 법이자 경건을 위한 가르침이었다(제4권 20장 15절 적용). 각각의 법이 그 목적에 맞게 바른 도리로 사용되는 것으로 충분하다.

그런데 율법 중에서 현재 의식법과 재판법은 사라졌다. 그 자리에 하나님의 영원한 법에 의해서 명령된 사랑 그 자체가 어떻게 최고로 준수되는지로 대체되었다. 법은 얼마든지 본래의 목적에 맞게 공평함을 유지하면서도 바뀔 수 있다. 동시에 율법 중에서 일부 폐지가 있다는 사실은 각 민족에게 자기에게 유익하다고 예견되는 대로 법을 만들 자유가 있음을 시사한다.

그러므로 하나님의 영구한 법, 달리 말하면 저 항구적인 사랑(그리스도의 사랑)의 규범이 요구하는 데 부합하기만 하다면 각 민족마다 각 지역마다 다양한 형상의 법이 얼마든지 제정될 수 있는 것이다. 그 법의 궁극은 기필코 그리스도의 사랑의 실천을 보장하는 것이어야 한다(제4권 20장 15절 적용). 세상의 일체의 법도 여기에 종속되어야 함은 물론이다.

통치자들을 통해서 하는 소송은 하나님의 선물이기에 합법적이다. 소송(lawsuit) 자체는, 어떤 악이 더하여져서 더럽혀지지 않는 한, 선하고 순수하다. 통치자에게 도움을 구하거나 호소하는 것은 불경건에 속하지도 않는다. 다만 소송에서 원고와 피고는 모두 하나님 보시기에 합당한 변론을 하지 않으면 안 된다.

피고는 자기의 권리를 지킨다는 정서를 가져야 하고, 원고는 해를 가하거나 보복하려는 육욕, 잔인한 마음 대신에 양보하고 참아내야 한다(제4권 20장 18절). 금지되어야 하는 것은 소송 자체가 아니라 복수심에 가득 차서 보복의 일념으로 하는 복수심 바로 그것이다.

바울 사도가 보여 준 소송은 모든 신자들이 참고할 만하다. 그는 자기를 고발하는 자들의 모략을 물리쳤으며, 그들의 교활함과 악의를 폭로하였고(행 24:12-21), 재판에서는 자기 변호를 위하여 로마 시민의 권리를 주장하였다(행 16:37; 22:1,5). 또한, 불의한 총독을 기피하고 황제의 법정으로 옮겨 달라고 탄원하기도 하였다. 하지만, 그에게 복수심은 없었다(제4권 20장 19절 적용).

바울 사도의 삶이 증명하듯이 그리스도인들은 모든 자의 악을 참으며 전 생애를 통하여 오직 십자가의 영구적인 약속만을 자신에게 약속하면서 어느 한 고난을 당하는 가운데 다른 고난을 준비하는 것이 마땅하다. 하지만, 그들 역시 자신들의 적(들), 곧 해롭고 위험한 자에게 공공의 선에 대한 열의 가운데 통치자가 형벌을 가해 줄 것을 얼마든지 요구할 수 있다(제4권 20장 20절 적용).

통치자들에게 복종하는 것은 그들이 하나님의 귀와 손과 눈이기에 하나님께 복종하는 것이나 마찬가지다(제4권 20장 23절). 진실로 통치자들은 국부, 국민의 목자, 평화의 보호자, 의의 주관자, 순결함의 수호자 등으로 불려야 한다. 사람들의 마음에는 사랑과 경의로써 합법적인 왕을 따르는 타고난 의식이 내재되어 있다(제4권 20장 24절). 그들이 하나님의 사역자이자 사절이라면 사람들이 그들의 직분을 영예롭게 대하며 복종하는 것이 마땅하다.

한편, 악한 통치자들이 있다. 분명한 사실은 이들 위에도 주님의 탁월한 권세가 머물고 있다는 것이다. 다니엘의 증언대로 "그(하나님)는 때와 계절을 바꾸시며 왕들을 폐하시고 왕들을 세우시며 지혜자에게 지혜를 주시고 총명한 자에게 지식을 주"(단 2:21, 단 2:37)시는 분이시다.

그런데도 하나님의 작정에 의해서 관리로 세움을 받은 자들은 왕들의 독재에 맞서서 합법적인 저항을 할 수 있으며 그렇게 해야 한다(제4권 20장 31절). 주님께서는 당신이 쓰시는 사람들을 통해 통치자의 피 묻은 홀을 부러뜨리시고 참을 수 없는 독재를 전복시키신다. 관리로 세움을 받은 종이라면 당연히 통치자의 정욕을 다스리기 위해 그들의 공포한 방종에 용기 있게 맞서 직분에 따라 저항해야 한다.

왕의 불경건한 칙령에 고분고분한 것은 죄다(호 5:13). 신자들의 본분이 통치자에게 복종하든 저항하든 그것이 사람에게가 아니라 오직 하나님께 순종하는 데에 있기 때문이다(행 5:29). 통치자에 대한 순종이 결코 하나님의 순종에서 멀어지는 것이어서는 안 된다.

우리(신자)가 사람에게 순종하는 것은 하나님을 위해서다. 신자는 그리스도에 의해서 대속되었기에 사람들의 사악한 욕정에 예속되어 복종하거나 그들의 불경건을 탐닉해서는 안 된다. 신자의 다른 사람에 대한 모든 복종은 오직 주님 안에서 하는 사랑의 복종, 바로 그것이어야 한다.

후기

한국의 수많은 칼빈의 출현을 기대하며

저는 2020년 8월의 어느 날부터 지금 이 글을 쓰고 있는 순간까지 3년을 훌쩍 넘기는 동안 거의 매일 칼빈을 만나왔다고 자부합니다. 칼빈이 저에게 가르쳐 준 하나님은 우리에게 한사코 은혜를 주시기를 즐겨하시는 아버지이셨습니다. 그가 하나님을 창조주로서 모든 권세와 능력과 위엄을 지니시고 우주와 세상을 다스리시는 분으로 고백한 것도 하나님의 은혜가 그만큼 권세와 능력과 위엄으로 가득 차 있다는 것을 증언하는 것이었습니다.

제가 보기에 하나님께서 칼빈에게 주신 대표적인 은혜는 두 가지였습니다.

첫째, 하나님께서 그의 마음에 하나님의 나라를 확장하고 공공의 복리를 진척시키고자 하는 열의를 가득 채워주신 것이었습니다.

둘째, "저는 배우는 만큼 쓰고 또 쓰는 만큼 배우는 사람 중의 하나"(『기독교 강요』, 라틴어판 서문, 1559년 8월 23일)라는 고백 그 자체입니다.

이 은혜로 그는 하나님의 말씀을 읽기 위해 신학에 입문하는 자들에게 준비해서 가르치려는 목적을 지닐 수 있었고, 동시에 그들이 말씀에 쉽게 접근하고 넘어짐이 없이 말씀 안으로 나아가게 할 수 있었던 것입니다.

이 은혜를 따라 칼빈은 당시 프랑스의 절대 권력자인 프란시스 1세 왕에게 편지를 썼습니다. 그는 자신이 『기독교 강요』를 쓴 이유가 종교(경건)하고자 열정에 불타는 사람들에게 참 거룩함의 기초 사항들을 전달하기 위한 것임을 분명히 했습니다. 그 이면에는 프란시스 1세가 로마가톨릭교회와 로마교황제의 거짓 교리와 위엄에 눌려 있는 것을 고발하는 의미가 담겨 있었습니다.

그는 왕의 주변에 악한 사람들이 있어서 왕이 통치를 바르게 하지 못하고 있다는 고발도 주저하지 않았습니다. 이것은 왕의 주위의 악한 사람들에게는 교훈이었고, 칼빈과 그의 믿음을 따르는 신자들에게는 올바른 신앙의 제시였습니다.

더 나아가서 칼빈과 그와 동일한 신앙을 지키는 신자들은 프란시스 1세에게 자신들은 왕(의 판결)이 아니라 순전한 마음으로 하나님의 판결을 기다리며 진실로 하나님을 경외하며 예배하고 있음을 선언하였습니다. 그들이 바라는 한 가지는 자신들이 살거나 죽거나 하나님의 이름이 거룩함을 받는 것이라는 사실이었습니다.

칼빈에게 프란시스 1세 왕은 어떤 인물로 비쳐졌을까요?

저는 프란시스 1세가 프랑스 안에 있는 올바른 신자들을 박해하는 사탄의 하수인으로 비쳐졌을 것으로 판단합니다. 프란시스 1세는 명백히 로마교황청의 하수인이었습니다. 그런데 유독 그에게만 헌사의 형식으로 충고한 것은 칼빈이 개인적으로 그의 회개와 깨우침을 기대했을 것으로 보입니다. 또한, 칼빈이 프랑스 사람이었기에 자신의 민족을 대표하는 왕과 자신의 민족 모두를 사랑하는 마음이 담겨 있었다고도 생각됩니다.

오늘 한국에 살고 있는 우리들이 왜 『기독교 강요』를 읽어야 할까요?

첫째, 우리 역시 하나님의 나라를 확장하고 공공의 복리를 진척시키고자 하는 열의로 우리 마음을 가득 채우기 위해서입니다.

둘째, 배우고 쓰고, 쓰고 배우기 위해서입니다.

제가 저술에 착수하게 된 이유도, 감히 하나님 나라의 확장과 공공복리의 증진이라고까지는 못해도, 저 나름의 우리 민족을 향한 복음의 선포와 이 복음이 주는 기쁨과 평안함과 소망을 한국의 국민들과 함께 나누기 위해서입니다. 이를 위해서 앞으로도 계속 배우려고 합니다. 그리고 배운 만큼 쓰려고 합니다. 본서의 저술이 끝나면 그것을 위해 쓴 그 만큼은 더 배울 것입니다.

이 사명을 계속하기 위해서는 우리 신자들이 『기독교 강요』를 읽을 필요가 있습니다. 그 이유는 『기독교 강요』가 우리의 신앙과 교리를 바르게 세워 주기 때문입니다. 그리고 자신에게 바른 신앙과 바른 교리가 세워지면 그것으로 자신의 삶을 늘 되새겨 보면서 사악한 교리와 그것을 가르치는 사람들을 분별하게 해 줍니다.

예컨대 기도를 부탁하는 사람은 적어도 자신이 기도가 무엇인지를 확신하고 있어야 하고, 하나님의 응답을 받은 체험이 최소한 한 번쯤은 있어야 합니다. 이조차도 아니면 기도를 부탁하면서 하나님을 체험하겠다는 분명한 결단이 있어야 합니다. 자기 스스로 기도의 체험도 없고, 아무런 결단도 없이 마음에 없는 기도를 부탁한다면 그것은 엉터리 신앙이요 엉터리 교리 위에 서 있는 것입니다.

그리고 우리가 바른 신앙과 바른 교리 위에 서 있다면 신자(그리스도인)의 자유 안에서 세상을 재단하는 삶을 살아내야 합니다. 세상의 파고가 우리 신자들을 거세게 억눌러 옵니다. 신자들이 세상의 풍속과 화려함과 기세에 짓눌려 믿음의 자유를 누리지 못합니다. 하지만, 스스로 자신을 점검할 수 있고 세상을 재단할 수 있는 바른 신앙과 바른 교리를 소유할 때 신자는 세상에 대항하여 일어서게 됩니다.

신자는 살든지 죽든지 하나님의 이름이 거룩함을 받게 할 사명을 가진 자입니다. 이 사명을 다하기 위해 세상의 겁박과 위협, 유혹과 조롱, 화려함과 허황됨 등을 신자는 능멸하고 물리쳐야 합니다.

칼빈의 신학 사상과 그의 실천적인 삶은 그러한 삶을 가능하게 합니다. 그의 신학 사상의 핵심은 삼위일체 하나님, 성경의 진리성, 사람의 완전한 타락, 믿음으로 인한 칭의, 영원한 선택과 유기(예정론), 최후의 부활, 교회와 그리스도와 신자들의 연합과 교통 등으로 요약될 수 있습니다. 우리도 또한 그의 신앙의 요체들을 각자의 사명에 따라 각각 자신에게 필요한 신학 사상을 요소요소에 적용되도록 습득해야 합니다.

이 신학 사상을 중심으로 세상을 재단하고 평가하면서 하나님의 영광을 드러내야 합니다. 당당하게 그리스도께서 행하신 삶의 모범을 본받아 세상과 죄에 대하여 죽고, 세상의 저주와 사망으로부터는 부활하여서 영원히 살아야 합니다.

대한의 신자들이여!
이 부활신앙으로 날마다 그 한 날(오늘)에 도전합시다!
무엇보다도 자신을 늘 살아 있게 하는 일에 도전합시다!

신자들 각자가 살아 있어야만 가족을 살아 있게 할 수 있습니다. 이웃을 살아 있게 할 수 있습니다. 학교와 사회와 국가를 생기 있게 살아가게 할 수 있습니다.

그리스도께서 자신을 죄의 희생 제물로 바치셨듯이 그렇게 우리를 희생 제물로 만들면 됩니다.

배우고 또 배우고, 참고 또 참고, 쓰고 또 쓰고, 가르치고 또 가르치고, 죽고 또 죽고, 소망을 바라고 또 바라고, 나의 아픔과 우리의 아픔과 이 민족의 아픔을 함께 하고 또 함께 합시다!

우리 한국의 신자들이 이 삶을 끊이지 않고 이어갈 때 우리의 믿음의 후손들에게서 칼빈을 능가하는 신앙인과 신학자들이 줄지어 출현할 것입니다. 한편으로는 현 시대의 혼돈과 방황과 좌절과 절망을 그들의 온 몸으로 받아들여야 하면서도, 다른 한편으로는 그들 자신의 후대 신자들에게는 꿈과 소망과 기쁨과 알찬 열매로 가득 찬 믿음을 전해 주어야 할 사명을 지닌 우리의 젊은 후배 신앙인들을 아끼고 사랑하며 기대합니다.